CHAPTER 4 영유아 문학교육 77

1. 문학교육의 역사 및 동향 79
2. 문학교육의 목적 85
3. 아동문학의 장르 86
4. 문학교육의 내용 87
5. 문학교육의 교수-학습방법 94
6. 문학교육을 위한 환경구성 108
7. 문학교육활동의 실제 109

CHAPTER 5 영유아 언어교육 117

1. 언어교육의 역사 및 동향 119
2. 언어교육의 목적 및 목표 126
3. 언어교육의 내용 129
4. 언어교육의 교수-학습방법 136
5. 언어교육의 환경 152
6. 언어교육활동의 실제 164

CHAPTER 6 영유아 수학교육 171

1. 수학교육의 역사 및 동향 173
2. 수학교육의 이론적 배경 175
3. 수학교육의 목적 및 목표 179
4. 수학교육의 내용 181
5. 수학교육의 세부영역별 내용 188
6. 수학교육의 교수-학습방법 198
7. 수학교육의 평가 200
8. 수학교육활동의 실제 206

CHAPTER 7 영유아 과학교육 211

1. 과학교육의 역사 및 동향 213
2. 과학교육의 목적 및 목표 218
3. 과학교육의 내용 220
4. 과학교육의 교수-학습방법 230
5. 교사의 역할 238
6. 과학교육활동의 실제 240

CHAPTER 8 영유아 미술교육 247

1. 미술교육의 역사 및 동향 249
2. 미술교육의 목적 및 목표 254
3. 미술의 요소 및 기본원리 256
4. 영유아의 미술발달단계 257
5. 영유아 미술표현의 특징 264
6. 영유아 미술교육을 위한 환경 268
7. 영유아 미술교육내용 270
8. 미술교육의 교수-학습방법 274
9. 교사의 역할 276
10. 유아 미술활동의 평가 278
11. 미술교육활동의 실제 280

CHAPTER 9 영유아 응급처치 285

1. 응급처치를 위한 준비 288
2. 응급처치 순서 293
3. 심폐소생술 297
[illegible]활응급처치 301

CHAPTER 10 영유아 음악과 동작교육 319

1. 영유아기 음악과 동작교육의 이해 321
2. 영유아 음악과 동작교육이론 324
3. 영유아 음악과 동작능력의 발달특성 327
4. 영유아 음악과 동작교육의 목적 및 목표 329
5. 영유아 음악과 동작교육의 개념 및 내용 332
6. 영유아 음악과 동작교육 교수-학습방법 342
7. 영유아 음악과 동작영역 환경구성 349
8. 계획적인 음악과 동작활동을 위한 교사의 역할 및 평가 351
9. 영유아 음악과 동작교육의 실제 355

CHAPTER 11 영유아교육의 통합적 접근 363

1. 통합교육의 개념 및 역사 365
2. 통합적 운영의 필요성 367
3. 통합교육의 유형 369

참고문헌 373
찾아보기 385

Teaching subjects in early childhood education

CHAPTER

01

영유아 교과교육의 기초

1. 교과교육의 정의 | 2. 교과교육의 변천사

3. 영유아교육에서의 교과교육에 대한 견해

CHAPTER

01

교과란 학생들이 학습해야 할 교육의 내용을 효율적으로 전달하기 위해 일정한 범주로 나누어 놓은 것으로서 국어, 산수 등 과목별로 구분된 초 · 중등교육과 달리 영유아교육에서는 5개 영역, 즉 신체운동 · 건강, 의사소통, 사회관계, 예술경험, 자연탐구로 크게 나누고 포괄적으로 지도하도록 되어 있다.

1. 교과교육의 정의

교과教科란 학생들이 학습해야 할 교육의 내용을 효율적으로 이해시키기 위하여 일정한 범주로 나누어 놓은 학문영역으로 쉽게 말하여 초 · 중등교육의 수업 과목을 말한다. 교과의 기능은 인간으로서, 자기가 속한 공동체의 구성원으로서 지녀야 할 지식, 기술, 태도를 효과적으로 가르치게 하는 데 있다.

영유아교육 분야에서는 교과의 개념보다는 활동의 영역으로 나누는 것이 일반적이다. 영유아는 인지발달 특성상 비연속적이고 비약적이며, 구체적 사물과 직접적 경험을 통해 추상적 지식에 접근할 수 있다. 오감각을 통해 냄새 맡고, 만져보고, 소리를 들어보며 세상을 인식해 가는 것이다. 코메니우스를 비롯한 학계의 대학자들이 실물교육과 감각교육을 교수–학습방법으로 주장해 온 이유가 영유아의 발달적 특성에 있다.

두산백과(2016. 2. 16)에 의하면 교과교육은 학교교육 목적에 맞추어 조직해 놓은 교육내용으로 학교에서 수업을 통해 학생들이 학습해야 할 지식과 기술을 담고 있다. 교과는 당대 그 사회가 지향하는 인재 육성을 목적으로 선정되며 '학과'로도 불린다. 교과를 체계적으로 학습할 수 있도록 저술하여 놓은 책은 '교과서'라 한다.

교과의 기원은 그리스, 로마시대 지배층의 필요에 의해 생겨났으며, 그 내용은 문법, 수사학, 논리학, 산술, 음악, 기하, 천문학 등 7교과가 있었다. 이후 중세에 이르러 성직자들의 신학과 무사의 무예가 포함되고, 근대에는 언어와 수, 과학과 기술학이 교과로 채택되었다. 21세기 들어서는 각 문화와의 소통이 중요해짐에 따라 제2외국어의 습득과 문화의 이해가 개설되고 있다.

한국 학교에서 교과는 보편적으로 초등학교에서부터 시작하여 그 이후의 학년에 적용되는 것으로 되어 있다. 국어, 수학, 과학, 미술, 음악, 체육 등이 있으며, 세계 여러 나라 사람들과의 교류가 필요해진 요즈음 초등학교에서 영어교과를 시작하고 있다. 중등교육에 있어서 영어교과는 1990년대까지 문법에 중심을 두었으나 일반인들도 외국인들과의 의사소통이 필요해짐에 따라 영어교과의 내용은 의사소통에 초점을 맞추어 개편되었으며, 말하고 표현하는 훈련에 중점을 두고 있다. 따라서 교과는 당대에 필요에 의해 개설되거나 내용의 방향이 바뀌거나 없어질 수 있다.

영유아교육에서의 교과는 영유아의 특성상 개개의 교과가 아닌 통합적인 형태로 적용된다. 「유아교육법」 제13조 제2항에 의거하여 2015년 2월 24일 교육부 고시 제2015-61호로 공표된 유치원교육과정 개정 고시문(교육부, 2015)에서는 만 3~5세 유아의 심신의 건강과 조화로운 발달을 도와 민주시민의 기초를 형성하는

그림 1-1 누리과정 통합교과

것을 목적으로 5개의 영역을 통합적으로 운영할 것을 요구하고 있다. 5개 영역은 신체운동 · 건강, 의사소통, 사회관계, 예술경험과 자연탐구로 이 5개 영역이 유치원교육의 통합교과라고 할 수 있다. 누리과정 5개 영역에는 국가가 지정한 교과서는 없고 누리과정 세부내용을 적용한 교재와 교구 중에서 유치원과 어린이집 실정에 맞는 것을 사용하고 있다. 2015년 개정된 초등학교교육과정은 2017년 3월 1일부터 유치원과 초등학교 1, 2학년 교육과정을 연계할 수 있게 되었다. 이는 「초 · 중등교육법」 제23조 제2항에 의거하여 교육부 고시 제2015-80호에 의해 개정고시되었다(교육부, 2015. 12).

2. 교과교육의 변천사

교과교육은 고대 그리스 사회에서 귀족계급 남성을 위한 음악, 체육, 수학, 천문학, 변증법을 교육한 것에서 시작하여 중세시대 7자유과 문법, 수사학, 변증법과 대수, 기하 천문학, 음악으로 진화된 것으로 알려져 있다. 17세기 코메니우스에 의해 형이상학을 비롯한 20과를 교과로 선정하였으며, 18세기에 페스탈로치는 초등학교교육과정에 지리, 과학, 미술, 음악을 교과로 도입하였다. 20세기에 이르러서는 초기에 듀이의 실용주의에 입각한 실생활에 도움이 되는 생활 중심, 경험 중심 교육이 교수학습내용으로 강조되었으며, 지나친 실용주의 생활 중심 교육에 대한 비판이 제기되어 학문 중심 교과로 선회하는 변화과정을 거쳤다. 학문 중심, 개념 중심의 교육은 또한 교육의 비인간화를 불러온다는 비판점이 제기되어 1970년부터 인간 중심 교육이론이 교과교육의 중심으로 자리 잡게 되었다(신화식 · 윤선희 · 최경숙 · 정은주 · 오은순 · 이성희 · 황현주 · 박해미 · 고은님 · 박희숙, 2011).

21세기에 들어선 한국은 21세기 사회의 흐름에 교육도 알맞게 변화되어야 한다는 필요성을 강하게 느끼고 있다. 21세기 사회는 고도화된 지식기반사회일 것이며, 정보기술이 발전되고, 정보전달매체의 발달로 세계가 가까워지고 다문화를 인정하는 사회가 될 것이다. 더불어 학령인구는 감소하여 '학생 한 사람 한 사람을 배려하는 맞춤식 교육'을 요구할 것이다(조남심, 2007. 12). 사회 변화에 부응하는 학교교육과정은 첫째, 미래사회에 능동적으로 적응할 수 있는 핵심능력을 갖춘 인재, 글로벌 경쟁력을 갖춘 인재를 양성할 수 있는 교육과정, 둘째, 학습자의 흥미와 선택을 존중하는 맞춤형 교육과정, 셋째, 학습자가 주도적으로 학습할 수 있는 기술공학적 학습환경과 콘텐츠가 제공되는 교육과정이다.

21세기 사회에 필요한 학교교육과정과 교과의 내용을 살펴보면 다음과 같다.

지식기반 미래사회에 필요한 기초소양은 20세기와 마찬가지로 여전히 읽고 쓰기, 수학, 과학적 소양, 도덕적 소양이며, 핵심역량은 다른 사람들과 관계형성을 잘하는 능력, 협동 및 갈등관리 역량이 필요하고, 자율적 행동능력, 즉 자신의 권리와 관심, 한계와 필요를 알고 계획하고 기획할 수 있는 역량, 지식과 정보를 수집하고 활용하기 위해 필요한 언어를 비롯한 도구, 테크놀로지를 사용하고 활용할 수 있는 역량이다(조남심, 2007. 2).

단위학교의 교육과정을 중심으로 다양한 학습활동을 계획하고, 단위학교 환경을 비롯하여 다른 학교 및 공공성이 인정된 지역사회의 학습장, 상위학교 등과 연계하여 학습경험을 체험할 수 있도록 풍부한 학습기회를 제공하도록 한다. 더 나아가 e-러닝e-learning, 외국기관과 연계 등도 보편적으로 활용될 것이다.

유아들이 살아갈 세상과 활동무대는 전 세계, 모든 분야이므로 언어, 수・과학 등 기본교과와 더불어 외국어교육, 정보활용교육, 예술문화교육 등 학습자가 필요한 부문에 다양하게 참여할 수 있도록 학습기회와 제도 등을 마련해주어야 한다.

3. 영유아교육에서의 교과교육에 대한 견해

「교육기본법」 제9조에는 유아교육은 학교교육이며, 동 법 제14조 제1항에서는 "학교교육에서 교원教員의 전문성은 존중되며, 교원의 경제적 · 사회적 지위는 우대되고 그 신분은 보장된다"고 명시하고 있다. 교사의 전문성은 교육과정 운영에서 비롯되며, 교육과정의 핵심은 교과이다. 유아교육과 초등교육은 중등교육이 전공 중심으로 이루어지는 것에 비하여 모든 학과목을 다 담당해야 하는 특징을 가진다. 이는 피학습자의 특징에 의해 결정된 것이다. 몬테소리는 영유아에게 세상에 있는 모든 것을 가져다주어야 한다고 하였다. 영유아기 학습의 목적은 영유아가 속한 세상을 배우고 익혀 적응할 수 있도록 해주는 것이며, 아직 개개인의 재능과 관심이 드러나지 않았으므로 다양한 세상을 여과없이 바라보며 자신에게 적합한 분야를 찾도록 환경과 상황을 제공해주는 것이다. 따라서 그림 그리기에만 몰두하는 영유아에게 소꿉놀이하는 친구를 바라보며 그림을 그려보도록 하여 친구들의 놀이하는 모습도 바라보고, 더 나아가 마음에 드는 역할을 맡아 활동해 볼 수 있도록 이끌어 주어야 한다.

Teaching subjects in early childhood education

CHAPTER

02

영유아 교과교육 내용

1. 코메니우스의 유아교과교육 | 2. 프뢰벨의 교과교육
3. 몬테소리의 교과교육 | 4. 하이스코프 프로그램의 교과교육
5. 러셀의 영유아교육과정 | 6. 2015 누리과정
7. 2015년 우리나라 초등교육과정

CHAPTER

02

영유아기에 필요한 지식과 기술, 태도를 적절한 영역으로 나누어 효과적으로 학습하도록 나눈 것이 영유아교과이다. 영유아기에 적합한 교과를 살펴봄에 있어서 대학자들의 견해와 오랜 세월 좋은 프로그램으로 인정받고 있는 영유아교육 프로그램을 살펴보는 것은 의의가 있다. 따라서 본 장에서는 영유아교육의 대학자와 프로그램을 중심으로 영유아기에 요구되는 교과에 관한 견해를 살펴보고자 한다. 코메니우스, 프뢰벨, 몬테소리를 중심으로 살펴보며, 프로그램으로는 뱅크스트리트 프로그램, 하이스코프 프로그램을 중심으로 살펴본다.

1. 코메니우스의 유아교과교육

코메니우스Comenius(1592~1670)는 유아교육의 목적을 세 가지로 정의한다. 신의 형상을 닮은 유아가 신을 따르는 경건한 삶을 살도록 인도하고, 다른 사람과 더불어 살아가면서 도덕적으로 선한 존재로 살아가도록 돕는 것이다. 또한 세상적인 것을 바르게 사용할 수 있도록 가르치는 것이다(김창환, 1997).

코메니우스는 1592년 3월 현재의 체코공화국 모라비아 지방에서 태어나 헤르보른대학과 하이델베르크대학에서 공부하고, 고국으로 돌아와 형제교단을 설립하여 학교에서 교편을 잡다가 신·구교 간의 30년 전쟁(1618~1648)으로 조국이 멸망한 후 독일황제의 체포를 피해 다니다가 1670년 네덜란드에서 세상을 떠났다. 그는 인류의 평화 공존을 형성하기 위해 새로운 인간상을 가르치는 교육에 관심을 가지고 새로운 교육에 몰두했다(김남순, 2007. 3).

코메니우스는 인간을 자연사물의 모든 지식을 얻을 수 있는 합리적 존재, 이성적 존재로 이해한다. 인간의 몸과 영의 상관관계에서 인간은 자신을 알고, 모든 사물들과 바른 관계를 유지하며 신을 지향하는 방법을 이해하는 합리적 존재로 살아가게 된다. 인간은 모든 사물을 이해하며 배울 수 있는 기본적인 세 가지 능력을 신에게 부여받았다. 세 가지 능력은 이해력ratio, 언어oratio, 행위operatio로서 모든 사람이 모든 사물의 지식과 진리의 본질을 터득하며 합리적이고 도덕적으로 삶을 영위할 수 있다(이숙종, 2003. 4). 코메니우스는 범교육론을 주장하는데, 범교육론은 '모든 사람에게 모든 것을 가르치는 보편적인 기술'로 인간이 살아가는 데 도움이 되는 모든 것들을 그 내용으로 한다(김남순, 2007. 3).

유아기는 현세에서 가장 중요한 교육시기(조래영, 2004. 10)로 코메니우스는 유아 시기부터 지성과 덕성과 신앙 함양을 위한 교육이 이루어져야 한다고 하였다. 대교수학에서 인간의 성장기를 4개의 단계로 구분한 코메니우스는 시기마다

학교 교육의 내용이 달라야 하며, 첫째 단계인 영유아기는 일생을 살아가는 데 필요한 모든 지식의 씨를 뿌리는 시기로 정의한다. 이 시기는 현재는 어린이집이나 유치원이 그 교육을 담당하고 있으나 코메니우스 당대에는 '어머니 무릎학교'라 하여 가정에서 어머니가 영유아에게 행해져야 할 교육이었다.

'어머니 무릎학교'에서 배워야 할 내용, 즉 현재의 영유아교육기관에서 담당해야 할 교과내용은 '형이상학'을 비롯하여 19개의 교과로 이루어져 있으며(코메니우스, 1989), 그 내용은 '알기', '행하기', '말하기'로 나누거나(조래영, 2004. 10), 지식교육, 작업 및 기예교육, 언어교육, 도덕교육(김창환, 1997)으로 구분하여 범주를 나눈다. '알기', 즉 지식교육으로는 사물의 이름과 종류, 차이점과 유사점, 기능을 익히는 것이다. 형이상학, 광학, 자연학, 천문학, 지리학, 연대학, 역사학, 가정학, 정치학이 이에 속한다. '행하기', 즉 작업 및 기예교육은 집중력과 활동력에 관한 것으로 기계학, 산술, 기하, 통계와 음악이 이에 속한다. '말하기'는 언어교육으로 변증법, 문법, 수사학이 이에 속한다. '도덕교육'에는 절제와 검약, 청결과 단정, 존경과 순종, 정직과 공정, 친절과 자선, 근면과 침묵, 인내심과 예의가 이에 속한다.

김창환(1997)의 구분에 따라 코메니우스 유아교육의 내용을 '지식교육', '작업 및 기예교육', '언어교육', '도덕교육' 네 가지 영역으로 나누어 설명하면 다음과 같다.

1) 지식교육

지식교육에는 형이상학, 광학, 자연학, 천문학, 지리학, 연대학, 역사학, 가정학, 정치학이 있다.

- 형이상학이 지식의 출발점이다. 영유아들은 오감각에 대한 개념도 없으므로 듣고, 보고, 만져보아도 정확한 분별이 어렵다. 그러므로 '있다', '없다', '같은 것', '다른 것', '어떤 것'에서부터 시작한다. 이것이 형이상학의 기초개념이다.

일상생활에서 알아야 할 다양한 사물의 이름과 기능, 성질을 배우고, 차이점과 유사점을 아는 것이다.

- 자연학은 물, 흙, 공기, 불, 비, 눈, 서리, 돌, 쇠, 나무, 풀, 새, 물고기, 소 등 자연에 관한 기본 지식을 얻는 것이다. 몸 부분의 이름과 기능에 대해 학습한다.
- 광학은 빛의 명암과 색채에 관한 지식을 얻는 것이다. 빛과 어두움, 그림자와 흰색, 검은색, 빨간색 등 주요 색을 구별할 수 있도록 한다.
- 천문학은 태양, 달, 별을 알고 그 차이를 구분하며, 매일 뜨고 지는 것을 아는 것이다.
- 지리학은 위치감각을 익히는 것이다. 유아가 태어난 곳이나 살고 있는 곳, 도시와 촌락, 마을의 산이나 계곡, 강과 바다, 성城 등의 본질을 아는 것이다.
- 연대학年代學은 시간의 의미를 익히는 것이다. 낮과 밤, 사계절, 즉 시간, 날, 주일, 연, 여름, 겨울이 무엇인지 알게 하는 것이며, 어제, 그제, 내일, 모레 등의 의미를 익힌다.
- 역사학은 과거에 일어났던 것에 관심을 가지게 하는 것이다. 과거, 현재, 미래의 사건을 알고, 최근에 일어난 일들, 이런 저런 사람이 이런 저런 일을 어떻게 수행했는가를 기억하고 이야기하는 것이다. 유아의 생활 속의 사건들과 관련지어 훈련시킨다.
- 가정학은 가족구성원과 집의 구조, 살림살이 등의 이름과 기능을 익히는 것이다. 가족 성원의 이름, 즉 할아버지, 할머니, 아버지, 어머니, 언니, 오빠, 동생 등의 이름을 배우고, 가옥의 여러 부분, 대청마루, 부엌, 침실, 마구간, 집기, 즉 식탁, 접시, 칼 등의 이름을 학습하는 것이다.
- 정치학은 정치적 감각을 학습하는 것으로 이 시기 유아들이 가정 밖의 일을 이해할 수 없기 때문에 어려운 일이다. 그러나 국가의 일을 보기 위해서 의원이라고 불리는 사람들이 의회에 모인다는 것과 장관, 재판관 등이 하는 일은

가르칠 수 있다.

2) 작업 및 기예교육

기계학, 산술, 기하, 통계와 음악이 작업 및 기예교육에 속한다.

- 기계학機械學 훈련은 계속해서 무엇인가를 행하도록 허락하거나 또는 실제로 가르쳐주는 것이다. 예를 들면, 물건을 한곳에서 다른 곳으로 옮기고, 어떤 물건을 이런저런 방식으로 정돈하고, 무엇인가를 만들고, 어떤 물건을 조각조각 분배하고, 마디를 만들고 또 끊어버리고 등등의 일을 하도록 훈련하는 것이다. 이런 것들은 이 나이의 유아들이 즐겨하는 것으로 손으로 무엇인가를 창조해 냄으로써 자신을 실현시키고자 하는 마음의 노력이다. 격려하고 지혜롭게 지도해주어야 한다.
- 산술은 '많다, 적다'의 뜻과 열까지 세고, 셋은 둘보다 많고, 셋에 하나를 더하면 넷이 되는 것을 알게 하는 것이다.
- 기하학은 '크다, 작다', '길다, 짧다', '넓다, 좁다', '두텁다, 얇다'의 뜻을 아는 것이며, 선, 교차선, 동그라미의 의미를 알고, 자와 야드로 사물을 측정하는 것이다.
- 통계학統計學은 저울로 물건을 다루는 것을 보거나 손으로 물건을 달아 봄으로써 물건의 어림 중량을 말할 수 있는 능력을 갖게 하는 것이다.
- 음악은 쉬운 노래와 시를 외우게 하는 것이다.

3) 언어교육

변증법, 문법, 수사학이 언어교육에 속한다.

- 사고의 기술, 즉 변증법辨證法은 어린이가 '대화'라는 것은 질문과 답으로 진행된다는 것을 관찰하게 함으로써 알게 하고, 자기 자신도 묻고 답하는 습관을 가지게 될 때 시작된다. 어린이들에게 요령 있게 질문하고 바르게 답하는 방법을 가르쳐주어야 하며, 제목과 다른 길로 가지 않도록 지도해야 한다.
- 유아기의 문법은 모국어를 정확하게 말하는 것이다. 즉, 글씨와 음절과 낱말을 똑똑하게 발음하는 것이다.
- 수사학修辭學은 가정생활의 대화 속에 나타나는 말의 표현, 특히 제스처의 적당한 사용과 말에 맞도록 음성을 변화시키는 일 등을 모방하는 데서 시작한다. 예를 들면, 질문할 때는 마지막 음절에서 음성을 올리고, 대답할 때는 음성을 내린다.
- 시는 몇 개의 시詩를 외우게 하는 것으로 교육한다.

4) 도덕교육

절제와 검약, 청결과 단정, 존경과 순종, 정직과 공정, 친절과 자선, 근면과 침묵, 인내심과 예의가 도덕교육에 속한다.

- 도덕은 이 시기에 견고하게 기초를 두어야 할 것으로 지속적인 적절한 훈계와 타당한 훈육을 통해 이루어진다. 어릴 때 악한 습성을 버리고 덕의 실천이 제2의 본성이 되기를 원하기 때문이다. 유아기 도덕교육의 내용은 절제와 검약, 청결과 단정, 존경과 겸손, 정직과 공정, 친절과 자선, 근면, 침묵, 인내, 예의이다(조래영, 2004).
- 절제와 검약을 학습하기 위하여 배를 지나치게 채우지 말아야 한다. 배고픔과 기갈을 없이할 만큼만 음식을 취하는 것을 연습해야 한다.
- 청결과 단정은 식사 때, 옷, 인형, 장난감을 다루기를 통해 연습시킨다.

- 존경과 순종을 학습시키기 위해 윗사람을 존경하도록 하고, 명령과 금지에 대해 항상 기꺼이 복종함을 습득시킨다.
- 정직은 거짓과 속임수를 허용해서는 안 된다는 것이다. 심각한 악으로 타락할 가능성이 있기 때문에 농담으로도 허용해서는 안 된다.
- 공정을 학습시키기 위해 타인에게 속하는 것은 무엇이든 만지지도 말고, 취하지도 말고, 갖지도 말고 감추지도 말아야 하며, 타인을 괴롭히거나 탐내지 않도록 해야 한다.
- 친절과 자선은, 특히 6세 이전에 학습해야 한다. 유아 시기부터 친절과 자비를 학습하여야 청소년 시기에 봉사하게 된다. 다른 사람에게 친절하게 대하고, 타인을 돕는 봉사가 이에 속한다.
- 근면을 위해 계속적으로 공부나 놀이를 하도록 지도한다. 침묵은 중요한 덕목이다. 타인이 말할 때 경청하고, 신분이 높은 사람과 동석할 때 등 상황에 따라 말을 적게 하도록 가르쳐주어야 한다.
- 인내심은 평생 동안 중요하므로 영아기부터 학습해야 한다. 충동이 아니라 이성에 지배되는 성격으로 육성해야 한다.

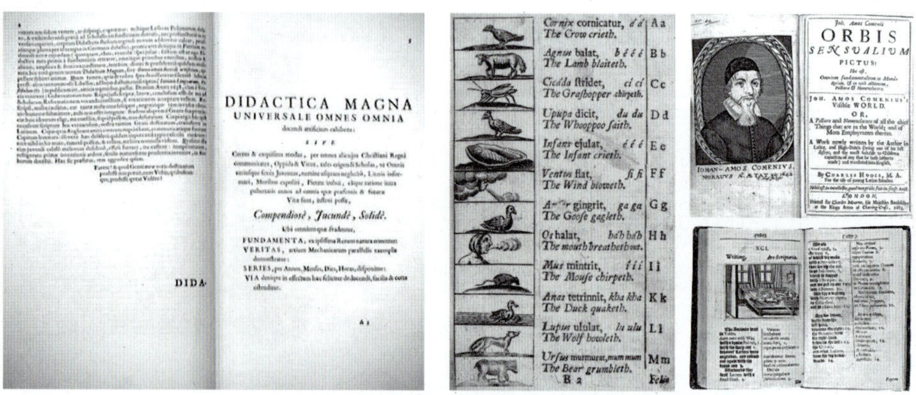

그림 2-1 코메니우스의 대교수학과 세계도회

출처 : https://www.google.co.kr

- 좋은 예법은 중요하다. 그렇지 않으면 어리석고 야비한 행동을 하게 된다. 예의 바른 사회의 행동, 즉 악수하는 법, 정중하게 요청하는 법, 친절에 감사하는 법 등을 학습해야 한다.

2. 프뢰벨의 교과교육

프뢰벨Froebel(1782~1852)은 교육의 본질이 내면에 있는 신성이 바르게 발현하도록 돕는 것으로 본다. 영유아기는 주변 세계에 존재하는 질서와 법칙을 알아가는 출발점이며, 유아기에 습득한 자연과 사회의 질서와 법칙은 이후의 삶에 근간을 제공한다.

프뢰벨은 교육을 자발적으로 이루어지는 창조적 자기발달의 한 과정으로 인식하고 있으며, 인간교육의 발달단계를 영아기, 유아기, 청년기, 성인기 4단계로 구분하였다(조래영, 2004). 신앙은 모든 환경에서 신과 합일하려는 것으로 교육과 밀접한 관계가 있다. 인간의 내면에는 신성神性이 존재하고, 유아는 신의 계속적인 창조성향을 지녔으므로 활동과 창조, 작업 충동을 가지고 있다.

프뢰벨은 1782년 4월 독일 튀링겐 슈바르츠부르크에서 태어났으며, 예나대학에서 신학과 철학, 자연과학을 공부하였다. 1805년 친구이며 모범학교 교장인 구르너를 만나 학교의 교사가 되어 학생들에게 산수, 그림, 도안, 지리, 독일어를 가르쳤으며, 1808년 8월에 페스탈로치Pestalozzi를 방문하여 페스탈로치의 교육사상과 자연주의 교수-학습법에 감명을 받았다. 1811년 괴팅겐대학에 입학하여 히브리어, 아랍어, 인도어 등 언어연구와 결정학, 물리학, 광물학, 지구구조학을 연구하였다. 1816년에 '일반 독일교육소'를 개설하고, 1826년 《인간의 교육》을 출간하였으며, 1837년에 교육놀이기구인 은물을 제작하였다. 1839년 6월 5세 이하 아이들을 모아 실습소에서 놀이와 작업교육을 하였는데, 이것이 세계 최초의 유치원이다. 1840년 6월 28일 프뢰벨은 놀이와 작업교육소를 '일반 독일 유치원'이라 명명하였다(한혜숙, 2006).

프뢰벨은 그의 저서 《인간의 교육》에서 교육의 내용으로 신앙교육, 자연교육, 언어와 예술교육을 제시하였다(한혜숙, 2006).

신앙교육은 덕성교육, 인성교육을 위한 교과내용으로 신과 인간의 참된 합일을 위한 지속적 노력을 의미한다. 인간은 신으로부터 나온 존재이며, 신을 통해 성립되고, 신 안에서 살며 신을 받들도록 현재의 삶에서 지속적으로 노력해야 한다. 부모와의 관계, 신과의 관계에서 진실하고 순수해야 한다.

자연교육은 자연에 존재하는 모든 존재가 지니는 절대적 통일성, 질서와 규칙을 주의 깊게 관찰하여 찾아내고 이해할 수 있도록 학습한다. 자연의 교육에는 자연의 사물과 현상 그리고 형태의 외적 통일성을 찾아내고, 개체성의 인식과 전체관계 속에서 상호이해의 요구를 찾아내기 위하여 교과과목으로 과학과 수학을 배운다. 과학과 수학은 내적인 능력으로 외부에 드러난 것, 보편적인 것에 내재되어 있는 내적 세계를 깊이 연구한다. 이러한 이유 때문에 과학과 수학은 자연과 인간을 중재하며 자연을 이해하는 데 도움이 된다.

언어교육은 언어가 의사소통을 통하여 다양함을 통일시키고 이성을 발달시키며, 지식과 문명의 발전을 이끌므로 유아기부터 교육함이 필요하다. 언어는 내면의 세계를 외부로 표현하며, 또한 외적 세계를 표현하므로 내면을 보다 심오하게 하여 생동하는 모든 다양성을 통일시키고, 종합하며 이성적이 되도록 한다. 언어교육은 타인과의 의사소통이 그 주된 목적으로 언어를 통하여 신과 인간과 자연의 모든 지식을 드러내고 표현함으로써 사고와 기술의 성숙과 발전, 문명의 발전을 가져온다. 인간은 언어를 통하여 그의 본성 전체를 완전하게 표현하고자 노력한다.

예술교육은 개개 인간 내면에 존재하는 생명의 표현, 표현의 교육으로 개개인 안에 존재하는 신의 선물, 즉 재능을 발휘할 수 있도록 지원되는 교육을 말한다.

인간의 교육

은물

그림 2-2 프뢰벨의 《인간의 교육》과 은물

출처 : https://www.google.co.kr

생명과 재능의 표현인 예술교육은 음악으로 표현되는 음률교육, 색과 그림, 조형으로 드러내는 미술교육뿐 아니라 모든 재능, 즉 수학의 재능은 수학 분야의 완성, 언어 재능은 언어 분야의 완성 등 각 분야의 완성으로 신이 주신 재능을 드러내고, 발전시킴으로써 신이 주신 소명을 다하는 것으로 프뢰벨은 인식한다. 언어가 타인과의 의사소통이라면 예술은 개개인 내면 자신과의 끊임없는 소통이라 할 수 있다.

프뢰벨이 크게 제시한 교육의 네 영역을 실현하기 위해 10개의 은물과 11개의 작업을 구상하였다. 주요 활동으로는 좋은 글이나 기도문 읽기, 시와 노래, 게임 및 동작놀이, 발음 연습, 그리기, 전설이나 전래동화를 활용한 역사 익히기, 음식과 의복에 관한 교육, 동 · 식물 기르기와 정원 가꾸기 등이 있다. 11개의 작업으로는 구멍 뚫기, 바느질하기, 그리기, 색칠하기, 접은 종이로 매트 짜기, 종이접기, 종이 오리기, 콩 세공, 판지공작, 모래놀이, 찰흙놀이가 있다.

프뢰벨의 은물과 작업은 통일성 있게 구성되어, 전체와 부분이 상호 밀접한 관계임을 명확하게 보여 준다. 유아들은 은물과 작업을 하는 동안 그 의미를 자연스럽고 쉽게 익힐 수 있다.

3. 몬테소리의 교과교육

몬테소리Maria Montessori(1870~1952) 유아교육의 목적은 정상화된 유아를 양성하는 것이다. 정상화된 유아는 독립적으로 자기 인격을 만들어 갈 수 있는 능력이 있으며, 자신의 소질과 관심을 계발해 간다. 독립성과 주도성을 가지고 끊임없이 작업과 활동에 집중하며 자신의 삶을 존중하고, 다른 사람을 돕고 자기가 속한 사회문화를 발전시키고자 노력한다. 몬테소리는 진정한 교육실현을 위해 인간의 '정상화'를 교육의 진정한 목적으로 보았다.

몬테소리는 이탈리아의 교육학자이자 의사이다. 몬테소리는 로마대학교 부속병원 정신과 근무시절 장애인과 지적장애인을 접하고 장애 치료에 있어 의학적 접근뿐 아니라 교육적 접근의 필요성을 절감하였다. 1898년 국립장애인학교의 경험과 1906년 로마정부로부터 위임받은 로마시 빈민가 출신 3~6세의 어린이 60명의 교육을 담당한 경험을 바탕으로, 프랑스 학자인 이타르와 세갱의 연구를 접목하여 '몬테소리 교육법The Montessori Method'을 고안하였다.

그림 2-3 아이들과 함께 하는 몬테소리

그림 2-4 몬테소리 교실

출처 : https://www.google.co.kr

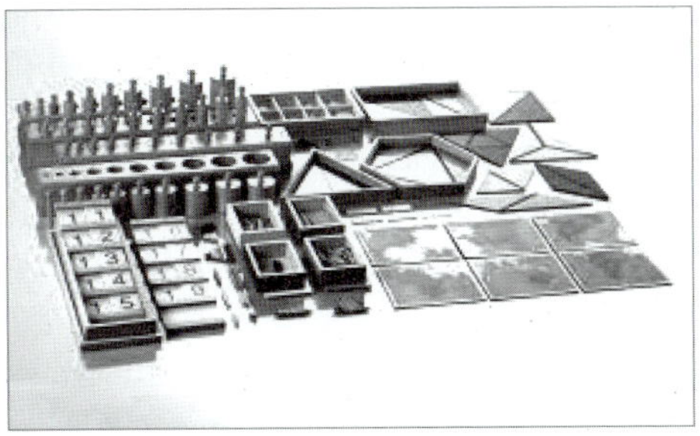

그림 2-5 몬테소리 교구

출처 : https://www.google.co.kr

몬테소리는 영유아기 교과교육의 내용은 일상생활 연습, 감각교육, 수교육, 언어교육, 문화교육이다. 5개 학습영역은 운동, 감각 인식에서부터 시작하여 수 · 언어 인식, 문화 인식으로 연계되어 있다. 일상의 활동을 통해 감각을 훈련시키고, 훈련된 감각으로 수와 언어, 문화의 추상적 개념 습득을 할 수 있도록 학습영역 간의 계통성과 연계성이 고려되어 있다. 이선옥(2001)은 **그림 2-6**과 같이 몬테소리 교육과정을 도식화하였다.

영유아기에 있어서 가장 중요한 것은 영유아가 속한 환경에 적응하는 것이므로 일상생활습관을 훈련시키고, 오감각을 통해 세상의 지식을 습득해 가므로 감각교육을 통해 세상의 지식을 몸으로 체득하며, 민감해진 감각에서 얻어진 지식을 바탕으로 추상의 개념인 수와 언어, 그리고 문화개념을 습득하도록 교육설계를 하였다. 예를 들면, 일상영역의 물건 옮기기를 통해 훈련된 손목과 손가락을 자유롭게 움직여 연필을 쥐고 글을 쓸 수 있도록 준비시키고, 갈색계단을 순서적으로 놓으며 넓이의 개념을 알 수 있도록 하는 것이다.

영유아는 태생적으로 잠재적 발전 가능성을 지니고 태어나므로 교사는 영유아 활동에 관여하기보다는 영유아의 활동을 관찰하고 기록하여 이를 바탕으로 학습의 단계를 제공하고 스스로 지식을 터득해 갈 수 있도록 도와주어야 한다.

몬테소리가 선정한 5개 영역, 일상생활 연습, 감각교육, 수교육, 언어교육, 문화

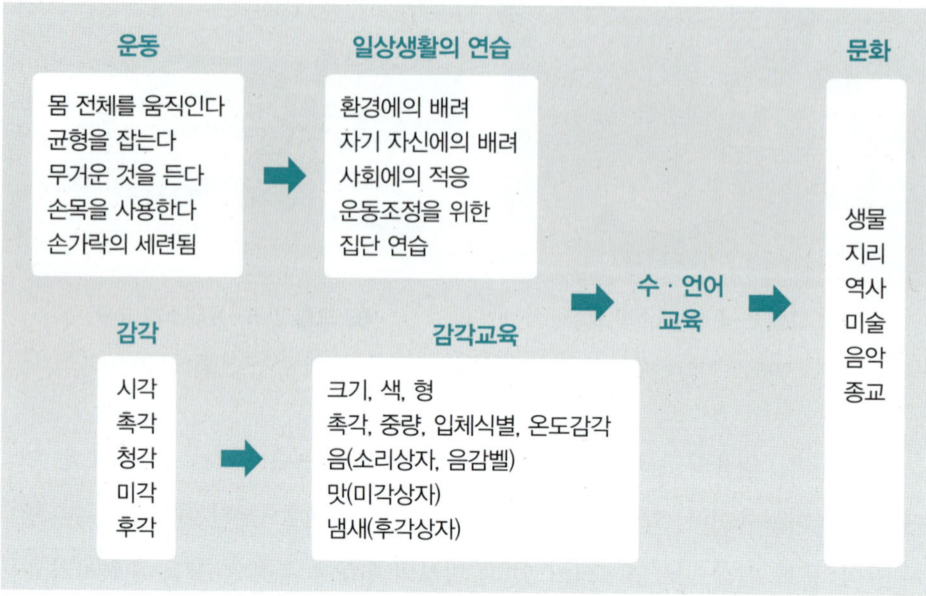

그림 2-6 몬테소리 교육과정

출처 : 이선옥(2001).

교육의 구체적 내용은 다음과 같다.

1) 일상생활 연습

유아는 주변의 생활양식과 문화에 반복적으로 반응하고 적응하는 연습과정을 통해 인격을 형성해 간다. 매일의 규칙적인 생활과 환경 속에서 접하게 되는 상황들은 유아에게 좋은 학습의 장이 되고, 일상생활 연습의 전 작업을 통해 다른 영역을 받아들일 수 있게 된다. 또한 외부와 자신과의 관계, 자신을 둘러싼 법칙을 알게 된다.

연습의 직접적인 목적은 기본적인 개인적 · 사회적 기술을 습득해 독립심과 자립심을 기르는 데 있다. 얻어진 지식과 기술을 통해 유아는 주어진 환경에 적응하는 것을 넘어서 더 높은 차원의 문화와 인격을 창조할 수 있게 된다. 따라서 일상생활 연습은 영유아기에 중요한 교과이다.

일상생활 연습 교과내용은 '환경과 관련된 활동', '인간에 관한 활동', '사회적 관계에 관련된 활동', '운동의 조정과 분석'으로 분류된다. 환경과 관련된 활동으로 교실에서 자신들의 환경을 보호하도록 배우는 활동으로 '쓰레기를 쓰레기통에 넣기', '주변을 청소하기', '꽃나무 기르기', '빨래하기' 등이 있으며, 인간과 관련된 활동으로 '손 씻기', '재킷 벗기, 걸기, 입기' 등 의생활훈련과 '몸 씻기', '코 풀기', '앞치마 입고 벗기', '구두 닦기' 등이 있다. 사회적 관계에 관련된 활동으로는 사회적 상황에서 행동을 선택하고 인식하기 위한 활동들로 '인사하기', '차례 기다리기', '예의 바르게 말하기' 등이 있다. 운동의 조정과 분석에 관련된 활동은 유아의 성장과 발달에 관계된 것으로 '선 따라 걷기', '평균대에서 균형 잡기', '오리기', '끼우기', '접기', '붙이기' 등 손끝을 세련되게 하는 활동(박석돈, 2003)이 있다. 이러한 활동을 통해 신체의 움직임을 조절함으로써 정신의 평형감각, 감정 제어, 규율을 습득하도록 한다.

그림 2-7 끼우기 등 다양한 움직임을 통해 신체를 조절함으로써 정신의 평형감각, 감정 제어, 규율을 습득한다.

2) 감각교육

인간은 세상에 태어나면서부터 신체의 감각기관을 통하여 주변세계를 탐색하고 생존과 관련된 지식과 정보를 습득한다. 피아제Piaget는 생후 24개월까지 감각운동기로 정의하고, 언어나 숫자 등 추상적 지식정보 수집능력이 발달하지 않은 이

그림 2-8 오감각을 사용하여 도형을 맞추고, 도형을 맞추는 활동을 통해 모양, 부피 등 도형의 특징을 어려움 없이 익힌다.

시기에 감각과 운동에 의존하여 현실 적응에 필요한 개념을 구성해 간다고 하였다.

몬테소리는 3~6세까지 유아는 여러 가지 감각활동을 통하여 사물을 인지하므로 감각을 민감하게 발달시켜 주기 위하여 교구를 개발하여 필요 감각자극에 주의를 집중시키도록 하였다. 감각교구는 구체적이고 정확하게 설계된 구체물을 가지고 놀이하는 동안 추상적 개념을 이해할 수 있도록 고안되어 있다.

몬테소리 교육과정에서는 감각을 통하여 학습을 촉진하는 동시에 올바른 개념을 인식하도록 감을 훈련하는 교육활동을 제공한다. 감각교육은 오감각을 훈련하여 언어나 수 등의 추상적 개념을 이해할 수 있는 지각능력과 관찰능력을 준비시켜 영유아의 사고능력을 증진시킨다. 감각교육의 내용으로는 단순감각훈련, 즉 오감각 도구를 통한 시각, 촉각, 청각, 미각, 후각훈련과 복합감각훈련, 즉 농도배열 등 시각 복합 및 입체도형 만들기 등 기하입체 감각훈련이 있다.

감각적으로 사물의 특징을 익히는 과정은 수와 언어, 즉 상징적 기호로 개념을 학습할 때 쉽게 이해할 수 있게 도움을 준다. 표 2-1은 몬테소리 감각교육 프로그램 내용과 그 목적을 기술한 것이다.

표 2-1 몬테소리 감각교육 프로그램 구성내용과 목적

차시	교구	지도내용	목적
1	꼭지원기둥	가장 크게 보이는 2개의 원기둥을 집어 틀의 맞은 편에 나란히 놓고 비교하여 큰 것부터 집어넣는다.	크기 변별
2	분홍탑	10개의 정육면체 중 제일 큰 것을 비교한 후 탑을 올려 쌓는다.	크기 변별
3	빨간 막대	매트의 왼쪽 선에 맞추어 제일 작은 막대부터 순서대로 매트 위에 놓아가도록 한다.	시각적 분별 대조성, 등차성
4	갈색계단	왼쪽의 가장 굵은 선에서 오른쪽 가장 가는 것으로 서열화하여 계단을 완성하고 왼쪽에서 오른쪽으로 가볍게 쓸어내려 일정한 높이의 차이를 감지한다.	크기 시각 변별
5	기하실체	정육면체를 만져보고 굴리며 이야기한 후 구르지 않는 편에 놓는다. 같은 방법으로 하여 구르는 것과 구르지 않는 것을 분류하여 놓는다.	기하학 준비
6	기하도형 서랍	비워진 틀을 시계 반대 방향으로 훑은 후 도형도 훑고 틀에 맞추어 넣는다. 같은 방법으로 끝까지 한다.	시각적 분별력 평면도형 차이 인식
7	색판	제일 짙은 색을 찾아서 매트 상단에 놓는다. 다시 굴레모양으로 모아서 제일 짙은 색을 찾아서 처음 것 옆에 놓는다. 같은 방법으로 끝까지 한다.	등차성 시각 변별 감각적 세련미
8	구성삼각형	삼각형틀을 꺼내어 검은 선을 훑고 선끼리 맞춘다. 확인을 할 때는 겹쳐 얹어서 확인한다.	기하도형 분별력 집중력 지각력

출처 : 정금자 · 정말숙(2003. 2).

3) 수교육

몬테소리는 영유아기의 수교육을 산술교육으로 정의하였다. 자연수만 학습시키며 천 단위의 큰 수와 덧셈과 곱셈, 뺄셈과 나눗셈 등 사칙연산과 간단한 분수를 다룬다. 유아기 수교육의 목적은 유아가 생활경험을 통해 수와 양을 논리적으로 학습하도록 하는 데 있다. 구체적인 사물을 통해 추상적인 개념을 익히고, 이를 학

습하는 가운데 사물을 논리적으로 생각하는 힘, 추상력, 이해력, 판단력을 기른다.

수교육은 유아가 구체적인 수학적 개념을 학습한 후 추상적인 개념을 학습하도록 교구를 제공하고 구체적 개념에서 추상적 개념으로 자연스럽게 이해하도록 지도한다. 처음으로 '수'를 소개한다. 짝짓기, 서열화, 분류활동을 통해 수의 기본개념을 인식하게 하고, '1~10'의 물량, 숫자, 수사를 반복해서 연결지어 익히게 하며 0의 의미를 연습시킨다.

두 번째로 '자릿수', 즉 '십진법'을 연속 수보다 먼저 익힌다. 수체계의 질서를 알게 해주는 것이다. 자릿수를 익히는 활동은 색깔과 크기와 연관 지어 감각적으로 이해시킨다. 활동으로 구슬과 숫자카드 소개, 덧셈, 곱셈, 뺄셈, 나눗셈, 점찍기 놀이, 우표놀이가 있다. 세 번째로 연속 수를 소개한다. 1~19와 11~99의 세기 활동의 양적인 탐색과, 10~100의 기호와 이름, 논리적인 숫자 이해하기 활동이 있다. 색구슬과 숫자카드 소개, 세강판, 숫자의 배열, 100의 사슬, 1,000의 사슬활동이 있다.

네 번째로 암산활동으로 구체적 교재를 가지고 충분히 연산을 연습한 후 기억에 의존해 숫자만으로 추상적 연산을 하도록 이끄는 활동이다. 덧셈판, 곱셈판, 뺄셈판, 나눗셈판 활동이 있다. 다섯 번째로 분수활동이 있다. 분수 끼우기 틀과 곱셈 활동 등 양, 이름, 상징, 수학적 계산에 대한 소개를 위한 활동이다.

몬테소리 수교육 프로그램 내용을 구체적으로 살펴보면 표 2-2와 같다.

표 2-2 몬테소리 수교육 프로그램 내용

내용구분	차시	활동방법
수 막대	1	10cm 막대로부터 길이가 10cm씩 단계적으로 길어지는 10개의 막대로 구성되어 있으며, 각 막대는 빨강과 파란 색깔이 번갈아 칠해져 있다. 이는 1에서 10까지의 수의 양과 명칭, 기수를 알게 하는 데 사용된다.
모래숫자판	2	나무판에 1~10까지의 모래숫자가 쓰여 있는데, 검지와 장지를 이용하여 명칭과 숫자와의 관계를 감각적으로 익히도록 한다.

내용구분	차시	활동방법
수 막대와 숫자카드	3	1~10까지의 숫자를 표시한 10장의 카드와 수 막대를 이용하여 수 막대를 보여 준 후 수 카드를 가져오게 한다. 이는 기수와 숫자를 익히도록 하는 데 목적이 있다.
셈 막대와 셈 막대 상자	4	5칸으로 된 2개의 나무상자로서 칸막이 안에 0~9의 숫자가 쓰여 있고 그 안에 넣을 일정한 모양의 방추형 봉 나무막대 45개로 이루어져 있다. 이는 양과 숫자와의 상관성을 알게 하며, 특히 '0'에 관한 개념을 익히도록 하는 데 사용된다.
수 기억놀이	5	0~9까지의 숫자가 써진 카드와 실물 45개를 사용한 수의 기억놀이를 통해 정해진 수를 일정기간 기억하도록 하며 숫자와 양을 일치시킬 수 있게 한다.
숫자와 바둑알	6	1~10까지의 숫자와 55개의 단추를 이용하여 익숙하게 셀 수 있는 능력을 익히게 하며 홀수와 짝수의 개념을 형성하도록 한다.
색 구슬	7	각기 다른 색깔로 된 1~9까지의 구슬을 철사에 끼운 것과 1~9까지의 숫자카드를 이용하여 양과 숫자 이름을 대응시켜 익히도록 한다.
십진법 I (비즈소개 : 1111)	8	낱개 구슬 1개, 10의 구슬 1개, 100의 구슬판 1개, 1,000의 정육면체 구슬 1개를 사용하여 1단위, 10단위, 100단위, 1,000단위의 십진법에 의해 수와 양의 연관을 감각적으로 익히게 한다.
십진법 II (비즈소개 : 9999)	9	낱개 구슬 9개, 10의 구슬 9개, 100의 구슬 9개, 1,000의 정육면체 구슬 9개를 사용하여 1단위, 10단위, 100단위, 1,000단위의 십진법에 의해 수와 양의 연관을 감각적으로 익히게 한다.
십진법카드 I (1111 소개)	10	1의 초록색 숫자카드, 10의 파란색 숫자카드, 100의 빨간색 숫자카드, 1,000의 초록색 숫자카드를 이용하여 1111의 숫자 읽는 법을 알게 하며 각 단위의 수가 익숙해지도록 한다.
십진법카드 II (9999 소개)	11	1단위의 초록색 숫자카드, 10단위의 파란색 숫자카드, 100단위의 빨간색 숫자카드, 1,000단위의 초록색 숫자카드를 이용하여 1~1,000까지의 숫자 읽는 법을 알게 하며 각 단위의 수가 익숙해지도록 한다.
비즈와 카드에 의한 큰 수 구성	12	1~1,000단위의 구슬과 카드를 이용하여 1의 카드 옆에 1의 비즈, 2의 카드 옆에 2의 비즈 등과 같이 카드 수만큼 비즈를 나열함으로써 다른 자릿수에 익숙해지며 수와 양의 이해가 익숙해지도록 한다.

출처 : 정금자 · 양운모(2004. 12).

그림 2-9 구체물인 셈 막대와 추상의 숫자를 연결하여 부피와 무게로 기수를 연습시킨다.

4) 언어교육

언어는 나와 타인과의 의사소통을 위해 습득해야 할 중요한 기술이며, 사고의 확장과 증진에 중요한 역할을 하는 지식이다. 몬테소리 언어교육의 목적은 모국어를 정확하게 이해하고 표현할 수 있는 기본능력을 육성하는 데 있다. 간접적인 목적으로는 모국어를 존중하는 태도를 기르고 문화의 전승과 창조의 힘을 발달시키고 사고력 · 이해력을 발달시켜 논리적이고 과학적인 사고를 갖게 하는 데 있다. 언어교육은 일상적인 활동 속에서 자유로운 대화와 지속적인 자기표현의 기회를 통하여 이루어진다.

몬테소리 언어교육은 목적을 달성하기 위해 시각 · 청각변별력 및 의사소통에 필요한 사회적 능력을 준비한다. 모두 여섯 가지로 다음과 같다. 첫째, 어휘력과 표현력을 기른다. 둘째, 시각적 변별력과 신체적 능력을 기른다. 셋째, 다른 사람의 말을 듣고 올바르게 이해할 수 있는 능력을 기른다. 넷째, 말의 소릿값과 글자와의 관계에 대해 안다. 다섯째, 의사소통 수단으로서 쓰기와 읽기를 위한 준비를 한다. 여섯째, 문자의 구조와 단어의 쓰임을 이해하여 올바른 언어사용능력을 기른다(이희, 2011).

언어교육의 내용은 크게 둘로 나뉘어지는데, '듣기, 말하기'와 '읽기, 쓰기' 활동이다. '듣기, 말하기'와 '읽고 쓰기'는 독립적이 아니라 상호보완적으로 발달되며, 듣기와 말하기'는 '읽고 쓰는 능력' 발달을 돕기 위한 준비활동으로 구성된다(이희, 2011). 유아는 읽고 쓰기에 들어가기 전 주변에서 쉽게 접하는 사물을 이름부터 다양한 어휘를 익히고, 습득된 어휘로 자신의 생각을 논리적으로 표현해본다. 직접적으로 쓰기 활동을 하기 이전에 철판도형 및 선 그리기 등의 활동으로 눈과 손의 협응력을 키우고 운동기능을 발달시키며, 모래글자와 이동자모활동으로 글자의 소릿값을 익히고 단어 읽기, 구절 읽기 등 읽기 활동을 연습한다. 다음 학습단계로 품사의 역할을 배우고 문장구성과 분석능력을 키운다. 이러한 언어의 발달은 듣기, 말하기, 읽기, 쓰기의 순서적으로 일어나는 것이 아니라 동시에 일어난다(이희, 2011).

언어교육의 구체적 프로그램 내용으로 어휘 익히기, 듣기, 말하기, 노래하기, 새로운 계절에 대해 말하기, 질문하기, 게임, 이야기하기, 보고 말해보기, 경험에 대하여 이야기하기, 토론이 있으며, 읽기와 쓰기를 위한 교육은 읽기, 쓰기, 품사 익히기, 문법 익히기로 이루어져 있다. 모래종이 글자, 움직이는 자음과 모음, 음성 사물상자, 음성 단어카드, 표음문자, 어려운 단어 분류하여 읽기, 읽기 분석, 받아쓰기 활동이 있다. 언어교구카드는 모두 한 쌍으로 이루어져 같은 것을 짝짓는 가운데 시각적 변별력을 키우고, 사물의 유사성과 차이점을 구별하는 활동을 통해 글자의 형태를 인식하는 변별력을 습득하게 한다. 모든 사물은 3단계 교수법을 통해 정확한 명칭을 익히고 그 속성을 배운다.

몬테소리 언어교육의 내용을 표로 정리하면 **표 2-3**과 같다.

표 2-3 몬테소리 언어교육내용

범주	교육내용
조기 언어적 경험 (early language experience)	• 구두언어(oral language) • 총체적 언어와 문해능력(whole lanuage & literacy) • 청각적 변별 : 듣기 기술(auditory discrimination : listening skills) • 시각적 변별(visual discrimination) • 짝 맞추기(matching) • 어휘 확장/이름 붙이기(vocabulary enrichment/labeling) • 패턴 맞추기(patterning) • 순서 짓기(sequencing) • 분류하기(classification)
중심소리 (key sounds)	• 탐정놀이(I spy) • 모래글자(sandpaper letters)
이동 자모 (movable alphabet)	• 소개(introduction) • 받아쓰기(dictation) • 확장활용(expanded usage) • 구체물/그림(objects/Pictures) • 모음의 추가(addition of vowels) • 모음의 합성(combination of vowels) • 긴 표음어(long phonetic words) • 표음 구(phonetic phrases) • H가 들어간 이중글자(H digraphs) • 장 모음(long vowels) • 확장 : 토픽, 구, 스토리 쓰기(expansion : topic, phrases, story writing)
기계적 글쓰기 (mechanical writing)	• 철판 도형(metal insets) • 칠판 쓰기, 이름 쓰기(chalkboards, name writing) • 종이에 쓰기(paper)
읽기 (reading)	• 첫 번째 읽기 수업(first reading lesson) • 첫 번째 읽기 교구(first reading materials) • 퍼즐어(puzzle words) • 운율 군(rhyming word families) • 구체물 분류(object classification) • 그림 분류(picture classification) • 운율 만들기(families : create)

범주	교육내용
품사의 기능 (function of words)	• 명사의 기능(noun) • 형용사의 기능(adjective) • 관사의 기능(article) • 동사의 기능(verb) • 전치사의 기능(preposition) • 접속사의 기능(conjuction)

출처 : 이희(2011).

그림 2-10 책 읽기 활동을 통해 글자의 소릿값을 익히고 어휘, 단어, 구절 등을 익히며 더 나아가 문장구성과 분석능력을 키운다.

5) 문화교육

몬테소리는 영유아에게 전 세계, 전 우주를 앞에 가져다주라고 하였다. 새로운 것에 무한한 호기심을 가지고 받아들일 자세가 되어 있는 영유아에게 다양한 세상을 보여 주고 경험시켜주는 교과가 문화교육이다.

문화교육의 목적은 유아에게 어른의 세계를 알려 주고 세상의 다양한 양상을 경험할 수 있는 기회를 제공하여 주어진 문화에 적응하고 이해하며, 호기심을 갖게 해 인식의 틀을 넓히고 더 큰 자아를 성취하고 표현할 수 있도록 돕는 데 있다. 3~6세는 문화의 민감기로 유아는 문화교육을 통해 인간으로 받아들여야 할 모든 양식, 습관, 예술, 문화, 삶의 형태 등을 이해하는 자세를 배우게 된다.

문화교육의 교육내용은 지리, 역사, 생물학, 지질학, 예술학이 있으며, 지리활동으로 지도 소개, 산과 들, 바다 소개가 있다. 역사는 시간의 개념을 먼저 익혀야 하므로 시간의 개념을 알려주고, 과거, 현재, 미래의 개념을 익히도록 한다. 생물학으로 식물학, 동물학이 있으며, 화산, 지진 등 지질학을 소개한다. 예술영역으로 음악과 미술을 소개한다. 영유아기 단계교육은 영유아, 초등학교, 중등학교로 이어지는 계열에서 가장 기초적이며 생활적응을 위해 필요한 지식과 기술, 태도가 학습되어야 하므로 교육의 내용은 기본적인 수준에서 이루어진다.

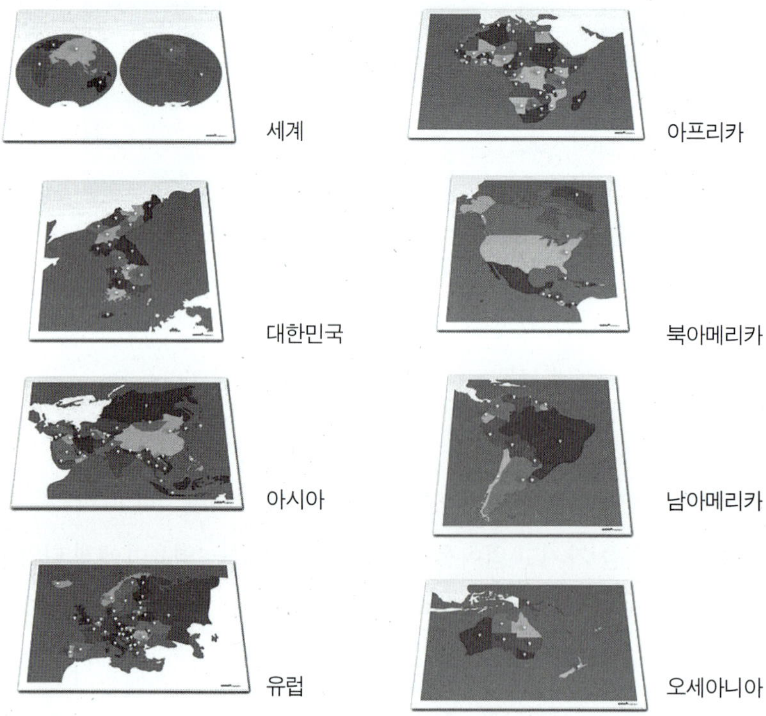

그림 2-11 몬테소리 문화교육 중 5대양 6대주를 알게 하는 활동교구이다.

4. 하이스코프 프로그램의 교과교육

영유아교육에서 세상을 살아가는 지식과 기술을 알려주는 과정은 영유아의 행동결과보다 발달해 가는 과정을 지원해주는 데 있다. 인간의 발달은 공통적인 발달 패턴과 개별적 특성이 드러나는 과정이 있으며 영유아기의 성장과 발달 패턴은 인간의 성장과정에 있어서 가장 급격하다.

하이스코프highscope 프로그램은 1970년 와이카트David p. Weikart 박사(1931~2003)가 미시간주 입실란티Ypsilanti, Michigan에 설립하였으며, 헤드스타트 프로그램head start program의 하나로 출발하였다. 하이스코프 프로그램은 영유아기에 이 프로그램에 참여한 유아들이 성인이 되었을 때 사회에 매우 바람직하게 적응한 사례를 조사한 장기효과연구를 한 것으로 유명하다.

하이스코프 프로그램은 1962~1967년 사이에 태어난 가난하고 학교생활에 적응하지 못하는 123명의 3, 4세 유아들에게 수준 높은 유아교육 프로그램을 실시하고 그 유아들이 40세가 된 2005년까지 인터뷰를 통하여 사회환경에 적응한 사례를 살펴보았다. 그 결과 3, 4세 조기에 질높은 유아교육 프로그램, 즉 하이스코프 프로그램을 교육받은 유아들이 그렇지 못한 유아들보다 소득이 더 높았고, 범죄율은 낮았으며, 고등학교를 졸업하는 비율이 높았다(https://highscope.org/perrypreschoolstudy, 2018. 8. 9).

그림 2-12 와이카트

하이스코프 프로그램은 피아제의 인지발달이론에 기초하고 있으며, 영유아 자신이 의욕적으로 학습에 참여하여 자신의 활동을 계획하고 수행하고 평가하도록 격려한다. 주요한 학습교육원리는 능동적 학습, 주요 경험, 계획–실행–평가과정 그리고 부모참여이며, 사회성발달보다는 인지발달을 중시하여 문제해결능력과 창의적 사고능력을 강조한다.

영아 및 걸음마기를 위한 6가지 교과와 42개의 교육내용을 담고 있으며, 3~5세아를 위해 8개 교과와 58개의 핵심발달지표KDI를 사용하고 있다. 영아 및 걸음마기를 위한 6가지 교과내용은 '학습방법', '사회 및 정서발달', '신체발달과 건강', '커뮤니케이션', '언어 및 문해', '인지발달' 그리고 '창조적 예술' 분야이다. 3~5세 유치원 교과내용은 '학습방법', '사회 및 정서발달', '신체발달과 건강', '언어', '문해 및 의사소통', '수학', '창조적 예술', '과학기술'과 '사회학'이다(https://highscope.org/fr/preschool, 2018 ; https://highscope.org/fr/infant-toddler, 2018. 8. 9).

교수활동은 소집단활동과 대집단활동으로 이루어지며 교수활동의 중요한 핵심은 계획–실행–평가를 연속적으로 수행하면서 매일의 일과를 계속해 나가는 것이다.

구체적인 내용을 살펴보면 다음과 같다. 하이스코프 프로그램에서는 영아 및 걸음마기를 위한 활동과 3~5세 유아를 위한 활동이 있다. 주요 학습원리로 영아와 걸음마기는 '적극적으로 학습에 참여하기, 문제해결해 보기, 스스로 돕기'가 있으며 유치원 시기는 여러 가지 자료를 활용하여 '계획–실행–회상' 과정에 참여해 보는 것이다.

1) 신체발달과 건강

활발하게 뛰노는 것은 정상적인 아이들의 모습이다. 영아기 신체훈련과 건강한 생활을 위하여 '꾸준히 몸 움직이기', '물건 들고 이동하기' 등 유치원활동은 대근육활동, 소근육활동, 자신의 몸 알기, 자신의 몸 돌보기, 건강한 생활습관 익히기 등의 핵심개념을 가지고 활동을 한다. 대근육활동에서는 근육의 힘과 유연성, 균

그림 2-13 영유아는 몸 움직이기를 통해 대근육, 소근육을 강화시키고 스스로의 몸을 알고 돌보는 습관을 키우게 된다.

형감, 근육 사용의 적절한 시기 조절에 관해 학습하며, 소근육활동으로 민첩함, 눈과 손의 협응을 연습시킨다. 영유아들은 자신의 몸 구조를 알아야 하며, 활동 중에 자기 몸을 조절할 줄 알아야 하고, 자신의 몸을 건강하게 돌보는 생활습관과 규칙을 익혀야 한다.

2) 언어, 문해 및 의사소통

유아의 언어능력은 말하고 쓸 수 있는 기회가 충분한 교실환경에서 자연스럽게 발달된다.

영아기, 걸음마기의 주요 언어, 문해, 의사소통활동은 즐거운 언어활동이다. 이를 위해 듣고 반응하기, 상호 의사소통, 말하기, 인쇄물 탐색, 몸짓 등 비언어적 대화하기가 있으며, 유치원 언어, 문해 및 의사소통활동으로 10가지 핵심개념을 사용하고 있다. 의미 이해, 일상어로 말하기, 어휘와 어법 익히기, 음운 익히기, 알파벳 이름과 음가 알기, 읽고 이해하기, 문자 내용 알기, 책 내용 알기, 써보기, 몸짓언어, 모국어 및 다양한 언어 알기가 핵심내용이다(https://highscope.org/fr/preschool, 2018 ; https://highscope.org/fr/infant-toddler, 2018. 8. 9). 이러한

그림 2-14 유아들이 성인이나 또래에게 이야기하도록 격려해주고, 반복이나 설명을 첨가해 주어 유아의 언어를 정교하게 한다.

환경을 만들기 위해 유아들이 성인과 또래에게 이야기하도록 격려해주고 교사는 반복이나 설명을 첨가해 줌으로써 유아의 언어를 정교하게 만들어 준다.

3) 수학

영유아기에는 일상생활을 하는 가운데 일어나는 산술적인 문제를 풀고, 물체를 분류하고, 수개념에 대한 이해를 형성해간다. 유아들은 형식적인 수학을 이해하기 전에 일대일 대응과 수 보존을 숙달해야 한다.

하이스코프 프로그램에서 수와 관련된 활동은 영아기에는 인지활동으로 분류한다. 유치원 시기에는 수교육으로 분류되어 구체적 활동이 지시되어 있다. 영아를 위한 인지활동에는 물체탐색, 물체의 영속성 알기, 유사점과 차이점 알기, 탐색하기, 일대일 대응, 숫자, 물체 찾기, 채우기 및 비우기, 나누기와 모으기, 다른 관점에서 보기, 예측하기, 시간 간격알기, 속도 알기, 원인과 결과 알기 활동이 있으며, 유치원의 수교육은 9가지 핵심개념을 중심으로 활동한다. 수의 이름과 숫자, 수세기, 부분과 전체, 모양의 이름, 위치와 거리 등 공간개념, 측정, 단위, 패턴, 데이터 분석과 문제해결이다(https://highscope.org/fr/preschool, 2018).

공간은 사물의 물리적 세계 속에서 관계를 설명하는 데 사용되는 용어로 유아 주변에 있는 사물들이 어떻게 관련 있는지와 유아 자신의 신체에 대한 학습활동을 포함한다. 21세기에 들어 2차원, 3차원의 공간에 관한 연구와 개발이 활발해지고 있으며 유아교육에도 가상현실, 증강현실 등이 접목되고 있다. 유아의 공간에 대한 개념은 자신의 몸에 대한 지각에서부터 시작된다. 한 사물에 대한 유아의 최초의 공간적 지식은 유아가 만지고 가까이 함으로써 점차 인식되므로 어린 시절부터 장소의 방향이나 위치관계를 탐색할 기회를 주는 것은 중요하다(최동선, 2007 ; 이영환 · 허영임, 2007).

그림 2-15 측정, 단위, 패턴, 데이터 분석과 문제해결 또한 영유아기 수활동에서 다루어야 할 활동으로 영유아들은 자신의 신체, 주변의 도구, 표준화된 계량도구를 사용하여 수개념을 익힌다.

유아에게 사물 간의 거리를 인지하고 설명하거나 위치를 주시하거나 또는 다른 관점에서 물체가 다르게 보인다는 것을 이해할 수 있도록 하이스코프 프로그램에서는 채우고 비우기, 사물을 함께 모으거나 분리하기, 여러 다른 관점에서 사물과 장소를 관찰하기, 그림이나 사진에 표현된 공간관계 해석하기를 실시한다.

영유아에게 있어서 시간은 막연히 전후 관계 속에 연결된 연속체로 인식되어 현재와 과거와 미래가 혼재되어 있다. 시계나 달력 등 추상적이고 형식적인 시간 교육보다 일상과 관련지어 지난 주일 무엇을 하였는지, 어떤 활동 다음에 또 다른 무슨 활동을 하였는지 순서지어 생각해 보고, 어떤 활동을 하는 데 얼마나 오래 걸렸는지 생각해보게 한다. 시간 인식과 관련된 주요 경험활동은 신호에 따라 행동을 시작하고 멈추기, 움직임의 속도를 경험하고 표현하기, 시간대별로 활동순서 인식하기, 묘사, 표상하기가 있다.

측정, 단위, 패턴, 데이터 분석과 문제해결 또한 영유아기 수활동에서 다루어야 할 활동으로 영유아들에게 물건들을 자신의 발, 줄 혹은 자나 계량컵 등 다양한 도구를 사용하여 비교하고, 순서 짓기를 시작하도록 하며, 사물과 사람의 위치를 알고, 언어로 표현할 수 있도록 하며, 수개념으로 일상의 문제를 해결할 수 있도록 한다.

4) 창의적 표현

유아기는 호기심과 탐구심이 왕성하며 사고의 가소성이 활발하고 창의적 행동이 절정에 이르는 시기이다. 4~5세는 창의적 활동이 가장 왕성하다(김기예 · 박숙희, 2014). 창의적 표현력은 물건이나 아이디어를 내는 것뿐 아니라 유아가 가지고 있는 기초적인 사고를 바탕으로 산출해 내는 특별한 사고, 개성적 표현도 의미한다.

교사는 유아의 능력이 점점 발전한다는 사실을 염두에 두고 현재 진행 중인 행동이나 최근의 경험에 대해 표상을 구체화하는 작업부터 먼저 실시하고, 계획, 회상, 표상하도록 격려한다. 창의적 표현을 위해 필요한 주요 경험활동은 영아, 걸음마기와 유아기 활동으로 구분지어 놓았다. 영아, 걸음마기 활동으로 모방과 위장, 미술자료 탐색, 시각적 이미지 확인하기, 음악 듣기, 음악에 대한 반응, 소리, 음정(http://www.highscope.org, 2018. 8)이 있으며, 유아기 활동으로 오감을 통한 주변 사물 인

그림 2-16 창의적 활동은 사물을 가지고 움직이기, 창의적인 움직임으로 표현하기 등과 같은 체계적인 지도를 통해 몸의 잠재적 움직임을 이끌어 내고, 몸으로 표현하는 방법을 습득하도록 한다.

식하고 표현하기, 음악 및 소리 모방하기, 움직임으로 표현하기, 가상놀이와 역할놀이, 예술감상이 있다. 창의적 예술활동과 관련된 5가지 주요 경험활동을 살펴보면 다음과 같다(http://www.highscope.org/Content.asp?ContentId=293, 2016. 9. 29).

창의적 예술활동과 관련된 주요 경험활동

❶ 2차원 혹은 3차원 표현 예술(art)

영유아들은 주변에서 관찰하거나 생각하고 느낀 바를 2차원적 그림 혹은 3차원적 조형물로 표현한다.

❷ 음악(music)

영유아들은 주변에서 관찰하거나 생각하고 느낀 바를 악기나 몸의 소리 등 다양한 소리로 표현한다. 음악활동을 위한 주요 경험활동으로 음악에 따라 움직이기, 소리 탐색, 멜로디 만들어 보기, 간단한 악기 연주하기 등이 있다. 소리를 탐색하고 악기 연주를 배우며, 목소리 사용법과 노래하는 방법을 알려준다.

❸ 움직임(movement)

영유아들은 주변에서 관찰하거나 생각하고 느낀 바를 몸동작으로 표현한다. 움직임을 위한 주요 경험활동은 지시에 따라 움직이기, 움직임으로 표현하기, 사물을 가지고 움직이기, 창의적인 움직임 표현하기, 같은 박자에 따라 계속 움직이기가 있다. 체계적인 지도를 통해 몸의 잠재적 움직임을 이끌어 내고 소리를 듣고 감정에 따라 몸으로 표현하는 방법을 습득하도록 한다.

❹ 가상놀이(pretend play)

영유아들은 주변에서 관찰하거나 생각하고 느낀 바를 가상놀이를 통해 표현한다. 생활 속에서 일어나는 이야기를 연극이나 역할극으로 표현해 보는 기회를 갖는다. 영유아 시기에 연극이나 가상놀이는 일상적으로 행해지는 활동이다.

❺ 예술감상(appreciating the arts)

영유아에게 예술활동을 감상할 기회를 제공한다. 지역사회의 예술가들, 예술에 대한 다양한 의견들, 지역사회 문화에 관심을 갖도록 한다.

5) 과학과 기술

영유아들은 태생적으로 주변을 탐색하고 실험한다. 타고난 과학자인 것이다. 주변을 관찰하고, 분류하고, 실험 검증하며 가설을 세우고, 결론을 이끌어 내며, 다른 사람들에게 그들의 생각을 전달한다. 이와 같은 과정은 과학자들이 과학적 발견을 위해 사용하는 것으로 하이스코프 프로그램에서는 영유아의 과학 및 기술 능력 향상을 위해 8가지 주요 경험활동을 제시하고 있다. 8가지 주요 경험활동은 관찰, 분류, 실험, 예측, 결론추출, 아이디어 표현, 자연과 물리세계, 도구 및 테크놀로지(http://www.highscope.org, 2018. 8)이며, 구체적 내용은 다음과 같다.

영유아 과학 및 기술능력 향상을 위한 주요 경험활동

❶ 관찰

영유아에게 주변 사물과 환경 변화를 관찰하도록 한다.

❷ 분류

사람과 사물, 환경과 일어나는 각종 이벤트 활동을 분류해 본다.

❸ 실험

영유아에게 그들의 아이디어를 실험해보도록 한다.

❹ 예측

어떠한 일이 일어날 수 있는지 예상해보게 한다.

❺ 결론추출

영유아에게 경험과 관찰을 바탕으로 결론을 이끌어 내도록 한다.

❻ 아이디어 표현

영유아에게 사물의 특징과 활동 양식에 대한 아이디어를 표현하도록 한다.

❼ 자연과 물리세계

영유아에게 자연의 세계, 물리적 환경에 대한 지식을 얻도록 한다.

❽ 도구와 테크놀로지

영유아에게 도구를 탐색하고 사용법을 알아 사용할 수 있도록 한다.

그림 2-17 21세기 교육의 중요한 특징 중 하나는 도구 및 테크놀로지를 알고 사용할 수 있어야 한다는 것이다.

6) 사회교육

영유아들은 태어나면서부터 주변 환경을 관찰하고 영유아와 관련된 사람들의 행위를 이해할 수 있어야 하므로 영유아가 복잡한 사회에 잘 적응할 수 있도록 기본 지식과 기술, 태도를 지도해야 한다. 욕구 조절, 집단활동에 참여, 협동놀이, 갈등 처리 등의 기술과 태도를 습득해야 한다. 하이스코프 프로그램에서는 영유아가 사회를 이해하고 적응할 수 있도록 영아, 걸음마기 활동과 3~5세 유아기 활동을 제시하고 있다. 영아, 걸음마기 활동으로는 '자기와 타인 구별', '또래관계', '성인과의 관계형성', '감정 알기', '공감능력 배양', '집단놀이 참여'가 있으며 유치원활동으로는 '다양성', '지역사회 구성원의 역할이해', '의사결정하기', '지리학', '역사', '생태학' 등 6가지 주요 경험활동을 제시하고 있다. 구체적 내용은 다음과 같다.

영유아 사회적응교육을 위한 주요 경험활동

❶ 다양성

영유아들에게 주변 사람들의 다양한 성격, 관심, 능력을 알 수 있도록 지도한다. 영유아들이 다양한 성인과 또래와 상호작용하는 장을 제공하고 토론활동, 역할놀이, 책 읽기, 견학 및 예술표현활동을 통해 학급교실 내 또래와의 관계, 가족과 이웃 더 나아가 사회 내 관계활동에 주도적으로 참여할 수 있도록 돕는다.

❷ 지역사회 구성원의 역할 이해

영유아에게 지역사회 공동체 내 사람들의 구성원의 역할과 기능을 알도록 한다.

❸ 의사결정하기

활동에 참여하여 필요한 순간에 선택하고 계획하고 결정하여 문제를 해결하도록 돕는다.

❹ 지리학

지리적 특징과 위치를 안다.

❺ 역사

과거, 공동체의 현재 미래를 인식하도록 한다.

❻ 생태학

영유아들에게 사람뿐 아니라 주변 동·식물, 산, 바다 등 주위에 함께 하는 환경의 생명과 깨끗한 보존을 위해 힘써야 한다는 것을 지도한다.

그림 2-18

영유아가 주변 사람들의 다양한 성격, 관심, 능력을 알 수 있도록 지도하고, 학급교실 내 또래와의 관계, 가족과 이웃 더 나아가 사회 내 관계활동에 적극적으로 참여할 수 있도록 돕는다.

5. 러셀의 영유아교육과정

세상에는 모든 사람들이 알아야 할 지식과 어떤 사람은 알아야 하나, 다른 사람은 알 필요가 없는 지식이 있다. 대체로 14세 이전에 학교에서 가르치는 내용은 모든 사람이 알아야 할 지식에 속한다. 어린 시절 재능이 발휘되어 관리해 주어야 하는 사례와 같은 특별한 경우를 제외하고 전문화는 14세 이후에 실시되어야 한다. 모든 사람이 알아야 할 지식 중 상대적으로 난이성이 쉬운 교과는 저학년 교육과정이 된다(러셀, 1989).

저학년 교과는 감각 지각을 정확하게 연마시키고, 소란한 중에도 집중할 수 있도록 집중력을 키워주는 교과내용이 좋다. 이를 위해 영유아 교과교육으로 러셀 Russell이 추천하는 교과내용은 기초적인 미술, 음악 및 노래, 무용과 의사소통을 위한 모국어와 학습 여건이 마련되어 있으며 외국어 습득, 그리고 읽기와 쓰기, 문학교육과 연극, 산수교육 그리고 지리와 역사가 있다.

영유아에게 기초적인 미술과 음악, 무용교육은 신체근육의 단련과 심미감을 길러줄 수 있으며, 무엇보다도 생활에 큰 즐거움을 준다. 노래는 무용보다 그 기초를 배우기가 어렵기 때문에 무용보다 조금 늦게 시작해야 하며, 동요를 배운 후에는 아름다운 노래들을 익혀야 한다. 언어교육에는 모국어뿐 아니라 여건이 되면 외국어도 함께 가르쳐야 한다. 다문화가 점점 흔해지는 한국 상황에서 한국어와 다문화권 언어와 문화를 학습할 수 있는 기회가 있으면 베트남 언어, 필리핀 언어 등과 친숙해질 수 있다.

읽기와 쓰기, 산수는 현실에서 필요한 과목이며, 집중력과 정확성을 연마시키는 교과이므로 학습되어야 한다. 그러나 흥미 중심 교수방법으로 지도하기에는 까다롭기 때문에 난이성을 세심하게 단계별로 나누고, 교과를 충분히 이해한 교사가 훈련된 교육적 기술로 지도하면 어려움 없이 학습이 가능하다. 또한 이 교과들은 숙달을 위해 여러 규칙을 익혀야 하는 다소 지루한 과정을 감수해야 한다.

거의 모든 영유아들은 여행과 관련지어 지리에 흥미를 갖는다. 2세경부터 엄마와 아빠와 여행을 계획하면서 혹은 여행 중의 사진과 이야기로 지리를 학습할 수 있다.

역사는 시간개념이 필요하므로 5세경부터 가능하다. 흥미로운 위인 이야기나 불의 발견, 농업의 시작, 양과 소, 개의 사육 등과 같은 인류의 발전과정, 사건을 중심으로 설명할 수 있다.

말과 글의 아름다움과 사상의 자발적 표현을 위해 문학교육이 3세부터 학습되어야 한다. 문학교육은 가치 있는 몇 개의 작품을 몇 번이고 읽어 문장의 스타일, 사상의 스타일도 알 수 있도록 하며 연기를 할 수 있도록 하면 더욱 좋다. 책의 내용을 표현하도록 기회를 주고 자신의 생각을 표현해보도록 한다. 3세 영유아는 연극하기를 좋아한다.

6. 2015 누리과정

교육과정은 교육목표를 달성하는 데 필요한 교육내용과 학습활동을 체계적으로 정리한 교육활동의 총체개념으로 인간의 발달에 기초하여 여러 단계가 유기적으로 연계되어 있다. 교육부는 유아교육발전 기본계획(2018~2022)을 통하여 영유아기의 경험이 이후 생애의 인지적 · 감성적 · 사회적 발달에 지속적 영향을 미치며 성공적 학업, 직업세계로의 이행을 위한 근본을 형성하므로 4차 산업혁명시대 인재역량을 강화하고자 그간 표준보육과정과 누리과정으로 이원화된 교육과정을 누리과정으로 일원화하여 모든 유아에게 적용할 것을 추진할 것임을 공표하였다(http://www.moe.go.kr/boardCnts/view.do?boardID=314&boardSeq=74965&lev=0&searchType=null&statusYN=W&page=1&s=moe&m=030103&opType=N, 2018. 8. 13).

또한 인간의 발달 측면에서 볼 때 교육과정은 유아기부터 초·중등교육과 연계되는 것이 필요하다. 4, 5세는 6, 7세와 동질적 요소가 많으며, 초등학교 1, 2학년은 이후 12세까지 아동과 동일한 발달적 요소가 많으므로(최자윤·김숙자, 2017), 2012년 유보 통합을 위한 5세 누리과정에서 5세 기본소양과 능력을 토대로 초등학교 1~2학년군의 창의, 인성 교육내용과 체계적인 연계성을 확보하고자 하였고, 2013년부터는 3~5세 연령별 누리과정과 초등교육의 목적과 목표를 연계하여 5개 영역의 내용 범주와 교육과정이 연계되도록 구성하고 있다(최자윤·김숙자, 2017). 2018년에는 보다 의지를 강하게 표현하고자 표준보육과정, 누리과정, 초등학교 교육과정 1~2학년군의 계열적 연계를 위한 연령별 누리과정 지도중점을 자료를 개발하여 보급에 나서고 있다(교육부, http://www.moe.go.kr/boardCnts/view.do?boardID=315&boardSeq=74584&lev=0&searchType=null&statusYN=W&page=1&s=moe&m=030104&opType=N, 2018. 8. 13).

2015년 고시된 누리과정에 대해 자세히 살펴보면 다음과 같다.

1) 누리과정의 구성방향

2015년 3월 1일 교육부 고시 제2015-61호에 의해 고시된 한국의 누리과정은 6개의 구성방향을 중심으로 설계되었다. 그 방향은 다음과 같다. 첫째, 질서, 배려, 협력 등 기본생활습관과 바른 인성을 기르는 데 중점을 두어 구성한다. 둘째, 자율성과 창의성을 기르는 데 중점을 두고, 전인발달을 이루도록 구성한다. 셋째, 사람과 자연을 존중하고, 우리 문화를 이해하는 데 중점을 두어 구성한다. 넷째, 3~5세아의 발달특성을 고려하여 연령별로 구성한다. 다섯째, 신체운동·건강, 의사소통, 사회관계, 예술경험, 자연탐구의 5개 영역을 중심으로 구성한다. 여섯째, 초등학교 교육과정과 0~2세 표준보육과정과의 연계성을 고려하여 구성한다.

2) 목적과 목표

누리과정의 목적은 3~5세 유아의 심신의 건강과 조화로운 발달을 도와 민주시민의 기초를 형성하는 것이며, 다음과 같은 5가지 목표를 가지고 있다. 첫째, 운동능력과 건강하고 안전한 생활습관을 기른다. 둘째, 일상생활에 필요한 의사소통능력과 바른 언어 사용습관을 기른다. 셋째, 자신을 존중하고 다른 사람과 더불어 생활하는 능력과 태도를 기른다. 넷째, 아름다움에 관심을 가지고 예술경험을 즐기며, 창의적으로 표현하는 능력을 기른다. 다섯째, 호기심을 가지고 주변세계를 탐구하며, 일상생활에서 수학적 · 과학적으로 생각하는 능력과 태도를 기른다.

3) 누리과정의 영역과 목표

누리과정은 신체운동과 건강, 의사소통, 사회관계, 예술경험, 자연탐구의 5개 영역으로 구성되어 있으며, 영역별 목표와 세부활동내용은 다음과 같다.

(1) 신체운동 · 건강

신체운동 · 건강의 목표는 기본운동능력과 건강하고 안전한 생활습관을 기름이며, 다섯 가지 세부목표와 내용을 가지고 있다. 다섯 가지 세부목표는 다음과 같다. 첫째, 감각능력을 기르고, 자신의 신체를 긍정적으로 인식한다. 둘째, 신체를 조절하고 기본운동능력을 기른다. 셋째, 신체활동에 즐겁게 참여한다. 넷째, 건강한 생활습관을 기른다. 다섯째, 안전한 생활습관을 기른다.

'감각능력을 기르고, 자신의 신체를 긍정적으로 인식하기' 위한 활동으로 신체인식을 위해 신체 각 부분 명칭을 알고, 감각의 차이 인식, 움직임에 관심 갖기 등 활동이 있다. '신체를 조절하고 기본운동능력 기르기'를 위한 활동으로는 공간,

힘, 시간 등의 움직임 요소를 경험하고, 신체 각 부분 움직임 조절, 눈과 손을 협응하여 소근육을 조절해 보는 활동이 있다. '신체활동에 즐겁게 참여하기' 활동으로는 걷기, 달리기 등 이동운동, 제자리에서 몸 움직이기, 다른 사람과 함께 신체활동 참여, 바깥 신체활동 참여, 여러 가지 기구를 이용한 신체활동 참여가 있다. '건강한 생활습관을 기르기' 위해서는 손과 이를 깨끗이 하는 방법을 알고, 음식을 골고루 먹으며 바른 태도로 식사하는 습관을 들인다. 규칙적으로 잠을 자고, 적당한 휴식을 취하며, 하루 일과에 즐겁게 참여하고, 스스로 화장실에서 배변한다. 질병의 위험을 알고 주의하며 날씨에 맞게 옷을 입는다. '안전한 생활습관을 기르기' 위해서는 놀이기구나 놀잇감, 도구를 안전하게 사용하며, 안전한 놀이장소를 알아야 하고, TV나 인터넷, 통신기기 등을 바르게 사용한다. 교통안전규칙을 알며, 교통수단을 안전하게 이용한다. 학대, 성폭력, 실종, 유괴상황을 알고 도움을 요청하며, 재난 및 사고 등 비상시 적절하게 대처하는 방법을 안다.

(2) 의사소통

의사소통의 목표는 일상생활에 필요한 의사소통능력과 바른 언어 사용습관을 기름이다. 목표를 달성하기 위해 네 가지 세부목표가 있으며 활동내용이 있다. 네 가지 세부목표는 다음과 같다. 첫째, 다른 사람의 말을 주의 깊게 듣는 태도와 이해하는 능력을 기른다. 둘째, 자신의 생각과 느낌을 말하는 능력을 기른다. 셋째, 글자와 책에 친숙해지는 경험을 통하여 글자 모양을 인식하고 읽기에 흥미를 가진다. 넷째, 말과 글의 관계를 알고 자신의 생각, 느낌, 경험을 글로 표현하는 데 관심을 가진다.

'다른 사람의 말을 주의 깊게 듣는 태도와 이해하는 능력을 기르기' 위해서는 낱말의 발음에 관심을 가지며, 낱말과 문장, 이야기의 뜻을 이해하고, 말하는 사람을 바라보며 바른 태도로 듣는 활동을 해본다. '자신의 생각과 느낌을 말하는 능력을 기르기' 위해서는 느낌과 생각, 경험을 말해보고, 상대방을 바라보며 바르고 고운 말을 사용하는 경험을 해본다. '글자와 책에 친숙해지는 경험을 통하여 글자 모양을 인식하고 읽기에 흥미를 가지기' 위해서는 읽기에 흥미를 가지고 주변에서 친숙한 글자를 찾아보며, 읽어 보는 글의 내용에 관심을 갖고 책에 흥미를 가지며 책의 내용에 관심을 가지는 활동을 해본다. '말과 글의 관계를 알고 자신의 생각, 느낌, 경험을 글로 표현하는 데 관심을 가지기' 위한 활동으로는 말을 글로 나타내는 것에 관심을 갖기, 자기 이름 알기, 느낌과 생각을 글자로 표현하고 쓰기 도구를 사용해보기 활동이 있다.

(3) 사회관계

사회관계의 목표는 자신을 존중하고 다른 사람과 더불어 생활하는 능력과 태도를 기름에 있다. 목표를 달성하기 위해 다섯 가지 세부목표가 있으며 활동내용이 있다. 다섯 가지 세부목표는 다음과 같다. 첫째, 자신을 소중히 여기며 자율성을 기른다. 둘째, 자신과 타인의 감정을 알고, 자신의 감정을 적절하게 표현하고 조절한다. 셋째, 가족과 화목하게 지내며 서로 협력한다. 넷째, 친구, 공동체 구성원들과 서로 돕고, 예의 · 규칙 등 사회적 가치를 알고 지킨다. 다섯째, 우리 동네, 우리나라, 다른 나라에 관심을 가진다.

'자신을 소중히 여기며 자율성을 기르기' 위해서는 자신에 대해 관심을 갖고 소중히 여기며, 내가 할 수 있는 일을 알고, 하고 싶은 일을 선택하는 활동을 해본다. '자신과 타인의 감정을 알고, 자신의 감정을 적절하게 표현하고 조절하기'를 위해서는 자신에게 여러 가지의 감정이 있음을 알고, 감정을 조절해보며, 다른 사람의 감정에 관심을 갖는 활동경험을 갖는다.

'가족과 화목하게 지내며 서로 협력하기'를 위해서는 가족 구성원을 알고 가족을 위하여 내가 할 수 있는 일을 알아보는 활동을 해본다. '친구, 공동체 구성원들과 서로 돕고, 예의 · 규칙 등 사회적 가치를 알고 지키기' 위해서는 친구가 있음을 알고 친구와 의견 차이가 있음을 알며, 다른 사람의 소유물을 존중하고 약속과 규칙을 지켜야 함을 아는 활동경험을 해본다. '우리 동네, 우리나라, 다른 나라에 관심을 가지기' 위해서는 자신이 사는 동네 이름을 알고 동네 사람들에 관심을 가지며, 우리나라와 세계 여러 나라에 관심을 갖고 알아보는 활동을 해본다.

(4) 예술경험

예술경험의 목표는 아름다움에 관심을 가지고 예술경험을 즐기며, 창의적으로 표현하는 능력을 기름에 있다. 목표를 달성하기 위해서는 세 가지 세부목표와 활동내용이 있다. 세 가지 세부목표와 활동내용은 다음과 같다. 첫째, 자연과 주변 환경에서 발견한 아름다움과 예술적 요소에 관심을 갖고 탐색한다. 둘째, 자신의 생각과 느낌을 음악, 움직임과 춤, 미술, 극놀이를 통해 창의적으로 표현하는 것을 즐긴다. 셋째, 자연과 다양한 예술작품을 감상하며, 풍부한 감성과 심미적 태도를 기른다.

'자연과 주변 환경에서 발견한 아름다움과 예술적 요소에 관심을 갖고 탐색하기' 위해서는 음악적 요소, 움직임 요소, 미술적 요소를 탐색하고, 다양한 소리, 음악 셈여림, 빠르기, 리듬을 알고, 자연과 사물의 색, 모양, 질감 등을 알아보는 활동경험을 갖는다. '자신의 생각과 느낌을 음악, 움직임과 춤, 미술, 극놀이를 통해 창의적으로 표현하는 것을 즐기기' 위해서는 전래동요를 비롯해 노래하기, 리듬악기 활용, 움직임과 춤 그리고 도구로 생각과 느낌을 표현, 미술, 극놀이 등으로 예술을 표현해 보는 활동경험을 해본다. '자연과 다양한 예술작품을 감상하며, 풍부한 감성과 심미적 태도를 기르기' 위해서는 다양한 음악, 춤, 미술작품에 관심을 가지고 듣거나 보고 즐기는 활동경험을 해본다.

(5) 자연탐구

자연탐구의 목표는 호기심을 가지고 주변세계를 탐구하며, 일상생활에서 수학적 · 과학적으로 생각하는 능력과 태도를 기름에 있다. 목표를 달성하기 위해서는 세 가지 세부목표와 활동내용이 있다. 세 가지 세부목표와 활동내용은 다음과 같다. 첫째, 주변의 사물과 자연 세계에 대해 알고자 하는 호기심을 가지고 탐구하는 태도를 기른다. 둘째, 생활 속의 여러 상황과 문제를 논리 · 수학적으로 이해하고 해결하기 위한 기초능력을 기른다. 셋째, 물체의 특징 알아보기, 나의 출생과 성장, 주변의 동 · 식물에 관심을 갖고 생명체를 소중히 여기는 마음을 갖는다.

'주변의 사물과 자연 세계에 대해 알고자 하는 호기심을 가지고 탐구하는 태도를 기르기' 위해서는 주변 사물에 호기심을 갖고 탐색해보는 활동경험이 필요하다. '생활 속의 여러 상황과 문제를 논리 · 수학적으로 이해하고 해결하기 위한 기초능력을 기르기' 위해서는 수와 수량에 관심을 가지고 구체물을 사용하여 수와 연산, 공간과 도형, 측정, 규칙성을 이해하는 활동을 해보며, 자료수집능력과 결과를 표현해 보는 경험을 가져본다. '주변의 관심 있는 사물과 생명체 및 자연현상을 탐구하기 위한 기초능력을 기르기' 위해서는 나의 출생과 성장, 주변의 동 · 식물에 관심을 갖고 생명체를 소중히 여기는 마음을 갖는 활동경험을 해본다. 또한 돌, 물 등 자연물과 날씨에 관심을 갖는 활동을 해본다.

7. 2015년 우리나라 초등교육과정

유아교육에서 초등교육과정을 아는 것이 중요한 이유는 교육과정의 방향이 유아교육과 초등교육과정이 연계되어 이루어져야 하기 때문이다.

2007 개정 교육과정 이후 한국 영유아교육과정의 방향은 초등교육과의 연계이

다. 교육부는 2016년 9월 23일 초 · 중등교육과정을 개정 확정하여 발표하였고(교육부, 보도자료), 2015 초등교육과정이 유치원과의 연계에 강조점을 두고 있다. 여기에서는 2016 한국 초등학교교육과정 중 유치원과의 연계를 고려한 부분을 언급하기로 한다.

개정의 주요 내용은 미래사회를 대비하기 위해 '창의융합형 인재 양성'을 위해 기본방향을 유아기부터 설정하고 초등교육과의 연계 교과교육과정을 개발하였다는 것이다. '창의융합형 인재'란 인문학, 과학 등 다양한 지식을 융합하여 새로운 지식을 창조하는 사람을 말한다. 유아기에 누리과정에서 학습한 기본교육을 바탕으로 초등교과교육 내용을 강화한다.

초등학교 저학년 1~2학년 국어는 누리과정처럼 듣기, 말하기, 읽기, 쓰기가 통합된 수업활동을 연극 등을 통해 즐겁고 재미있는 독서경험을 갖도록 하며, 수학

표 2-4 학자별 프로그램별 교과와 교과의 내용

학자	교과 및 교과내용
코메니우스	형이상학, 자연학, 광학, 천문학, 지리학, 연대학, 역사, 산술, 기하학, 통계학, 기계학, 변증법, 모국어문법, 수사학, 시, 정치학, 음악, 가정경제, 도덕
프뢰벨	덕성교육, 자연의 교육, 언어교육, 표현교육
몬테소리	일상생활 연습, 감각교육, 수교육, 언어교육, 문화교육
러셀	모국어, 외국어, 문학, 산술, 지리, 역사, 미술, 음악, 무용
하이스코프	신체발달과 건강, 언어 · 문해 및 의사소통, 수학, 창의적 표현, 과학과 기술, 사회교육
누리과정	• 신체운동 · 건강 • 의사소통 • 사회관계 • 예술경험 • 자연탐구
누리과정과 2015 초등교육과정 연계	• 안전교육 강화 • 듣기, 말하기, 읽고 쓰기의 통합체험 활동(연극) • 수학 중 물체의 위치와 방향, 규칙 찾기 강화

은 누리과정과 연계하여 물체의 위치와 방향, 규칙 찾기 활동을 삽입하였다.

위 내용을 종합하면 영유아교육 및 초기 아동교육의 교육과정 교과내용은 일상생활에 적응을 위한 기본생활습관 훈련 및 이와 병행하여 태어날 때부터 평생 이어져야 할 인성교육, 21세기 사회에 필요한 지식교육, 즉 언어교육모국어, 외국어, 문학교육, 자연교육수학, 과학, 지구공동체 생활에 필요한 서로 다른 문화와의 의사소통을 위한 사회관계교육, 개인과 집단공동체를 풍요롭게 할 예술경험교육, 심신의 건강과 안전교육이 필요하다고 하겠다.

Teaching subjects in early childhood education

CHAPTER

03

영유아 교수-학습방법

1. 우리나라 교수-학습방법의 변천사 | 2. 교수-학습자료
3. 교수-학습방법 | 4. 유아교육기관의 일과
5. 영유아교육기관의 교사

CHAPTER

03

3장에서는 우리나라 교수-학습 변천사와 21세기 들어서 변화하는 유아를 위한 교수-학습자료 그리고 2015년 개정 유치원교육과정에 따른 교수-학습방법과 유아교육기관의 일과운영, 영유아교육기관의 교사에 대해 다루고 있다.

1. 우리나라 교수-학습방법의 변천사

교육사에 족적을 남긴 대학자들의 견해는 인간의 교육은 태어나면서 시작되며, 유아교육은 그 이후 교육의 기본이 된다는 것이다. 교육과정은 그 사회의 요구 속에서 형성되며, 인간은 문화적 존재로 그 사회가 요구하는 인성을 갖는다. 교수방법은 교육 목적을 달성하기 위한 가장 빠르고 안전하게 도달하게 하는 방법이다. 인간의 교육은 연령과 발달에 맞추어 단계적으로 나누어 교육되며, 이전 단계의 학습에 기초하여 다음 단계 학습이 이루어진다. 영유아교육기관의 교육은 자유로운 학급 분위기 속에서 이루어지며, 실생활경험을 통해 사회생활 혹은 공동체생활의 올바른 수행을 배우도록 한다.

산업화 이후 지속적인 물질만능주의와 성장지상주의의 가치 만연으로 인하여 인간의 삶에 많은 문제들이 발생하였으며, 이를 극복하기 위해 새로운 사회와 새로운 가치를 지닌 삶의 방식 그리고 인재가 필요하게 되었다. 새로운 사회의 가장 중요한 가치는 열린 마음, 공감과 배려로 이는 인간과 인간만의 배려와 소통이 아닌 인간을 둘러싼 모든 자연환경과 공존을 추구한다.

이와 같은 새로운 사회의 도래는 우리나라 교육과정의 내용에도 영향을 주었다. 창의적 인간 육성을 위해 우리나라는 2009년 교육과정에 학생의 자율성과 유연성을 발휘하게 하기 위해 체험활동을 도입하고 강조하고 있다. 이 체험활동은 1954년 제정된 제1차 교육과정에 기원을 두고 있다.

영유아교육과정의 변천사는 우리나라 교수-학습방법 변천사의 틀 안에서 수립되고 있으며, 2009년 말 교육과학기술부가 '유아교육 선진화 추진계획'을 발표하고 유치원교육과정을 초 · 중등학교 교육과 연계하여 생애 초기부터 생활에 필요한 기초능력을 유치원교육부터 교육하기로 하였다. 영유아교육과정을 초등, 중등교육체계 교육과정 변천사에 넣어 살펴보면 다음과 같다.

1948년 7월 17일 헌법이 제정되고, 1948년 8월 15일 대한민국 정부가 수립된 후 1년 뒤인 1949년 12월 31일 법률 제36호로 대한민국의 교육이념과 목적, 제도 등에 관한 「교육법」이 제정되었다. 그리고 1954년 4월 20일 제1차 교육과정이 수립되었다. 교육과정 수립이 늦어진 것은 1950년 한국전쟁이 발발한 까닭이다.

현재 학교에서 실행되고 있는 체험 중심 활동은 1차 교육과정 중 특별활동으로 시작되어 50여 년간 지속되었다. 2009년에 이르러 교육과정에 교과 외 활동의 실효성과 단위학교의 자율성 및 유연성을 북돋우기 위해 특별활동과 학교 재량활동으로 통합시켜 그 범주가 더 넓어졌다(조영남, 2015). 학생들의 창의성개발을 위해 국가가 체계적으로 개입하려는 의지를 반영하고 있는 것이다. 2009년 교육과정은 상호 간의 공감과 수용이 무엇보다 중요해진 21세기 인간상을 반영하여 나눔과 배려심을 지닌 인재, 창의적인 인재 배출을 교육의 목적으로 설정하고 이의 성취를 위해 자율활동, 봉사활동, 동아리활동, 진로활동 등의 4대 영역을 활동영역으로 두고 있다.

2015년에 개정된 유치원교육과정 교수-학습방법은 이 장의 교수-학습방법 부분에서 서술한다.

2. 교수-학습자료

교사들은 수업 준비를 위해 교수-학습자료를 참고한다. 교사들이 주로 활용하는 학습자료는 첫째, 지도서, 참고서, 기타 웹자료이다. 교사용 지도서의 경우 늘 책상 위에 구비되어 가장 손쉽게 이용할 수 있고 교수-학습활동의 안내기능을 하므로 가장 많이 참고하고 있다. 둘째로 교사들은 영유아의 동기 유발, 학습수준, 학습목표 달성을 위한 수업준비자료를 준비할 때 동영상을 많이 활용하며, 민간업체 교육정보 사이트를 보다 많이 참고하는 편이다(편혜정, 2015).

그림 3-1 현재의 영유아들은 태어나면서부터 디지털 기기를 보고 자란 세대이다. 따라서 기존의 학습지 중심, 칠판 중심의 교수-학습매체와 더불어 디지털 기기를 활용한 교육환경과 교사연수가 필요하다.

그림 3-2 교육환경에서 적용 가능한 디지털 기기들

출처 : https://www.google.co.kr

지금의 영유아는 디지털 시대에 태어나 디지털 기기에 매우 익숙하다. 따라서 교육환경에서 인터넷, 모바일, 웹 등의 디지털 기기의 활용이 많아질 것이다. 그러므로 교사들의 효율적인 기계 사용과 자료 활용을 위해 교수-학습방법에 대한 체계적인 연수가 이루어져야 한다.

3. 교수-학습방법

2015년 개정 유치원교육과정에 따른 교수-학습방법은 다음과 같다.

- 놀이를 중심으로 교수-학습활동이 이루어지도록 한다.
- 유아의 흥미를 중심으로 활동을 선택하고 지속할 수 있도록 한다.
- 유아의 생활 속 경험을 소재로 하여 지식, 기능, 태도 및 가치를 습득하도록 한다.

- 유아와 교사, 유아와 유아, 유아와 환경 간에 능동적인 상호작용이 이루어지도록 한다.
- 주제를 중심으로 여러 활동이 통합적으로 이루어지도록 한다.
- 실내 · 실외 활동, 정적 · 동적 활동, 대 · 소집단활동 및 개별 활동, 휴식 등이 균형 있게 이루어지도록 한다.
- 유아의 관심과 흥미, 발달이나 환경특성 등을 고려하여 개별 유아에게 적합한 방식으로 학습하도록 한다.

2015년 9월 23일에 공시된 교육과정은 빈번해진 생활의 위험과 재난에서 자신과 가족, 이웃을 지킬 수 있도록 2009년 교육과정에 안전교육이 첨가되어 영유아교육의 누리과정과 초등학교 1~2년에 '안전한 생활'이 편성되었다. 또한 학생 개개인의 흥미와 재능을 발휘하며, 개성이 다양한 개개인 간의 협력과 시너지 효과를 얻고자 교사와 학생 간의 협의, 학생 주도 활동을 강조한다.

김숙자와 김유선(2015)은 새로운 사회에 어울리는 인간상 구현을 위해 영유아교육에서 교과의 내용으로 넣어야 할 영역으로 인간과 인간 간의 공존, 인간과 환경 간의 공존 두 체계로 나누고 있다. 인간과 인간 간의 공존을 위한 내용에 자유, 평등, 공감, 예절, 배려, 협력 등을 두고 있으며, 인간과 환경 간의 공존을 위한 내용으로 다문화, 통일, 세계 평화, 지속 발전 가능한 인간활동, 환경문제 등을 넣고 있다. 이는 유치원의 고유성과 학교교육과의 연계성 강화를 도모하는 것으로 유치원교육의 선진화를 이루고 있는 외국의 사례에 비추어볼 때에도 합당하다고 볼 수 있다.

교수-학습방법으로는 이야기 나누기 활동을 활용하였는데, 구체적인 내용을 살펴보면, 자기표현하기 교수-학습방법을 사용하여 공감, 협력, 배려 등에 적합한 활동을 하였으며, 토의하기 교수-학습방법을 통하여 합리적 사고형성, 문제해결하기 교수-학습방법을 통하여 환경 보존과 실천내용을 위한 활동으로 활용하

그림 3-3 체험활동을 통해 도구를 익히고 토론을 통해 합리적 사고와 함께하는 예절을 학습한다.

였다. 추론하기를 통하여 존엄과 배려, 인간활동을 하였으며, 모델링을 통해 예절, 질서 등의 교육을 하였다. 설명하기 교수-학습방법을 활용하여 자유, 권리, 합리적 사고, 예절, 의사결정 등의 학습을 진행하였다.

4. 유아교육기관의 일과

영유아들이 영유아교육기관에서 생활하는 시간이 점점 더 많아지고 교육기관에서의 삶이 유아기의 성장과 발달에 중요한 영향을 미치고 있으므로(이기숙 · 이경미, 2009. 12) 유아가 보내는 영유아교육기관의 하루 일과는 요즈음 영유아 생활의 핵심이라 할 수 있다.

일상은 매일 생활하고 있는 시공간의 총체적인 삶의 형태로 우리 삶의 구제적인 실존의 세계이다(류경희, 2013). 반복되는 하루의 일과가 우리 삶 전체의 질을 형성해 나가는 것이다. 영유아의 반복되는 하루 일과가 영유아의 현재와 미래에 커다란 영향을 미친다.

7차 유치원교육과정에서부터 '하루 일과에서 교사의 역할'을 강조하며 영유아교육기관의 하루 일과의 내용으로 이기숙과 이경미(2009. 12), 그리고 류경희(2013)는 실내 · 외 자유선택활동, 집단활동, 급 · 간식, 휴식 및 낮잠, 전이시간, 씻기 및 용변, 귀가, 기타 활동시간으로 제시하고 있다. 권은주와 최윤정(2010)은 자유선택활동, 정리정돈 및 전이활동, 대 · 소집단활동, 바깥놀이활동, 간식 및 점심, 휴식 및 낮잠, 평가 및 귀가로 세분화하고 있어 하루 일과의 내용은 실내 · 외 자유선택활동, 집단활동, 급 · 간식, 휴식 및 낮잠, 전이시간, 씻기 및 용변, 평가, 귀가라고 요약할 수 있다.

영유아교육기관의 하루 일과 세부활동내용을 살펴보면 실내 · 외 자유선택활동시간에 여러 개의 흥미영역별 활동을 하며, 집단활동시간에는 이야기 나누기, 요리활동, 음률활동, VTR시청 등을 한다. 이기숙 등(2009. 12)이 제시하는 영유아교육기관의 하루 일과를 요약하면 **표 3-1**과 같다.

3세 유아들은 5세보다 등원, 급 · 간식, 휴식, 낮잠, 씻기, 용변에 더 많은 시간을 보내며 가정생활에 관련된 역할놀이를 주로 하는 경향이 있다. 유아의 이러한 특징에 맞추어 교사들은 놀이의 질이 향상될 수 있도록 계절에 맞는 의상, 가족 행사, 즉 생일축하, 소풍 관련 소품을 비치하여 놓으면 좋다(이기숙 · 이경미, 2009. 12).

몬테소리(1995)가 제시한 하루 일과를 살펴보면 도착, 수업, 체조, 점심, 자유놀이, 실외놀이, 미술활동 등 신체활동, 동 · 식물 돌보기 활동으로 이루어져 있다. 영유아교육기관에 도착해서는 상호인사, 청결상태 점검이 이루어지고, 체조시간에는 신체를 바르게 하기 위한 일상적 동작을 훈련한다. 바른 자세로 앉기, 바르게 걷기, 물건 가만히 놓기 등이 체조에 속한다. 오전에는 지적 훈련이 이루어지고, 오후에는 움직임이 있는 활동이 주로 이루어진다. 미술활동, 게임, 동 · 식물 돌보기 활동 등이다.

유아교육기관의 일과시간은 부모의 일정에 맞추어 여름과 겨울을 달리하여 대체로 여름에 오전 8시~오후 6시까지이며, 겨울에는 오전 9시~오후 5시까지이다. 유아의 성장에 도움이 되는 행동지침을 위해 일과시간은 길어야 하며, 하루 일과

표 3-1 영유아교육기관의 하루 일과

하루 일과	내용
등원	보호자와 헤어지기, 실외화 벗기/실내화 신기, 교실로 들어가기, 출석 표시하기, 교사와 인사하기, 또래와 인사하기, 겉옷 벗기, 소지품 정리하기, 기타
실내 자유선택활동	놀이계획, 대화, 전이/놀이정리, 여러 활동 중 선택
집단활동	이야기 나누기, 음악활동, 율동/신체, 문학활동, 게임, 실험, 요리, VTR 시청 등
급식 및 간식	그릇 준비, 음식 배분, 기도 등 의식, 기다리기, 먹기, 그릇 정리, 기타
휴식 및 낮잠	잠자리 준비, 옷 벗기/입기, 잠자기, 일어나기, 잠자리 정리, 머리 빗기, 휴식, 기타
전이	준비하기, 모이기, 이동하기, 대 · 소집단활동하며 기다리기, 개별 활동하며 기다리기
씻기 및 용변	손 씻기, 세수하기, 용변 보기, 양치하기, 물 마시기, 기다리기 등
특별활동	국어, 영어, 수학, 미술, 악기, 태권도, 발레 등 교과, 특기교육
귀가	귀가 표시하기, 겉옷 입기, 교사와 인사하기, 소지품 정리하기, 교실에서 나가기, 신발 신기, 보호자와 인사하기, 차량으로 이동, 기타
기타	갈등, 약 먹기/치료하기, 울고 떼쓰기, 활동실 밖으로 돌아다니기 등

출처 : 이기숙 · 이경미(2009. 12).

중 최소한 1시간의 낮잠시간, 3~6세의 성장발달에 필요한 식습관 및 영양을 고려한 점심시간이 필요하다. 그물침대나 실외 낮잠이면 더 좋다. 일과시간 배분은 다소 달라질 수 있으나 일관된 원칙이 있다. 청결, 정돈, 바른 자세 훈련, 이야기 나누기가 들어간다. 구체적 사항을 살펴보면 다음과 같다.

- 청결 : 어린이는 도착하는 대로 청결상태를 검사한다. 양손, 손톱, 목, 귀, 얼굴, 치아검사, 머리 단정검사, 옷 찢어짐, 단추 떨어짐, 신발의 상태를 살펴본다. 이는 어린이의 주의를 환기시켜 자신을 관찰하고 자신의 모습에 관심을 갖게 하려는 것이다.

- 세면훈련 : 유아들에게 자신을 돌보는 방법을 알려주는 것으로 신체의 여러 부분에 관심을 갖게 하며, 사용하는 도구에 대해 주의 깊게 살피도록 한다. 손 닦기, 손톱 청소, 발 닦기, 조심해서 눈과 귀를 닦는 법, 칫솔질을 하고 입 안을 물로 헹구는 방법을 배운다. 눈은 물로 닦고, 손은 비누칠을 한 다음 물로 닦고, 이는 칫솔로 닦는 것을 학습한다. 조금 큰 아이가 작은 아이들을 돕도록 할 수 있다.
- 정돈 : 일반적으로는 자신이 사용한 교구와 교재를 정돈하는 것을 말하나, 교실을 둘러보고 청소하는 법과 청소도구 사용법을 학습하기도 한다. 앞치마를 입고 먼지걸레, 총채, 빗자루 사용법을 배운다. 앞치마는 혼자 입기도 하고 서로 입혀주기도 한다. 유아들은 이러한 활동에 흥미를 느끼며 매우 빠르게 청소를 마친다.
- 바른 자세 훈련 : 바른 자세란 각 어린이가 조용히 자기 자리에 앉아 바닥에 두 발을 모은 후 책상 위에 손을 얹고 머리를 곧게 쳐든 자세이다. 바른 자세 훈련은 유아에게 평정과 평형을 가르치기 위함이다. 조용하고 단아하게 움직이기, 걷기, 서로 인사 나누기, 물건을 조심스럽게 옮기기, 정중하게 물건 주고받기 등의 연습을 통해 바른 자세를 익히기도 한다.
- 이야기 나누기 : 이야기 나누기는 언어발달, 언어 표출을 고무하며 한다. 생활 속의 경험, 공적인 사건들, 다른 사람의 집에서 경험한 일들이 이야기의 주제가 될 수 있다. 주말 지낸 다음날 월요일은 이야기 나누기 시간을 좀 더 길게 한다. 주의할 사항은 가족의 사사로운 이야기를 하지 않도록 조심시키는 것이다.

교육부(2015)는 영유아교육기관의 하루 일과 시간으로 1일 4~5시간으로 연간, 월간, 주간, 일일계획에 의거 운영하게 되어 있다. 그러나 대체로 현장에서는 그 보다 많은 시간을 운영하고 있다. 3세반의 하루 일과를 살펴보면 **표 3-2**와 같다.

표 3-2 3세반의 하루 일과

시간	활동	활동내용
7 : 30~9 : 00	통합보육 (자유선택활동)	• 통합보육실에서 선생님, 부모님과 인사 나누기 • 유아의 건강상태 체크하기 • 개별적으로 자유선택놀이 활동하기
9 : 00~10 : 00	자유선택활동	• 쌓기, 역할, 언어, 수/조작, 과학, 미술, 음률활동 등 • 영역별 자유선택활동
10 : 00~10 : 20	정리정돈 및 화장실 다녀오기 오전 간식	• 놀잇감 정리하기 • 자율적으로 화장실 다녀오기, 손 씻기 • 감사 인사 후 간식 먹기
10 : 20~10 : 40	대 · 소그룹활동	• 오늘의 날씨, 날짜 알아보기 및 오늘의 활동 소개 • 대그룹 활동(이야기 나누기, 음률, 신체활동)
10 : 40~11 : 40	실외활동	• 주제와 연결된 실외 활동 (유아의 흥미나 날씨에 따라 옥외 놀이터, 주변 환경 실외 활동)
11 : 40~12 : 00	손 씻기 및 점심식사 준비	• 화장실 다녀오기 및 손 씻기 • 점심식사 준비
12 : 00~13 : 00	점심식사 및 양치지도	• 개별 배식 및 음식을 골고루 맛있게 먹기 • 식사 예절 지도 • 식사 후 개별적으로 양치하기 • 양치 후 자유선택활동 시작
13 : 00~14 : 20	낮잠 및 휴식	• 낮잠 준비(개별 매트, 이불, 베개 준비) • 조용한 음악을 들으며 낮잠 및 휴식 취하기
14 : 20~14 : 40	기상 및 화장실 다녀오기	• 기분 좋게 일어나, 자고 일어난 자리 정리하기 • 화장실 다녀오기 및 손 씻기
14 : 40~15 : 00	오후 간식	• 스스로 포크나 수저를 사용하여 맛있게 먹기 • 간식 먹은 후 먹은 자리 정리하기
15 : 00~15 : 20	대 · 소그룹활동	• 대그룹 활동(이야기 나누기, 음률, 신체활동)
15 : 20~15 : 40	하루 일과 평가 및 귀가 준비	• 하루 일과 평가하기 • 귀가 준비(옷 단정히 입기, 양말 신기, 머리 묶기 등) • 개인 소지품 챙기고, 전달사항 기억하기
15 : 40~17 : 40	오후 자유선택활동 및 개별 귀가	• 오전 자유선택놀이활동의 연계 및 확장활동 (활동 주제에 따라 실외활동의 연계 및 확장활동으로 진행) • 인사 후 귀가하기

시간	활동	활동내용
17 : 40~19 : 30	통합보육 및 개별 귀가지도	• 당직 선생님께 인수인계 및 통합보육실에서 자유선택활동 • 부모님이 오시면 개별 귀가 지도하기

출처 : 대전 사랑뜰어린이집(2018).

5세의 하루 일과는 영유아교육기관의 운영철학에 따라 다양하게 실행되고 있다. 표 3-3은 몬테소리 철학에 의해 운영되고 있는 유치원의 사례이다.

표 3-3 몬테소리 유치원의 하루 일과 시간표

시간	활동내용
8 : 00~8 : 30	등원/책 읽기
8 : 30~10 : 00	자유선택활동 및 1코스 몬테소리 교구 소개
10 : 00~10 : 20	전체 인사, 하루 일과 안내
10 : 20~10 : 50	이야기 나누기
10 : 50~11 : 20	대 · 소집단활동(새 노래 : 선생님이 좋아서)
11 : 20~12 : 00	산책 및 바깥활동(놀이터 탐색하며 자유롭게 놀기)
12 : 00~13 : 30	점심 준비 및 점심시간 & 양치질하기
13 : 30~14 : 30	자유선택활동
14 : 30~15 : 00	방과 후 활동(유아체육 : 신체부위 돌리기)
15 : 00~15 : 20	휴식시간
15 : 20~16 : 00	오후 간식
16 : 00~17 : 00	산책 및 바깥활동 & 자유선택활동 및 2코스 몬테소리 교구 소개
17 : 00~17 : 20	하루 일과 평가
17 : 20~17 : 30	귀가 준비 및 지도
17 : 30~	귀가 지도

출처 : 논산 성심유치원(2018).

5. 영유아교육기관의 교사

교사는 전문직이다. 교사의 수업 목적은 우수한 인적자원을 개발하는 것으로 교사의 본질은 지식의 개념을 명확하게 알고 영유아의 발달단계와 개인의 특성을 파악하여 전달하는 것이다.

교사는 유아가 신체적 · 정신적으로 정상적 발전을 하도록 적극적으로 돕는 일을 하는 사람(몬테소리, 1995)이므로 유아가 규칙에 따라 자신을 통제하고 행동을 조절하며, 각자의 자리에서 질서 있게 행동하도록 지도한다. 자발적 행동을 위한 약간의 이탈은 허용하나 금지된 행동에 대한 제지를 명확히 해야 한다.

유아들이 무질서한 움직임에서부터 자발적이고 질서 있는 움직임으로 변화하는 방법을 관찰하여 영유아들이 능동적으로 규칙이 편하고 좋으며, 필요한 것을 인지하고 따르도록 한다. 잘한 일에 대해 칭찬하고 잘못된 행동에 대한 명확한 지침을 알려준다.

유아들은 3세가 되면 다소 미흡하기는 하지만 일상생활을 함에 있어서 신체적으로 또한 정신적으로 부모를 비롯한 성인으로부터 독립할 준비가 되어 있다. 습관적으로 영유아를 도와주는 행동은 스스로의 힘으로 살아가려는 영유아의 의존심을 키우고 자연스러운 발달을 방해하는 행위가 된다. 독립적인 유아는 타인의 시선이 아니라 자신의 내면의 요구에 따라 만족과 기쁨을 느낀다. 인위적인 상과 벌은 내적 생활의 근원이 되는 자신의 독특한 능력과 자각을 상실시킬 수 있으며, 자율적인 정신을 예속시키는 수단이 될 수 있으므로 교사는 영유아를 관찰하여 유아의 성향에 맞는 지원과 격려, 금지 및 제지방법을 찾아내는 훈련을 해야 한다.

20세기 들어와 최고의 교수방법으로 인정되고 있는 몬테소리의 교수 및 지도방법 중 하나는 '생각하는 의자'를 사용한 것이다. 생각하는 의자란 수업 중 다른 학생들의 활동을 방해하는 유아가 앉는 교실 한구석에 마련된 작은 탁자를 말한다.

일종의 격리법이다. 몬테소리는 격리된 유아가 소외감과 벌을 받는다는 느낌을 갖지 않도록 “친구들이 어떻게 이야기 나누기를 하는지 이 의자에 앉아서 잘 볼 수 있겠지?”, “이야기 나누기 시간이 끝나면 선생님에게 친구들의 수업에 대해 꼭 말해줘.”, “가만히 앉아서 잘 보고 나중에 선생님에게 말해주렴.”하고 친절하게 말하고 어루만져 준다.

떨어져 앉아 있는 동안에 유아는 일정한 거리에서 친구들의 전체적인 움직임을 보는 동안 실물교육을 받는 것으로 친구들이 분주하게 학습하는 것을 보는 동안 수업에 임하는 태도와 자세 그리고 수업에 잘 임하는 것의 이로움을 알게 된다. 수업과 교실의 규칙을 익히고 유아 자신을 조절하는 방법을 배우는 것이다.

규율은 실수를 공격하거나 지시에 의해 이루어지는 것이 아니라 유아 스스로 지닌 생명의 잠재적인 경향에 맞추어 진행되어야 한다. 현재는 실수로 가득 차 있고 의식도 분명하지 않으나 유아는 본능적으로 사회에서 요구하는 바람직한 목적을 향해 끊임없이 노력하고 있다. 교사는 유아의 동작을 가능한 한 많이 분석하고 조금씩 발달시키면서 가르쳐야 한다.

‘조용히 해라’, ‘멈추어라’ 하기 이전에 자연스러운 근육훈련, 즉 의자에서 일어나고 앉기, 걷기, 발끝으로 걷기, 상체의 균형을 유지하면서 선 따라 걷기, 물건 움직이기, 조심스럽게 내려놓기, 스스로 옷 입기, 벗기 등을 통해 부동성과 행동근육을 숙달시킨다. 연습이 된 아이들은 규율을 자연스럽게 따른다(몬테소리, 1995).

내면의 질서에 따라 규율을 학습한 유아는 스스로 개선하고 한계를 극복하고 한걸음 나아간다. 외적 행동은 내적 발달을 자극하며, 발달된 내적 행동은 외적 행동에 반영되어 정신을 고양하고 행동을 증진시킨다. 규율을 학습하는 동안에 유아는 ‘선善’이라는 추상의 개념을 배운다.

교사는 교실의 환경에도 관심을 두어야 한다. 물리적 환경은 유아의 독립적 일상을 가능하게 하도록 신체를 단련시키고 스스로 하는 능력을 배양시키는 데 중요한 요건이다. 환경의 큰 핵심은 교실환경이다. 책상과 의자, 열고 닫는 문, 다양한 교재 교구이다. 교실의 책상과 의자는 스스로 옮길 수 있도록 크기와 무게가 유아의 신체에 알맞게 만들어져야 한다. 유아들은 다른 친구를 배려하여 소리 내지 않도록 근육을 잘 조절하고, 움직임을 익힌다. 소리를 내는 것은 다른 사람에게 실례가 됨을 명확히 알려주어야 한다. 커다란 책상도 교사나 성인이 해 주는 것이 아니라 두세 명의 유아들이 스스로 협동하여 옮길 수 있도록 지도한다. 문을 열고 닫는 행동은 특히 훈련이 필요하다. 유아는 근육이 약하여 문을 열고 닫을 때 한번에 열고 닫지 못한다. 의자 사용도 마찬가지이다. 악력이 약해 쾅하고 닫히는 소음이 교실에서 가장 많이 발생한다. 문을 열고 닫는 움직임을 분석하여 여러 번의 손목 운동으로 조용하게 문을 열고 닫으며, 의자를 사용하도록 학습시킨다.

유아의 키높이에 맞는 작은 세면대, 비누, 손톱솔, 칫솔을 배치하고 교구장과 칠판의 키도 유아에게 맞추어 활동이 쉽게 이루어지도록 한다. 실외공간은 정원이 있으면 좋고 교실에서 바로 나갈 수 있도록 문이 배치되어 자유로운 출입이 가능해야 한다.

Teaching subjects in early childhood education

CHAPTER

04

영유아 문학교육

1. 문학교육의 역사 및 동향 | 2. 문학교육의 목적

3. 아동문학의 장르 | 4. 문학교육의 내용

5. 문학교육의 교수-학습방법 | 6. 문학교육을 위한 환경구성

7. 문학교육활동의 실제

CHAPTER

04

인간은 재미있는 이야기를 좋아하고 문학을 즐긴다. 영유아들은 문학작품을 스스로 접하기보다 어른이 읽어주거나 안내해 주어야 하는 경우가 많다. 이러한 이유로 교사나 예비교사들의 문학교육은 중요하다. 본 장은 교사의 문학교육에 대한 바른 이해와 안내에 도움이 되고자 한다.

4장에서는 문학교육의 역사 및 동향, 문학교육의 목적, 아동문학의 장르, 문학교육의 내용을 살펴본 후 이를 적용할 수 있는 교수-학습방법과 환경구성 그리고 문학교육활동의 실제에 대해 알아볼 것이다.

1. 문학교육의 역사 및 동향

1) 세계의 아동문학

세계의 아동문학은 19세기 이전, 19세기 이후 그리고 20세기로 나눌 수 있다. 19세기 이전에는 영유아를 인격체로 보지 않고 성인의 종속물로 여겼기에 처음부터 어린이를 위해 창작한 아동문학은 없었다. 어린이를 위한 문학은 따로 존재하지 않았던 시대였다.

어린이를 위한 최초의 그림책은 《세계도회》로 1658년 모라비아의 주교면서 교육자였던 코메니우스Comenius가 아동을 위해 책을 만들었다. 《세계도회》가 갖는 의의는 첫째, 메시지를 시각화해서 '그림에 의한 전달'을 시도한, 근대적 의미의 일러스트레이션을 최초로 활용한 그림책이다. 둘째, 교육을 근본으로 삼은 코메니우스의 신념과 인간관계의 구체화를 실현한 '언어 교과서'이다(신명호, 2014).

18세기에 일반적인 대중을 위한 작은 챕북chapbook이 성행하였다. 챕북은 오늘날 문고판이라고 할 수 있는 작은 형태의 책으로 내용이 짧고 단순하며 그림이 많은 책으로 챕맨들이 팔고 다녔다. 독립적인 어린이 세계가 인정받지 못하던 시절에 챕북은 어린이의 이해력과 흥미를 수용하고 키워주었으며, 그림을 담아 글을 못 읽는 어린이에게도 즐길 수 있도록 하였다. 책의 크기가 작아 친근감을 주었으며 장난감처럼 편안하게 쥐고 그림을 즐기면서 내용을 읽을 수 있었다(신명호, 2014). 영국의 뉴베리John Newbery는 세계 최초로 어린이용 도서를 출판함으로써 귀족층이 아닌 일반 어린이들에게 책과 가까워지는 계기를 마련하였다.

19세기에는 낭만주의 문학이 싹트고 루소Rousseau의 영향으로 아동 중심 사상이 자리 잡으며 어린이를 위한 문학이 출현한 시기이다.

세계아동문학의 고전이 된 그림형제의 《어린이와 가정을 위한 동화집》(1812~1815)이 만들어졌다. 이 책은 독일의 민담을 수집·재구성하였으며 《백설공주》,

《헨젤과 그레텔》, 《브레멘의 음악대》, 《늑대와 일곱 마리 염소》 등의 이야기들이 수록되어 있다.

그림형제가 민담의 수집과 재화로 전승문학을 집대성하였다면 안데르센은 근대 창작문학의 기틀을 마련했다고 할 수 있다. 덴마크의 안데르센(1805~1875)은 아동문학이 환상문학으로 발전하는 데 영향을 미쳤다. 대표작으로 《미운 오리 새끼》, 《인어 공주》, 《눈의 여왕》, 《벌거숭이 임금님》 등이 있다.

그림형제 동화전집
그림 형제 지음 / 아서 래컴 외 그림 / 현대지성

마리아 니콜라예바(1998)는 민담을 재화하거나 어른 소설을 차용하던 시절에 어린이를 위해 쓰인 책은 루이스 캐롤Lewis Carroll의 《이상한 나라의 앨리스》(1865)가 처음이라고 말하고 있다.

싸구려 챕북에서 발전하여 컬러 인쇄술을 도입한 에드먼드 에반스Edmund Evans는 영국의 3대 그림책 작가인 월터 크레인Walter Crane, 케이트 그린어웨이Kate Greenaway, 랜돌프 칼데콧Randolph Caldecott 등을 발굴하였다.

20세기는 아동문학의 전성기로 환상동화가 발전하였으며 그림책의 황금기로 대표될 수 있다. 그림책이 널리 보급되면서 유아 문학도 확산되었다. 20세기의 주요 그림책은 다음과 같다.

영국이 자랑하는 동물 환상그림책 베아트릭스 포터의 《피터 토끼》(1902), 미국 그림책의 시작을 연 완다 가그의 《백만 마리 고양이》(1928), 버지니아 리 버튼의 《작은 집 이야기》(1942), 마리 홀 엣츠의 《나무 숲 속》(1945) 등이 있다. 모리스 샌닥의 《괴물들이 사는 나라》(1963)는 어린이의 내면을 환상으로 표현하며 환상그림책의 발전을 보여 주었다.

백만 마리 고양이
완다 가그
글 · 그림/
시공주니어

작은 집 이야기
버지니아 리 버튼
글 · 그림/
시공주니어

나무 숲 속
마리 홀 엣츠
글 · 그림/
한림출판사

괴물들이 사는 나라
모리스 샌닥
글 · 그림/
시공주니어

2) 한국의 아동문학

한국의 유아문학은 아동문화운동시대(1908~1945)와 아동문학운동시대(1945~)로 나눌 수 있다. 아동문화운동시대는 해방 이전 시대로 문학을 통한 문화운동적 성격이 지배적이었고, 아동문학운동시대는 해방을 맞이한 상황에서 아동문학의 예술적 차원을 고양시키기 위한 문학운동적 성격이 지배적이었다(이재철, 1983).

아동문화운동시대에는 최남선의 《소년》(1908~1911)을 시작으로 방정환의 번역동화 《사랑의 선물》(1922), 《어린이》(1923~1934)가 대표적이다. 한국아동문학은 '식민지 근대'에 기반하고 있었기 때문에 아동문학을 개척하고 주도한 이들은 민족 · 사회운동의 하나인 소년운동의 지도자들이라는 독특한 성격을 띤다(원종찬, 2010).

방정환은 천도교 청년회의 핵심인물로서 한평생 어린이를 위한 활동에 헌신했다. 이 땅에서 '어린이'의 탄생은 동학에서 천도교로 이어지는 근대적 개혁사상의 구현이기도 했다(원종찬, 2010).

1960년대에 이르러 문학단체가 결성되기 시작하였고, 일간신문에 소년지가 보급되었으며, 다양한 아동문학상이 제정되는 등 신인들의 활동에 큰 자극제가 되었다.

백두산 이야기
류재수 글 · 그림 / 통나무

1987년 '세계 저작권 협약' 가입과 1995년 '베른협약'에 가입하는데, 이는 전집 출판에 큰 변화를 불러일으키는 계기가 된다(조은숙, 2011). 무단 복제의 근절과 저작권 계약이 도입되면서 국내 창작 출판이 본격적으로 시도되었다.

단행본 그림책이 흔치 않던 시기에 4년여의 작업 끝에 우리의 정통성을 확인할 수 있는 걸출한 작품, 《백두산 이야기》(류재수 글 · 그림, 통나무, 1988)가 탄생하였다. 이 책은 우리나라 일러스트레이션의 개념이나 바람직한 모범이 정립되지 않았던 동화책의 불모지 시절에 거대판형과 고급인쇄로 출판되어 한국 동화책의 수준을 비약시켰다(정병규, 2007).

한국의 아동문학은 1990년대 이후 비약적으로 성장했다(원종찬, 2009). 1991년 「방문판매법」의 제정을 계기로 전집물 할부 판매가 위축되고 상대적으로 서점에서 판매하는 단행본 아동 도서의 새로운 시작을 맞이하게 된다(조은숙, 2011). 교사와 부모들에게 그림책에 대한 이해를 도와주는 마츠이 다다시의 《어린이와 그림책》이 1990년에 출판되면서 그림책 이론서들도 등장한다.

1996년부터 한국은 IBBY International Board on Books for Young People 총회에 참가하고 매년 4월 이탈리아 볼로냐에서 열리는 국제어린이도서전에 1997년부터 부스를 설치하여 참가하기 시작했다(이송은, 2013).

1990년대 이후 우리나라의 주요 그림책을 나열해 보면 다음과 같다.

뉴욕타임스는 미국 전역에 영어로 출간된 그림책 중 '올해의 우수그림책 Best Illustrated Books' 10권을 선정해 발표한다. 2002년에 《노란 우산》, 2003년에 《도대체

[1994년]

까막나라에서 온 삽사리
정승각 글 · 그림 / 초방책방

[1995년]

솔이의 추석 이야기
이억배 글 · 그림 / 길벗어린이

만희네 집
권윤덕 글 · 그림 / 길벗어린이

[1996년]

강아지똥
권정생 글 · 정승각 그림 / 길벗어린이

[1999년]

갯벌이 좋아요
유애로 글 · 그림 / 보림

[2001년]

노란 우산
류재수 지음 · 신동일 작곡 / 보림

도대체 그동안 무슨 일이 일어났을까?
이호백 글 · 그림 / 재미마주

[2004년]

구름빵
백희나 글 · 그림 / 한솔수북

그동안 무슨 일이 일어났을까?》가 선정되고 2008년에는 이수지의 《파도야 놀자》가 선정되었다.

1997년부터 참가한 이탈리아 볼로냐아동도서전에서는 2004년에 조호상 글 · 윤미숙 그림의 《팥죽 할멈과 호랑이》, 신동준 글 · 그림의 《지하철은 달려온다》가 첫 수상을 한 이래로 2015년에는 우리나라 작품이 5개 부문[1)]에서 모두 수상을 하는 쾌거를 이룬다.

1) 볼로나 라가치상 5개 부문은 픽션, 논픽션, 뉴호라이즌(중동, 남미, 아시아, 아프리카 작품이 대상), 오페라프리마(신인작가), 북앤시즈(Books and Seeds : 농업, 생물 다양성, 요리 등을 다룬 작품)이다.

[픽션]

나의 작은 인형 상자
정유미 글 · 그림 / 컬처플랫폼

담
지경애 지음 / 반달

[논픽션]

민들레는 민들레
김장성 글 · 오현경 그림 / 이야기꽃

[뉴호라이즌]

떼루떼루
박연철 지음 / 시공주니어

[오페라프리마]

위를 봐요
정진호 지음 / 현암사

[북앤시스]

세상에서 가장 큰 케이크
안영은 글 · 김성희 그림 / 주니어김영사

우리나라는 해마다 세계 속에서 인정받는 우수한 그림책들이 출판되고 있다. 짧은 시기에 한국의 그림책은 발전하고 있으며 책과 관련한 다양한 행사들이 증가하고 있다.

영국을 시작으로 펼쳐진 북 스타트 운동이 2003년에 우리나라에서도 시작되었다. 북 스타트 운동은 영아도 독자라는 인식을 확산시켰으며 초등 아동과는 다른 책 읽기, 즉 책놀이의 필요성을 불러일으켰다(이송은, 2012). 새로운 그림책이 매일같이 쏟아져 나오고 있는 시점에서 영유아에게 알맞은 그림책을 선택할 줄 알고

그림 4-1 2014 대한민국 독서대전

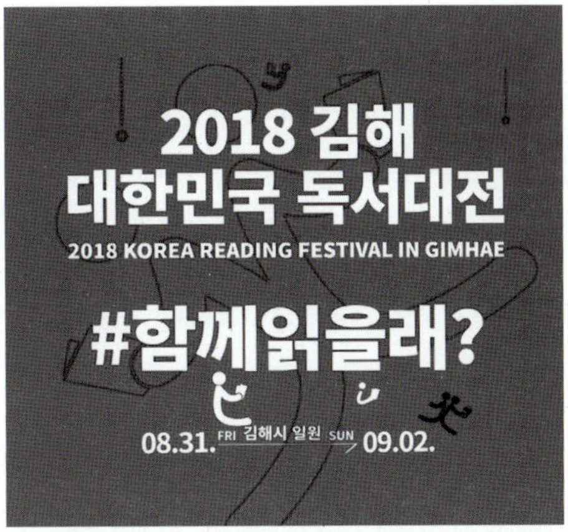

그림 4-2 2018 김해 대한민국 독서대전

이를 영유아교육현장에 접목시키려는 노력이 필요하다.

2. 문학교육의 목적

이재철(1983)은 아동문학을 특수문학이라고 말하고 있다. 예술성을 상실하지 않는 선에서 교육성, 즉 아동의 단계적 심신 계발도 함께 지녀야 함을 말하고 있다. 구체적으로 아동문학의 기능을 미의 추구를 통하여 풍부한 감동을 아동에게 줌으로써 인간성을 미화시키고, 지식의 축적 속에서 아동을 바람직한 인간성을 갖춘 사람으로 형성시키는 것이라고 말하고 있다.

문학은 즐거움과 가르침을 나란히 제시하기만 해서는 부족하다. 그들 간의 긴밀한 상호작용을 간과해서는 안 되기 때문이다. 문학은 즐거움만 주는 것도 가르침만 주는 것도 아니라 즐거움 속에서 가르침을 주는 것이기에 가치가 있는 것이다(박종홍, 1988).

유아를 위한 문학교육의 목적은 문학작품 속에서의 즐거움을 함께 나누고 그 속에 숨겨져 있는 의미를 깨닫는 것이다. 성장하는 과정과 함께 문학작품을 이해하고 감상하는 능력과 태도가 병행하여 성장하도록 도와주는 것이 문학교육의 목적이 된다. 문학을 이해하고 감상하는 능력은 저절로 습득되는 것이 아니라, 고양되고 선택된 환경 · 자료 · 경험에 의하여 길러지는 것이라 하겠다(이상금 · 장영희, 2001).

영유아가 문학을 만나는 모습을 살펴보면 글을 익히지 못한 상태에서 교사나 부모가 읽어주는 것을 들으며 접한다. 영유아기의 문학교육은 교사나 부모가 그림책을 읽어주고 함께 그림을 이해해 가는 과정이 더불어져야 한다(오은순 · 전진영, 2017). 그러기에 교사가 지닌 문학교육의 목적이 어떠한가에 따라 영유아에게 미치는 영향은 상이하게 나타날 것이다.

3. 아동문학의 장르

유아문학은 아동문학에 포함되는 성격을 지니므로 아동문학의 장르를 살펴보는 것이 유아문학교육의 내용을 이해하는 데 도움이 될 것이다. 아동문학의 장르별 분류는 학자마다 다르며 아직은 제한점이 있는데, 김현희 · 박상희(2008)의 분류에 따라 유아문학의 종류를 살펴보고자 한다.

전승문학과 창작문학의 가장 큰 차이점은 작가를 알 수 있느냐 없느냐로 나뉜다. 문학의 장르를 구분할 때 흔히 전래동화, 신화, 설화 그리고 환상동화, 사실동화, 전래동요, 동요, 동시, 지식과 정보를 주는 책 등으로 구분하게 되는데, 이러한 모든 장르의 문학도 그림책으로 흡수되어 표현될 수 있다(이상금 · 장영희, 2001). 유아에게는 재미있는 환상 이야기로 몰입하는 것도 좋지만, 때로는 세상의 궁금함을 풀어주는 지식 정보책도 필요하고, 소리 내어 음미할 운문과 실제로 이 세상에

표 4-1 유아문학의 종류

<table>
<tr><th>구분</th><th colspan="2">산문(prose)</th><th>운문(verse)</th><th rowspan="5">그림책</th></tr>
<tr><td>전승문학</td><td colspan="2">• 민담
• 신화 및 전설
• 우화</td><td>전래동요</td></tr>
<tr><td rowspan="3">창작문학</td><td>환상문학</td><td>• 환상동화
• 공상과학동화</td><td rowspan="3">• 동요
• 동시</td></tr>
<tr><td>사실문학</td><td>• 사실동화
• 역사동화
• 전기</td></tr>
<tr><td>논픽션</td><td>정보책</td></tr>
</table>

출처 : 김현희 · 박상희(2008).

서 일어남직한 사실동화나 전기 또한 필요하다(이송은 · 전진영 · 김윤경, 2016).

4. 문학교육의 내용

1) 전래동화

전래동화란 예로부터 전해 내려오는 이야기로서, 크게 보면 전승문학의 산문들을 아우르는 개념이다(이송은, 2015). 전래동화는 오랜 세월 동안 구전되어오면서 문화를 반영하고 있으며 그 자체에 많은 교육성을 지니고 있으므로 교육적 측면에서 잘 활용한다면, 교육의 효과는 커질 것이다(최운식 · 김기창, 2003). 브루노 베텔하임Bruno Bettelheim(1998)은 옛이야기는 수백 년 동안 거듭되면서 표면적 의미와 심층적 의미를 함께 지녔기에 인간의 심리적인 면을 동시에 호소할 수 있으며, 어른은 물론 어린이 마음에까지 닿을 수 있는 마음으로 의미를 전달한다고 말한다.

(1) 민담

민담folktales, märchen, fairy tales은 전승문학 중에서 가장 친숙하며 호소력이 있다. 유아가 민담을 좋아하는 이유를 살펴보면 다음과 같다(김현희 · 박상희, 2008).

민담은 활기 있게 시작되어서 풍부한 줄거리와 이야기 전개가 계속된다. 또 가끔씩 유머가 있으며, 선이 이기고 악이 벌을 받기에 아이들의 정의감에 호소한다. 또한 성격 묘사에 큰 변화가 없는데, 주인공들은 완전히 착하거나 나쁘거나 복종적이거나 게으르게 대립된 모습으로 나타난다. 만족할 만한 뚜렷한 결론으로 끝나며, 대부분 마술적인 요소가 있어서 유아를 즐겁게 해준다.

(2) 신화

동화의 발생은 신화에서 찾을 수 있다. 신화란 인간의 세계관 · 인생관 등의 가장 원초적인 문학 형태로, 신들이 주인공이 되는 상징적인 이야기를 통하여 우주의 기원과 발생, 인간의 유래와 운명, 세계의 본질과 장래 등을 암시하는 내용들로 되어 있다(이상금 외, 2001).

새 하늘을 연 영웅들
장하섭 글 · 이억배 그림 /
창작과비평사

유니콘과 신비한 동물들
마가렛 마요 엮음 · 제인 레이 그림 /
국민서관

신화가 가진 두 가지 기능(최운식 외, 2003)을 살펴보면 첫째, 신화는 그 민족의 풍속을 고정시키고, 행위의 모범을 설정하며, 그 사회의 제도에 위엄과 중요성을 부여하는 규범적인 힘을 지니고 있다. 둘째, 신화는 그것을 전승하는 집단으로 하여금 긍지를 갖게 한다. 이와 같은 기능이 있기에, 우리나라도 한국사의 기원과 우리 민족의 우월성을 알고 한국 문화의 원형을 알기 위해서, 또 우리 민족이 지향해야 할 이념과 방향을 알기 위해서 단군신화의 교육이 필요하다.

(3) 우화

우화는 간략한 동물 이야기로 보통 도덕이나 교훈을 명료하게 제시하고 있으며, 단일 사건의 플롯으로 되어 있어서 짧고 간결한 이야기 방식을 취하고 있다. 전통적으로 이솝우화는 성인의 도덕교육을 위하여 오랫동안 사용되어온 이야기이기 때문에 유아들이 보기에 잔인한 내용도 많아서 루소 같은 교육자는 어린이에게 우화는 해롭다고 말하였다(김현희 외, 2008).

2) 환상동화

환상동화는 실제로 일어날 수 없는 일이나 존재하지 않는 사람이나 생물에 관한 일로 꾸며진 이야기이다(김현희 외, 2008). 환상은 현실에서 일어날 수 없는 일이지만 그 속에는 논리와 질서가 유지되어 이해와 감동을 함께 할 수 있어야 한다. 논리는 실제 경험세계를 바탕으로 하므로 허구의 세계이지만 독자의 마음속에 감동과 공감을 불러일으킬 수 있는 것이다(이상금 외, 2001).

이상한 나라의 앨리스
루이스 캐럴 글 · 존 테니얼 그림 / 시공주니어

어린이를 위한 본격 환상동화의 출발은 19세기 루이스 캐럴의 《이상한 나라의 앨리스》로 볼 수 있으며, 그림책으로는 베아트릭스 포터의 《피터 토끼 이야기》가 환상그림책의 전형을 제시했고, 모리스 샌닥의 《괴물들이 사는 나라》는 현대 환상그림책의 출발 시점으로 평가되고 있다(이송은, 2015).

3) 사실동화

사실문학은 현실세계에서 일어날 수 있는 일들을 작가의 상상력에 힘입어 쓰인 것으로 사실동화와 전기가 포함된다. 유아는 환상적인 세계뿐 아니라 사실적인 유아의 주변 세계에서 문제가 되고 있는 일들이 다루어진 책도 접해야 한다(김현희 외, 2008). 잘 써진 사실그림책은 그림책을 읽는 동안 '이건 내 얘기다, 나도 이렇게 느꼈어.'라는 동일시가 이루어진다(이송은, 2013).

이슬이의 첫 심부름
쓰쓰이 요리코 글 · 하야시 요키코 그림 /
한림출판사

니 꿈은 뭐이가?
박은정 글 · 김진화 그림 /
웅진주니어

4) 정보그림책

정보책이란 유아들에게 자신을 포함하여 이 세계에서 흥미 있어 하는 것에 대해 정보와 지식을 주는 책이다. 정보책에도 허구가 쓰이기도 하는데, 그것은 핵심적 개념을 설명하기 위한 기법으로 쓰인다(이송은, 2015). 유아에게 객관적인 사실을 알려주는 책도 접하게 해 주어야 한다. 특히, 2세가 지나면서 주변 세계에 대해 많은 호기심을 가지고 탐색하게 되는데, 이때부터 간단한 개념을 익히는 책을 보여 줄 수 있다. 정보그림책이라도 심미적 가치가 있어야 한다(김현희, 외 2008).

쭈글쭈글 주름
박정선 글 · 송혜선 그림 / 비룡소

꽃이 핀다
백지혜 지음 / 보림

5) 동시 및 동요

동시 및 동요는 모국어를 감각적으로 익힐 수 있는 문학이다. 영유아기의 동시 경험은 감성을 풍부하게 하고 어휘력 향상은 물론, 모국어의 아름다움을 느낄 수 있다. 전래동요는 함께 부르며 놀이하는 활동으로 영유아의 사회성발달을 돕는다.

이상금과 장영희(2001)는 유아들에게 시를 경험시켜야 하는 이유를 다음과 같

자장자장 엄마 품에
류재수 그림 ·
양동권 글, 감수 /
한림출판사

나팔 불어요
윤석중 외 작사 · 홍난파 외
작곡 · 최미숙 그림 /
길벗어린이

시리동동 거미동동
제주꼬리따기노래 · 권윤덕
고쳐 쓰고 그림 /
창비

달팽이 학교
이정록 시 · 주리 그림 /
바우솔

이 말하고 있다.

- 어렸을 때의 동요나 동시 경험은 정서 함양뿐 아니라 감성과 상상력을 통한 인간교육의 기초가 된다.
- 모국어의 아름다움을 느낄 수 있는 가장 적절한 매체이다.
- 시의 리듬과 운율을 통하여 감각적인 혀와 귀의 즐거움을 경험한다.
- 선택되고 정선된 시어를 통하여 언어의 신비스러운 기능을 체득한다.
- 사물에 대한 올바르고, 날카로운 직관력을 기르는 데 도움이 된다.
- 시를 경험함으로써 유아들의 감정세계를 보다 풍부하게 할 수 있다.
- 자신의 감정을 자연스럽게 표현할 수 있는 능력을 길러준다.

6) 그림책

영유아가 태어나서 처음 접하게 되는 문학은 주로 그림책이다. 그림책은 처음에는 '글과 그림이 있는 책'으로 인식되었지만 지금은 글뿐만 아니라 그림도 이야기를 전달하고 있으며 글 없이 그림으로만 이야기를 전달하는 책도 등장하였다.

유리 슐레비츠는 “그림책의 글은 그림을 반복하지 않으며, 그림도 글을 반복하지 않는다. 글과 그림은 대위적 관계로 서로를 보완하고 완성한다.”라고 그림책을 말하고 있다.

그림책을 읽는다는 것은 글뿐만 아니라 그림도 적극적으로 읽어야 함을 뜻한다. 이때 그림책의 주요한 시각적 언어인 그림은 글 텍스트를 해독해야만 하는 관습으로부터 자유를 주어 책 읽기 의사소통 면에서 성인과 아동에게 보다 더 평등한 자격을 준다(Scott, 1999).

우리나라 아동도서도 1990년대를 기점으로 이전까지는 ‘글’로 내용을 전달하는 책들이 주를 이루었다면, 이 무렵부터는 주요한 메시지를 글뿐만 아니라 ‘그림’으로 담아내는 ‘그림책’이 본격적으로 등장하였다(이송은 외, 2016). 그림책이 필요로 하는 것은 어떤 정당화가 아니라 성공적이고 흥미롭게 이야기를 들려주는 방식에 대한 탐구이다. 다시 말해, 어린이와 어른, 보는 이와 읽는 이 모두에게 즐거움을 주고 또 줄 수 있다는 사실이 중요하다(Nodelman, 2011).

유아교육이 아동 중심 교육을 지향하는 바를 놓고 볼 때 그림책을 읽어나가는 과정에서 영유아의 반응을 수렴하며 읽기는 중요하다. 현대문학작품들은 독자의 해석이 가미됨으로써 최종 완성된다. 독자는 작가가 제공하는 정보들 사이의 공

빨간 풍선의 모험
옐라 마리 그림 / 시공주니어

이상한 화요일
데이비드 위즈너 글 · 그림 / 비룡소

브루노를 위한 책
니콜라우스 하이델바흐 글 · 그림 / 풀빛

란을 각자의 경험과 지식으로 채워 넣어 전체적인 이야기를 스스로 완성해 나가게 된다. 그림책 역시 글 작가와 화가가 완성하는 책이 아니라 그림책을 보는 독자의 상상과 추론과 해석이 더해져 그 의미가 완결되는 작품인 것이다(현은자 외, 2004). 이러한 점을 미루어 볼 때 영유아교사들의 책 읽어주기 과정은 단순히 글자를 소리로 변환시키는 과정이 아니라 영유아의 반응을 반영해 가며 적극적으로 읽어가야 하는 중요성을 지닌다(오은순 · 전진영, 2017). 글 없는 그림책의 경우 화자교사와 청자영유아 간에 이야기를 만들어 가며 읽어가는 비중이 커진다.

좋은 이미지, 좋은 기억이 많이 담긴 그림책은 또 읽고 싶고, 읽는 과정에서 책 내용은 물론 추억을 떠올리면서 즐거움과 편안함, 따뜻함을 확인하게(신명호, 2014) 해주므로 영유아교사로서 그림책 읽어주기의 중요성을 명심하여야 한다.

5. 문학교육의 교수–학습방법

영유아문학은 전달 수단을 달리해야 한다. 읽는 문학이 아니라 듣는 문학, 보는 문학, 행하는 문학이어야 한다(이상금 · 장영희, 2001). 교사는 문학성 있는 작품을 영유아들에게 적합한 전달매체로 제시하여 다양한 문학경험을 제공하여야 한다.

1) 유아문학의 전달매체 종류

(1) 그림동화

그림동화는 낱장식 동화가 대표적으로 그림동화로 만들 그림의 선택이 중요하다. 그림 뒷면에 동화내용을 적는데, 이때 맨 첫 장의 동화내용은 끝장의 그림 뒷면에 적어야 한다. 그림종이가 너무 얇을 경우 세울 수가 없고, 반대로 너무 무거울 경우 조작 시 어려움이 있다.

그림 4-3 낱장동화

(2) 낚싯줄동화

낚싯줄 동화는 그림동화에 변화를 준 것으로 수직이동이나 좌우이동을 표현할 때 효과적인 교수매체이다. 판에 구멍을 뚫어 낚싯줄을 연결해 만든다. **그림 4-4**의 동화는 낚싯줄을 이용해 방귀의 움직임을 흥미롭게 전달하고 있다.

그림 4-4 방귀의 움직임을 낚싯줄로 표현

(3) 융판동화

가장 보편적으로 사용하는 교수매체 중의 하나로 융판을 활용하여 이야기를 들려주면서 등장인물과 배경에 변화를 줄 수 있다. 융판은 고정식 융판과 접이식 융판이 있으며 앞치마 형태의 융판도 있다. 이야기를 들려줄 시 인물컷이 융판이나 교사의 손에서 떨어지면 이야기 몰입에 방해가 된다. 반대로 융판에서 자연스럽게 떨어지지 않는 것 또한 방해가 되므로 까끌이 크기가 너무 크지 않도록 한다. 융판동화의 일종으로 'P페이퍼'에 그림을 그려 만드는 패널시어터도 있다.

그림 4-5 고정식 융판

그림 4-6 접이식 융판

그림 4-7 앞치마 형태의 융판동화

그림 4-8 패널시어터-P페이퍼에 색칠한 나비

교사가 들려준 그림책의 이야기나 친숙한 이야기로 만든 융판동화자료를 도서영역에 비치해 유아 스스로 재연해 보도록 한다. 이때 등장인물의 수가 너무 많으면 유아가 조작하기 어려우므로 수를 제한함이 좋다(Schickedanz, 2002).

(4) 자석동화

동화사물이나 인물 컷 뒤에 자석을 붙이고 배경판 뒤에서도 자석을 사용해 이야기를 들려주는 방법이다. 두 자석 간의 음극, 양극이 맞아야 하며 자석의 힘이 강력해야 한다. 배경판에 굴곡이 있을 시 움직임에 제약이 따르므로 배경판은 매끄러워야 한다. 낚싯줄동화처럼 수직, 좌우의 표현뿐 아니라 곡선의 이동을 나타낼 때도 효과적이다.

그림 4-9 잠자리와 강아지 움직임을 자석으로 표현

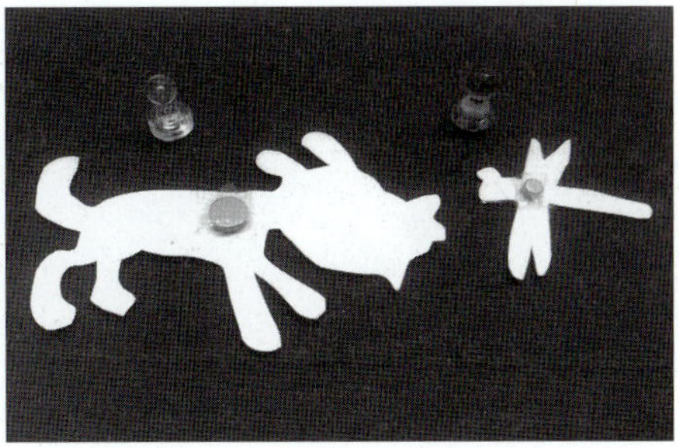

그림 4-10 잠자리와 강아지 교구 뒷모습

(5) OHP동화

투명한 OHP필름에 그림을 그려 동화를 들려주는 방법이다. 배경 그림에 OHP필름이 겹쳐지면서 그림의 변화를 느낄 수 있는 장점이 있다. 단색의 배경판을 놓고 OHP필름을 한 장, 두 장, 계속 겹치면서 이야기를 들려줄 수도 있다.

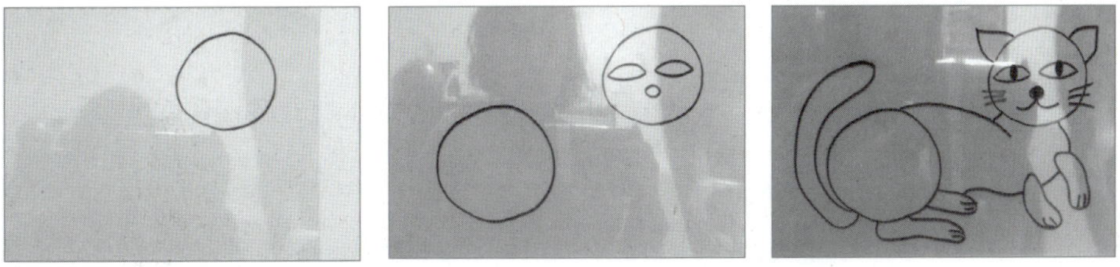

그림 4-11 겹쳐짐을 활용한 OHP필름동화

(6) 그림자동화

그림자극은 무대 뒤에서 빛을 쏘고 빛과 무대 막 사이에 자료를 등장시켜 이야기를 들려주는 방법이다. OHP기기를 사용하면 다양한 방법으로 이야기를 들려줄 수 있으나 요즘은 OHP기기를 구하기 어려운 단점이 있다. 평면인 동화자료를 가위나 칼로 구멍을 파거나 오려 환상적인 분위기를 연출할 수 있으며, 흑백뿐 아

그림 4-12 OHP 기기를 활용해 들려주는 그림자동화

그림 4-13 그림자동화

그림 4-14 유아가 표현하는 그림자동화

니라 셀로판지나 네임펜의 색칠을 통해 다양한 색감을 표현할 수 있다.

유아들이 그림자극 감상에 흥미를 보인 것만큼이나 스스로 조작해 보는 활동도 흥미로워한다. 안전하고 간단한 형태의 그림자극을 교사들이 영유아에게 제공하길 바란다.

(7) 인형극

인형은 영유아들이 흥미로워하는 매체로 유아교육현장에서 많이 사용하고 있다. 인형은 대화로 된 이야기를 표현하기에 알맞은 자료이다. 인형은 연기하는 사람이 생명을 불어넣음으로써 살아 있게 된다. 여기서는 막대인형, 손인형, 테이블 인형, 장대인형에 대해 알아보겠다.

① 막대인형

막대를 끼워 사용하는 간단한 형태로 유아들이 쉽게 조작할 수 있는 장점이 있다. 그림책 감상 후 등장인물을 막대인형으로 만들어 극놀이를 할 수 있다.

그림 4-15 막대인형

② 손인형

손을 인형 속에 넣어 연기하는 것으로 입인형mouth puppet과 손가락인형finger puppet이 있다.

그림 4-16 입인형의 앞 모습

그림 4-17 입인형의 옆 모습

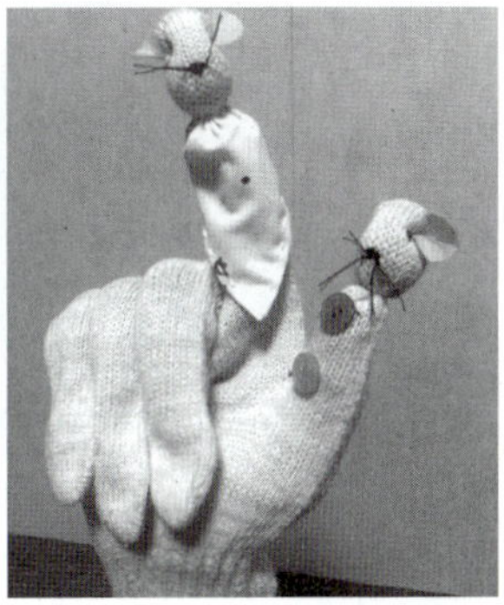

그림 4-18 손가락인형

연령에 적합한 손인형과 구체적인 손인형 사용법을 표 4-2와 같이 제시하였다.

표 4-2 연령별 손인형의 이해

연령	적합한 손인형	발달상황
7~12개월	• 성인이 조작하는 손인형, 손가락인형 • 영아가 만지기에 단단하고 안전한 것	진정한 의미의 손인형 놀이는 못하지만 성인과의 상호작용을 촉진시킨다.
1세	• (18개월부터) 단단하고, 세척할 수 있고 가볍고, 작은 손인형(20~30cm 크기로 영아의 손 크기에 맞는 것)	• 봉제 동물과 같은 방법으로 손인형을 사용한다. • 얼굴 표정과 눈에 특히 흥미를 보인다.
2세	친근한 모양을 표현한 손인형	손인형을 사용하여 성인과의 상호작용을 원활하게 한다.
3~5세	• 모든 크기의 손인형(양말과 벙어리장갑손인형 포함) • 손가락 인형(나무, 천) • 단순한 인형극장	• 극놀이에 손인형을 사용한다. • 단순한 '극장'에서 놀이하는 것을 좋아한다(블록이나 선반을 이용하여 만들 수 있다).

출처 : Bronson, M. B.(2002).

그림 4-19 5세 유아들의 손인형 연기 모습

③ 테이블인형

테이블을 무대로 사용하므로 인형이 테이블 위에 세워져야 한다. 요구르트병, 주스병, 음료수캔, 휴지심, 랩심 등을 몸통으로 사용하여 인형을 만들 수 있다.

그림 4-20 테이블인형극의 모습

그림 4-21 랩심을 활용한 테이블인형

④ 장대인형

장대인형은 막대인형과 테이블인형보다 큰 인형으로 역동적이며 실감나게 인형을 연기할 수 있다 보니 아이들의 집중력과 이야기 몰입에 뛰어나다. 그러나 유아들이 직접 조작하기에는 무리가 따른다. 다양한 문학 감상을 위해 교육현장에서는 현장견학이나 지역사회와의 연계를 통해 영유아들에게 인형극 관람의 기회를 제공할 필요가 있다.

그림 4-22 지역사회와의 연계를 통한 유치원에서 장대인형극 감상

2) 교사의 역할

문학교육에서 교사의 역할은 네 가지로 말할 수 있다(이송은, 2013).

첫째, 환경 제공자이다. 유아는 자발적으로 환경을 바꾸거나 선택하는 것이 어렵기 때문에 유아가 어떤 환경에 처해 있느냐에 따라 책 읽기의 효율성이나 책에 대한 개념형성이 달라진다.

둘째, 상호작용자 및 파트너이다. 영유아기 독서는 성인이 동반된 읽기이다. 성인이 어떻게 지지해 주느냐에 따라 유아의 책 읽기에 대한 흥미 및 효능감이 좌우된다. 특히, 이러한 사회적 상호작용의 중요성은 반응 중심 문학활동에서 강조된다.

셋째, 경청, 감상하는 관객이다. 반응 중심 문학활동에서 아동의 주도성은 매우 중요하며, 아동이 한 표상에 대해 교사는 감상하고, 이에 적절한 피드백을 해주어야 한다.

넷째, 활동계획, 평가, 기록자이다. 도서 선정과 활동계획, 활동에 대한 전반적인 평가와 기록을 한다.

좀 더 세부적으로, 유아들에게 그림책을 읽어줄 때 교사의 역할에 사이프Sipe(2011)는 다음과 같이 말하고 있다. 이야기를 들려주는 사람teller인 동시에 유아들과 이야기 사이의 가교자bridge 역할이 필요하며, 이야기를 융통성 있게 적용하는 사람flexible adaptor, 의미의 확장자이며 증식자extender and multiplier of meaning로서 이야기에 대한 다양한 종류의 반응을 격려하는 역할이 요구된다. 동화를 읽어줄 때 저자의 표현이 중요하기는 하지만 이야기에 몰입하고 있는 아이들을 위해 교사 자신이 삽입하는 내용과 개성도 중요하다. 텍스트에 이야기를 적절하게 끼워 넣고 교사의 코멘트와 생각한 것 등을 섞어 읽을 수 있다.

3) 동화 들려주기 활동에서의 교수전략

감각운동기에 속하는 영아는 그림책을 만져 보는 활동 자체만으로도 교육적 의의가 있다고 할 수 있다. 이 시기의 영아들에게 책을 읽어준다는 것은 영아와 함께 그림책을 즐기는 과정에서 영아의 신호에 민감하게 반응하는 것이 보다 적절한 방법이라고 할 수 있다.

쉬케단츠Schickedanz는 영아의 발달을 이해하고 그에 알맞은 책과 책 읽어주는 방법을 월령별로 소개하고 있다. 자세한 내용은 **표 4-3**과 같다.

표 4-3 영아의 월령에 맞는 적당한 책과 읽어주는 법

영아의 월령	영아가 할 수 있는 것	영아가 즐기는 책	책을 읽어주는 방법
9~12개월의 영아	• 손을 다루는 기술발달(시리얼, 과일 조각 등 손가락을 사용해 혼자 먹음) • 걷기 배움 • 한두 단어 말하기 시작 • "코 어디 있어?", "뽀뽀 해봐.", "가서 공 가져와.", "네 신발 찾아보자." 등을 이해함	• 책의 물리적 특성보다 내용에 관심 가짐 • 영아가 조작하기 쉬운 하드보드지로 된 책 적당	• 영아의 주의를 끈다. • 영아에게 이름을 말하기 질문을 한다. • 영아가 반응하기를 기다리고 필요하면 답을 제공한다. • 피드백을 제공한다.
12~18개월의 영아	• 일어문 사용 • 두 단어를 병합한 표현적 웅얼거림(expressive jargon) 사용 • 가작놀이가 일반화되고 새로운 형태를 취함 • 텔레비전 어린이 프로그램을 즐길 수 있음 • 노래를 흥얼거리며 따라 부름	• 친근한 주인공의 그림, 친근한 물체, 상황이 담긴 책을 좋아함 • 동요책 적당 • 단순하면서 예상 가능한 실제 이야기, 주제를 다룬 책이 적당	• 어른이 말하는 것을 반복하거나 따라하려고 시도함 • 서술적 이야기를 즐겨 들음 • 혼자 책을 보면서 재잘거리는 책옹알이(book babble)를 함

영아의 월령	영아가 할 수 있는 것	영아가 즐기는 책	책을 읽어주는 방법
19~30개월 (걸음마기)의 영아	• 문장 사용 가능(예 : 이거 내 책, 엄마 지갑) • 직전에 공유한 사건에 대해 이야기 나누기 가능 • 개인적 이야기에 익숙해지고 책으로 듣는 이야기 이해 시작 • 감정 이입 가능, 가족이나 타인을 위로하기 시도 • 가작화 놀이 계속 발달	• 실제 이야기를 즐김 • 단순하고 글의 내용을 정확히 반영한 그림책 • 단순 예상 가능한 책 • 반복되는 문장, 운율, 글과 그림이 일치하는 책	• 어른이 대화의 대부분을 차지해야 함 • 책의 내용과 생활과의 연결, 생활에서의 여러 사항과 책의 내용 연결과 같은 어른의 상호작용 필요 • 어른이 행하는 책과의 대화방법에 따라 영아의 책과 상호작용과 책내용 이해에 영향을 미침

출처 : Schickedanz, J. A.(2002).

동화를 들려주기 위해 교사는 선정한 책을 먼저 읽어보고 그 이야기의 내용과 그림에 익숙해진 후, 아동과 함께 이야기할 여러 가지 관련 주제들을 미리 찾아보아야 한다(McGee & Richgels, 2000).

동화를 들려줄 때는 독자가 중심이 되는 읽기 방법이 필요하며 이를 제안한 것이 《어린이 담당 사서를 위한 스토리텔링 운영 매뉴얼》(국립어린이청소년도서관, 2009)로 책 읽기 유형을 5가지로 분류하고 있다. 유형 1은 담담하게 원문 그대로 읽기로 동시·동요책 등이 여기에 해당한다. 유형 2는 글자 그대로 읽으며 구연식 읽기가 적용된다. 유형 3은 약간 개작해서 구연식으로 읽기이며 유형 4는 개작해서 구연하며 읽기, 유형 4-1은 상황에 따라 선택해서 읽기이다. 이 읽기 유형 분류가 보여 주는 핵심은 읽기에는 다양한 방식이 있으며 동일한 책이라도 작품 장르에 따라, 들려주는 청중에 따라, 활동 목적에 따라 읽기 방법을 달리할 수 있다는 것이다(이송은, 2012).

4) 그림책을 통한 통합적 접근방법

문학이란 '이야기 전체'를 통하여 느낌과 감동을 주는 매체로 문학경험을 중심으로 언어, 수, 과학, 사회, 음악, 조형 등 다양한 영역의 활동이 확장될 수 있다. 즉, 문학을 심장부에 두고 각 영역의 활동이 방사선 모양으로 확장되는 형태를 의미한다(이상금 · 장영희, 2001). 영유아에게 의미 있는 전체적인 맥락을 고려하여 통합적으로 제시될 때 그 교육적 효과는 높아진다. 영유아가 가장 많이 접하는 문학매체가 바로 그림책이며 그림책을 통한 통합적 접근은 유용하게 사용된다.

이야기 나누기
- 재미있는 이야기가 모두 사라진다면 어떤 기분일까?
- 또 다른 방법으로 이야기 값을 구할 수 있을까?

언어
- 아프리카 말 흉내 내기
- 내가 좋아하는 이야기 말해 보기
- 거미 사람 아난스에게 하고 싶은 말은?(편지 쓰기)

수
- 거미줄에 잡힌 등장인물 세어보기
- 이야기 상자 속에 들어 있는 이야기 분류하기

미술
- 내가 좋아하는 이야기 주인공 그리기
- 밴드로 거미줄 꾸미기

과학
- 아프리카 날씨 알아보기
- 우리나라와 아프리카 나무 비교하기

음악
- 아프리카 음악 감상하기
- 요정이 춤추는 장면에 어울리는 음악 찾아보기

역할 · 극놀이
- 등장인물 몸으로 표현하기
- '거미줄 속의 나'

사회
- 재미있는 이야기를 좋아하는 아프리카 아이들 공감하기
- 약속을 지킨 왕에게 감사하기

그림 4–23 《이야기 이야기》 그림책을 통한 통합적 접근방법의 예

5) 동시활동에서의 교수전략

왜가리야 어디 가니?
박경종 시 · 유진희 그림 / 다섯수레

동시는 영유아가 듣고 입으로 소리 내어 말해 보는 것이 중요하다. 교사가 동시를 여러 번 들려주어 리듬감을 느끼게 하고, 다양한 형태의 동시를 들려주어 음소나 음운 간의 맛을 경험할 수 있도록 한다. 유아들이 동시를 스스로 발음해 보고 녹음을 하면서 느낌을 이야기해 보는 활동도 좋다.

동시 낭송 기법에는 후렴 읽기, 행별 읽기, 대화식 읽기, 누적식 읽기, 전체 읽기 등으로 나눌 수 있다(김금희, 2003). 〈왜가리야 어디 가니?〉는 대화식 읽기에 적당하다. 또 동시내용을 몸으로 표현하며 읽기, 속도감 달리하여 읽기, 특정 단어에서 박수 치며 읽기 등이 있다. 예를 들어, 최승호의 〈기린〉 동시는 각 행 맨 앞이 모두 '기'로 시작한다. '기' 글자에서 박수를 치며 읽을 수 있다. 다수의 시가 실린 동시집도 있으며 한 편의 시로 책을 만든 동시책도 있다.

6) 동극활동에서의 교수전략

유아들은 가상적인 것을 그들의 놀이 속에 표현하고자 하며, 특히 문학경험을 다시 극화해 보는 활동을 즐긴다(이상금 외, 2001). 동극은 사전적 의미로는 어린이들의 교육과 오락을 위해 만든 연극과 어린이들이 하는 연극이라는 두 가지 의미를 지닌다. 주로 유아교육현장에서는 유아들이 직접 출연하는 연극을 말한다. 동극은 감상한 동화를 자연스럽게 이어나가는 창조적인 활동이다.

동극에 적당한 문학작품은 행동과 갈등요소가 포함되어 있고 활동적이며 독특

우산 속
문삼석 동시 · 그림 / 아동문예

말놀이 동시집 2
최승호 시 · 윤정주 그림 / 비룡소

누가 누가 잠자나
목일신 시 · 이준섭 그림 / 문학동네

동동 아기오리
권태응 시 · 김성민 그림 / 다섯수레

한 성격의 인물이 등장하고, 대화가 많은 작품이 적당하다. 짧은 시간 내 쉽게 극화할 수 있는 문학작품이 좋으며 신체적 움직임, 판토마임, 대화를 하기에 적합한지를 고려하여 선택한다(McGee & Richgels, 2000). 작품이 선정되면 해당 교사는 그림책이나 이야기를 들려준 후 극화를 계획한다. 등장인물을 정하고 그에 맞는 배역을 정한다. 작품 선택이나 대본구성, 배역 선정 및 소품 만들기 활동에 유아가 주도적으로 참여할 수 있도록 제시한다. 필요에 따라 교사는 해설자 역할, 등장인물의 역할 또는 코치와 같은 역할을 할 수 있다. 새롭거나 흥미로운 소재가 동

그림 4-24 역할 목걸이를 걸고 동극을 하는 유아들

극 소품으로 사용될 시 유아들에게 충분히 탐색할 시간을 제공한다.

동극이 끝난 후에는 효과적이었던 움직임이나 대사 등을 유아들과 알아보는 평가시간을 가지고 이를 반영해 다시 동극을 할 수 있다.

6. 문학교육을 위한 환경구성

도서영역의 책은 몇 권의 친숙한 책들과 한두 권의 새로운 책, 몇 개의 단순한 책과 복잡한 책들을 함께 제시한다. 교실의 다른 영역에도 책을 준비해 두는데, 예를 들어 과학교육이나 블록 쌓기를 지원하기 위한 정보책을 비치할 수 있다(Schickedanz, 2002).

맥기와 리치겔McGee & Richgels(2000)은 책에 관해 이야기하기 활동을 위한 쾌적한 공간을 제공하기 위해 교사가 해야 할 내용을 다음과 같이 제시하고 있다.

- 눈에 띄는 장소에 영역표시를 한다.
- 쿠션, 작은 카펫, 안락한 의자를 비치한다.
- 작가 혹은 장르별로 책을 조직하여 비치한다.
- 책들은 표지가 앞으로 보이도록 전시한다.
- 이야기를 다시 꾸며 볼 수 있는 소도구들을 비치한다.
- 작가, 장르 또는 내용과 같이 하나의 특정 주제를 기초로 책이나 관련 사물들을 진열, 배치한다.

영아의 경우 무엇보다도 안전을 우선으로 책을 비치한다. 책을 꺼내고 넣고 하면서 책에 찍히거나 책의 모서리나 무게로 인해 다치는 일이 없도록 유의한다.

영유아교육기관에서 그림책을 1권씩 비치하는 경우가 많다. 그러나 영아들은 놀잇감의 수가 너무 적을 때 놀잇감으로 인해 분쟁이 많이 발생하므로 영아가 놀

수 있는 충분한 양의 놀잇감을 준비(보건복지부, 2013)하는 것이 좋다. 책이 놀잇감인 시기의 영아에게는 좋아하는 그림책은 여러 권 비치하기를 권한다. 유아의 경우 도서영역의 책을 관리하는 유아를 정하여 북마스터 역할을 체험해 보게 하는 것도 좋은 방법이다.

7. 문학교육활동의 실제

1) 그림책을 활용한 문학교육활동 실제의 예 1

<table>
<tr><td>활동명</td><td>뽀뽀해요</td><td>활동연령</td><td>0세</td><td rowspan="2">
</td></tr>
<tr><td>그림책</td><td colspan="3">《뽀뽀 쪽!》(김선영 글 · 김현 그림 / 베틀북)</td></tr>
<tr><td>활동목표</td><td colspan="4">• 교사와 놀이하며 친밀감을 느낀다.
사회관계 > 더불어 생활하기 > 안정적인 애착형성하기 > 양육자에게 적극적으로 관심과 욕구를 표현한다.
• 뽀뽀 동작을 통해 몸의 감각을 느낀다.
신체운동 > 감각과 신체인식하기 > 감각적 자극에 반응하기 > 시각, 청각, 촉각, 후각, 미각으로 자극을 느낀다.</td></tr>
<tr><td>활동자료</td><td colspan="4">그림책</td></tr>
<tr><td>활동방법</td><td colspan="4">1. '고릴라 가족' 손유희를 듣는다.
– 우리 집에 / 고릴라가 놀러왔어요. ♬
– 아빠고릴라는 / 쿵따 쿵따 / 쿵따따 / 쿵따
– 엄마고릴라는 / 콩따 콩따 / 콩따따 / 콩따
– 아기고릴라는 / 콩쪽 콩쪽
2. 그림책을 감상한다.
• 그림책 표지를 탐색한다.
– 우리가 방금 노래했던 고릴라가 있네.
– 고릴라 표정이 어때요? 눈을 지긋이 감고 입술은 살짝 올라갔네.</td></tr>
</table>

활동방법	• 동작을 가미한 책 읽기를 한다. – '쪽'이라는 말이 나올 때마다 선생님이랑 손 뽀뽀해요. '뽀뽀 쪽!' • 등장인물의 특징을 살려 읽는다. – (나비엄마 가벼운 목소리로) 방긋방긋 우리 아가 눈을 살포시. – (하마엄마 무거운 목소리로) 포동포동 우리 아가 코를 발름. • 가벼운 신체놀이를 하며 읽는다. – 물고기처럼 입을 쭉, ○○입술이 쑥 나왔구나. 선생님이랑 뽀뽀 쪽! – 기린처럼 목을 쑥, ○○이 목이 길어졌어요. 선생님이랑 뽀뽀 쪽! – 개구리처럼 볼을 탱탱하게 하고 선생님이랑 뽀뽀 쪽! **3. 교사가 영아에게 '뽀뽀 쪽' 놀이를 한다.** • 교사는 책 순서대로 영아에게 뽀뽀 쪽 놀이를 한다. (발 → 배 → 엉덩이 → 몸) – 발에 뽀뽀를 하네요. 우리 친구들 발은 어디 있나요? 선생님이 발에 뽀뽀를 해 준대요. **4. 개사한 '고릴라 가족' 손유희를 듣는다.** – 우리 집에 / 고릴라가 놀러왔어요. ♬ – 아빠고릴라는 / 뽀뽀 쪽/ 뽀뽀 쪽 – 엄마고릴라는 / 뽀뽀 쪽/ 뽀뽀 쪽 – 아기고릴라는 / 뽀쪽 뽀쪽 뽀쪽
참고사항	고릴라 가족 손유희 수록 도서 : 《표현력과 창의성을 키우는 손유희》 (이송은 편저 / 동심)
관련 그림책	주제 : 뽀뽀 – 《엄마랑 뽀뽀》 (김동수 글 · 그림 / 보림)

2) 그림책을 활용한 문학교육활동 실제의 예 2

활동명	사과를 먹어 보아요	활동연령	2세	
그림책	《사과가 쿵!》 (다다 히로시 글 · 그림, 정근 옮김 / 보림 / 1996)			
활동목표	• 사과의 냄새와 모양, 맛을 탐색한다. 자연탐구 > 과학적 탐구하기 > 물체와 물질 탐색하기 > 친숙한 물체와 물질을 능동적으로 탐색한다. • "냠냠", "사각사각"과 같은 말을 따라해 본다. 의사소통 > 말하기 > 낱말과 간단한 문장으로 말하기 > 친숙한 낱말을 발음해 본다.			
활동자료	그림책, 사과교구, 실물사과, 융판동화자료(펠트 사과교구, 등장동물 컷), 사과퍼즐			

교구공방

[펠트 사과교구 만들기]

준비물 : 빨간 펠트, 갈색 펠트, 실, 바늘, 가위

① 커다란 빨간 펠트(2겹 혹은 3겹)에 사과 도안을 그린 후 오린다.

② 갈색 펠트에 사과꼭지를 그리고 오린다.

③ 빨간 펠트 사과를 조각낸다.

④ 바느질로 마무리하고 뒤에 까끌이를 붙인다.

활동방법

1. 사과교구와 두더지 컷으로 이야기의 도입을 감상한다.

- (사과교구를 들고 아래로 내리며) 커다란 사과가 쿵! 떨어졌어요.
- (사과교구 아래에 두더지 컷을 들고) 어? 밖으로 나갈 수가 없네.

2. 그림책을 감상한다.

• 그림책의 앞표지를 탐색한다.
- (앞표지에 손으로 짚으며) 우리가 좀 전에 본 두더지가 여기 있네요.

• 그림책을 놀잇감처럼 활용하여 읽는다.
- 어! 비가 내리네. 하지만 걱정 없어요. 커다란 사과가 우산이 되어 주니까요. (책을 머리 위로 올리며 우산처럼) 우리도 우산 써 보자.

• 동물의 크기와 몸짓에 맞게 소리와 제스처를 곁들여 읽는다.

3. 사과를 탐색한다.

• 사과의 모양과 촉감을 느껴본다.
- 빨갛고 동그란 사과예요. 만져볼까요? 얼굴에도 대어 볼까요?

• 사과 속을 탐색한다.
- 사과 속을 볼까요?
- 냄새가 어때요?

• 사과를 여러 동물들처럼 먹어 본다.
- ○○이는 누구처럼 사과를 먹고 싶어요? / 악어
- ○○이가 악어처럼 사과를 먹어요. ○○이가 악어처럼 '우적 우적' 먹어요.

4. 책 내용을 간단한 운율감 있는 노래로 들으며 동작과 함께 따라해 본다.

- 커다란 사과가 (양손으로 반원을 만들며)
- 쿵 떨어졌어요. (양 손을 배꼽까지 내리며)
- 조그만 개미는 야금 야금 야금 (검지손가락 두 개를 붙이고 오글거리며),
- 조금 큰 두더지는 사각 사각 (양 손으로 긁는 시늉을 하며),
- 아주 큰 곰은 와사삭 와사삭 (양 팔을 벌려 갈고리처럼 만들어 힘껏 당기며)
- 모두들 한 목소리로 잘 먹었습니다. (양 손 배꼽에 대고 인사한다)

<table>
<tr><td>확장활동 1</td><td>[사과가 쿵 미니극놀이]
1. 등장동물 컷을 영아들이 나누어 갖는다.
2. 융판을 이용해 극놀이를 한다.
– 커다란 사과가 쿵 떨어졌어요.
– 제일 먼저 두더지가 왔죠.
– 두더지는 사각사각 사과를 먹었어요. (펠트사과를 떼어내고 두더지 컷을 붙인다)
– 그러자 ○○토끼도 왔어요. '냠냠냠'하고 사과를 먹었어요.
– 어! 비가 오네요. 괜찮아요. 동물들은 모두 사과우산 속에 들어가 있네요.
 </td></tr>
<tr><td>확장활동 2</td><td>[사과가 쿵 퍼즐놀이]
1. 그림책 앞표지를 보며 조각난 퍼즐을 맞추어 본다.
– 어! 사과가 없어졌어요. 이 그림을 보며 선생님이랑 사과를 만들어 봐요.
2. 풍부한 의성어, 의태어를 들으며 사과퍼즐조각을 떼어낸 본다.
– 두더지가 '사각 사각' 사과를 먹었어요.
– ○○가 사과를 '얌얌얌' 먹었더니 어! 사과가 사라졌네요.
 </td></tr>
<tr><td>참고사항</td><td>사과의 잘려지는 활동을 통해 사과 단면을 보여 줄 때 영아들이 집중하며 호기심을 보였다. 그러나 칼을 사용하므로 반드시 안전에 유의한다.</td></tr>
<tr><td>관련
그림책</td><td>주제 : 사과 – 《또또와 사과나무》 (나카에요 시오 글 · 우에노 노리코 그림, 이재은 옮김 / 세상모든책 / 2008)</td></tr>
</table>

3) 그림책을 활용한 문학교육활동 실제의 예 3

활동명	비와 함께 놀아요	활동연령	4세
그림책	《비가 오는 날에》(이혜리 지음, 강병규 꾸밈 / 보림 / 2001)		

목표	누리과정 관련 요소
• 다양한 빗줄기의 모습을 몸으로 표현한다. • 음악에 맞춰 그림책 속 동물이 되어 움직여 본다.	• 자연탐구 : 과학적 탐구하기 – 자연현상 알아보기 • 예술경험 : 예술적 표현하기 – 움직임과 춤으로 표현하기

[창의 · 인성 관련]

• 창의성 : 인지적 요소 – 사고의 확장, 동기적 요소 – 호기심 · 흥미, 성향적 요소 – 독립성

• 인성 : 존중 – 생명과 환경에 대한 존중

활동자료	그림책, 노래 음원(《맨날맨날 우리만 자래》, 《노란 우산》의 부록 CD), 대형 펠트우산(파라슈트), 나비 스티커, 그림책 속 나의 장면(A4 크기)

활동방법

1. '비 오는 날' 동요를 손유희와 함께 부른다(《맨날맨날 우리만 자래》 부록CD – 1번 트랙).

– 노랫말의 '해님 안 떠요'는 어떻게 표현하면 좋을까요?

2. 그림책을 감상한다.

• 손가락으로 빗줄기를 표현하며 읽는다.

– (빗줄기 그림을 보여 주며) 비가 어떻게 내리고 있나요? 손가락으로 그려 볼까요?

• 다음 장면의 호기심을 불러일으키며 읽는다.

– 이렇게 비가 오는 날, 호랑이는 무얼 할까요?

3. 그림책 장면을 음악과 함께 몸으로 표현한다(《노란 우산》의 부록 CD)

• 책 속 동물 친구들이 했던 놀이들을 우리도 해 볼거야. 더 재미있게 놀이하기 위해서 음악을 준비했는데 한 번 들어볼까요?

– 우리가 놀이할 때 다치지 않으려면 어떻게 해야 할까요?

• 그림책 동물의 이미지에 맞는 음악을 들려주며 움직임 놀이를 한다.

활동방법

그림책 장면	부록 CD		활동
	재미마주 CD (초판)	보림 CD (개정판)	
치타	8번	6번	우산을 잡고 바람에 휩쓸리는 모습 표현
사자	11번	9번	입을 벌리고 빗물 받아먹는 모습 표현
나비	6번	4번	나비처럼 가볍게 걸어보는 모습 표현
티라노사우루스	12번	10번	첨벙첨벙 물장난하는 모습 표현
호랑이	3번	1번	바닥에 엎드려 지루한 모습 표현
용	14번	12번	손과 발로 물 뿌리는 모습 표현

치타처럼 우산 잡은 모습

호랑이처럼 지루해 하는 모습

4. 대형 펠트 우산 타기 놀이를 한다.

- 유아를 두 모둠으로 나눈다.
  - 우산 끌어주는/타기 활동하고 싶은 친구는 이쪽으로 오세요.
- 이동장소를 정확히 알려주고 활동한다.
  - 자, 우리 친구들 우산배에 다 탔나요? 그럼 창문 쪽으로 움직입니다.
- 모둠별로 타기/끌어주기를 한 후 서로 바꾸어서도 활동한다.

5. 나비 비 피하기 놀이를 한다.

- 그림책 속 나비 장면을 1장씩 나누어준다.
- 유아의 검지 손톱에 나비 스티커를 붙인다.
- 나비가 하늘까지 비를 맞지 않고 올라가는 놀이를 한다.
- 그림책 속 나비 장면을 살짝살짝 흔들며 놀이한다.

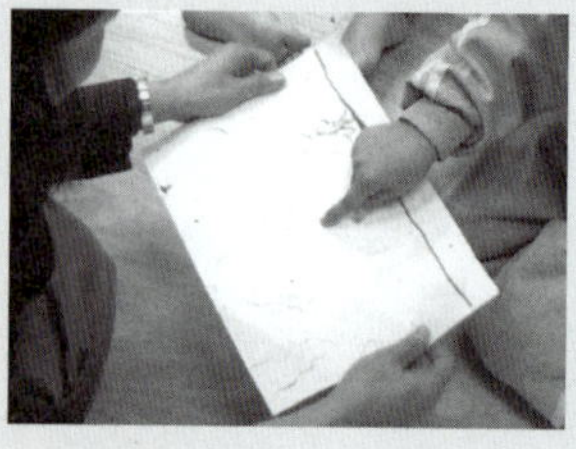

활동평가	• 빗줄기가 모두 달랐어요. 빗줄기를 어떻게 구별할 수 있었나요? • 어떤 동물 움직임을 표현할 때 가장 재미있었나요?
참고사항	검지손톱에 나비 스티커를 붙여 비 피하기 놀이를 하는 이유는 역동적인 수업 분위기를 차분하게 하기 위함이다.
관련 그림책	주제 : 비 – 《야, 비 온다》 (이상교 글 · 이성표 그림 / 보림 / 2002)

Teaching subjects in early childhood education

CHAPTER

05

영유아 언어교육

1. 언어교육의 역사와 동향 | 2. 언어교육의 목적 및 목표
3. 언어교육의 내용 | 4. 언어교육의 교수-학습방법
5. 언어교육의 환경 | 6. 언어교육활동의 실제

CHAPTER

05

언어는 인간에게 의사소통뿐만 아니라 사고를 비롯한 개인의 인지능력의 토대가 되며 사회 구성원으로 기능하게 하고 인류의 문화를 발전시키는 도구로써 중요한 기능을 한다. 인간은 태어나면서부터 사회 구성원으로 살아가기 위하여 자연스럽게 의사소통의 수단을 익히게 되는데, 그 중 가장 중요한 수단이 언어일 것이다. 또한 언어는 학습을 시작하게 하고 문화를 배우고 향유하게 하며 학습의 효과를 나타내는 커다란 힘을 가지고 있다. 영유아기는 언어발달의 결정적 시기이므로 '언어란 무엇인가?', '어떻게 습득되는가?'에 대한 답을 찾으려는 노력이 지속적으로 이루어져야 할 것이다. 이런 면에서 영유아 언어발달과정을 이해하고 체계적으로 교육하는 일은 대단히 중요하다고 할 수 있다.

5장 영유아 언어교육에서는 영유아 언어교육의 방향을 제시하고자 언어교육의 역사와 동향, 언어교육의 목적과 목표를 알아보고 기본 이론인 언어교육의 내용, 언어교육의 교수-학습방법 및 언어교육의 환경에 대하여 개괄하였다. 마지막으로 교사들의 요구를 반영하여 현실적인 도움이 되도록 언어교육활동의 실제 측면을 알아볼 것이다.

1. 언어교육의 역사 및 동향

인간이 사회적 동물로 살아감에 있어 타인과의 상호작용에서 언어는 자신의 생각이나 욕구를 표현하는 가장 중요한 수단이 될 수 있다. 또한 사회 구성원으로 살아가는 데 있어 언어는 통제 기능을 가지고 있기 때문에 인간의 행동을 변화시키기도 하고 다른 사람을 배려한 상황에 적합한 언어적 표현은 소통을 원활하게 한다. 이러한 언어능력의 습득은 영아기에 기초가 형성되어 유아기에 완성이 되기 때문에 영유아기에 바람직한 언어적 환경의 제공이 중요한 시기라 할 수 있다(도미숙, 2014).

영아는 출생과 동시에 다양한 소리와 언어를 접하게 되면서 자연스럽게 언어를 익히게 되고 영아기에는 신체 및 운동기능의 발달을 비롯하여 언어발달과 사회성 발달, 정서발달, 인지발달 등의 전 영역의 발달이 급속히 이루어지는 시기이다. 특히, 영아기의 언어는 주변 사람들과의 관계 속에서 의사소통을 통하여 언어를 획득해 가며(Vygotsky, 1978), 생존과 성장에 영향을 주고 인지발달에 중요한 역할을 한다(이영자 · 이종숙 · 이정옥, 1996). 따라서 언어를 습득한 후 상황에 적합한 언어표현은 인간이 사회구성원으로서 다른 사람들과 원활하게 소통하며 살아가기 위해서는 필수적이라고 할 수 있다. 그런데 영유아발달을 고려한 체계적인 언어학습, 언어교육에 대한 연구는 20세기에 들어서 활발히 이루어지면서 학자들 간 끊임없는 논쟁거리가 되고 있으며, 특히 문자언어에 대해서는 더욱 그러하다(도미숙, 2014).

1920년대 성숙주의적 관점, 1960년대 행동주의 관점, 1980년대 이후 상호작용주의적 관점의 흐름에 따른 영유아 언어교육에 대한 견해를 살펴보면 다음과 같다.

성숙주의적 관점은 생물학적 성숙의 결과로 본 게젤의 성숙주의이론에 근거하여 인간은 선천적으로 언어습득기제를 가지고 태어나므로 영유아가 이를 학습할 준비가 되었을 때 성숙하는 과정에서 특별한 교수 없이도 누구나 자연스럽게 언어가 발달한다고 보았다. 음성언어의 학습은 영유아기에 하는 것이 적절하다고 볼 수 있으나 문자언어인 읽기와 쓰기는 사전기술을 갖출 때까지 늦추어야 하며 이를 위해 인지적 · 사회적 · 신체적으로 준비하는 준비도readiness교육이 되어야 한다고 주장하였다. 이러한 성숙주의 준비도 관점은 지속적인 연구를 통해 다양한 검사도구의 개발로 이어졌으며, 1960년대 행동주의이론이 대두될 때까지 문자언어교육의 주류를 형성하였다(한유미 외, 2010).

행동주의적 관점은 성숙주의적 관점과 마찬가지로 준비도를 강조하였는데, 준비도는 체계적인 교육에 의해 좀 더 조기에 학습될 수 있다고 보았다. 성숙주의적 관점과 행동주의적 관점에서의 준비도 개념의 차이는 성숙주의적 관점에서는 생물학적 성숙에 의해 준비된다고 주장한 반면, 행동주의적 관점에서는 다양한 경험을 통해 준비된다고 주장하였다(Durkin, 1966). 인간은 자극에 대해 반응하는 존재라는 사실을 전제로, 영유아기 언어교육에서는 단계적이며 반복적인 과정 속에서 이루어지는 정확성을 강조하는 강화와 모방을 중요시하였다.

상호작용주의적 관점은 1980년대 이후 언어발달에 관한 사회언어학적 접근 및 상호작용이론의 등장으로 인해 영유아의 문자언어발달에 관한 견해가 나타났다. 즉, 영유아는 생애 초기부터 문자언어에 노출된 채 생활하고 있으므로 읽기 발달이 매우 일찍 출현한다는 견해로 영유아는 실제 상황의 환경과 상호작용 관계 속에서 필요한 언어를 스스로 모방하거나 언어 형태를 만드는 등 능동적으로 언어를 구성해 간다는 것이다. 그리고 음성언어와 문자언어를 별개가 아닌 통합된 개념으로 보기 때문에 유아기부터 음성과 문자 학습은 모두 통합적으로 이루어질 수 있다고 본다(신화식 외, 2015).

다음은 문자언어교육과 관련한 세 가지 언어교육으로 발음 중심 언어교육법과 총체적 언어교육법, 균형적 언어교육법에 대해 살펴본 것이다.

1) 발음 중심 언어교육법

발음 중심 언어교육법에 대한 관심은 시대 상황에 따라 달리 나타난다. 1920년대에는 발음 중심 언어교육법이 각광을 받았으나 기초 독본 읽기basal reader가 관심을 끌었던 1930년대와 1940년대에는 주목받지 못했으나 1950년대와 1960년대에는 다시 관심을 받고 1970~1990년대까지 발음 중심 언어교육법에 대한 관심은 총체적 언어교육법이 대두되면서 줄어들었다. 그러나 1990년대 이후 최근에 다시 한 번 총체적 언어교육법이 비판을 받으면서 주목받게 되었다.

발음 중심 언어교육법 입장에서 영유아의 읽기와 쓰기란 성인의 관례적인 읽기와 쓰기에 준하기 때문에 영유아가 배우기에 쉽지 않은 별개의 교과로서 학습의 위계와 반복연습이 요구된다(정은주 외, 1996). 즉, 언어학습은 소리sound, 단어word, 문장sentence의 순으로, 음성언어와 문자언어의 순으로 이루어져야 하는데, 이를 위해서는 기본기술준비도이 전제되어야 한다.

발음 중심 언어교육법의 주요 개념 및 특성은 다음과 같다.

첫째, 발음 중심 교육법은 매우 체계적이고 위계적인 학습계획을 통해 음소규칙과 일반화 규칙을 가르친다(Hannon, 2000). 인쇄물에 대한 개념이나 음소에 대한 인식 등이 포함되며, 이러한 것을 익히기 위한 기술을 습득하는 과정이 읽기, 쓰기 이전에 익히기 위한 과정으로 매우 중요하므로 영유아가 반복적인 연습을 통해 기술을 익히도록 한다. 그러므로 읽기 준비도 기술의 성공적인 습득 여부는 영유아가 읽기 능력을 성공적으로 배우느냐 배우지 못하느냐에 달려 있다.

둘째, 듣기, 말하기, 읽기, 쓰기는 순서적으로 발달한다. 즉, 영유아는 말한 후에 듣는 기술이 발달하는 것이 아니라 들은 후에 말하는 것처럼 읽은 후에 쓸 수 있다. 영유아의 언어습득이 순서적으로 발달하게 하기 위해서는 듣기 지도 후 말하기 지도, 말하기 지도 후 읽기 지도, 읽기 지도 후 쓰기의 학습이 이루어지도록 한다.

셋째, 읽기 학습의 최종 목적은 문자해독decoding과 부호화encoding 기술을 습득하는 것이다(주영희, 2001). 이를 위해 자음과 모음체계, 자음글자과 음소말소리의 대응관계 등과 같은 음소구성에 대한 원리를 배우고, 철자법에 대한 교육을 받는다. 따라서 영유아들에게 발음지도를 강조하는 언어교육을 실시한다. 그래서 발음 중심 지도법은 낱자에서 시작하여 단어, 문장, 이야기의 순서로 읽기 지도를 하며, 이를 상향식 접근bottom-up approach이라고 한다.

넷째, 읽기와 쓰기에 대한 지식은 영유아가 스스로 습득하기 어려우므로 문식성을 습득하기 위해서는 체계적이고 의도적인 학습이 필요하다.

다섯째, 일차적 언어인 듣기와 말하기는 감각기관에 문제가 없다면 배우지 않아도 자연스럽게 습득할 수 있지만 읽기와 쓰기는 이차적인 언어로 의도적으로 배우지 않으면 사용할 수 없으므로 형식적 교수방법을 통해 지도를 해야 한다.

발음 중심 언어교육법은 행동주의이론에 근거한 접근법으로 기술 중심 접근법, 외부에서 내부로의 접근법, 음운 중심 접근법 등의 용어와 같은 의미로 쓰인다. 과학적이고 조직적인 한글의 구조를 체계적으로 가르치고 맞춤법 학습에 도움이 되며 일단 기본 규칙 학습이 된다면 이후 학습의 전이가 높다는 장점이 있다. 반면, 너무 분석적 · 논리적이어서 영유아가 이해하기에는 어려우며, 의미보다는 문자 자체에 비중을 갖는 편이어서 낱자나 낱말을 잘 읽더라도 글 전체의 의미는 제대로 파악하지 못하는 경우가 발생할 수 있어 영유아기 문자언어에 대한 학습동기, 흥미, 집중도를 저하시킬 것이라는 우려도 있다.

2) 총체적 언어교육법

총체적 언어교육법은 발음 중심 언어교육법의 대안으로 출현한 교수방법이다. 다른 교과영역과의 통합활동을 강조한 언어교육이며, 아동 중심 교육사상의 영향을 받아 루소, 페스탈로치, 프뢰벨 등의 주장을 따랐으며, 진보주의 교육자인 듀이의 영향을 받아 직접적인 경험과 영유아의 흥미를 강조한다. 또한 언어활동에서 사회적 상호작용을 중요하게 여기는 상호작용주의이론과 사회적 상호작용주의이론에 영향을 받았다. 총체적이라는 용어는 통합이라는 의미를 가지고 있는데, 언어 전체적인 의미로서의 통합인 의사소통, 언어 4영역인 듣기, 말하기, 읽기, 쓰기의 통합, 모든 교과의 통합이라는 의미를 포함한다(박혜경 외, 1999).

총체적 언어접근법은 관습화된 언어를 반복연습을 통해 정확히 배우는 것에 관심이 있는 발음 중심 언어교육법과는 달리 학습 주체인 유아가 구어와 문어를 사용하여 의사소통을 얼마나 잘 하느냐에 관심을 둔다. 즉, 언어의 기본 단위를 의미로 보고 모든 언어적 행위에서 전체적인 의미와 인식을 중요시한다.

또한 총체적 언어교육법은 언어발달에 관한 철학적 교수법이 동시에 함유된 것이다. 영유아에게 쓰기를 지도할 때 문학작품이나 그림책을 활용하기 때문에 이를 통한 글쓰기는 의미 있고 기능적이며 경험과 통합된 맥락 속에서 이루어진다. 따라서 학습자의 동기가 발달되고 학습과정에 대한 흥미가 생긴다.

총체적 언어교육법의 주요 특성은 다음과 같다.

첫째, 언어의 구성요인들을 분리하지 않고 하나의 전체a whole로 가르쳐야 하며 언어를 구성하고 있는 각각의 구성요인은 전체와 관련되어 있을 때 의미를 가지게 된다. 또한 각각의 구성요인은 유의미한 맥락 속에서 가르쳐야 한다(Freemam & Freeman, 1992).

둘째, 듣기, 말하기, 읽기, 쓰기는 상호 연관성이 있으며 동시적으로 일어나는 활동으로 통합적으로 상호작용하면서 발달한다.

셋째, 문자학습에서 중요한 것은 글의 의미를 이해하고 인식하는 것으로 보고 있다. 학습의 방향은 전체 이야기에서 낱자의 순이야기 → 문장 → 단어 → 낱자으로 나아가므로 하향식 접근top-down approach방법을 취하고 있다.

넷째, 글을 읽거나 쓸 때 글자를 바르게 읽거나 쓰기보다는 글을 통해 의사소통이 이루어지는 것이 중요하므로 글자를 바르게 읽거나 쓰는 것이 중요하지 않다.

다섯째, 영유아 자신에게 의미 있고 동시에 재미를 주는 일상생활에서의 읽기, 쓰기 활동을 하면서 언어의 기능적인 측면을 알아간다. 따라서 영유아들에게는 혼자 혹은 성인과 함께 책을 읽거나, 편지 쓰기, 쪽지 보내기, 쇼핑목록 작성하기 등과 같은 일상에서의 자연스러운 활동이 매우 중요하다.

여섯째, 영유아는 환경과의 지속적인 상호작용을 통해 지식을 구성해 나가는 능동적인 존재이다. 자기주도적인 언어활동이 일어날 수 있는 문식성 환경을 계획하고 준비하는 것이 중요하다.

일곱째, 언어활동에 대한 설명, 모방, 지원체계가 제공되어야 한다. 교사는 영유아의 언어활동에 함께 참여하여 영유아가 자신의 생각을 이야기하는 과정을 통해 언어활동과 언어활동의 결과를 관찰하는 기회를 갖는다.

여덟째, 언어활동을 하는 동안 실수를 감수하는risk-taking 경험을 해보아야 한다. 듣기, 말하기, 읽기, 쓰기를 할 때 영유아가 정확하게 알지 못한다 하여도 자신이 가진 언어에 관한 가정을 실험해 볼 수 있는 기회가 제공되어야 한다. 즉, 실수가 허용됨으로써 언어활동은 흥미로운 경험이 된다.

총체적 언어교육법은 1980년대까지 읽기 · 쓰기 지도의 주요 전략으로 널리 실시되었으나 1990년대 초부터 비판이 제기되었다. 즉, 자 · 모음체계에 대한 교육, 글자와 소리와의 관계 인식 교육 등을 등한시하여 성공적인 문자언어능력을 갖는 데 필요한 기술을 배울 수는 없었다면서(Morrow, 2001) 효과적인 문자교육을 위한 음운인식, 글자해독 등의 지도의 필요성을 제기하였다(이차숙, 2005).

3) 균형적 언어교육법

1990년대 이후 영유아 언어교육 논쟁의 초점은 언어교육법의 효과에 관한 것이었다. 총체적 언어교육법은 의미를 파악하는 것과 영유아에게 의미 있는 읽기, 쓰기 활동을 통해 의사소통능력을 길러주는 것을 목표로 하기 때문에 자 · 모음에 대한 교육이나 글자와 소리의 관계를 인식하는 교육이 어렵다. 그러므로 영유아들의 능숙한 읽기 능력을 위해서는 이러한 지식을 가르쳐야 한다고 읽기에서 단어 재인에 관한 연구들(이차숙, 2004 ; Adams, 1994 ; Barron, 1986)이나 유아의 음운능력phonemic awareness 인식에 관한 연구자들(김정화, 2003 ; Share, Jorm, Maclean, & Mathews, 1984)은 주장을 제기하였다.

발음 중심 언어교육법은 기술을, 총체적 언어교육법은 의미를 중시했다면 균형적 언어교육법은 이 두 요소를 모두 포함한다. 균형적 접근법은 영유아 언어학습에서는 추상적인 기술적 요소와 의미 있는 문해경험의 통합이 모두 필요하며, 이 두 가지가 하나로 통합될 때 영유아들에게 진정한 읽기와 쓰기의 경험과 목적, 기쁨, 의미를 모두 가져다 줄 수 있다고 본다.

균형적 언어교육법의 주요 특성은 다음과 같다.

첫째, 읽기, 쓰기를 배우는 것은 말하기를 배우는 것처럼 자연스러운 과정이다.

둘째, 듣기, 말하기, 읽기, 쓰기를 통합하여 교육한다.

셋째, 읽기와 쓰기는 모두 다 중요하다.

넷째, 읽기와 쓰기 학습의 중심요소는 의미의 습득이다.

다섯째, 영유아의 문자발달을 이루기 위해서는 풍부한 문식성 환경print-rich environment 제공, 능동적 글쓰기 활동에 대한 배려, 영유아와 상호작용하는 성인의 역할이 중요하다.

여섯째, 단어 재인능력, 어휘력, 단어 읽기 전략 등과 같은 글자 인식과 관련된 기술을 개개 영유아의 특성을 고려하여 개별 학습을 통해 체계적으로 가르친다.

일곱째, 읽기, 쓰기와 관련된 기술과 전략을 가르칠 때 영유아의 경험과 연결시킨 읽기, 쓰기 자료를 제공한다.

여덟째, 좋은 문학작품을 통한 문식성 활동의 제공을 중요하게 여긴다(Machado, 2003).

아홉째, 영유아의 읽기, 쓰기 발달을 위해 여러 가지 다양한 학습방법을 모두 중요하게 활용한다.

이상에서 살펴본 바와 같이 균형적 언어교육법은 발음 중심 언어교육법과 총체적 언어교육법의 장점을 결합시킨 절충안이라고 할 수 있다. 최근 들어 이 교육법이 유아의 문자언어 지도에 효과적이라는 견해가 지배적이지만, 교육현장에서 효율적으로 실시되기 위해서는 두 지도법의 장점을 모아놓은 것에 만족해서는 안 되며 새로운 교수 모형으로 발전시켜야 한다는 지적이 있다. 이를 위하여 앞으로 경험적 연구를 통하여 영유아의 발달수준이나 학습양식 등 개별적인 필요에 적합한 교수방법을 찾아내도록 노력해야 한다(이차숙, 2005).

2. 언어교육의 목적 및 목표

영유아기는 언어발달의 결정적 시기이며, 영유아기에 형성된 언어습관과 태도는 일생 동안 지속된다. 또한 영유아기 언어발달은 언어기술 자체의 발달뿐만 아니라 정보획득, 사회적 상호작용, 문제해결, 자신의 생각을 다른 사람에게 전달하기, 다른 사람의 생각 알기 등에서 중요한 역할을 한다. 따라서 영유아로 하여금 다른 사람의 말을 주의 깊게 듣고 자신의 생각과 느낌을 표현하는 의사소통과정을 통하여 언어능력과 태도의 발달을 도모하는 것과 적절한 교육의 방향이 설정되어야 한다. 여기에서는 표준보육과정의 의사소통영역과 누리과정의 의사소통영역에서 명시하고 있는 교육목적 및 목표를 제시한다.

먼저 표준보육과정에서 제시하고 있는 의사소통영역의 내용이다.

국가적 수준에서 영아가 의사소통영역에서 경험해야 할 태도와 가치, 지식과 기술을 제시하는 것은 표준보육과정이다. 표준보육과정은 보육의 질적 기회 균등을 보장하기 위해 2006년 표준보육과정령이 공포되었고, 2007년 표준보육과정의 구체적인 보육내용 및 교사지침이 고시된 이후 국가수준의 입법화된 보육과정으로 보육의 질적 수준을 높이는 데 크게 기여하고 있다. 2013년 제3차 어린이집 표준보육과정이 고시되었는데, 0~1세 보육과정, 2세 보육과정, 3~5세 누리과정으로 구분하고, 심신의 건강과 전인적 발달을 도와 행복을 도모하며 민주시민의 기초를 형성하는 것에 목적을 두면서 하위영역으로 의사소통영역을 설정하고 있다. 이 중 누리과정의 대상 연령을 제외한 0~1세, 2세의 의사소통영역의 목표를 살펴보면 다음과 같다.

0~1세 의사소통영역에서는 '말소리를 구분하고 의사소통의 기초를 마련한다'는 목표를 가지고 다음과 같은 하위목표를 설정하고 있다.

- 주변의 소리와 말소리 듣기에 관심을 보인다.
- 표정, 소리, 몸짓으로 자신의 생각과 느낌을 표현한다.
- 짧은 그림책이나 친숙한 환경 인쇄물에 관심을 가진다.
- 끼적이기에 관심을 가진다.

2세 의사소통영역에서는 '의사소통의 기초를 기른다'는 목표를 가지고 다음과 같은 하위목표를 설정하고 있다.

- 다른 사람의 말과 짧은 이야기 듣는 것을 즐긴다.
- 자신의 생각과 느낌을 말로 주고받기를 즐긴다.
- 그림책이나 환경 인쇄물에 관심을 가지며 글의 내용에 흥미를 가진다.
- 글자 형태 끼적이기에 관심을 가진다.

누리과정은 유아에게 균등한 양질의 교육·보육서비스를 제공하기 위해 유치원 교육과정과 어린이집 표준보육과정을 통합한 누리과정을 실시하고 있다. 2011년 우선 5세 누리과정이 공포된 후 2012년에 3~5세로 확대되어 고시되었으며, 2013년부터 3~5세 유아를 대상으로 적용되고 있다. 3~5세 유아의 심신의 건강과 조화로운 발달을 도와 민주시민의 기초를 형성하는 것에 목적을 두면서 하위영역으로 의사소통영역을 설정하고 있다.

의사소통영역은 구어와 문어를 활용하여 나와 타인의 느낌, 경험, 생각을 상황과 상대방에 적절하게 의사소통할 수 있는 능력을 기르는 것은 물론, 말과 글의 관계를 알고 읽기와 쓰기에 흥미를 가져 언어 사용을 즐기도록 하는 영역으로서, '일상생활에 필요한 의사소통능력과 바른 언어 사용습관을 기른다'라는 목표를 가지고 다음과 같은 하위목표를 제시하고 있다.

- 다른 사람의 말을 주의 깊게 듣는 태도와 이해하는 능력을 기른다.
- 자신의 느낌과 생각, 경험을 말로 표현하는 능력을 기른다.
- 글자와 책에 친숙해지는 경험을 통하여 글자 모양을 인식하고 읽기에 흥미를 가진다.
- 말과 글의 관계를 알고 자신의 생각, 느낌, 경험을 글로 표현하는 데 관심을 갖는다.

더불어 표준보육과정에서는 상기 목표를 0~1세, 2세, 3~5세별로 구별하여 좀 더 구체적으로 제시하고 있는데, **표 5-1**과 같다.

표 5-1 의사소통영역의 연령별 목표 및 하위목표

구분	0~1세 영아	2세 영아	3~5세 유아
목표	듣고 말하는 것을 즐거워하고 상황에 따라 적절한 언어를 표현한다.	듣고 말하는 것을 즐거워하고 상황에 맞는 언어를 익힌다.	일상생활에 필요한 의사소통능력 및 기초적 문해능력을 기르고 바른 언어생활태도와 습관을 형성한다.

구분	0~1세 영아	2세 영아	3~5세 유아
하위 목표	• 주변의 소리와 말소리를 듣고 좋아하며 반응한다. • 몸짓과 소리로 의사를 표현하며 주고받기를 즐긴다. • 그림책에 관심을 보이며 긁적거리기를 시도한다.	• 주변의 소리와 말소리를 듣고 좋아하며 반응한다. • 생각과 느낌을 말로 주고받기를 즐긴다. • 그림책에 관심을 가지며 긁적거리기를 좋아한다.	• 다른 사람의 이야기를 주의 깊게 듣는 태도와 이해력을 기른다. • 자신의 느낌, 생각, 경험을 말로 표현하는 능력을 기른다. • 바른 태도와 바른 발음으로 말하는 능력을 기른다. • 주위의 사람들과 대화하고 여럿이 함께 토론하며 서로의 의견을 나누는 경험을 갖는다. • 글과 글자에 친숙해지는 경험을 통해 읽기와 쓰기에 흥미를 갖는다.

출처 : 보건복지부(2013).

3. 언어교육의 내용

의사소통영역은 말하기, 듣기, 읽기, 쓰기의 내용범주로 구성되고, 내용범주별로 다루어야 할 내용이 제시되며, 각각의 내용은 1 · 2 · 3 · 4수준별 세부내용으로 구체화된다. 교육목표와 연결하여 제시된 내용은 영유아들에게 무엇을 가르쳐야 하는지, 어떻게 가르쳐야 하는지에 대한 범주를 말해 주는 것인데, 이는 개별 영유아의 발달수준에 맞는 언어교육이 될 수 있도록 이끌게 된다.

24개월 이전까지의 0~1세 영아는 듣기와 말하기에서 급격한 발달을 이룬다. 듣기와 말하기 내용범주는 밀접하게 연관되어 있어서 거의 동시에 일어나는 경험이다. 읽기와 쓰기는 0~1세 영아가 주변의 친숙한 환경에서 그림책이나 환경 인쇄물과의 첫 경험을 통해 이에 대한 관심을 갖고 끼적이기에 대한 시도가 이루어지도록 한다(보건복지부, 2013).

2세 보육과정에서는 다른 사람과의 소통에서 말이나 짧은 이야기를 듣고 자신의 생각과 느낌을 말로 전달하는 것을 즐기는 내용이 포함되어 있다. 2세 영아는 그림책이나 주변에서 접하게 되는 인쇄물에 대한 관심과 흥미를 나타내고 글자 형태를 끼적이는 것에 관심을 보인다. 의사소통영역에서는 영아가 일상생활에서 반복적으로 경험하게 되는 일을 통해 2세 영아의 듣기 · 말하기 능력이 발달되도록 한다. 이 시기에는 성인과의 의사 교환이 주로 이루어지며, 이때 성인은 2세 영아의 의도를 민감하게 해석하고 적절하게 반응해 주는 것이 중요하다. 또한 교사는 영아에게 질적으로 우수한 그림책과 친숙한 환경 인쇄물을 제공하고 끼적이기를 마음껏 시도할 수 있도록 환경을 구성한다(보건복지부, 2013).

3~5세 보육과정의 의사소통영역에서는 사회 구성원들이 약속한 복잡한 언어체계를 학습시키려 하기보다 다양한 언어를 사용할 수 있다는 자신감과 즐거움을 느끼며, 다른 사람이 전달한 말이나 문자언어의 내용을 이해하는 데 중점을 둔다. 일상생활에서 자연스럽게 접하게 상황을 말하기와 듣기에 활용하고, 생활 속에서 접하는 환경 인쇄물을 정확하지 않은 말과 글로 표현하더라도 그 의미를 존중해주고 격려하여 즐거운 언어 사용이 되도록 한다. 또한 유아가 그림책의 이야기 내용에 집중하도록 하여 저자가 전달하고자 하는 의도를 유아가 즐겁게 발견할 수 있도록 한다(교육과학기술부 · 보건복지부, 2012 ; 보건복지부, 2013).

다음은 누리과정과 표준보육과정의 내용범주를 영아기와 유아기로 구분한 것이다.

1) 0~1세 영아를 위한 언어교육내용

표 5-2 내용체계

내용범주	내용
듣기	• 주변의 소리와 말소리를 구분하여 듣기 • 경험과 관련된 말 듣고 알기 • 운율이 있는 말 듣기 • 말하는 사람을 보기

내용범주	내용
말하기	• 발성과 발음으로 소리 내기 • 표정, 몸짓, 말소리로 말하기 • 말할 순서 구별하기
읽기	그림책과 환경 인쇄물에 관심 가지기
쓰기	끼적이기

출처 : 보건복지부(2013).

표 5-3 세부내용

<table>
<tr><th>내용범주</th><th>내용</th><th>1수준</th><th>2수준</th><th>3수준</th><th>4수준</th></tr>
<tr><td rowspan="7">듣기</td><td rowspan="3">주변의 소리와 말소리를 구분하여 듣기</td><td colspan="3">여러 가지 소리와 말소리 듣기에 흥미를 보인다.</td><td>여러 가지 소리와 말소리 듣기에 흥미를 보인다.</td></tr>
<tr><td colspan="4">익숙한 목소리를 듣고 그것에 반응한다.</td></tr>
<tr><td colspan="2"></td><td colspan="2">높낮이와 세기 등 말소리의 차이에 반응한다.</td></tr>
<tr><td rowspan="2">경험과 관련된 말 듣고 알기</td><td colspan="4">눈앞에 보이는 경험과 관련된 말에 반응한다.</td></tr>
<tr><td></td><td colspan="3">자신의 이름이 불리면 듣고 반응한다.</td></tr>
<tr><td>운율이 있는 말 듣기</td><td colspan="4">운율이 있는 짧은 말소리를 관심 있게 듣는다.</td></tr>
<tr><td>말하는 사람을 보기</td><td colspan="2">말하는 사람의 눈을 마주 바라본다.</td><td colspan="2">말하는 사람의 표정, 몸짓을 관심 있게 본다.</td></tr>
<tr><td rowspan="3">말하기</td><td rowspan="3">발성과 발음으로 소리 내기</td><td colspan="2" rowspan="2">여러 가지 소리를 내고 옹알이를 한다.</td><td colspan="2">여러 말소리를 즐겁게 내 본다.</td></tr>
<tr><td colspan="2">의미 있는 음절을 내 본다.</td></tr>
<tr><td colspan="2">옹알이와 말소리에 대해 말로 반응해 주면 모방하여 소리 낸다.</td><td colspan="2">교사의 말을 모방하여 발음한다.</td></tr>
</table>

<table>
<tr><th>내용범주</th><th>내용</th><th>1수준</th><th>2수준</th><th>3수준</th><th>4수준</th></tr>
<tr><td rowspan="2">말하기</td><td>표정, 몸짓, 말소리로 말하기</td><td>표정과 소리로 의사표현을 한다.</td><td>표정과 소리로 의사표현을 한다.</td><td colspan="2">표정, 몸짓, 말소리로 의사표현을 한다.</td></tr>
<tr><td>말할 순서 구별하기</td><td colspan="4">말할 순서에 따라 표정, 몸짓, 말소리로 반응한다.</td></tr>
<tr><td rowspan="3">읽기</td><td rowspan="3">그림책과 환경 인쇄물에 관심 가지기</td><td colspan="4">다양한 감각책을 탐색해 본다.</td></tr>
<tr><td colspan="2"></td><td colspan="2">사물과 주변의 친숙한 환경 인쇄물에 관심을 가진다.</td></tr>
<tr><td colspan="4">읽어주는 짧은 그림책에 관심을 가진다.</td></tr>
<tr><td>쓰기</td><td>끼적이기</td><td></td><td colspan="3">끼적이기에 관심을 가진다.</td></tr>
</table>

출처 : 보건복지부(2013).

2) 2세 영아를 위한 언어교육내용

표 5-4 내용체계

내용범주	내용
듣기	• 말소리 구분하여 듣고 의미 알기 • 짧은 문장 듣고 알기 • 짧은 이야기 듣기 • 말하는 사람을 주의 깊게 보기
말하기	• 낱말과 간단한 문장으로 말하기 • 자신이 원하는 것을 말하기 • 상대방을 바라보며 말하기
읽기	그림책과 환경 인쇄물에 흥미 가지기
쓰기	끼적이며 즐기기

출처 : 보건복지부(2013).

표 5-5 세부내용

<table>
<tr><th>내용범주</th><th>내용</th><th>1수준</th><th>2수준</th></tr>
<tr><td rowspan="7">듣기</td><td rowspan="2">말소리 구분하여 듣고 의미 알기</td><td>친숙한 낱말의 발음에 흥미를 보인다.</td><td>친숙한 낱말의 발음에 관심을 가지고 듣는다.</td></tr>
<tr><td colspan="2">다양한 말소리의 차이를 구분한다.</td></tr>
<tr><td rowspan="2">짧은 문장 듣고 알기</td><td>낱말을 듣고 친숙한 사물과 사람을 찾아본다.</td><td>일상생활과 관련된 친숙한 낱말을 듣고 뜻을 이해한다.</td></tr>
<tr><td colspan="2">친숙한 짧은 문장을 듣고 반응한다.</td></tr>
<tr><td>짧은 이야기 듣기</td><td colspan="2">짧은 이야기와 노랫말 등을 즐겁게 듣는다.</td></tr>
<tr><td>말하는 사람을 주의 깊게 보기</td><td colspan="2">말하는 사람의 표정, 몸짓, 억양 등을 주의 깊게 보고 듣는다.</td></tr>
<tr><td rowspan="6">말하기</td><td rowspan="3">낱말과 간단한 문장으로 말하기</td><td>눈앞에 보이는 친숙한 사물의 이름을 발음해 본다.</td><td>친숙한 낱말을 발음해 본다.</td></tr>
<tr><td colspan="2">일상생활에서 경험한 새로운 낱말에 관심을 가진다.</td></tr>
<tr><td colspan="2">일상생활의 반복적인 일이나 친숙한 상황을 한두 낱말이나 간단한 문장으로 말해본다.</td></tr>
<tr><td rowspan="2">자신이 원하는 것을 말하기</td><td colspan="2">표정, 몸짓, 말소리로 의사표현을 한다.</td></tr>
<tr><td>자신이 원하는 것을 한두 낱말로 말해본다.</td><td>자신이 원하는 것을 낱말이나 짧은 문장으로 말해본다.</td></tr>
<tr><td>상대방을 바라보며 말하기</td><td colspan="2">말할 순서에 상대방을 바라보며 말을 주고받는다.</td></tr>
<tr><td rowspan="3">읽기</td><td rowspan="3">그림책과 환경 인쇄물에 흥미 가지기</td><td colspan="2">그림책과 환경 인쇄물에 있는 그림과 내용에 관심을 가진다</td></tr>
<tr><td colspan="2">친숙한 그림과 환경 인쇄물을 보고 읽는 흉내를 내 본다.</td></tr>
<tr><td colspan="2">선호하는 그림책들을 읽어주면 집중하여 듣는다.</td></tr>
<tr><td rowspan="2">쓰기</td><td rowspan="2">끼적이며 즐기기</td><td colspan="2">의도적으로 끼적인다.</td></tr>
<tr><td colspan="2">자기 이름 끼적이기에 관심을 가진다.</td></tr>
</table>

출처 : 보건복지부(2013).

3) 3~5세 유아를 위한 언어교육내용

표 5-6 내용체계

내용범주	내용
듣기	• 낱말과 문장을 듣고 이해하기 • 이야기 듣고 이해하기 • 동요, 동시, 동화 듣고 이해하기 • 바른 태도로 듣기
말하기	• 낱말과 문장으로 말하기 • 느낌, 생각, 경험 말하기 • 상황에 맞게 바른 태도로 말하기
읽기	• 읽기에 흥미 가지기 • 책 읽기에 관심 가지기
쓰기	• 쓰기에 관심 가지기 • 쓰기 도구 사용하기

출처 : 보건복지부(2013).

표 5-7 세부내용

<table>
<tr><th rowspan="2">내용 범주</th><th rowspan="2">내용</th><th colspan="3">3~5세 연령별 누리과정 세부내용</th></tr>
<tr><th>3세</th><th>4세</th><th>5세</th></tr>
<tr><td rowspan="5">듣기</td><td rowspan="2">낱말과 문장을 듣고 이해하기</td><td colspan="2">낱말의 발음에 관심을 가지고 듣는다.</td><td>낱말의 발음에 관심을 가지고 비슷한 발음을 듣고 구별한다.</td></tr>
<tr><td colspan="2">일상생활과 관련된 낱말과 문장을 듣고 뜻을 이해한다.</td><td>다양한 낱말과 문장을 듣고 뜻을 이해한다.</td></tr>
<tr><td rowspan="2">이야기 듣고 이해하기</td><td>다른 사람의 이야기를 관심 있게 듣는다.</td><td colspan="2">다른 사람의 이야기를 듣고 이해한다.</td></tr>
<tr><td></td><td colspan="2">이야기를 듣고 궁금한 것에 대해 질문한다.</td></tr>
<tr><td>동요, 동시, 동화 듣고 이해하기</td><td>동요, 동시, 동화를 다양한 방법으로 듣고 즐긴다.</td><td>동요, 동시, 동화를 다양한 방법으로 듣고 즐긴다.</td><td>동요, 동시, 동화를 다양한 방법으로 듣고 즐긴다.</td></tr>
</table>

<table>
<tr><th rowspan="2">내용
범주</th><th rowspan="2">내용</th><th colspan="3">3~5세 연령별 누리과정 세부내용</th></tr>
<tr><th>3세</th><th>4세</th><th>5세</th></tr>
<tr><td></td><td>바른 태도로
듣기</td><td></td><td colspan="2">전래동요, 동시, 동화를 듣고 우리말의 재미를 느낀다.</td></tr>
<tr><td rowspan="9">말하기</td><td rowspan="3">낱말과
문장으로 말하기</td><td>친숙한 낱말을
발음해 본다.</td><td>친숙한 낱말을
정확하게 발음해 본다.</td><td>정확한 발음으로
말한다.</td></tr>
<tr><td>새로운 낱말에
관심을 가진다.</td><td>다양한 낱말을
사용하여 말한다.</td><td>다양한 낱말을 사용하여 상황에 맞게 말한다.</td></tr>
<tr><td colspan="2">일상생활에서 일어나는 일들을
간단한 문장으로 말한다.</td><td>일상생활에서 일어나는 일들을 다양한 문장으로 말한다.</td></tr>
<tr><td rowspan="3">느낌, 생각,
경험 말하기</td><td>자신의 느낌, 생각,
경험을 말해본다.</td><td>자신의 느낌, 생각,
경험을 말한다.</td><td>자신의 느낌, 생각, 경험을 적절한 낱말과 문장으로 말한다.</td></tr>
<tr><td></td><td colspan="2">주제를 정하여 함께 이야기를 나눈다.</td></tr>
<tr><td></td><td>이야기를 지어 말한다.</td><td>이야기를 지어
말하기를 즐긴다.</td></tr>
<tr><td rowspan="3">상황에 맞게
바른 태도로
말하기</td><td></td><td colspan="2">듣는 사람의 생각과 느낌을 고려하여 말한다.</td></tr>
<tr><td>상대방을 바라보며
말한다.</td><td>차례를 지켜 말한다.</td><td>때와 장소, 대상에
알맞게 말한다.</td></tr>
<tr><td colspan="3">바르고 고운 말을 사용한다.</td></tr>
<tr><td rowspan="5">읽기</td><td rowspan="2">읽기에
흥미 가지기</td><td colspan="2">주변에서 친숙한 글자를 찾아본다.</td><td>주변에서 친숙한 글자를 찾아 읽어본다.</td></tr>
<tr><td colspan="2">읽어 주는 글의 내용에 관심을 가진다.</td><td>읽어 주는 글의 내용에 관심을 가지고 읽어본다.</td></tr>
<tr><td rowspan="3">책 읽기에
관심 가지기</td><td>책에 흥미를 가진다.</td><td colspan="2">책 보는 것을 즐기고 소중하게 다룬다.</td></tr>
<tr><td>책의 그림을 단서로
내용을 추측해 본다.</td><td colspan="2">책의 그림을 단서로 내용을 이해한다.</td></tr>
<tr><td></td><td colspan="2">궁금한 것을 책에서 찾아본다.</td></tr>
</table>

내용 범주	내용	3~5세 연령별 누리과정 세부 내용		
		3세	4세	5세
쓰기	쓰기에 관심 가지기	말을 글로 나타내는 것에 관심을 보인다.	말이나 생각을 글로 나타낼 수 있음을 안다.	
		자기 이름의 글자에 관심을 가진다.	자기 이름을 써본다.	자신의 이름과 주변의 친숙한 글자를 써 본다.
			자신의 느낌, 생각, 경험을 글자와 비슷한 형태로 표현한다.	자신의 느낌, 생각, 경험을 글자와 비슷한 형태나 글자로 표현한다.
	쓰기 도구 사용하기		쓰기 도구에 관심을 가지고 사용해 본다.	쓰기 도구의 바른 사용법을 알고 사용한다.

출처 : 보건복지부(2013).

4. 언어교육의 교수-학습방법

영유아들은 말을 하는 목적, 읽고 쓰는 욕구, 즉 무언가를 소통해야 하는 의도가 있어서 자연스럽게 말하고 들으며, 나름대로 읽고 쓰면서 말과 글자를 배운다. 듣기, 말하기, 읽기, 쓰기의 발달은 각각 독립된 것이 아니라 서로 연관되어 있으며, 활발하게 주고받는 관계 속에서 함께 발달한다. 따라서 듣기, 말하기, 읽기, 쓰기를 각각 지도하는 것보다는 통합적으로 가르치는 것이 바람직하다. 그러나 통합적 지도에 앞서 듣기, 말하기, 읽기, 쓰기 지도 각각에 대한 이해가 전제되어야 할 것이다. 본 장에서는 네 영역으로 구분하여 듣기, 말하기, 읽기, 쓰기의 지도 원리를 살펴보고자 한다.

1) 듣기 지도

듣기는 음성언어를 의미를 가지는 메시지로 변형시키는 과정이다(Jalongo, 2003). 듣기는 단순히 듣는 것만이 아니라 모든 소리 자극을 종합하여 그 의미를 능동적으로 구성하는 과정으로서(Goss, 1982), 영유아는 그들에게 제공된 정보를 이해하고, 해석하고, 평가하기 위하여 듣는 방법을 배워야만 한다.

듣기 과정은 세 단계로 구성되는데(Farris, 2001), 첫 번째 단계는 청각적 자극을 받는 단계hearing로 소리의 음파sound waves를 귀로 받아들이는 과정이다. 두 번째 단계는 받아들인 청각적 자극에 주의를 기울이는 단계listening로, 말소리를 다른 물체에서 나는 소리와 그 울림과 구분하여 언어로 인지하고, 의미 있는 단위로 처리하는 과정이다. 귀로 받아들인 말소리를 분석, 조직하고 기억 속에 저장된 지식이나 경험과 연결 짓는 과정이 포함된다. 세 번째 단계는 받아들인 청각적 자극을 해석하고 상호작용하는 단계auding로, 듣기 과정을 종합적으로 이해하고 해석할 뿐만 아니라 청자 자신의 정의적인 반응까지 곁들이는 과정이다. 따라서 듣기는 연속적으로 이어지는 청각적 자극을 종합하여 의미로 변화시키는 높은 수준의 인지적 · 정의적 처리과정이라 할 수 있다. 영유아의 듣기 능력은 다양한 듣기 경험을 통해 향상된다. 그러므로 영유아의 듣기 능력을 향상시키기 위하여 교사는 체계적이고 다양한 방법의 교육을 계획하고 학습할 수 있도록 지도해야 한다.

(1) 영유아에게 듣는 중요성을 인식시킨다

학습자인 영유아가 학습내용이 얼마나 중요한가를 느끼고 있느냐에 따라 학습 효과는 크게 달라진다. 따라서 잘 듣는 것이 얼마나 중요한지 영유아들이 알게 해야 한다. 교사는 듣기를 중심으로 하는 일상생활에서의 활동이나 놀이를 통해 영유아들이 듣기의 중요성을 느끼도록 하고, 영유아는 이러한 과정을 통해 효율적인 듣기가 매우 중요하다는 것을 스스로 인식해야 한다. 이를 위해 다양한 소리 변별하기음색, 속도, 감정, 자연의 소리, 일상의 소리 등, 언어적 지시 따르기, 감상하기 활동을 할 수 있다.

(2) 교사는 듣기의 좋은 모범이 되어 영유아가 자연스럽게 익히도록 한다

영유아는 교사와의 상호작용을 통해 교사의 듣는 태도를 학습하게 되므로 영유아에게 좋은 본보기가 될 수 있도록 교사 자신이 주의를 집중해서 열심히 듣는 태도를 보여 모범이 되어 준다. 교사는 영유아가 말할 때 경청하는가? 말하는 사람의 눈을 바라보며 듣는가? 말이나 제스처 등 적절한 반응을 보이며 듣는가? 이야기 내용에 따른 정서적인 반응을 충분히 보이는가? 너무 많은 말을 함으로써 유아의 듣기를 방해하지는 않는가? 말할 때는 목소리의 속도, 크기, 고저의 변화를 적절히 사용하는가? 등은 영유아의 바람직한 듣기 태도를 형성하기 위해 교사가 유념할 사항이다. 교사의 이러한 태도에 영유아들은 자유롭게 자신의 생각이나 감정을 표현하게 된다. 교사가 훌륭한 듣는 습관, 높은 수준의 듣기 능력, 그리고 듣기를 중요하게 인식하는 태도를 보이면 영유아는 자연스럽게 교사를 모델로 하여 교사와 같은 태도와 습관을 기르고, 듣기를 매우 중요한 학습내용으로 받아들인다.

(3) 다양한 듣기 경험을 영유아의 이해수준과 흥미에 적합하며 체계적으로 제공한다

영유아의 사고능력과 듣기는 밀접한 관계가 있으므로 교사는 영유아의 발달수준과 관심, 흥미에 적합한 다양한 듣기 활동을 제공한다. 일상생활 속 교사와 영유아, 영유아와 영유아의 자연스러운 대화를 통해서 또는 소리에 대한 감각을 높여주는 다양한 활동을 통해서 상황에 적합하게 또는 의미 있는 듣기가 되도록 한다. 또한 듣기가 매우 즐거운 것임을 깨닫도록 돕는다.

(4) 바람직한 듣기가 되도록 심리적 · 물리적 환경을 만들어 준다

영유아의 듣기 능력은 우연히 습득되기보다는 의도적으로 준비된 환경 속에서 효과적인 듣기가 가능하므로 듣기를 위해서는 준비된 환경을 만들어 주어야 한다. 듣기에 장애요소가 없는 조용한 공간에서 편안한 마음으로 들을 수 있는 분위기를 조성해야 한다. 또한 영유아의 듣기 기술을 발달시키기 위해서 영유아의 흥미나 욕구, 그리고 이해 수준과 발달 정도 등을 고려하여 마이크, 녹음기, 오디오, 다양한 도서류, 손가락 인형puppets 등의 자료 제공과 집단활동 시 영유아 간의 자리 배치, 시청각적 방해요소시선, 소음 제거 등은 좋은 듣기 환경의 필수적인 조건이다.

(5) 집단구성을 적절히 한다

영유아는 대집단보다 소집단 또는 개별 활동 시 좀 더 잘 들을 수 있다. 개별적으로 일대일 상호작용하는 것은 영유아의 듣기 능력 향상에 효과적인데, 영아일수록 개별적 상호작용이 더욱 요구된다.

(6) 일상과 연결된 자연스러운 듣기 활동을 유도한다

단체생활을 하는 동안 영유아들이 일상생활에서 듣게 되는 다양한 소리를 효과적으로 듣고 표현할 수 있도록 교사는 눈앞에 펼쳐지는 간단한 일상을 말로 표현해 주거나 영유아가 어떤 행동을 할 때 그 행동과 관련된 말을 해 줌으로써 자신의 행동과 말소리를 연결하여 들을 수 있도록 돕는 것은 상황에 적절한 표현과 어휘를 접하도록 하는 것과 동시에 듣기 능력을 향상시킨다. 또한 책을 읽으며 의성어와 의태어 들려주기, 운율이 있는 짧은 말이나 이야기, 강도나 음색이 다른 말소리, 교사의 간단한 행동지시 등은 영유아로 하여금 흥미와 재미를 주어 집중하는데 도움을 준다.

듣기 지도의 실제

❶ 다양한 소리 듣고 구별하는 활동

- 여러 종류의 사물, 악기, 목소리 등 다양한 소리 듣기
- 같은 소리를 강하게, 약하게, 빠르게, 느리게 듣기
- 감정에 따라 변화하는 사람의 다양한 목소리 듣기
- 여러 가지 소리(예 : 바람소리, 비오는 소리, 동물 울음소리, 시계소리, 악기소리 등)를 듣고 알아맞히기
- 일상적인 소리(예 : 문 여닫는 소리, 물 흐르는 소리, 이 닦는 소리 등)를 듣고 상황 알아맞히기
- 여러 가지 소리를 듣고 차이점과 유사점 구별하기
- 발음이 비슷한 단어나 발음이 같지만 음의 길이에 따라 의미가 달라지는 단어를 듣고 구별하기
- 소리 상자 구별하기(예 : 빈 캔에 여러 가지 소리 중 같은 소리 찾기, 빈 캔으로 내용물의 양을 다르게 하여 순서대로 배열하기)

❷ 듣고 표현하는 활동

- 동물소리(사자, 강아지, 고양이 등), 생활과 관련된 소리(찌개 끓는 소리, 뽀뽀하는 소리, 자동차 경적 소리 등)를 듣고 그 소리를 흉내 내기
- 동물소리, 생활과 관련된 소리를 듣고 언어, 신체, 그림 등으로 표현하기

❸ 듣기 놀이 활동

- 소리 알아맞히기
- 이야기 잇기
- 언어적 지시 따르기(예 : 언어적 지시 따라 심부름하기, 가라사대 놀이, 수수께끼 맞히기, 설명만 듣고 물건 찾아오기)

❹ 동시 듣기 활동

동시의 내용을 글과 그림으로 나타내주거나 다양한 그림자료, 자석자료, 녹음된 소리, 교사 직접 낭송 등을 이용하여 생동감 있게 들려주기

❺ 음악 듣기 활동

- 음악을 듣고 음악의 느낌, 소리, 악기 등을 표현해 보는 활동
- 언어 · 음률영역에서 헤드폰을 통해 개별적으로 듣기
- 일상생활 중 적합한 음악을 배경음악으로 들려주기

❻ 동화 듣기 활동

동화책, 그림동화, 손 인형, 앞치마동화, 융판동화, 자석판 동화, 막대동화, TV동화, VTR동화, 슬라이드 동화 등 다양한 매체 활용하여 들려주기

2) 말하기 지도

영유아는 자신의 생각과 느낌을 주변에 있는 다른 사람에게 바로바로 말하고 싶어 한다. 그러나 듣는 사람이 알아듣지 못하는 발음과 이해할 수 없는 문법을 사용하여 언어를 구사하고, 자신의 생각과 느낌을 말하려는 목적과 다르게 표현한다면 의사전달은 이루어지지 않을 것이다.

말하기는 자신이 알고 있는 것과 생각, 감정 등을 다른 사람들에게 효과적으로 전달하기 위해 언어로 표현하는 수준 높은 지적 활동이다. 따라서 말하기 지도는 정보를 찾고, 조직하고, 기억하고, 판단하고, 적용하는 등 논리적이고 비판적인 사고기술과 문제해결능력을 기르는 데 초점을 맞추어야 한다. 영유아의 사고능력과 문제해결능력을 언어적으로 정의, 분류, 결합, 평가 및 종합할 수 있는 언어적 표현, 즉 말하기를 격려하는 기회를 제공함으로써 말하기 경험이 많아지면서 영유아의 말하기 능력을 발달시킬 수 있다(Farris, 2001).

영아의 말하기 능력은 말을 많이 해보는 경험을 통해서 발달된다. 교사는 일상생활 관련 활동이나 대 · 소집단활동 시 또는 실내 · 외 활동 시 등 영유아에게 말로 표현해 보는 기회를 많이 제공하고, 영유아의 발음, 문장의 구조, 어휘의 발달을 자극할 수 있는 다양한 자료를 제공하며, 효율적인 말하기 능력을 갖추도록 하기 위해서는 다음과 같이 지도해야 한다.

(1) 영유아가 말로 표현할 때 사회적 약속을 습득하도록 돕는다

영유아는 말하는 상황에 따라 목소리의 높고 낮음, 빠르고 느림, 어조, 붙여 말할 곳과 떼어 말할 곳 등을 조절하면서 사회적으로 약속된 것이 어떤 것인지 인식해야 한다. 또한 바르고 정확한 발음, 상황에 적합한 어휘와 문장의 사용도 중요하다. 그리고 언어적 표현뿐만 아니라 신체적 표현도 할 수 있어야 하는데, 언어적 상황에 적합한 신체적 표현을 사용하면 더욱 효과적으로 의사소통을 할 수 있기 때문이다.

영유아가 말하기의 기본 조건들이 부족하고 불완전하다면 직접적인 교정방법보다는 자신의 말하기 특성을 인식할 수 있는 기회를 자연스럽게 마련해주거나, 불완전한 영유아의 말을 듣고 완전한 말하기로 조정하여 대화로 연결하는 방법으로 점차적으로 지도하는 것이 필요하다.

(2) 영유아의 언어능력과 개인차를 반영한다

영유아의 모든 발달이 그러하듯 언어발달 또한 개별 영유아의 발달수준에는 개인차가 존재한다. 특히, 언어발달은 인지발달과의 관련성 속에서 이루어지므로 어떤 지도방법으로도 단기간에 효과적인 발달을 기대하기는 어렵다. 말하기 지도는 개인적 언어능력과 발달 정도에 따라 자연스러운 상황에서 점차적으로 학습하도록 돕는 것이 효과적이다. 개별 영유아가 성취해야 할 목표를 평가하고, 계획된 교육활동과 비계획된 교육활동 중 다양한 상호작용을 통해서 영유아의 언어능력과 개인차를 고려하여 지도한다. 이러한 개인차를 고려하는 지도는 영아일수록 개별활동을 통해 지도하는 것이 바람직하다.

(3) 영유아의 말에 구체적으로 반응하거나 질문함으로써 언어표현을 격려한다

영유아의 음성적 언어표현이나 신체적 언어표현에 교사의 열정적인 반응은 영유아가 말을 계속하도록 만들어 준다. 영유아가 교사의 반응을 보면서 언어의 힘과 중요성을 깨닫게 되며(Trawick-smith, 2001), 언어적인 규칙을 발견할 수 있다. 영유아의 문장구성능력을 확장시키기 위하여 교사는 자연스러운 상황에서 문장을 보충해 주는 것이 효과적이다. 예를 들면, 영유아가 "저기, 인형,"이라고 말했을 때 교사는 "그래, 저기 인형이 있네."라고 완전한 문장으로 말해 준다. 또한 교사는 짧게 칭찬해 주는 말예 : "와, 재밌다.", "정말 멋진데.", 몸짓을 통해서 관심 보이기, 구체적으로 질문하기, 대화에 참가하기, 관련 있는 개인적 경험 나누기, 도움 주기, 정서표현하기, 감정 알기 등으로 반응을 함으로써 영유아의 언어표현을 촉진한다.

교사는 질문을 통해 영유아의 사고를 자극하고, 이해를 돕고, 호기심을 장려할 수 있다(Bradbard & Endsley, 1983). '예', '아니오' 혹은 간단한 답을 요구하는 폐쇄적 질문close ended question보다 개방적 질문open ended question을 통해 영유아에게 요구하는 사고와 언어의 양에 차이가 있다.

(4) 영유아가 다양한 말하기 상황에서 자유롭게 말할 수 있는 개방적이고 허용적인 분위기를 형성한다

자신과 관련된 내용을 말할 때 영유아는 보다 즐겁고 적극적으로 이야기한다. 즉, 영유아 자신이 경험한 것, 느낀 것, 그리고 흥미 있는 것에 대해서 이야기를 주고받을 때에는 동기유발이 가능하여 적극적인 말하기가 가능하다. 따라서 교사는 영유아가 적극적으로 활동에 참여할 수 있도록 환경을 제공해 주어야 한다. 또한 교사와 영유아, 영유아와 영유아 간의 상호작용에서 자유롭게 말할 수 있도록 개방적이고 허용적인 분위기를 조성해 주어야 한다. 말하는 영유아에게 관심과 애정을 표현하고, 집중해서 들어 주고 반응을 보이고 영유아의 관심사를 화제로 삼아 상호작용하는 분위기로 말하기를 격려한다(Jalongo, 2000).

(5) 교사는 영유아에게 좋은 언어 모델이 되어 준다

모방하는 것을 통해 학습하게 되는 영유아에게 성인이나 교사의 바람직한 언어 모델은 무엇보다 중요하다고 할 수 있다. 정확한 발음과 영유아의 수준에 적합한 이해할 수 있는 다양한 어휘들, 간결하면서도 완결된 문장 구성, 기본적인 언어예절, 문법에 맞는 언어표현, 상황에 적합한 언어표현 등을 일상 속에서 자연스럽게 보여 주는 것은 영유아의 말하기 능력을 향상시키기 위해 매우 중요하다.

말하기 지도의 실제

❶ 이야기하기

그림, 사물, 책을 보면서 상황이나 특징 그리고 느낌에 대해 이야기하는 활동으로 한 장면의 그림을 보면서 상황에 대해 이야기하거나 자신이 만든 작품에 대해 설명하기, 읽은 책에 대해 이야기하거나 책의 내용 다시 말하기 등을 예로 들 수 있다.

❷ 이야기 꾸미기

이야기 꾸미기는 자기표현과 창의적 사고의 연장으로서 가치 있고 재미있는 언어활동이다. 영유아는 자신들이 직접 경험해 보지 못한 상황에 대해 상상력을 발휘하여 이야기를 만들어 간다(예 : '만일 ~라면'이라고 상상하여 말하기, 글자 없는 그림책이나 그림 보면서 이야기 꾸미기, 몇 장의 그림카드를 연결하여 창의적으로 이야기 꾸미기, 앵커(리포터)가 되어 뉴스 보도하기).

❸ 이야기 나누기

이야기 나누기는 3~5세의 교육활동 중 가장 많이 사용되는 활동 중 하나로 주제에 대한 경험이나 생각을 이야기할 수 있고 주말에 무엇을 했는지를 발표하거나 교실에서 혹은 야외활동 시 지켜야 할 약속에 대해 토론할 수도 있다.

❹ 노래 부르기

노래를 통해 다양한 단어와 문장으로 이루어진 가사를 쉽고 재미있게 기억하고 흥얼거릴 수 있다. 이를 위해 영아일수록 리듬과 멜로디가 명확하고 동일한 문장구조가 반복되는 노래를 선택하는 것이 좋으며 노래를 부른 후에 노래의 느낌에 대해 이야기해 보고, 가사를 바꾸어 보는 활동으로 연결하여 창의적인 말하기 활동으로 확장할 수 있다.

❺ 역할놀이와 극놀이

흥미영역에서 놀이를 통해 자연스럽게 말하기가 자극받도록 하고 동화를 들려준 후 자유롭게 극놀이를 통해 말하기를 경험할 수 있다. 놀이를 계획하고 실행하며 자신의 견해를 적절히 표현하는 것을 학습하고 맡은 역할에 적합한 언어표현방법을 습득한다.

❻ 소개하기

집단의 크기는 3~6명이 적당하며 청중에게 질문의 기회를 제공하고, 교사는 발표하는 영유아가 상황에 적절하게 말할 수 있도록 질문을 한다(예 : "무엇을 보았니?", "어떻게 되었니?", "왜 필요한 거니?").

3) 읽기 지도

읽기는 글자를 해독하고 이해하여 사고를 확장시키는 행위로 국어학습에서, 글을 바르게 읽고 이해하는 일 또는 그런 법이다(네이버 국어사전). 저자가 제시하는 단어, 개념, 정보, 의도, 신념, 느낌을 의미 있게 해독하는 것으로서, 영유아를 대상으로 한 읽기 지도의 목표는 첫째, 읽는 방법을 가르치는 것, 그 다음은 읽기를 즐기도록 하는 것이다(Purves, 1990).

영유아의 읽기 능력은 성숙과 교육이 상호작용하면서 증진된다. 즉, 영유아는 읽기 학습을 하는 데 필요한 기본 능력이 발달되어야 하며, 동시에 적절히 읽기 지도를 받아야 한다. 문자 사회에서 살아가는 영유아가 평생 읽기를 즐기는 성인으로 성장할 수 있도록 풍부한 읽기 환경과 영유아의 언어능력수준에 적합한 읽기 지도를 실시해야 할 것이다. 이를 통해 영유아는 즐거움을 알고 새로운 정보를 찾는 데 필요한 태도와 기술을 발달시킨다. 다음은 교사가 글자를 접하기 쉬운 환경을 마련해 줌으로써 다양한 읽기 지도를 위한 내용이다.

(1) 영유아가 글과 말하기의 관계를 이해하도록 한다

영유아는 일상생활에서 많은 글자를 접하고 있으며, 글자가 여러 목적으로 사용되는 것을 알게 된다. 예를 들어, 과자봉지의 글자, 길거리에서 보는 이정표, 편지나 소포에 쓰인 글자 등을 접하면서 자연스럽게 다양한 문자를 접하고 문자의 의미나 기능에 대해 이해하게 되며 나아가 스스로 문자를 알고자 하는 마음이 생기게 된다. 따라서 교사는 글이 일상생활과 어떠한 관계를 맺고 있는지 이해하도록 돕는다.

(2) 영유아가 읽고자 하는 동기와 글자에 관심을 갖도록 유도한다

다양한 경험을 통해 각 글자에는 특정한 의미가 있다는 것을 자연스럽게 알도록 하여 글에 대한 관심을 만들어 준다. 또한 읽기가 다른 사람과의 소통에 필수적이며 즐거운 과정임을 알 수 있도록 영유아의 흥미를 중심으로 자연스럽게 읽기 경험을 제공한다. 교실 안의 여러 물건에 이름을 써 붙이고 읽어보거나 좋아하는 과자 또는 책 제목을 함께 읽고 무엇을 의미하는지 이야기 나누는 활동을 통해 영유아가 글을 읽고자 하는 흥미와 열정을 가질 수 있다.

(3) 읽기를 위한 과정에 의미를 부여한다

읽기는 글에서 그 의미를 이해하는 지적 활동이다. 따라서 발음, 어휘, 문법, 철자의 이름과 소리 등에 대한 지식이나 기술을 지도하는 것은 지양해야 한다. 교사는 읽기 활동을 통해 글에는 전달하고자 하는 의미가 있다는 것을 이해하고, 다른 사람과의 소통과 관계가 있다는 것을 인식하도록 지도한다. 따라서 읽기 지도는 영유아가 이미 알고 있는 것과 새로 배워야 할 내용을 연결시키며, 영유아의 일상적인 경험을 토대로 의미 있고 흥미 있는 글자를 중심으로 전개되어야 한다. 예를 들어, 생활 속에서 볼 수 있는 글자를 영유아의 이름 글자와 비교하면서 읽어보기, 다양한 내용과 형식의 그림 이야기책 읽기 등은 영유아에게 매우 의미가 있다.

(4) 읽기를 위한 과정은 통합적이어야 한다

읽기는 듣기, 말하기, 쓰기와 밀접한 관계가 있으므로 영유아의 전인적 발달에도 영향을 받는다. 따라서 읽기 활동은 듣기, 말하기, 쓰기 활동과 통합해서 지도하고 일상생활 및 신체 · 사회 · 인지 · 정서발달영역과도 통합하여 지도해야 한다. 예를 들어, 동화를 듣고 자신의 생각을 말하고, 이를 써 주는 교사의 글을 읽어보고, 도화지에 써 보는 활동이 함께 이루어질 수 있다. 또한 음률, 문학, 미술, 게임 등 여러 형태의 활동을 통해 통합적으로 지도할 때 즐겁고 능동적인 읽기 학습을 할 수 있게 된다.

(5) 영아가 읽어 주는 말에 적극 반응해 주고, 질문과 동조를 해준다

영아들도 그림책을 들추고, 읽어 주는 그림과 글에 흥미를 갖고 혼자서 흥얼거리며 읽는 흉내를 내기도 한다. 영아는 성인이 함께 그림책을 보면서 운율을 넣어 읽어 주는 것을 들으면서 이야기 언어와 구조를 이해하고 친밀감을 느끼게 되며 반복적인 읽기를 하는 동안 원문을 기억하고 혼자서도 읽는 행동을 한다. 이때 영아가 읽어 주는 말에 성인이 적극 반응해 주고, 그림 내용에 대한 간단한 질문과 동조를 해 주는 것은 읽기를 격려하는 좋은 방법이다.

읽기 지도의 실제

❶ 읽기 준비활동

읽기를 위한 준비활동으로 읽기에 필요한 기초능력과 이것을 발달시킬 수 있는 구체적인 활동의 예다. 단, 이러한 활동을 읽기 기술습득을 위해 한 부분에 초점을 맞춰 지도하는 것보다 읽기를 통한 의미 이해의 과정이라는 맥락 안에서 소개해야 할 것이다.

- 시각기술 발달시키기 : 모양에 따라 분류하기, 모양 구성하기, 같은(다른) 단어 찾기
- 청각기술 발달시키기 : 소리나 음의 차이 구별하기, 같은 소리로 시작되는 그림을 모아 붙이기, 단어를 이루는 낱자의 소리 식별하기
- 좌 · 우 운동능력 기르기 : 방향지시 게임하기, 오른발 왼발 구별하기
- 읽고자 하는 욕구 갖기 : 이름카드 사용하기, 주변 사물에 이름 붙이기
- 눈과 손의 협응력 기르기 : 블록 쌓기, 바느질하기, 자르기, 풀칠하기, 구멍에 넣기
- 어휘 확충하기 : 단어의 의미 알기, 같은 의미의 다른 단어 사용하기

❷ 책 읽기

영유아가 스스로 원하는 책을 선택하여 읽을 수 있도록 하는 것은 자신의 읽기 수준에 맞는 것을 선택으로 능동적인 흥미 있는 읽기가 될 것이다.

❸ 책 읽어 주기

영유아의 발달수준과 흥미를 고려하여 책을 선택한 후 다양한 언어적 경험이 되도록 읽어준다. 또한 책 읽기가 진행되는 동안 글자나 그림을 탐색하며, 영유아가 자유롭게 질문하고 반응하며 언어적 상호작용이 활발하게 이루어지도록 한다(예 : 책 소개하기, 책 읽어주기, 책과 관련된 활동하기).

❹ **함께 읽기**

함께 읽기에 좋은 활동으로 새 노래의 노랫말 읽기, 동시 읽기, 책을 읽는 중 의성어나 의태어 함께 읽기, 반복적인 문장 함께 읽기 등으로 리듬과 운율을 만들어 즐겁게 활동하도록 한다.

❺ **읽기와 관련된 언어적 상호작용**

- 이름카드 활용하기 : 출석 확인하기, 도우미 정하기, 작품에 붙이기 등
- 그림과 글씨카드 활용하기 : 주변의 사물에 이름 붙이기, 그림 · 글자카드 사용하기
- 촉감 통해 글자 맞추기 : 촉감(모래, 모루, 골판지 등) 글자카드를 눈을 감고 찾기
- 수수께끼 : 수수께끼를 읽고 글자카드나 그림카드 연결하기
- 단어 찾기 : 좋아하는 음식, 그림 보고 글자 찾기, 같은 글자가 들어간 단어 찾기
- 글자놀이 및 게임 : 글자와 그림 연결하기, 글자 뒤집기, 자석글자놀이 등

❻ **주변 인쇄물과 상호작용하기**

영유아들은 글자에 관심이 생기면 좋아하는 장난감 포장지, 과자 봉지, 거리의 간판 등을 읽고 싶어 한다. 다양한 인쇄물을 활용하여 흥미 있게 읽기를 할 수 있도록 지도한다.

4) 쓰기 지도

영유아들은 발달의 개인차는 있지만 자연스럽게 의미 없는 끼적이기를 시작으로 점차 누구나 분명하게 읽을 수 있는 글쓰기를 하게 된다. 영유아가 필기도구를 가지고 그린 그림을 보면 쓰기 학습에 필요한 선 긋기, 점 찍기, 동그라미 그리기 등이 나타나 있음을 알 수 있다. 쓰기는 다양한 쓰기 도구를 사용하여 자신의 경험을 표현하여 다른 사람에게 전달하는 것이지만 이러한 쓰기 활동이 가능해지려면 여러 준비단계를 거쳐야 한다. 따라서 쓰기 지도는 영유아의 쓰기에 대한 준비도, 영유아의 욕구와 필요, 발달특징에서 기인하는 오류 등을 인정하며 일상생활에서 자연스럽게 이루어져야 한다. 다음은 영유아의 쓰기 지도를 위한 내용이다.

(1) 자발적으로 쓰기가 이루어지도록 한다

영유아의 쓰기는 각 영유아가 지니고 있는 경험, 생각, 흥미, 개인차에서 출발해야 한다. 이는 영유아가 가지고 있는 언어 사용능력과 자신의 쓰기 발달과정을 영유아 자신이 직접 기준이나 실정에 맞게 만들어 나갈 수 있는 기회를 주기 위함이다. 따라서 영유아 중심의 쓰기 교육을 해야 한다. 영유아가 주가 되어 하는 쓰기 교육은 흥미, 생각, 경험, 개인차에서 출발하는 교육이다. 예를 들어, 조형이나 블록작품을 전시하면서 이름 붙이기, 좋아하는 친구의 이름 쓰기 등은 개별 영유아의 개인차를 인정하면서도 쓰기를 위한 동기유발이 된다. 또한 영유아 자신이 쓰기의 중요성을 인식하고 자발적으로 참여하도록 하는 것이다. 따라서 교사는 영유아의 개인차와 발달 정도를 고려하고 자발적으로 무언가를 쓰려고 할 때 적극적인 쓰기 활동이 이루어지도록 해야 한다.

(2) 영유아의 쓰기 지도는 글자의 의미가 강조되어야 한다

영유아에게 글자 중심의 쓰기 교육은 흥미와 자발성, 개인차를 배제한 의미 없는 쓰기로 쓰기 자체를 거부하는 부작용을 초래할 수 있다. 특히, 성격이 급한 영유아나 남자아이일수록 그러하다. 그렇게 되면 여러 가지 다양한 목적에 따른 쓰기 지도는 불가능해진다. 반면, 생활 속에서 영유아의 필요성과 흥미에 의해 의사소통하거나 자기표현을 목적으로 하는 쓰기 활동은 의미가 있으므로 좀 더 자발적이고 즐겁게 활동에 참여할 수 있다. 예를 들어, 초청장 만들기, 편지 쓰기, 놀이영역의 놀이 규칙판 만들기 등의 활동은 영유아에게 의미 있는 쓰기 활동이다.

(3) 영유아의 발달특징을 잘 이해하고 지도한다

영유아의 쓰기는 그림, 끼적이기, 창안적 글자 등 다양한 형태로 나타난다. 영유아는 이름이나 숫자를 거꾸로 쓰거나 끼적여 놓은 그림에 자신의 많은 생각과 경험을 담기도 한다. 이러한 영유아의 발달적 특성을 이해하고 글자나 철자법, 문법보다는 영유아가 표현하고자 한 내용에 관심을 보여 현재 쓰고자 하는 것을 자유롭게 표현하고 쓸 수 있도록 격려한다. 글쓰기에 관심을 보이며 쓰고자 하는 영유아에게도 철자법이나 문법에 맞는 교정보다는 바르게 쓴 것을 보고 스스로 차이점을 찾아내어 깨닫도록 지도하는 것이 바람직하다.

(4) 쓰기 활동이 통합적으로 이루어지도록 한다

영유아를 위한 쓰기 지도도 듣기, 말하기, 읽기 지도처럼 네 영역을 통합적으로 연결하여 지도할 뿐 아니라 다른 영역의 교육활동과도 연결하여 지도해야 한다. 언어는 인간의 사고와 생활에 깊숙이 자리 잡고 있으므로 언어능력 향상만을 위한 교육보다는 음률, 문학, 미술, 게임 등 여러 형태의 활동과도 통합적으로 지도할 때 훨씬 더 효과적이고 즐겁게 쓰기 학습이 이루어질 수 있다.

(5) 끼적이기 및 쓰기에 적극적으로 반응해 준다

영아들도 끼적이기를 즐기며 쓰기 도구에도 많은 관심을 보인다. 다양한 쓰기 환경으로 큰 종이를 벽에 붙여 주거나 쓰기 자석판, 다양한 재질의 종이, 굵은 필기도구를 함께 제공해 주는 것과 끼적거린 것에 대해 나름대로의 의미를 말할 때 교사가 적극적으로 들어 주고 반응해 주는 것은 지속적으로 쓰기 활동을 하도록 동기부여하는 방법이다.

쓰기 지도의 실제

❶ 쓰기 준비활동

영유아는 쓰기에 앞서 소근육발달, 눈과 손의 협응, 쓰기 도구 사용에 익숙해지기, 기본 획긋기, 글자 지각, 인쇄된 글자에 적응하기 등이 요구되며 쓰기 준비활동으로 다음과 같은 활동을 지도할 수 있다.

- 글자에 대한 흥미를 유발하는 하는 활동 : 사물함 · 작품 등에 이름 써주기, 놀잇감에 이름 써서 붙이기, 과자봉지로 책 만들기 등
- 눈과 손의 협응력을 발달시키는 활동 : 목공놀이, 퍼즐 맞추기, 구슬 끼우기, 단추 끼우기, 나사 돌리기, 그림에 색칠하기, 바느질하기 등
- 소근육발달을 향상시키는 활동 : 젓가락으로 물건 옮기기, 다양한 재료와 기법으로 그림 그리기, 가위로 오리기, 세 손가락 사용하기 등
- 글씨 바느질하기 : 다양한 재료(부직포, 천, 장판)로 바느질하기
- 도형 그리기 : 여러 가지 모양의 도형 그리기

❷ 단어 쓰기

끼적이기, 이름 쓰기, 물건의 명칭, 간판 이름이나 상품명 등 쓰기 활동을 즐기도록 하고 영유아의 흥미를 고려한 활동이 되도록 따라 쓰기나 대신 써 주는 방법으로 쓰기에 자극을 주어 격려한다.

❸ 편지 쓰기

영유아의 쓰기 목적 및 활용을 위하여 생일축하카드, 각종 초대장, 감사카드 등의 편지 쓰기 활동은 생활 속에서 자연스럽게 경험할 수 있는 활동들이다. 편지를 쓰기 전에 어떤 내용을 어떻게 쓸 것인지에 대하여 생각을 정리하고 난 후 글로 표현하도록 하고 영유아가 아직 글쓰기가 미숙한 경우 보고 따라 쓰게 하거나 원하는 내용을 대신 써 줄 수 있다.

❹ 단어 이용하여 짧은 글짓기

삼행시 짓기나 '○'자로 시작되는 이야기 만들기 등으로 단어를 이용해 생각나는 단어나 문장을 써보는 활동을 할 수 있다.

❺ 동시 짓기

동시를 들려준 후 스스로 동시를 지어보는 활동으로 동시의 내용만을 제시하기보다는 구체적인 경험을 제공하고 느낌을 표현하도록 한다. 즉, 사과를 만져 보고, 색깔에 대해 이야기를 나누어 보고, 맛도 본 후 사과에 대한 동시를 짓도록 한다.

❻ 이야기 지어 보기

이야기를 듣거나 읽고 나서 이야기를 다시 써 보거나 새롭게 구성해 보도록 지도한다.

- 이야기 다시 써 보기 : 이야기를 부분적으로 바꿔서 지어보기, 이야기를 반복하여 다시 써 보기 등
- 이야기 만들어 보기 : 글자 없는 그림책의 이야기 만들기, 이야기 새롭게 만들기
- 이야기 개작하기 : 똑같은 주인공으로 다른 이야기 만들어 보기, 읽어준 이야기의 다른 결말 만들어 보기, 뒷이야기 지어 보기 등
- 등장인물 및 작가에게 편지 쓰기 : 주인공에게 자신의 느낌을 전하는 편지 쓰기, 글과 그림을 보고 작가나 삽화가에게 편지 쓰기 등

❼ 책 만들기

동시를 감상한 후나 관찰일지, 이야기 꾸미기, 나의 성장 이야기 등을 써 볼 수 있다. 영유아가 자신의 풍부한 상상력을 전개하여 삽화나 문어체로 자연스럽게 쓰도록 돕는다.

❽ 놀이를 통해 쓰기 경험하기

동극이나 다양한 역할놀이, 그래프 활동, 전화 메모, 쇼핑목록 작성하기, 요리 순서표 쓰기, 편지 쓰기, 주문서 쓰기, 프로젝트 수업과정에서 자연스럽게 쓰기를 경험하여 쓰기 발달을 증진시킬 수 있다.

5. 언어교육의 환경

영유아들이 생활하는 모든 공간은 언어교육환경이 되므로 좀 더 풍부하고 자극적인 언어교육환경을 구성하는 것은 교사의 관심사이며 의무이다. 영유아를 둘러싸고 있는 환경에서 영유아가 자연스럽게 언어의 여러 가지 기능과 특징을 배울 수 있도록 해 주어야 한다. 또한 언어발달을 돕기 위해서는 언어영역 외에도 실내·외 모든 흥미영역에서 풍부한 언어환경을 제공하는 것이 중요하다. 여기서는 언어교육환경으로서 인적 환경인 교사의 역할과 물리적 환경인 교실환경에 대하여 살펴보고자 한다.

1) 교사의 역할

영유아의 교육에 있어 교사의 역할은 매우 중요한데, 언어교육에 있어 교사의 역할 또한 바람직한 모델을 비롯하여 언어교육 환경조성자로서 매우 중요하다. 교사는 영유아의 발달수준과 흥미, 개인차를 고려하여 조화롭게 역할을 수행해야 한다. 교사는 영유아의 상황을 고려하여 정보와 경험을 언제, 어떻게 제공해야 할지를 결정하고 끊임없이 관찰하고 의사를 결정하는 것이다. 이러한 교사의 교수행동을 비지시적-지시적 차원에 따라 제시하면 **표 5-8**과 같다.

표 5-8 교수행동

<table>
<tr><th colspan="2">구분</th><th>내용</th></tr>
<tr><td rowspan="9">비지시적
↑

↓
지시적</td><td>인정
(acknowledge)</td><td>교사는 활동을 진행하는 동안 영유아가 흥미 있어 하는 것에 주의를 기울이고 즐겁게 참여할 수 있도록 동기부여</td></tr>
<tr><td>모델(model)</td><td>바른 모델을 보여 행동이나 기술을 익히도록 자극하기</td></tr>
<tr><td>촉진(facilitate)</td><td>현재 수준보다 높은 수준의 것을 익히도록 필요한 도움 주기(예 : 자전거 타기를 익힐 수 있도록 뒤 잡아 주기)</td></tr>
<tr><td>지지(support)</td><td>결정적인 순간에 필요한 도움 주기(예 : 훈련용 자전거 제공)</td></tr>
<tr><td>비계(scaffold)</td><td>도움을 주어 발전 가능한 과업을 성취하도록 하기</td></tr>
<tr><td>참여
(co-construct)</td><td>활동 중 교사가 함께 참여하여 작업을 돕기</td></tr>
<tr><td>설명
(demonstrate)</td><td>활동 후 결과를 정리할 수 있도록 실제로 보여 주기</td></tr>
<tr><td>지시(direct)</td><td>구체적이고 명확하게 행동하도록 지도 제공</td></tr>
</table>

출처 : Brederkamp, s. & Rosegrant, T.(1995).

영유아에 대한 관찰을 민감하게 하고 즉각적으로 반응하는 교사는 영유아 언어발달의 바람직한 동반자가 된다. 영유아에게 유용한 언어교육자료가 있어도 흥미를 끌지 못하여 잘 사용하지 않는다면 언어발달을 기대할 수 없으므로 바람직한 언어교육자료라고 할 수 없다. 영유아가 언어활동에 흥미를 가지고 자발적으로 참여하도록 하기 위해서는 교사의 역할이 매우 중요하다. 이러한 교사의 역할로 모델로서의 교사, 경험 제공자로서의 교사, 상호작용자로서의 교사 역할로 나누어 살펴보고자 한다.

(1) 모델로서의 교사 역할

영유아는 생활 속에서 관심과 흥미가 있을 때 다른 사람의 행동뿐만 아니라 언어까지도 모방한다. 교육기관에서 생활하는 시간이 많은 영유아는 좋아하는 교사의 말이나 행동뿐만 아니라 언어까지도 자연스럽게 따라하는 경향이 있으므로 교사는 바람직한 언어 사용 모델을 보여 주고 상호작용에서 영유아의 말에 주의를 기울이고 읽기와 쓰기의 좋은 모델이 되어야 한다.

- 모델로서 어휘나 문장을 바르게 사용하여 바람직한 언어습관을 갖는다.
- 매사 영유아의 이야기에 경청하고 구체적인 반응을 한다.
- 교사는 정확한 발음과 알 수 있는 어휘, 간결하나 완성된 문장으로 말한다.
- 교사는 바른 쓰기 자세로 쓰기를 즐긴다.
- 문자는 반듯한 형태로 제시하고 활동을 즐긴다.
- 언어생활의 예의를 자연스럽게 보여 주고 지도한다.

(2) 경험 제공자로서의 교사 역할

사물 자체와 언어는 추상적인 성격을 가지므로 서로 연관이 없다. 그러므로 교사는 사물과 언어를 서로 연결하여 의미를 형성할 수 있도록 구체적인 말하기가 되도록 사물이나 경험을 함께 제공하는 역할을 담당해야 한다.

특히, 한 단어 시기인 18개월 전후 인형, 공, 자동차, 우유 등의 간단한 단어를 주로 사용하는데, 이 단어들의 공통적인 특징은 영아가 스스로 조작이 가능하거나 의미를 명확하게 아는 사물이라는 것이다. 이와 같이 생활에서 자주 접하는 물건을 가지고 놀이를 하는 과정에서 영유아는 '공이 굴러간다', '공은 둥글다', '공을 던진다' 등 공의 특성 및 그와 관련된 다양한 어휘표현을 익힌다(한유미 외, 2014).

- 교사는 영유아가 오감을 사용하여 보고, 듣고, 만지고, 맛보고, 냄새 맡고, 촉감을 느낄 수 있도록 구체적인 사물과 활동을 제공한다.
- 듣기, 말하기, 읽기, 쓰기가 균형적으로 발달되도록 지도한다.
- 계획적인 활동 이외에 하루 일과 속에서 통합적인 언어지도가 되도록 한다.
- 잘못된 발음, 글자 등을 지도할 때는 직접적 교정보다 간접적인 방법을 사용한다.
- 교사는 영유아와 함께 책 읽는 기회를 자주 갖고 내용에 대해 이야기 나눈다.
- 영유아의 개별적인 언어발달수준을 잘 파악하고 이에 맞추어 지도한다.

(3) 상호작용자로서의 교사 역할

교사는 상황에 적절한 언어를 사용하고 영유아가 관심과 흥미를 보일 때 어휘가 확장되도록 한 단계 발전된 단어와 문장을 사용함으로써 영유아의 언어발달을 촉진하는 상호작용자로서의 역할을 한다. 교사는 항상 영유아가 말하고 행동하는 것에 관심을 가지고 선택한 주제를 존중해주고 대화해야 하므로 주의 깊게 관찰하고 반응해 주어야 한다. 그러기 위해서는 자연스럽게 대화하고 만남이 이루어질 수 있도록 세심하게 배려하며 계획을 세우고 상호작용자로서의 역할을 수행해야 한다.

- 활동의 결과보다는 과정을 중시하고 민주적이며 자발적인 언어경험을 유도한다.

- 영유아가 항상 어디서, 누구하고라도 언어적 경험을 하고 싶도록 격려하는 허용적인 학급 분위기를 조성한다.
- 영유아가 관심을 보이는 주제를 확장시킨다.
- 관심주제에 대한 정보에 깊이를 더한다.
- 영유아의 질문에 대답하거나 분명하게 설명한다.
- 영유아가 주변에서 생긴 일이나 문제의 특성을 함께 정리해 본다.
- 활동 중 처음으로 알게 된 것을 단어로 표현하도록 격려한다.
- 일상에서 주의를 기울여야 할 때를 알게 한다.
- 영유아의 잠재적 언어능력을 믿고 실수를 용납하며 창안적인 언어행동을 수용한다.
- 영유아 개별적인 언어발달수준을 잘 파악하고 이에 맞추어 지도한다.

표 5-9 교사의 상호작용 언어의 예

교사의 언어	가능한 결과
좀 더 말해 보자.	확장
• ~라는 의미니? • 질문 있나요? • 무슨 일이 있었니? • 무엇이 필요하니?	명료화
• 어디서 보았니? • 누가 말했니? • 언제 자전거를 탔니?	구체화
• 누구의 이름을 썼니? • 이것은 ~의 것이다.	소유 구체화
• ○○에게 말해 보렴. • 도와줄 수 있는 한 명을 정하자.	다른 사람과 이야기하기
보여 줄 수 있니?	정보 제공

교사의 언어	가능한 결과
다시 말해 주겠니?	반복
만약 ~한다면 무슨 일이 일어날까?	추측 혹은 문제해결
• 주영이는 ~라고 생각한다. • 정진이가 ~라고 말한다.	다른 사람의 생각 평가
• 어떻게 해야 할까? • 어디에 놓아야 할까? • 어떤 이름이 좋을까?	• 문제해결 • 창의적 사고
어떤 소리를 들었니?	듣기 기술
• 누가 말할 차례니? • 말하고 싶을 때는 손을 들어 주세요.	차례 지키기

출처 : Machado, J. M.(2013).

위에서 알아본 것처럼 영유아의 언어교육을 위해 교사는 모델로서의 역할, 경험 제공자로서의 역할, 상호작용자로서의 역할을 수행하면서 균형을 이루도록 하는 것이 중요하다. 이를 위해 교사는 영유아가 흥미를 가지고 있거나 스스로 무언가를 발견할 때 적극적으로 지지해 주고 자유롭게 심취하도록 상호작용해 주어야 한다. 또한 교사는 적게 말을 하고 영유아가 자신의 생각과 느낌, 감정을 더 많이 표현하도록 격려하면서 영유아 스스로 답을 찾아가는 과정을 수용하고 이해하는 것이 필요하다.

2) 물리적 언어환경

영유아는 일상에서 자신을 둘러싸고 있는 환경에 많은 영향을 받는다. 그러므로 영유아를 둘러싸고 있는 환경에서 상호작용을 통해 스스로 언어에 대한 가설을 세우고, 검증하며, 수정할 수 있도록 언어발달을 촉진하는 물리적 환경의 구성을 어떻게 하느냐는 중요한 문제이다.

(1) 언어환경의 구성 원칙

언어영역에서 듣기, 말하기, 읽기, 쓰기가 통합적으로 이루어질 수 있도록 다양한 자료들을 비치하여 자유롭게 활동하면서 언어능력을 증진할 수 있도록 구성한다. 다양한 언어자료와 환경구성은 스스로 적극적인 언어활동을 할 수 있도록 촉진한다.

언어영역을 구성할 때 고려해야 할 사항은 다음과 같다(육아정책연구소, 2013 ; 이차숙, 2004 ; Jalongo, 2000 ; Machado, 2013).

① 언어영역에 언어활동을 촉진할 수 있는 다양한 언어환경을 구성한다

영유아들이 언어영역에서 언어활동을 하게 되면 언어활동에 대한 집중력이 높아지고 다른 영유아의 활동을 쉽게 관찰할 수 있으므로 협동작업이 잘 이루어지며 모방을 통한 학습으로 창의적인 언어활동으로 이끌기가 쉽다. 또한 다양한 언어자료를 스스로 만져보고 활동에 적용해 봄으로써 성취감을 느낄 수 있고, 읽기와 쓰기가 더 활발하게 적극적으로 이루어진다.

② 언어영역을 교육활동과 연계되도록 구성하고, 영유아의 실생활을 반영한다

교육활동과 관련된 자료를 다양하게 제공하여 자연스럽게 확장활동이 이루어지도록 하고 실제 생활과 관련될 때 언어발달이 촉진된다. 예를 들면, 봄에 대한 활동을 전개할 때 언어영역에 봄에 대한 책, 정보지, 화보, 잡지책 등을 제시하여 언어영역이 다른 영역과 통합되도록 한다.

③ 언어영역을 듣기, 말하기, 읽기, 쓰기가 통합적 활동으로 이루어지도록 구성한다

언어영역에 자료를 제시할 때 듣기, 말하기, 읽기, 쓰기가 통합적으로 이루어질 수 있도록 구성한다. 예를 들면, 녹음기, 컴퓨터, CD를 제시할 때 종이와 필기도구도 함께 주어 필요할 때 즉시 사용할 수 있도록 하는 것이 좋다. 또한 미용실 놀이를 할 경우 미용실에서 활용되는 모든 종류의 언어자료를 함께 제시해 주어 듣기, 말하기, 읽기, 쓰기 활동이 동시에 자연스럽게 이루어지도록 한다.

④ 언어영역에서 편안함과 아름다움을 느낄 수 있는 자료를 제공한다

언어영역에서 자연적인 아름다움을 느끼며 활동할 수 있도록 꽃, 식물, 동물 등을 활용하거나 자연물을 함께 제공하는 것이 바람직하다. 영유아들이 정서적으로 편안함을 느낄 수 있는 익숙한 자료와 심미감을 느낄 수 있도록 여러 가지 색, 색들 간의 조화로움도 아름다움을 줄 수 있다.

⑤ 영유아가 주변 환경에 대한 탐색을 통해 언어발달을 이루도록 섬세하게 구성한다

영유아가 환경 속에서 안정감을 느끼도록 편안하면서도 아름다운 소리 등의 청각적 자극을 통해 언어발달을 촉진시킨다(성미영 외, 2016). 예를 들어, 실외 환경에 개나 앵무새, 개구리를 키워 영유아에게 우는 소리를 들려주거나 바람이 불 때 나무에서 들려오는 소리를 들을 수 있도록 구성하는 것도 바람직하다.

(2) 언어환경의 위치와 자료

언어영역은 밝고 햇빛이 잘 드는 곳에 위치하도록 하고 소음이 발생하는 활동영역과 떨어뜨려 배치한다. 바닥은 영유아가 편안함을 느낄 수 있도록 카펫을 깔고 쿠션이나 책상, 편안한 의자를 제공하여 부드럽고 아득한 분위기를 느낄 수 있도록 한다. 또한 활동에 적절한 조명과 다른 활동에 방해받지 않도록 롤 스크린을 마련해 주는 것도 좋다.

언어영역에 비치할 자료를 선택할 때 다음과 같은 상황을 고려한다.

- 영유아가 주변에서 쉽게 접할 수 있는 실물자료인가?
- 영유아의 사고능력을 확장시켜 주는 감각자료인가?
- 영유아의 의사소통능력을 길러 주는 자료인가?

- 영유아에게 편안함을 줄 수 있는 친근한 자료인가?
- 영유아가 좋아하는 놀잇감인가?
- 영유아가 놀이에 몰입하는 데 도움을 줄 만큼 충분히 매력적인 자료인가?

(3) 언어환경의 듣기 영역

듣기는 말하기와 읽기, 쓰기보다 먼저 발달하며 의사소통을 위한 첫 번째 단계로 매우 중요하다. 일상생활에서 듣기가 자연스럽게 이루어지도록 매력적으로 구성하여, 영유아들이 듣기에 관한 다양한 경험을 하도록 환경을 구성해 주어야 한다. 듣기 영역에는 다음과 같은 자료를 제시할 수 있다.

- 녹음기, 컴퓨터, 마이크, 헤드폰, 다양한 듣기용 CD 등을 갖추어 자유롭게 듣기 활동이 이루어지도록 한다.
- 목소리를 직접 녹음해 들어보는 활동을 해볼 수 있도록 빈 CD를 제공한다.
- 교사가 직접 녹음한 동화, 동시, 동요 CD를 제공한다.
- 동화책과 CD를 같이 제공하여 CD를 들으며 책을 볼 수 있도록 한다.

(4) 언어환경의 말하기 영역

말하기와 듣기는 아주 밀접한 관계가 있으며, 전체적으로 모든 영역에서 자연스럽게 일어나는 활동이다. 그러므로 영유아가 일과 중 자신의 생각이나 느낌 등을 적극적으로 표현할 수 있도록 하여 언제든 말하기를 즐길 수 있는 분위기를 제공해 주어야 한다. 말하기 활동을 촉진하는 자료는 다음과 같다.

- 녹음기, 컴퓨터, 마이크, 무전기, 전화기, 헤드폰 등을 제공하여 영유아들 간 자발적인 대화를 이끌어 낸다.
- 인형류, 융판자료, 전화기, 여러 가지 악기 등을 비치하여 말하고 싶은 욕구

를 갖게 한다.

• 그림의 일부를 보고 상상하여 말하기, 수수께끼 상자놀이 등으로 논리적으로 말할 수 있는 기회를 제공한다.

• 동시 듣고 자신의 생각 말하기, 다양한 동화책을 읽고 자신의 생각을 그림이나 말하기로 표현할 기회를 제공한다.

(5) 언어환경의 읽기 영역

읽기는 문식성발달에 매우 중요하다. 다양한 장르의 책을 마련하여 책 읽기를 즐길 수 있도록 구성하고 영유아가 손쉽게 책을 꺼내 읽고 어떤 책인지 보이도록 전면에 전시하며, 생활주제와 맞는 책을 비치하여 주제와 관련된 심화학습이 이루어지도록 한다. 또한 새로 출간된 것을 비치하고 오래되거나 흥미를 끌지 못하는 책은 바꾸어 주고 쿠션이나 카펫, 부드러운 소파, 책상, 의자 등을 비치해 주는 것도 좋다. 읽기 활동을 촉진하기 위한 자료는 다음과 같다.

• 다양한 종류의 책 : 소리 나는 책, 모양책, 자연관찰책, 촉감책, 전래동화책 등
• 단어카드, 반 친구들의 사진과 이름이 적힌 카드
• 녹음기, 컴퓨터, 이야기책 내용을 녹음한 CD
• 책꽂이, 교통표지판, 차트, 도우미 표지판, 요리 순서표
• 융판동화자료
• 영유아용 잡지책

(6) 언어환경의 쓰기 영역

영유아가 자연스럽게 쓰기를 경험할 수 있도록 쓰기 재료를 다양하게 제공하고 활용하기에 용이하도록 비치한다. 또한 쓰기 활동이 교실 곳곳에서 쓰기 도구를 준비하여 모든 영역에서 통합적으로 일어날 수 있도록 한다. 쓰기 활동을 촉진하

는 자료는 다음과 같다.

- 자석 글자, 수 세기 카드, 각종 동물카드, 글자퍼즐, 단어카드 등
- 여러 가지 필기도구 : 연필, 사인펜, 색연필, 크레파스, 매직 등
- 쓰기를 돕는 다양한 그림자료
- 도장 및 스탬프
- 다양한 종이류 : 색종이, 모래종이, 신문지, 독서카드, 먹지, 편지지 등
- 컴퓨터 및 프린터, 영유아 개인용 소형 칠판

(7) 기타 영역에서의 언어환경구성

교육기관에서 실제로 언어학습은 언어영역 외의 환경인 역할놀이영역, 조형영역, 블록영역, 수・과학영역 등에도 활발하게 이루어진다. 따라서 교사는 전체 교실에서 듣기, 말하기, 읽기, 쓰기가 자연스럽게 이루어질 수 있는 기회를 제공할 수 있도록 유의하여 구성해야 한다.

예를 들어, 역할놀이영역에서 병원놀이, 미용실 놀이, 음식점 놀이 등을 할 때, 다양한 언어자료가 제시되어 있으면 영유아는 언어를 기능적으로 활용하는 방법을 터득하게 된다. 또한 병원놀이를 하는 도중에 국민건강보험카드나 처방전, 영수증 쓰기와 같은 활동이 자발적으로 일어날 수 있으므로 이와 관련된 언어활동자료들을 제시해 주는 것이 좋다.

조형영역에는 영유아들이 미술작품에 이름을 쓰거나, 그림의 제목을 쓸 수 있으므로 쓰기 자료를 함께 제공해 주고 미술도구나 재료의 이름을 붙여 주는 것도 좋으며 도구의 사용법, 작품 제작방법 등을 글과 그림 형식으로 제공하여 문자가 다양하게 활용되고 있음을 보여 준다.

블록영역에는 여러 종류의 블록, 자동차류, 동물 모형류 등을 비치하여 다양하게 만들어 볼 수 있도록 한다. 다양한 만들기 활동을 하는 중 다른 사람의 이야기

를 듣거나 말을 하면서 의견을 나누고 완성된 작품에 이름을 붙이며 통합적인 활동으로 진행되도록 종이류와 필기도구 등을 비치하여 필요할 때 쉽게 사용하도록 한다.

수 · 과학영역에서는 숫자 쓰기, 과학 실험에 대한 쓰기, 그래프 그리기 등을 통해 언어활동이 일어나므로 종이나 필기도구, 지우개, 자, 가위 등을 비치해 두는 것이 좋다. 또한 수 · 과학활동과 관련된 책을 비치하여 자연스럽게 읽기 활동을 통해 지식과 기술을 익히도록 한다.

영유아를 위한 언어환경을 계획하고 준비하는 교사로서 바람직한 언어환경의 구성을 위해 영유아를 둘러싼 물리적 환경과 인적 환경을 균형 있게 통합적으로 구성해 주어 환경들 간의 활발한 상호작용을 통해 영유아의 언어발달이 촉진되도록 해야 한다.

6. 언어교육활동의 실제

1) 언어교육활동 실제의 예 1

주제 및 소주제	좋아해요 / 마주봐요	대상	0세
활동명	손인형 배꼽 초인종		
활동목표	• 배꼽 주변의 촉감 자극에 반응한다. • 손인형이 움직이며 말을 걸면 옹알이하며 반응을 한다.		
교육과정 표준보육과정 관련 요소	• 의사소통 > 듣기 > 주변의 소리와 말소리 구분하여 듣기 > 여러 가지 소리와 말소리 듣기에 흥미를 보인다. • 신체활동 > 신체운동 > 감각적 자극에 반응하기 > 시각, 청각, 촉각, 후각, 미각으로 자극에 반응한다.		
활동자료	손인형		
활동유형	언어놀이활동		
활동방법	**1. 영아가 교사와 마주치며 옹알이할 때, 교사가 손에 인형을 끼우고 영아가 응시하기 좋은 위치에서 보여 주며 관심을 유도한다.** – (인형 목소리로) 안녕? ○○야! 나하고 놀자. – ○○야, 손인형 친구가 왔네. **2. 영아의 배꼽 주위를 손인형으로 간지럼을 태우거나 초인종 소리를 내며 영아의 표정에 반응한다.** – (인형 목소리로) 딩~동~ 딩~동~ (운율에 맞추어) ○○야, 나하고 놀자! – (영아의 옹알이에 반응하며) 어서와. 나랑 놀자. 나는 ○○야! **1. 영아가 앉아 인형을 탐색하며 놀이하고 있을 때, 손인형을 손에 끼우고 영아의 배꼽 주위를 누르며 관심을 유도한다.** – (인형 목소리로 운율에 맞추어) 딩~동~ 딩~동~ – 어, 누구야, 누구? – (영아의 옹알이에 반응하며) 응~ 나는 오리야. ○○야, 안녕? 나랑 같이 놀자. **2. 영아가 탐색하던 물건을 손인형으로 잡아 여아에게 건네주며 상호작용한다.** – ○○야, 이거 뭐지? – (영아의 옹알이에 반응하며) 그래 고마워. 나랑 악수하자! – (손인형으로 영아의 손을 잡고 흔들며) 악수~		
참고사항	• 낯가림이 심한 영아에게는 친숙한 인형으로 접근하거나 새로운 인형일 경우에는 천천히 조심스럽게 다가가도록 한다. • 배꼽을 터치하거나 간지럼을 피울 때, 너무 세게 누르거나 큰소리로 놀라게 하지 말고, 영아에게 기분 좋은 자극이 되도록 한다.		

2) 언어교육활동 실제의 예 2

<table>
<tr><td>주제 및 소주제</td><td>새로운 것도 좋아요 / 선생님이 좋아요</td><td rowspan="2">대상</td><td rowspan="2">1세</td></tr>
<tr><td>활동명</td><td>선생님 그림 위에 끼적여요</td></tr>
<tr><td>활동목표</td><td colspan="3">• 끼적이기를 반복한다.
• 함께 그리는 것에서 모양, 색에 관심을 가진다.</td></tr>
<tr><td>교육과정
표준보육과정
관련 요소</td><td colspan="3">• 의사소통 > 쓰기 > 끼적이기 > 끼적이기에 관심을 가진다.
• 예술경험 > 아름다움 찾아보기 > 예술적 요소에 호기심 가지기 > 주변 환경에서 색, 모양에 호기심을 가진다.</td></tr>
<tr><td>활동자료</td><td colspan="3">8절 도화지, 무독성 크레용(또는 색연필, 사인펜), 바구니</td></tr>
<tr><td>활동유형</td><td colspan="3">언어놀이활동</td></tr>
<tr><td>활동방법</td><td colspan="3">1. 선생님이 도화지에 그리는 간단한 모양 그림을 본다.
– 선생님이 먼저 도화지 위에 그림을 그려 볼게요.
– 선생님이 무엇을 그렸을까요?
– 선생님이 큰 동그라미 안에 작은 동그라미를 그렸구나.
2. 선생님 그림 위에 영아가 자유롭게 끼적이기를 한다.
– 이번에는 ○○이가 그림을 그려 줄까요?
– 선생님이 그린 그림 위에 ○○이가 쭈욱 쭈욱~
– ○○이가 선생님이 그린 그림 위에 색깔을 칠해주었구나.
– 선생님 그림과 ○○이 그림이 섞여서 여러 모양이 되었네.
3. 교사가 영아의 끼적이는 행동을 따라하며 즐거움을 공유한다.
– (영아를 따라하며) 선생님도 ○○이처럼 사인펜을 위, 아래로 움직여봐야겠다.
– 선생님도 ○○이처럼 사인펜으로 그려야지.</td></tr>
<tr><td>참고사항</td><td colspan="3">같은 그림을 복사해서 제공하기보다 영아가 원하는 것을 말하도록 격려한 후 그것을 그려주는 것이 좋다.</td></tr>
</table>

3) 언어교육활동 실제의 예 3

주제 및 소주제	나는 친구가 있어요 / 즐거웠던 우리 반이에요	대상	2세
활동명	우리 반에서 무엇을 했을까요?		
활동목표	• 우리 반 사진첩에 관심을 갖고 살펴본다. • 사진 속 다른 사람의 모습에 관심을 갖는다.		
교육과정 표준보육과정 관련 요소	• 의사소통 > 듣기 > 짧은 문장 듣고 알기 > 일상생활과 관련된 친숙한 낱말을 듣고 뜻을 이해한다. • 의사소통 > 말하기 > 낱말과 간단한 문장으로 말하기 > 일상생활의 반복적인 일이나 친숙한 상황을 한두 낱말이나 간단한 문장으로 말해본다.		
활동자료	우리 반 사진첩		
활동유형	언어놀이활동		
활동방법	**1. 관심 보이는 영아와 함께 우리 반 사진첩을 살펴본다.** – ○○야, 무엇을 보고 있나요? – 사진이 담겨 있는 사진첩이네요. – 어떤 사진이 있는지 선생님과 함께 볼까요? **2. 사진 속 모습을 보며 이야기 나눈다.** – 사진 속에서 ○○를 찾아볼까요? – ○○가 무엇을 하는 사진인가요? – 친구들과 이 놀이를 했던 것이 기억나나요? – 이때 기분이 어땠나요? **3. 사진 속 다른 사람의 모습에 관심을 갖고 이야기 나눈다.** – 사진첩에 또 누구의 사진이 있나요? – 다른 친구들은 무엇을 하고 있나요? – 친구가 왜 이때 이런 표정을 지었을까요?		
참고사항	• 그동안 영아가 활동했던 사진을 사진첩에 넣어 우리 반 사진첩을 만든다. • 영아들이 회상하며 자유롭게 이야기할 수 있는 분위기를 만든다. • 언어영역에서 자유롭게 볼 수 있도록 사진첩을 놓아둔다.		

4) 언어교육활동 실제의 예 4

<table>
<tr><td>주제 및 소주제</td><td>생활도구 / 다양한 생활도구</td><td rowspan="2">대상</td><td rowspan="2">3세</td></tr>
<tr><td>활동명</td><td>생활도구 이름 대기 놀이</td></tr>
<tr><td>활동목표</td><td colspan="3">다양한 생활도구에 관심을 가지고 명칭을 이야기해본다.</td></tr>
<tr><td>교육과정
표준보육과정
관련 요소</td><td colspan="3">• 의사소통 > 듣기 > 낱말과 문장 듣고 이해하기 > 일생생활과 관련된 문장을 듣고 뜻을 이해한다.
• 의사소통 > 말하기 > 낱말과 문장으로 말하기 > 친숙한 낱말을 발음해 본다.</td></tr>
<tr><td>활동자료</td><td colspan="3">없음</td></tr>
<tr><td>활동유형</td><td colspan="3">언어 게임</td></tr>
<tr><td>활동방법</td><td colspan="3">1. 다양한 생활도구 이름을 이야기해본다.
–생활도구에는 무엇이 있나요?
–떠오르는 생활도구를 이야기해볼까요?
2. 활동을 소개한 후 활동방법을 알아본다.
–생활도구 이름 대기 놀이를 해볼 거예요.
–어떻게 놀이하면 좋을까요?
–생활도구 이름 대기 놀이를 할 때 지켜야 할 약속은 무엇이 있을까요?
–차례를 지켜 이야기하기로 해요.
–같은 생활도구는 이야기하지 않기로 해요.
[생활도구 이름 대기 놀이방법]
• 3~4명의 유아가 모여 순서대로 생활도구 이름을 이야기해본다.
• 생활도구 이름을 말하지 못하거나 같은 이름을 말하면 놀이는 중단된다.
• 생활도구 이름 대기 놀이가 익숙해지면 박수를 치며 놀이한다.
3. 친구들과 생활도구 이름 대기 놀이를 해본다.</td></tr>
<tr><td>참고사항</td><td colspan="3">• 익숙해지면 생활도구를 그림카드로 만들어 수수께끼 놀이를 해본다.
• 놀이 후 그림카드를 언어영역에 붙여주고 글자로 써볼 수 있도록 한다.</td></tr>
</table>

5) 언어교육활동 실제의 예 5

<table>
<tr><td>주제 및 소주제</td><td>우리나라 / 우리나라 놀이와 예술</td><td rowspan="2">대상</td><td rowspan="2">4세</td></tr>
<tr><td>활동명</td><td>김홍도의 〈씨름〉 이야기 꾸미기</td></tr>
<tr><td>활동목표</td><td colspan="3">• 다른 사람의 이야기를 주의 깊게 듣는다.
• 명화 속에 담긴 이야기를 상상하여 말해본다.
• 글자에 관심을 갖고 읽어본다.
• 자신의 생각을 글로 표현한다.</td></tr>
<tr><td>교육과정
표준보육과정
관련 요소</td><td colspan="3">• 의사소통 > 듣기 > 바른 태도로 듣기 > 전래 동요, 동시, 동화를 듣고 우리말의 재미를 느낀다.
• 의사소통 > 말하기 > 느낌, 생각, 경험 말하기 > 자신의 느낌, 생각, 경험을 말한다.
• 의사소통 > 읽기 > 읽기에 흥미 가지기 > 읽어주는 글의 내용에 관심을 가진다.
• 의사소통 > 쓰기 > 쓰기에 관심 가지기 > 자신의 느낌, 생각, 경험을 글자와 비슷한 형태로 표현한다.</td></tr>
<tr><td>활동자료</td><td colspan="3">〈씨름〉 사진자료, 말풍선 그림자료(모양대로 자른 것)</td></tr>
<tr><td>활동유형</td><td colspan="3">이야기 꾸미기</td></tr>
<tr><td>활동방법</td><td colspan="3">[사전준비]
• 김홍도의 〈씨름〉 사진자료를 유아 수만큼 프린트한다.
• 말풍선 그림자료를 프린트한 뒤 모양대로 잘라놓는다.
1. 김홍도의 〈씨름〉을 감상하며 이야기 나눈다.
−그림 속에 어떤 사람들이 있나요?
−무엇을 하고 있나요?
−그림을 보니 어떤 느낌이 드나요?
−어느 나라 사람이 그린 그림일까요?
−이 그림은 조선시대 화가 김홍도가 그린 〈씨름〉이라는 작품이에요.
2. 그림 속에 담긴 이야기를 상상하여 말해본다.
−그림 속에 어떤 이야기가 있을 것 같나요?
−사람들은 어떤 이야기를 나누고 있을까요?
−무슨 일이 일어나고 있는 걸까요?
3. 그림 속 사람들이 어떤 이야기를 나눌지 상상하여 말풍선에 적는다.
−그림 속 사람들이 어떤 이야기를 나누고 있을까요?
−어떤 말을 하는지 상상하여 말풍선에 적어볼까요?
−잘 모르는 글자가 있으면 선생님이 도와줄게요.
4. 그림 속 사람들이 하는 말을 적은 말풍선을 명화 인쇄물에 붙인다.
−이 말풍선 속의 이야기는 누가 하는 말인가요?
−그림 속 그 사람의 머리 위에 말풍선을 붙여볼까요?</td></tr>
</table>

활동방법	**5. 말풍선을 붙인 명화 인쇄물을 게시하고 살펴본다.** –친구들은 그림 속에 어떤 이야기가 담겨 있다고 생각했는지 살펴볼까요? –재미있는 생각을 한 친구는 누구인가요? –나와 같은 생각을 한 친구가 있나요?
참고사항	• 유아들도 화가가 되어 〈씨름〉을 모방하여 그려 본다. • 내가 그린 〈씨름〉을 친구들에게 소개하고 무슨 이야기를 나누고 있는지 말해본다.

6) 언어교육활동 실제의 예 6

주제 및 소주제	교통기관 / 교통통신과 교통생활	대상	5세
활동명	위험한 길, 안전한 길		
활동목표	• 안전한 길과 위험한 길에 대한 자기 생각을 이야기한다. • 조사한 자료를 분류하여 그래프로 나타낸다.		
교육과정 표준보육과정 관련 요소	• 의사소통 > 말하기 > 느낌, 생각, 경험 말하기 > 주제를 정하여 함께 이야기를 나눈다. • 자연탐구 > 수학적 탐구하기 > 기초적인 자료 수집과 결과 나타내기 > 그림, 사진, 기호나 숫자를 사용해 그래프로 나타내 본다.		
활동자료	우리 동네의 안전한 길과 위험한 길 사진, 그래프 종이, 빨간색 매직, 파란색 매직, 가위, 풀		
활동유형	이야기 나누기		
활동방법	**1. 실외에서 보았던 우리 동네의 안전한 길, 위험한 길을 떠올리며 이야기 나눈다.** –산책하면서 찍은 사진을 볼까요? –우리 동네의 안전한 길과 위험한 길을 찾아볼까요? –우리 원 앞길은 우리가 다니기에 안전하다고 생각되나요? –안전한 이유는 무엇인가요? **2. 사진을 보고 안전한 길과 위험한 길을 그 정도에 따라 분류한다.** –안전(위험)하다고 말한 장소를 위험(안전)한 정도에 따라 나눌 수 있을까요? –○○길은 왜 가장 위험한 길이라고 생각하였나요? **3. 유아가 사진을 보며 안전한 길과 위험한 길에 대해 설명한다.** **4. 그래프에 우리 동네의 안전한 길, 위험한 길 사진을 붙이고, 막대그래프로 위험(안전)한 정도를 표시한다.**		
참고사항	• 이야기 나누기 후 도화지에 우리 동네의 안전한 길, 위험한 길을 떠올리며 그림으로 그려본다. • 소그룹으로 모여 안전하게 길을 걸어갈 수 있는 방법에 대해 알아보고 산책할 때 안전한 방법으로 길을 걸어간다.		

Teaching subjects in early childhood education

CHAPTER

06

영유아 수학교육

1. 수학교육의 역사 및 동향 | 2. 수학교육의 이론적 배경
3. 수학교육의 목적 및 목표 | 4. 수학교육의 내용
5. 수학교육의 세부영역별 내용 | 6. 수학교육의 교수-학습방법
7. 수학교육의 평가 | 8. 수학교육활동의 실제

CHAPTER 06

인공지능, 빅데이터 등 4차 산업혁명이라는 시대적 흐름 속에서 미래사회를 위한 수학의 역할이 더욱 강조되고 있으며 수학 관련 직업 유무와 무관하게 수학은 모든 사람들에게 필요한 능력이라고 할 수 있다. 지식의 홍수 속에 자신이 활용할 정보를 추출하여 재구성하고 또 다른 지식을 창출하기 위해서는 수학적으로 사고하는 능력을 갖추어야 한다. 이를 위해 영유아기는 논리적 사고의 기초와 수학적 소양을 형성하는 기초로서 매우 중요한 시기라고 할 수 있다.

이 장에서는 영유아를 위한 수학교육의 동향, 이론적 배경, 수학교육의 목적 및 목표, 수학교육의 내용, 수학교육의 교수-학습방법, 수학교육의 평가 및 실제 등에 대해 살펴보고자 한다.

1. 수학교육의 역사 및 동향

1) 역사적 배경

영유아기 수학교육은 부모나 교육자의 주요 관심사가 되지 못하였고 주로 간단한 수 세기나 셈하기 위주의 비형식적 형태로 이루어졌다. 영유아기 아동교육에 대한 관심이 고조되었던 19세기에 이르러 유아에 대한 발달적 특성에 대한 관심을 가지게 되었고 이후 유아에게 수학교육을 체계적으로 실시하려는 시도가 나타났다(홍혜경, 2010).

1957년 구 소련의 무인 인공위성 스푸트니크Sputnik가 발사되면서 서구의 많은 국가들이 과학과 수학에 대한 위기감을 갖게 되었고, 이는 유아교육기관의 양적인 증가와 다양한 교육 모형 개발 및 수학교육에 대한 변화를 갖게 하는 중요한 요인이 되었다.

우리나라의 경우 유치원교육과정을 통해 수학교육이 본격적인 관심을 받기 시작한 시점은 1979년 제2차 유치원교육과정부터라고 볼 수 있다. 1969년 제1차 유치원교육과정에서는 자연영역에 수량을 포함한 부분이었으며, 1979년 제2차 유치원교육과정에서는 인지발달영역 내용의 강조가 나타나 논리 · 수학적 개념 형성과 표상능력 같은 수학적 사고의 분야가 포함되었다(이기숙, 1995). 1981년 제3차 유치원교육과정에서도 인지발달영역의 논리 · 수학적 사고개념으로 수학교육 내용을 제시하였다. 이는 유아교육에 지대한 영향력을 미쳤던 피아제Piaget의 인지이론 영향이라고 볼 수 있다. 1987년 제4차 유치원교육과정에서부터 수학적 추론 능력, 문제해결에 대한 관심이 제기되었고 1992년 제5차 유치원교육과정에서는 시대적 요구를 반영하여 기초적 통계의 내용이 포함되었다. 1998년 제6차 유치원교육과정은 미흡하지만 수학의 학문체계와의 연계를 반영하였다. 2007년 개정교육과정은 수학적 소양과 태도의 함양을 중시하여 문제해결을 위한 탐구과정과 탐구적 태도를 강조하였다.

누리과정은 유아의 수학적 능력에 대한 관점의 변화를 반영하여 수뿐 아니라 연산의 내용이 추가되었다.

유치원교육과정의 개정은 유아수학교육에 대한 시대적 관점과 흐름을 반영하고 있으며 교육내용의 변화를 가져온다.

2) 최근 동향

다양한 정보와 고도의 첨단기술이 활용되는 사회로 변화됨에 따라 수학에 대한 요구가 점점 증가되고 있으며, 일상생활과 직장에서도 수학능력을 필요로 하는 경우가 그 어느 때보다 커지고 있다(홍혜경, 2010). 수학은 자연현상 및 일상생활 속에서 질서와 규칙을 정의하고 이를 통해 문제해결능력을 배양하는 학문으로, 갈수록 복잡해지고 불확실성이 높아지고 있는 현대사회에서 수학의 역할은 더욱 두드러진다.

미국의 수학교사협의회National Council of Teachers of Mathmatics : NCTM에서는 '학교수학을 위한 원리와 기준Principles and Standards for School 2000 Project'을 통해 유치원 이전 시기preschool를 수학교육의 대상에 새롭게 포함하여 유치원 이전부터 12학년까지 연계성 있는 수학교육이 이루어지도록 하였다. 또한 2002년에 전미유아수학교육협회NAEYC와 미국수학교사협의회는 '유아수학교육 : 좋은 출발을 촉진하기Early childhood mathematics : Promoting good beginning'라는 지침서 발표를 통해 영유아기가 수학적 사고발달의 토대가 확립되는 중요한 시기임을 강조하였다(NCTM, 2000).

영국과 호주에서도 영아를 수학교육의 대상으로 포함시킴으로써 영유아기 수학교육의 중요성을 인식하고 국가적 차원에서 지원하고 있다Early Years Foundation Stage : EYFS, 2014 ; Australina Curriculum, 2016.

2. 수학교육의 이론적 배경

1) 행동주의이론

행동주의는 학습을 물리적 자극에 대한 행동반응체계로 설명하며, 바람직한 행동을 증가시키면서 바람직하지 못한 행동을 감소시키는 방법에 초점을 맞춘 이론이다(김민경 외, 2010). 행동주의이론에서 산술은 사회적 전수에 의해 학습되는 것으로 보며 관습적인 표기를 중시하기 때문에 처음부터 숫자를 소개하고, 계산기술의 습득을 수학교육의 중요한 목적으로 본다. 따라서 반복적 훈련과 암기를 강조하고 있으며 이러한 행동주의는 전통적인 수학교육에 지대한 영향을 주었다.

2) 인지적 구성주의이론

피아제로 대표되는 인지적 구성주의에서는 취학 전 어린 유아들은 추상적 개념 혹은 논리적 사고가 불가능하다고 보았다. 유아들은 수와 산수를 진정으로 이해하지 못한다고 보았으며, 유아의 인지발달단계는 발달특성상 전조작기에 해당하고, 논리 · 수학적 지식의 습득을 위해 구체적인 사물과의 상호작용을 통해서 유아 스스로가 구성해야 한다는 환경과 인간의 상호작용적 입장을 표명하였다.

수는 개인이 자신의 사고 속에서 만들어 내는 사물과 사물 사이의 관계로서, 크기나 형태와 같은 외관상의 특성을 지니는 개인의 외부에 존재하는 물체도 아니고, 또는 사람들이 임의적으로 정한 사실도 아니다. 피아제는 수개념의 발달을 수 보존개념의 획득으로 정의하였으며, 전조작기pre-operational stage 유아는 조작수준에 도달하지 못했기 때문에 수 계열the number sequence stage과 수 지식arithmetic fact을 암송할 수는 있지만, 수개념을 이해한 것은 아니라고 하였다. 또 수 보존개념을 이해한 후에야 세기란 숫자적인 상관관계를 재현하기 위한 상징적 도구의 의미를 이해할 수 있게 된다고 보았다. 또한 수개념발달은 논리적 유목classes의 위계성과 비대칭적 관계질적 서열화를 통합하는 시도로 구성되며, 순서 짓기ordering와 계층적 포괄hierarchical inclusion의 관계가 통합되어 내면화된 후에야 수리적 관계를 이해할 수 있다고 보았다.

순서 짓기는 셀 사물을 유아의 머릿속에서 순서 지어서 생각하는 사고과정이며, 계층적 포괄의 관계를 사물을 수량화하여 사물 모임의 크기를 판단하게 되는 과정이다. 즉, 1은 2안에, 2는 3안에, 3은 4안에 포함된다는 계층적 포괄의 관계성과 순서 짓기의 관계성을 통합하는 논리적인 사고과정을 이해해야만 사물의 양을 올바로 수량화할 수 있다는 것이다. 그러므로 사물의 조작을 통한 순서 짓기와 계층적 포괄의 관계성을 유아 스스로 구성할 수 있도록 배려하여야 한다고 하였다.

보존개념 획득으로 수개념에 대한 토대를 마련하여 논리적 조작을 포함하는 다양한 수 이전의 활동, 즉 분류, 서열화 활동의 학습이 수가 포함된 상황으로 전이되도록 하는 것이 그후 추상적 수라는 좀 더 어려운 개념을 다루기 위해 중요하다고 강조한다. 유아들이 수를 직접 다룰 수 있으려면 수를 보존할 수 있어야 하고, 가역적 사고가 가능해야 하는데, 유아들이 6, 7세가 되기 이전에는 이러한 보존이나 가역적 사고가 불가능하기 때문에 유아기에는 수를 직접 다룰 수 없다고 본다(이지현, 1999).

카미Kamii도 수를 외부 세계의 경험적 추론과정을 거친다기보다는 유아 개인의 기존 지식과 관련하여 사물 간의 관계에 대해 새로운 지식을 구성하는 정신적 관계라고 설명하면서 수 세기나 구구단의 암기는 무의미한 활동으로 간주하였다. 따라서 유아기 수교육은 사물 간의 관계를 구성하는 데 도움이 되는 수 이전활동을 중심으로 이루어져야 한다고 인식되며, 수를 다루는 활동예 : 수 세기, 수에 대한 조작, 연산은 유아기에 적절한 활동이라고 보지 않는다(이지현, 1999).

3) 사회문화적 구성주의이론

문화심리학적 입장은 피아제의 인지적 구성주의에 뿌리를 두고 있으나, 지식 구성의 사회적 본질을 강조하며 학습과 발달에 대하여 광범위한 문화적 접근을 시도하고 있다는 점에서 인지적 구성주의와 구별된다. 유아의 수학적 능력을 수 보존개념 획득이라는 논리구조의 제한된 단계로 설명하는 인지적 구성주의이론과는 달리 유아의 수학적 능력에 대한 새로운 인식을 가지고 있다. 유아들은 보다 유능한 수학적 존재이며 생득적으로 수 감각을 가지고 태어나기 때문에 수 세기의 경험을 통해 수개념이 확장된다는 견해를 가지고 있다.

정신이란 사회적 행위를 하는 개인 안에 있다고 보고, 수 활동이 개인의 사회·문화적 상황에 의해 결정됨을 강조하면서, 수 학습을 사회 속으로의 문화화 과정으로 본다(Minick, 1989).

후기 피아제학파는 유아의 사고를 조명하기 위해 고안된 피아제의 실험설계가 유아의 사고를 드러내기보다는 능력의 결점을 유도하는 결함을 가지고 있다고 주장하였으며, 피아제의 실험을 재설계하여 유아들이 훨씬 많은 능력을 가지고 있음을 밝혔다. 이는 피아제의 유아관을 비판하면서 유아는 피아제가 주장한 것보다 유능한 수학적 능력을 지녔음을 증명한 것이며, 유아는 생각보다 논리적이라는 입장을 바탕으로, 교사나 또래와의 상호작용, 즉 사회적 상호작용을 통한 지식 습득을 강조하는 입장이다.

이 때문에 수 이전 활동이 수개념의 기초가 된다기보다는 실제 생활 속에서 다른 사람과의 구체적인 수 경험을 통해 습득하는 수학지식이 유아의 수개념발달에 중요한 역할을 한다는 입장이 대두되고 있다.

겔먼과 갈리스텔Gelman & Gallistel(1986)도 유아들이 놀랄만한 인지적 능력을 지니고 있으며 말로 분명하게 표현할 수 없지만 수 세기의 핵심적인 원리들을 은연중에 이해하고 있음을 발견하였다. 이들은 수 세기가 적용되기 위해서는 추상화의 원리에 따라 '사물'과 '사물이 아닌 것' 정도의 구분만으로도 충분하기 때문에 복합적 · 계층적 분류를 수 세기의 선행조건이라고 간주하는 피아제의 입장은 잘못된 것이라고 보고 있다.

비고츠키Vygotsky는 지적 발달에 대한 사회적 요인과 언어와 상징체계의 기여를 강조하였는데, 특히 언어적 의사소통에 의한 상호작용을 통해 개인적인 논리의 구성이 이루어진다고 보았다. 논리적 관계는 문화에 기초를 둔 것이며 공유된 활동을 통해 전수되는 것으로, 유아가 사물을 단지 조작하고 탐색하는 것만으로는 논리적 사고가 구성됨을 보장할 수 없으며 결국 논리적 관계는 사회적 상호작용을 통하여 언어로 가르쳐야만 한다고 믿는다(Bodrova & Leong, 1996). 즉, 문화에 토대를 둔 경험이 '언어'라는 문화적 도구를 매개로 내면화될 때 그것이 곧 사고가 되는 것이다.

따라서 수학적 사고도 유아가 다른 사람과 함께 공유하는 활동에서부터 출발한다. 그러므로 유아의 수학적 지식과 사고과정을 결정하는 요인으로 유아가 속한 사회문화에서 사용하는 수 단어를 포함하는 수 체계, 수가 사용되는 생활 속의 사회적 맥락, 사회적 도구의 사용 등이 강조된다.

작센, 구버먼과 기어하트Saxe, Guberman & Gearhart(1987)는 유아기에 수와 관련된 능력 가운데 명명하기, 수 세기와 기수성, 세트들을 비교하고 재생하기, 산술적 조작을 사용하여 수의 가치 변화시키기 등이 습득될 수 있다고 주장한다. 수 세기 지식은 수 보존에 필요한 지식보다 더 먼저 나타나며(Carpenter & Moser, 1982 ; Resnick, 1989), 수 세기 경험은 초기의 수개념발달에 중심적인 역할을 한다고 주장한다(Fuson, 1988 ; Gelman & Gallistel, 1986).

이와 같은 연구들은 영유아들이 상당한 수준의 인지적 능력과 수 지식을 지니고 있으며, 유아가 실생활에서 다른 사람들과 함께 하는 구체적인 수 세기 경험을 통해 중요한 수개념발달을 이루며, 구체물 세기는 수량에 대한 표상과 더하기와 빼기의 수조작도 가능하게 한다고 한다.

4) 다중지능이론

가드너Gardner(1983)는 지능을 하나의 통합된 능력이라고 보는 기존의 관점과는 달리 단일한 능력이 아닌 포괄적이고 다양한 능력을 포함하는 새로운 관점을 제시하고 있다. 다중지능이론에서는 인간의 지능을 다양하게 구분하고 있는데, 음악적 지능, 신체-운동적 지능, 논리-수학적 지능, 언어적 지능, 공간적 지능, 대인관계 지능, 개인이해 지능, 자연탐구 지능, 실존적 지능, 정서지능, 영적 지능 등으로 구분하고 있다. 유아 자신이 해결한 문제의 방법이나 과정을 저널 쓰기로 나타내도록 하거나, 공간지능이 뛰어난 유아에게는 다이어그램 등을 활용하고, 논리-수학적 지능이 뛰어난 유아에게는 숫자나 기호를 활용하는 등 다양한 형태로 적용할 수 있다는 것이다. 또한 이 이론은 유아의 능력평가에 대해서도 새로운 관점을 제시하고 있으며, 유아의 강점영역을 기초하여 약점영역의 교육적 개입과 실행을 시도하는 프로젝트 스펙트럼의 접근도 시도되고 있다(홍혜경, 2010).

3. 수학교육의 목적 및 목표

1) 몬테소리

신화식(1998)은 몬테소리Montessori 수학교육의 목적은 유아기의 생활경험을 통해 익숙해지는 수량에 대해서 논리적인 수량개념을 인식하고 수를 계통적으로 익히기 위함이며, 또한 유아의 전인적인 인격형성을 위하여 문화 전체를 흡수하고 추상력, 상상력, 이해력, 판단력을 육성하며 실제적인 생활영역에서 편리를 도모

그림 6-1 몬테소리

하는 것이라고 하였다.

김영선(2000)은 유아가 생활경험 속에서 익숙해지고 있는 수량에 대해서 논리적으로 수량개념을 인식하고 수를 계통적으로 익히며, 유아의 전인적 발달을 위하여 문화를 이해하고 습득하는 데 필요한 추상력, 상상력, 이해력, 판단력을 기르도록 하는 것이라고 보았다. 요약하면, 몬테소리 교육이론에서는 유아가 수량의 개념을 논리적이고 계통적으로 익히도록 하는 것이며, 이를 통해 수학적 사고능력의 함양을 목표로 한다.

2) 프뢰벨

그림 6-2 프뢰벨

프뢰벨Froebel은 자연과학과 수학의 내용에서 통일성의 원리, 다양성의 근원, 결정체 이론 등을 설명하면서 어린이에게 자연을 통한 교육과 자연을 이해하기 위한 매개체로서 수학의 중요성에 대해 설명하였다. 수학은 인간 내적인 것과 외적인 것의 매개이며, 인간의 순수한 사고의 소산물로서 물리적인 현상에서 증명되기 때문에 인간과 자연 모두에게 내재되어 있는 것이며 그 둘을 연결시키는 것이기에 교육에서 반드시 필요하다고 가치부여하였다(박현진, 2008).

3) NCTM

NCTM이 '학교수학을 위한 원리와 규준'에서 제시하는 목표는 다음과 같다.

- 수학의 가치 이해하기
- 수학을 학습하는 자신의 능력에 자신감 갖기
- 수학적 문제해결자 되기
- 수학적으로 의사소통하기
- 수학적으로 추론하는 것을 학습하기

4) 3~5세 연령별 누리과정 자연탐구영역목표

누리과정에서 제시하고 있는 자연탐구영역의 목표는 호기심을 가지고 주변세계를 탐구하며, 일상생활에서 수학적 · 과학적으로 생각하는 능력과 태도를 기르는 것이다. 이에 따른 3가지 하위목표는 다음과 같다.

- 주변의 사물과 자연 세계에 대해 알고자 하는 호기심을 가지고 탐구하는 태도를 기른다.
- 생활 속의 여러 상황과 문제를 논리 · 수학적으로 이해하고 해결하기 위한 기초능력을 기른다.
- 주변의 관심 있는 사물과 생명체 및 자연현상을 탐구하기 위한 기초능력을 기른다.

4. 수학교육의 내용

1) 몬테소리

몬테소리 수학교육의 내용은 수의 구조와 질서를 연습하게 하여 수학개념을 알게 하도록 논리적으로 고안된 내용이며, 수 연산능력의 기초를 마련할 수 있도록 논리성과 과학성이 담긴 내용이라고 볼 수 있다(김혜정, 2009 ; 박현진, 2008 ; 이은형, 2009).

(1) 수의 소개

수량개념의 기본을 다루는 내용으로 0~10까지의 기본개념과 숫자를 소개한다. 수의 소개에서 제시하는 활동들은 '0~10까지의 기본적인 개념', '수의 이름과 양의 개념'을 습득하기 위한 것이다. 구체적인 교구에는 수막대, 모래숫자판, 방추형봉, 숫자와 바둑알, 수의 기억놀이 등이 있다.

(2) 십진법

십진법 개념을 알게 하고, 수의 자리 개념, 수의 구성을 소개하는 내용이다. 이를 통해 큰 수를 읽고 사용하게 하며 기본적인 조작덧셈, 뺄셈, 곱셈, 나눗셈을 습득하게 한다. 구슬의 소개, 숫자카드의 소개, 십진법 카드, 교환 게임 등이 이에 속한다.

(3) 연속수

연속수의 소개를 통하여 '양적인 탐색', '10~100의 기호와 이름 알기'를 통하여 수에 대한 친근감과 흥미를 갖게 하고 연속되는 수의 많고 적음을 비교하게 된다. 또한 서수와 자릿수에 대한 이해를 하고 배수에 대한 준비를 할 수 있다. 이를 통하여 논리적으로 숫자 소개의 활동을 확장할 수 있으며, 세강판, 100판과 같은 교구가 이에 속한다.

(4) 사칙연산

가감승제로 수의 사칙연산 내용이 있다. 암산에서 제하는 활동은 덧셈, 뺄셈, 곱셈, 나눗셈을 포함한 기본적인 결합을 기억하도록 도움을 준다.

처음에는 네 가지 과정십진법활동에 있는 구슬교구와 카드로 된 수학적 조작을 통해 살펴보고, 점차적으로 추상적인 인지력을 요구한다.

이러한 활동은 뱀놀이와 은행놀이를 통하여 소개할 수 있다.

(5) 사칙연산 강화

가감승제를 강화하는 내용으로 우표놀이와 점찍기 놀이 등이 있다. 추상성의 변화에서 제시하는 교구들은 유아가 수의 과정을 이해하고 발달시키며, 구체적인 것에서 추상적인 계산이 가능하도록 돕는다.

(6) 분수

감각적인 경험으로 분수를 이해하고 1의 나눔 수에 흥미를 갖게 하며, 분수봉, 분수판 등이 이에 속한다.

2) 프뢰벨

프뢰벨은 수학을 크게 '산술'과 '기하'로 나누었다. 산술에서 제안한 수학활동은 다음과 같다.

- 선(先)지식에 기초로 한 활동 : 1~20까지 순서대로 또는 거꾸로 세기
- 1~10까지의 수를 연속적인 전체로서 소개
- 홀수와 짝수를 구별하는 연습
- 더하기 연습
- 복합수의 연습
- 가능한 모든 형식으로 수를 말해보는 연습
- 뺄셈 또는 밖에서 수를 감소하는 것
- 곱셈 또는 내면에서의 수 발달
- 수의 제곱과 그 근거를 알아 확실히 함
- 곱셈을 통해 얻을 수 있는 가능한 모든 수의 조합을 학습

프뢰벨은 수학교육에서 수의 법칙을 직관하는 것과 숫자의 관계 이해를 깨닫도록 연습하는 것 모두 중요하여 수학에서 수량으로 자기 활동을 표현해보고, 연습과 적용을 되풀이하며, 전체를 개관하고 중요한 문제점을 찾아내며 토의하면서 완전히 이해하는 것이 바람직하다고 하였다.

기하에 관하여 프뢰벨은 단순한 것에서 복잡한 것으로 진행되는 체계적인 것으로 서로 다른 크기의 나무토막을 통해 크기에 따른 분류와 서열화를 시도하도록 하였다. 주변에서 관찰 가능한 구체물을 대상으로 기하학의 형태를 이해하도록 하였고, 이를 통해 점, 선, 면을 알게 되고, 이것의 연결을 통해 다각형과 입체, 원과 구에 접근하도록 하였다(박현진, 2008). 이러한 원리에 의해 제작된 은물은 프뢰벨의 수학교육관을 담고 있다.

3) NCTM

NCTM에서 제시하는 유아를 위한 수학교육 내용 기준은 다음과 같다.

NCTM의 유아를 위한 수와 연산(Number & Operations) 내용 기준

❶ 수, 수 표상방법, 수관계, 수체계에 대한 이해

수 세기, 자릿값, 수량, 기수, 서수 수의 조합, 분해, 1/2, 1/3, 1/4 이해와 표상

❷ 연산의 의미, 연산 관계에 대한 이해

덧셈, 뺄셈 의미와 덧셈, 뺄셈 간 관계 이해, 곱하기, 나누기가 필요한 상황 이해

❸ 숙련된 계산과 합리적인 어림

덧셈, 뺄셈 전략 사용, 10 이내 계산 능숙하게 하기, 구체물, 암산, 어림, 지필식 계산법 적용

NCTM의 유아를 위한 대수(Algebra, 패턴, 관계, 함수) 내용 기준

❶ 패턴, 관계, 함수 이해하기

물체의 구분 · 분류 · 서열화, 소리 · 모양 · 수 패턴의 인식 · 설명 · 확장 · 변형, 반복 · 확장 패턴 분석

❷ 대수적 기호를 이용한 수학적 상황과 구조의 표상과 분석하기

창안적 · 관례적 기호 이해를 위한 구체적 · 영상적 · 언어적 표상 사용하기

❸ 양적 관계 이해와 표상을 위한 수학방식 적용하기

구체물, 영상, 상징을 이용하여 덧셈과 뺄셈을 포함하는 상황 만들기

❹ 다양한 맥락에서의 변화 분석하기

키 성장 및 1년에 2인치 성장과 같은 양적 변화 설명하기

NCTM의 유아를 위한 기하(Geometry) 내용 기준

❶ 평면 · 입체도형의 특성과 기하학적 관계 이해

평면 · 입체도형의 인식 · 명칭 · 구성과 그리기 · 비교, 구분 속성 설명하기

❷ 해석기하와 다른 표상체계를 이용한 위치 설명과 공간적 관계 묘사하기

공간에서의 상대적인 위치 서술, ~에 가까운과 같은 관계성과 지도에서 위치 알아내기

❸ 수학적 상황 분석을 위한 변환 적용과 대칭 이용

우회 · 전환 · 뒤집기의 인식과 적용, 대칭 모양 인식과 창안

❹ 문제해결을 위한 시각화와 공간적 추론 및 기하학적 모델링 적용

공간적 시각화와 기억을 이용한 기하학적 모양의 심상 창안하기, 다른 관점에서의 인식과 표상하기, 수 · 측정개념에 기하개념 관계 짓기, 환경의 기하학적 모양 인식과 위치 설명

NCTM의 유아를 위한 측정(Measurement) 내용 기준

❶ 물체의 측정 가능한 속성 · 단위 · 체계 및 측정 절차 이해하기

길이, 부피, 무게, 넓이, 시간의 속성 인식 및 비교 · 서열화하기, 비표준화 · 표준화 단위 측정 이해

❷ 측정을 위한 적절한 기술 · 도구 · 공식 적용하기

동일한 단위(클립)연결로 측정, 하나의 단위만 반복적으로 사용하여 측정, 측정 도구들을 사용하기, 비교와 어림 측정을 위하여 참조물 개발하기

NCTM의 유아를 위한 자료 분석과 확률(Data Analysis & Probability) 내용 기준

❶ 데이터가 필요한 문제를 만든 후 자료 수집 · 조직 · 표현하기

유아 주변 문제에 자료를 수집, 분류, 조직하기, 물체 · 영상 · 그래프를 이용하여 자료 표상하기

❷ 자료 분석을 위한 적절한 통계적 방법들을 선택 이용하기

전체로서의 자료의 집합과 자료의 부분을 설명하기

❸ 데이터에 기초한 추론과 예측의 발달과 평가

❹ 확률의 기본적인 개념들을 이해하고 적용하기

4) 3~5세 연령별 누리과정 자연탐구영역 내용

누리과정 자연탐구영역에서 제시하는 연령별 내용은 **표 6-1, 6-2, 6-3**과 같다.

표 6-1 3세 누리과정 자연탐구영역

내용범주	내용	세부내용
수학적 탐구하기	수와 연산의 기초개념 알아보기	생활 속에서 수에 관심을 갖는다.
		구체물 수량의 많고 적음을 비교한다.
		다섯 개가량의 구체물을 세어보고 수량에 관심을 갖는다.
	공간과 도형의 기초개념 알아보기	나를 중심으로 앞, 뒤, 옆, 위, 아래를 알아본다.
		물체의 모양에 관심을 갖는다.
	기초적인 측정하기	두 물체의 길이, 크기를 비교해 본다.
	규칙성 이해하기	생활주변에서 반복되는 규칙성에 관심을 갖는다.
	기초적인 자료 수집과 결과 나타내기	같은 것끼리 짝을 짓는다.

표 6-2 4세 누리과정 자연탐구영역

내용범주	내용	세부내용
수학적 탐구하기	수와 연산의 기초개념 알아보기	생활 속에서 사용되는 수의 여러 가지 의미를 안다.
		구체물 수량에서 '같다', '더 많다', '더 적다'의 관계를 안다.
		열 개가량의 구체물을 세어보고 수량을 알아본다.
	공간과 도형의 기초개념 알아보기	위치와 방향을 여러 가지 방법으로 나타내 본다.
		기본 도형의 특성을 인식한다.
		기본 도형을 사용하여 여러 가지 모양을 구성해 본다.
	기초적인 측정하기	일상생활에서 길이, 크기, 무게 등을 비교해 본다.
	규칙성 이해하기	생활주변에서 반복되는 규칙성을 알아본다.
		반복되는 규칙성을 인식하고 모방한다.
	기초적인 자료 수집과 결과 나타내기	필요한 정보나 자료를 수집한다.
		한 가지 기준으로 자료를 분류해 본다.

표 6-3 5세 누리과정 자연탐구영역

내용범주	내용	세부내용
수학적 탐구하기	수와 연산의 기초개념 알아보기	생활 속에서 사용되는 수의 여러 가지 의미를 안다.
		구체물 수량의 부분과 전체 관계를 알아본다.
		스무 개가량의 구체물을 세어보고 수량을 알아본다.
		구체물을 가지고 더하고 빼는 경험을 해 본다.
	공간과 도형의 기초개념 알아보기	위치와 방향을 여러 가지 방법으로 나타내 본다.
		여러 방향에서 물체를 보고 그 차이점을 비교해 본다.
		기본 도형의 공통점과 차이점을 알아본다.
		기본 도형을 사용하여 여러 가지 모양을 구성해 본다.
	기초적인 측정하기	일상생활에서 길이, 크기, 무게, 들이 등의 속성을 비교하고, 순서를 지어 본다.
		임의 측정 단위를 사용하여 길이, 면적, 들이, 무게 등을 재 본다.

내용범주	내용	세부내용
수학적 탐구하기	규칙성 이해하기	생활주변에서 반복되는 규칙성을 알고 다음에 올 것을 예측해 본다.
		스스로 규칙성을 만들어 본다.
	기초적인 자료 수집과 결과 나타내기	필요한 정보나 자료를 수집한다.
		한 가지 기준으로 분류한 자료를 다른 기준으로 재분류해 본다.
		그림, 사진, 기호나 숫자를 사용해 그래프로 나타내본다.

5. 수학교육의 세부영역별 내용

1) 수와 연산

유아는 수를 사용하고 이해하는 능력이 점차적으로 발달해 가는데, 이는 수들 사이의 관계를 인식하고, 수를 여러 가지 표상방법으로 표상할 수 있는 능력, 수의 조작, 일상생활에서 수를 사용하고 해석할 수 있는 능력을 포함한다(권영례 외, 1998).

연산은 수학의 가장 기본적인 기능이라고 할 수 있다.

피아제는 유아의 수개념 형성은 수 보존개념의 이해가 선행되어야 하며 수 보존 과제의 성공 여부에 따라 달라진다고 보았다. 수개념 획득을 위해서는 분류, 서열화, 1 : 1 대응을 통한 동등성의 이해라는 논리적 조작이 가능해야 하고 수 세기는 암기된 수를 단순히 나열하고 수 단어와 물체를 연결하는 기계적인 과정이기 때문에 수개념형성에는 무의미한 것으로 보고 있다. 그러나 수 세기는 수단어의 단순 암기일 뿐 수개념 형성에 도움이 되지 않는다는 기존 관점과는 달리 겔먼과 갈리스텔 등의 최근 수 세기 관련 연구들을 통하여 수 세기와 수 세기의 활용이 유

그림 6-3 숫자 찾기 게임

아기 비형식적 수학 지식으로 이후 형식적 수학 지식의 기초가 된다는 입장이 수용되고 있다. 수와 연산은 이에 대한 개념 습득만을 뜻하는 것은 아니며, 수의 의미, 수와 양의 연결, 수 세기, 부분과 전체, 더하기와 빼기, 곱하기의 기초가 되는 반복적인 덧셈, 나누기의 기초가 되는 동등 분해 등의 내용을 포함한다. 유아는 수 세기를 기초로 하여 다양한 일상적 경험 안에서 수 세기를 시도하고 수량의 증감의 변화 상황에 대해 인식하고 문제해결을 하게 된다. 이러한 경험을 수 세기와 관련된 경험을 통하여 연산의 기초가 형성되고 연산능력을 발달시키게 된다.

그림 6-4 숫자와 양 대응시키기

그림 6-5 십진법 활용 게임

유아를 위한 수 연산과 관련된 교육내용을 제시하면 표 6-4와 같다.

표 6-4 유아를 위한 수 연산과 관련된 교육내용

구분	내용
수	• 수 세기 • 물체 세기를 하고 수량의 많고 적음 알고 비교 • 수량의 부분과 전체의 관계 • 십진체계에 대한 이해 • 자릿수에 대한 이해 • 짝수와 홀수 • 구체물로 수를 모으기-가르기 • 수량의 합성과 분해 • 차례를 나타내는 서수 • 이름수(예 : 운동선수 등번호, 전화번호)의 활용
연산	• 구체물을 가지고 더하기 • 숫자를 활용한 더하기 • 구체물을 가지고 빼기 • 숫자를 활용한 빼기 • 둘씩 또는 다섯씩 묶어 세기 • 구체물을 가지고 곱하기 • 전체를 똑같은 크기의 부분으로 분해 • 구체물을 가지고 나누기

2) 공간과 기하

공간과 기하개념은 수와 연산개념과 함께 현대사회의 다양한 분야에서 요구되는 능력의 기초가 되므로 유아기에 학습되어야 하는 중요한 수학개념이며, 분수나 측정과 같은 개념발달의 도구적 역할을 하기도 한다.

공간개념(Copley, 1999)은 유아가 주변 사람과 물체들 간의 관계에서 자신을 인식하는 능력이다. 유아는 원, 삼각형, 사각형의 기하학적 모양을 이해하기 전에 어떤 물체가 다른 물체와 얼마나 가깝고 먼지, 어떤 부분이 닿아 있거나 분리되어

있는지에 대한 위상 수학적 개념을 먼저 이해해야 한다. 공간에서 발달해야 할 중요한 개념은 위상학적 측면과 투영적 측면이다. 위상학적 측면에서 유아는 옆에, 사이에, 안에, 밖에와 같은 위치개념을 이해하게 되며, 어떤 물체가 열려 있는지, 닫혀 있는지를 인식하게 된다(권영례 · 이영자 · 이정욱, 1998).

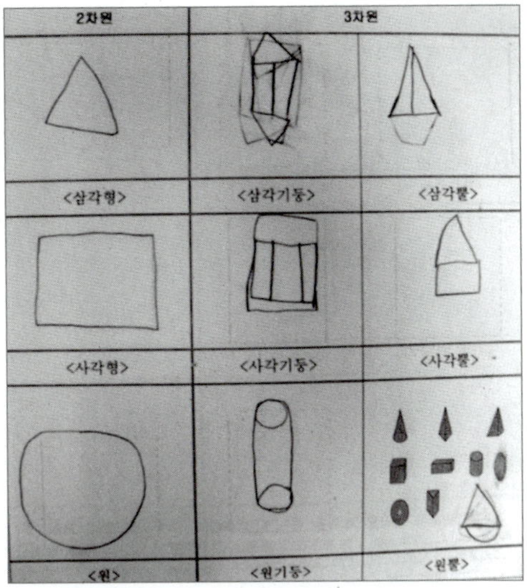

그림 6–6 5세 유아가 그린 도형

영유아기 도형개념은 위상기하, 사영기하, 유클리드 기하학적 개념의 순서로 발달된다. 위상기하는 공간, 위치, 방향, 거리 등과 관련된 것이고, 사영기하는 물체의 그림자 모양이나 크기, 근접, 분리 등의 속성을 비교하여 변형되는 특성을 이해하는 것이며, 유클리드 기하는 도형을 점, 선, 모양, 크기 등의 형태를 다루는 것이다(이경우 · 홍혜경 · 신은수 · 진명희, 1997).

피아제는 유아가 수학적 발달에 있어서 위상 수학적 개념을 먼저 이해하고 사영기하, 유클리드 기하 개념의 순서로 지식을 습득한다고 보고 있다. 예를 들면, 유아는 누워서 엄마가 다가오는 것을 바라보며 크기가 달라지는 것을 관찰하고, 엄마가 미소 지을 때 입이나 눈이 작아지는 등 크기나 모양은 변형이 되나 그럼에도 불구하고 눈, 코, 입이 있는 상태는 변하지 않는다는 인식을 일상 관련 경험을 통해 얻게 되는 동안 유아는 위상 수학적 관계를 먼저 획득하게 된다. 유아가 위상 수학적 개념을 먼저 체득한다는 증거는 유아의 그림에서도 볼 수 있는데, 그림에서 사람의 형태나 크기를 제대로 표현하지 못함에도 다리는 몸에 붙어 있고, 눈과 눈은 나란히 그리며, 머리카락은 얼굴 밖으로 그린다(신화식 외, 2015).

그림 6-7 카프라로 구성하기

그림 6-8 블록으로 탑 구성하기

그림 6-9 도형으로 모양 꾸미기

유아의 도형에 대한 이해는 입체도형에서 평면도형으로 접근해야 하는데, 입체도형의 충분한 탐색 후에 입체도형의 한 면과 연결하고 평면도형을 소개하는 것이 바람직하다. 또한 원기둥, 사각형과 같은 형식적인 명칭의 학습보다 특성을 이해할 수 있는 용어로 설명하는 것이 효과적인데, 예를 들면 둥글고 납작한 것, 뾰족한 점이 4개인 모양과 같은 것이다.

유아에게 원, 삼각형, 직사각형, 정사각형과 같은 정형화된 도형만을 제공하여 단순한 놀이에 그치는 경우 오히려 추후 기하학적 개념의 획득에 장애를 초래한다는 지적(Clements, 1991)을 볼 때, 마름모, 평행사변형과 같은 다양한 도형을 제공하여 풍부한 기하학적 개념을 학습하게 하는 것이 필요하다.

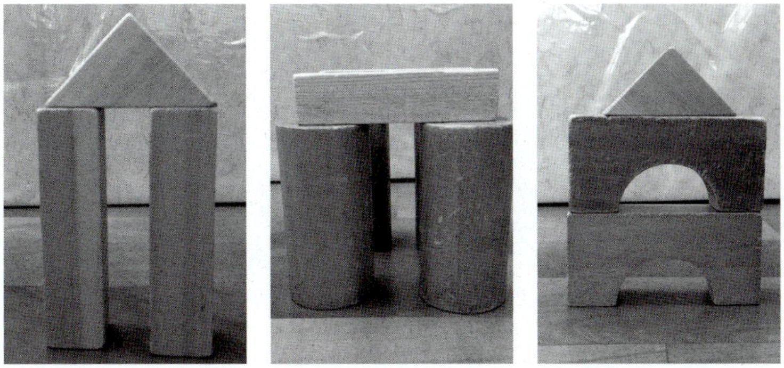

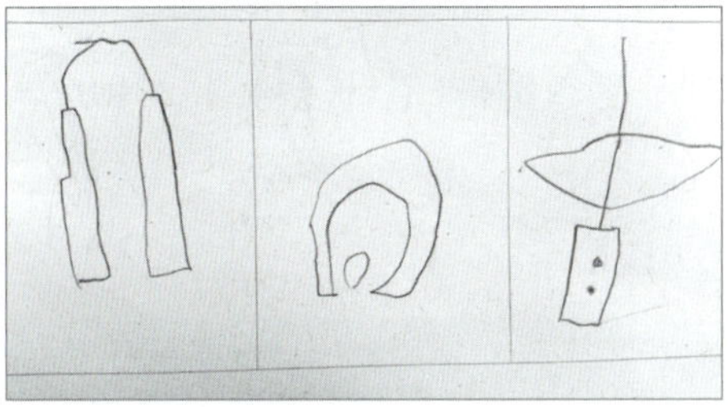

49개월 남아

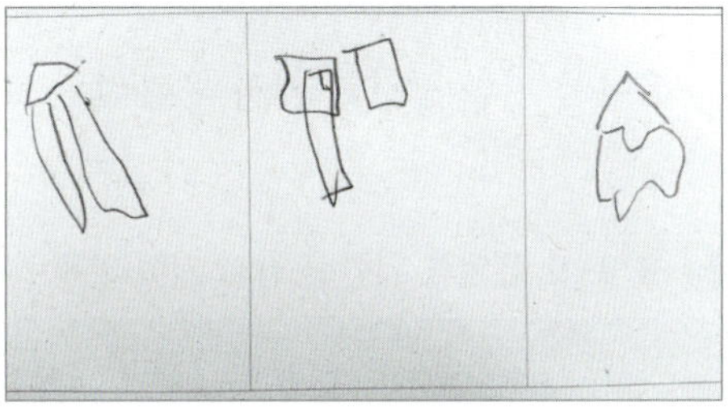

57개월 남아

66개월 남아

76개월 남아

83개월 남아

그림 6-10 각 연령별 구조물 보고 그리기

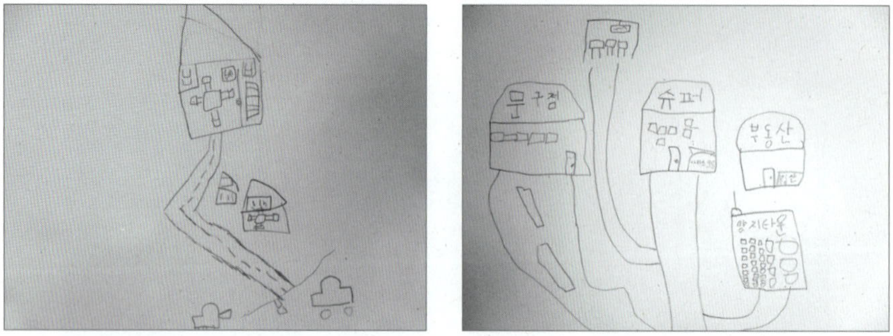

그림 6-11 유아가 그린 유치원 가는 길

유아를 위한 공간과 기하와 관련된 교육내용은 **표 6-5와** 같다(홍혜경, 2010).

표 6-5 유아를 위한 공간과 기하와 관련된 교육내용

구분	교육내용
공간	• 위치 및 방향적 관계의 인식과 관련된 어휘 사용하기 • 친숙한 지역의 물체 지도, 단순한 지도를 읽고 그리기 • 위치적 관계를 기억하고 그리기 • 위치 찾기
기하	• 2D와 3D 도형의 속성 탐색과 관련 어휘 구성하기 • 2D와 3D 도형의 다양한 형태 크기, 위치, 방향의 비교 • 2D와 3D 도형을 나누고 합하기 • 2D 도형을 옮기고, 뒤집고, 돌리기 • 2D와 3D 연계하기 : 쌓은 후 그리기, 그린 것 쌓기

3) 측정

측정개념은 수학을 실제 상황에 다양하게 적용할 수 있는 중요한 개념의 하나이다. 유아기에 손이나 발 등의 신체 일부나 장난감을 사용하여 길이나 크기를 재어보는 놀이는 사물의 측정뿐 아니라 비교하기, 수 세기, 공간적 관계를 이해하기 등 다양한 수학적 개념을 학습할 수 있는 기회가 된다. 수와 측정은 양적인 추리의

기본 요소이며 또한 측정은 수와 기하의 두 영역을 연결하도록 돕고, 서로에 대한 개념적 지원을 하기 때문에 중요하다(Clements, 2004).

측정은 수학학습을 통합하고 양, 공간에 대한 개념을 의미 있게 해 줄 수 있는 방법 중 하나로서 길이, 무게, 면적, 부피에 대한 구체적 사물의 직접적 측정과 시간, 온도 등과 같은 간접적 측정으로 구분할 수 있다. 특히, 시간과 같은 간접적 측정, 수량적 상징화가 요구되는 어려운 과업이므로 하루의 활동시간, 달력의 요일 등과 같은 활동으로 시간적 개념의 기초를 형성하도록 도와주어야 한다(문연심, 2009).

피아제의 관점을 반영한 측정개념의 발달에서는 유아가 구체물을 직접 비교하기–비표준화 단위를 사용하여 측정하기–표준화 단위를 사용하여 측정하기의 순서로 적용되어야 한다고 하였다. 그러나 비고츠키Vygotsky의 관점에서는 표준화 단위의 자나 저울은 이미 문화적 도구로 생활 속에서 사용되고 있기 때문에 유아들도 자나 저울과 같은 도구를 사용한 측정이 새로운 정신적 도구로 구성할 수 있다고 보았다(Clements, 1999).

유아들은 길이, 크기, 무게와 같은 물체의 속성을 탐색하고 이를 준거로 물체를 직접적으로 비교하는 것에서 측정을 시작하며, 측정을 할 때 유아들은 비표준화 단위 측 신체를 사용한다. 신체를 측정 단위로 사용하는 것에서부터 점차 임의 단위 사용의 측정으로 발달하게 된다. 유아들이 신체를 사용하여 비교하고 도구를 사용하는 등 물체

그림 6–12 신체 단위로 측정하기

그림 6–13 무게 비교하기

표 6-6 유아를 위한 측정과 관련된 교육내용

구분	교육내용
NCTM	• 물체의 측정 가능한 속성 · 단위 · 체계 및 측정 절차 이해하기 – 길이, 부피, 무게, 넓이, 시간의 속성 인식하기 – 여러 가지 속성에 따라 물체를 비교하고 서열화하기 – 비표준화 단위와 표준화 단위를 사용하여 측정하기 위한 방법을 이해하기 • 측정을 위한 적절한 기술 · 도구 · 공식 적용하기 – 동일한 단위(클립) 연결로 측정하기 – 단위보다 큰 것을 측정하기 위해 한 가지 단위만을 반복하여 사용하기 – 측정도구를 사용하기 – 비교하고 어림 측정을 위하여 참조물을 개발하기

를 다루어 보지 않고서는 측정을 이해할 수 없다(NCTM, 2000 ; Clements, 2004).

유아를 위한 측정과 관련된 교육내용을 제시하면 **표 6-6**과 같다(NCTM, 2000).

4) 패턴과 대수

패턴은 물체의 모양이나 어떠한 양상에서 일정하게 규칙적이고 반복적인 형태를 말하는데, 패턴에 대한 인식을 통하여 현상에 대한 통찰력을 기르는 기초가 될 수 있다. 패턴이란 비조직적으로 보이는 상황에 대해 질서와 예측을 할 수 있도록 도울 뿐 아니라 가능한 자료나 정보를 토대로 일반화하는 것을 허용하기 때문에 중요한 의미와 가치를 갖는다(Clements, 2004).

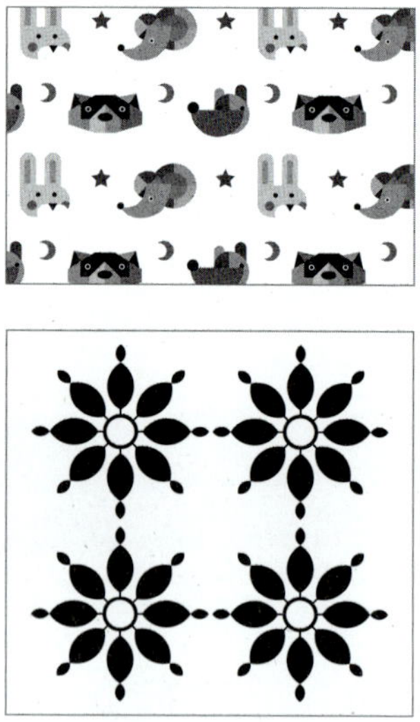

그림 6-14 패턴 구성하기

패턴을 인식하는 능력은 여러 사물의 관계를 파악하고 관련된 특성을 찾아내어 일반화시키며, 예측하는 능력을 향상시키고, 문제해결력, 추상적 사

표 6-7 유아를 위한 대수적 사고를 위한 교육내용

구분	교육내용
오은순 외	• 사물을 구분하고, 분류하고, 나열하기 (크기별로, 성질별로 구분하고 분류하고 나열하기) • 사물이 존재하는 양상에 따라 패턴 이해하기(예 : 감각, 촉각, 시각, 청각적인 자극을 포함하는 것과 같이 색이나, 모양, 수, 조직에 따른 패턴 이해하기) • 반복 패턴과 증가 패턴 둘 다 어떤 식으로 만들어지는지 분석하기 • 수학적 기호로 표시할 구체적인 그림표현 사용하기 • 물건, 그림, 기호의 더하기, 빼기 익히기 • 고안된 기호와 전형적인 기호표현의 이해를 위하여 구체적이고, 회화적이고, 언어적인 표현 사용하기 • 식물이 점점 자라는 것처럼 사물의 양적인 변화 이해하기 • 나무를 그 옆에 있는 다른 나무와 비교해서 보다 더 큰 것을 아는 것처럼 사물들의 질적인 변화 이해하기 • 유아들의 키가 자라는 것과 같은 질적 변화 묘사하기
NCTM	• 패턴, 관계와 기능을 이해하기 • 대수적 상징을 사용하여 수학적 상황과 구조를 표상하고 분석하기 • 양적인 관계를 이해하고 표상하기 위해 수학적 모델 사용하기 • 다양한 맥락에서 변화를 분석하기

고, 논리-수학적 사고 등 현대사회에서 요구하는 사고능력을 길러준다(신화식 외, 2015).

유아를 위한 대수적 사고를 위한 교육내용을 제시하면 **표 6-7**과 같다(NCTM, 2000 ; 오은순 외, 2010).

5) 통계

통계는 다양한 정보를 수집하여 체계적으로 조직하고 보기 쉽도록 만드는 기술이다.

통계를 통한 자료 분석이 빠르게 변화하는 정보화 사회에서 방대한 정보를 수

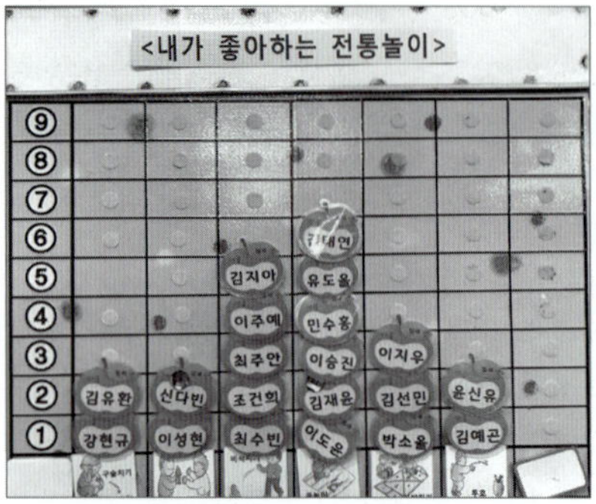

그림 6-15 그래프 활동

집하여 체계적으로 활용하는 능력이 되므로 중요한 가치를 지닌다고 할 수 있다. 이러한 통계는 분류하기, 수 세기, 표상하기, 부분과 전체 등의 수학적 사고를 복합적으로 적용하는 것이다.

유아를 위한 통계와 관련된 교육내용을 제시하면 표 6-8과 같다(문연심, 2009).

표 6-8 유아를 위한 통계와 관련된 교육내용

구분	교육내용
자료 분석과 확률	• 자료 수집 및 분류 – 다양한 방법으로 자료 수집하기 – 단순 분류, 복합 분류, 속성 분류 • 표상 – 표와 차트로 만들기 – 실물그래프/ 그림그래프/ 상징그래프 • 자료 해석과 예측 – 결과 설명하기, 예측하기, 적용하기

6. 수학교육의 교수–학습방법

유아 사고발달이론과 지식의 습득에 관한 연구는 유아의 수학교육을 위한 교수–학습방법을 결정하는 기초가 되고, 무엇을 가르치고, 어떠한 방법으로 어떠한 시기에 가르칠 것인가를 고려할 때 중요한 역할을 하게 된다. 수학교육을 위한 교수–학습방법은 학문에 대한 관점의 변화와 새로운 이론의 등장에 따라 변화하기도 하고 개선되기도 한다.

표 6-9 바루디의 수학교육을 위한 교수-학습방법에 대한 관점

관점	내용
기술 접근 (skill approach)	• 연습이론(drill theory)에 기초 • 행동주의 접근 • 유아의 수동적 지식 습득 • 간단한 기술에서 복잡한 기술의 연속적이고 위계적인 교수 제공 • 반복에 의한 연습 강조 • 학습지 활용 형태
개념적 접근 (conceptual approach)	• 초창기 브라우넬(Brownell)의 의미이론(meaning theory) 반영 • 절차적 지식, 개념적 지식의 이해 병행 강조 • 의미 있는 이해를 전제로 하지만 교사 중심의 교수법 • 전통적으로 유아 수학교육에서 많이 적용하고 있는 형태
문제해결 접근 (problem-solving approach)	• 우연-학습이론 • 듀이(Dewey) 초기 진보주의 운동과 후기 자유와 개방학교 접근 수용 • 피아제 영향을 받음 • 유아 자신이 독자적 문제해결자로 활동하며 필요할 때 우연적인 교수가 이루어지는 형태 • 수학적 탐구의 과정에 초점
조사적 접근 (investigative approach)	• 개념적 접근과 문제해결 접근의 혼합 형태 • 개념적 이해, 절차적 지식, 수학의 탐구과정(문제해결, 추론, 표상, 의사소통)에 초점 • 목적과 의미가 있고 탐구적인 수학활동을 강조 • 가치 있는 과제를 통해 기본개념과 기술의 탐색, 학습, 연습을 하여 수학적 사고능력 및 문제해결능력뿐 아니라 수학적 성향 추구 • NCTM과 NAEYC의 기준에 반영되고 있는 접근 형태 • 프로젝트, 레지오에밀리아도 조사적 접근을 부분적으로 반영하고 있음

교수-학습의 유형에 대한 학자별 분류는 다르지만 바루디Baroody는 수학교육을 위한 교수-학습방법에 대한 관점을 4가지로 구분하고 있다(김민경 외, 2010 재인용).

이 외에도 놀이를 통한 교수-학습방법, 교수매체를 활용한 교수-학습방법, 통합적 접근의 교수-학습방법 등이 있다.

표 6-10 교수–학습방법 분류

구분	교육내용	
놀이를 통한 교수–학습방법 (Ginsburg, 2006)	• 수학적 요인이 포함된 놀이 • 수학에 중심을 둔 놀이 • 수학과 함께 하는 놀이	
교수매체를 활용한 교수–학습방법	• 프뢰벨의 은물 • 몬테소리 수교구 • 컴퓨터 활용	
통합적 접근의 교수–학습방법	교과 내 통합	수학 교과 안에 해당하는 수학교육내용영역이 함께 통합되는 형태
	교과 간 통합	• 일상생활을 통한 수학 • 과학을 통한 수학 • 문학을 통한 수학 • 미술을 통한 수학 • 요리를 통한 수학 • 신체활동을 통한 수학 • 음률을 통한 수학 • 게임을 통한 수학

7. 수학교육의 평가

유아교육은 전통적으로 유아를 대상으로 형식적인 평가를 실시하지 않았으며, 관찰이나 결과물을 통한 비형식적 평가방법을 사용하여 왔다. 그러나 교육부와 NCTM은 유아수학교육의 내용을 수행하는 방법 및 수준이 유아에게 적절한지 그 효율성을 알아보기 위해서 또한 수학교육의 목적과 내용, 교수–학습과정과 밀접한 관련을 가지는 중요한 부분으로 평가가 있어야 한다고 보고 있다(김소향, 2007).

유아를 교육함에 있어 발달의 적합성을 고려하는 것과 마찬가지로 평가에 있어서도 유아발달에 적합한 평가방법을 선택하여 적용하는 것이 필요하며, 유아특성상 문자적 표상을 통한 평가가 쉽지 않기 때문에 가능한 한 평가의 목적과 내용에 맞게 평가방법을 선택하여야 하며 타당하고 신뢰도 있는 결과를 얻을 수 있도록 해야 한다.

NAEYC(2003)에서 제시하는 평가지침을 소개하면 다음과 같다(홍혜경, 2010 재인용).

첫째, 모든 평가의 실제에 윤리적 원리가 적용되어야 한다. 모든 유아는 기회나 서비스에서 거부되어서는 안 되고, 관련된 결정은 단일평가에 기초하여 결정되어서는 안 된다.

둘째, 평가도구는 의도된 목적을 위해 사용되어야 한다. 평가도구가 고안된 목적과 일치되는 방식으로 사용되어야 한다.

셋째, 평가는 평가되어야 할 유아의 연령과 특성에 적합하여야 한다. 즉, 사용되는 평가는 유아의 연령, 문화, 언어, 사회적 배경, 능력 여부 등의 특징들이 적합한 유아들에게 적용되어야 한다.

넷째, 평가도구는 질에 대한 전문적 기준을 준수하는 것이어야 한다. 평가도구는 타당성과 신뢰성을 갖추고, 질적 기준에 부합하는 것이어야 한다.

다섯째, 평가되는 것이 발달적으로, 교육적으로 중요한 것이어야 한다. 프로그램의 목적, 강조점과 부합되는 평가이어야 하며 편협된 기술만 평가되어서는 안 된다.

여섯째, 평가의 결과는 학습을 증진시키고 이해시키는 데 사용된다. 평가를 통해 얻은 지식은 교육과정의 수행과 교수 실제의 증진에 적용될 수 있어야 한다.

일곱째, 평가의 증거는 유아의 실제 수행을 반영하는 현실적 상황과 현장에서 수집되어야 한다. 즉, 평가는 유아의 실제 교실과 유아의 언어, 문화, 경험과 일치하는 맥락에서의 수행을 반영하는 것이어야 한다.

여덟째, 평가는 지속적으로 수집된 증거의 복합적 출처를 사용해야 한다. 반복적이고 체계적 관찰, 결과물 수집, 수행 중심의 평가에 기초한 평가여야 한다.

아홉째, 평가는 개별적으로 관리되고 표준화검사의 사용은 제한되어야 한다. 특히, 표준화검사는 적절하고 잠재적으로 이익이 될 때만 사용되어야 한다.

열 번째, 가족과 교직원은 평가에 대한 이해를 가지고 있어야 한다. 교직원은 문화적으로 언어적으로 적합한 방식에서 측정되는 지식과 기술을 갖추어야 한다.

이러한 평가지침을 수학교육의 평가에서도 적용할 수 있을 것이다.

유아 수학교육의 평가방법은 다양할 수 있지만 다음과 같이 일반적으로 사용되는 평가방법을 살펴보고자 한다.

1) 관찰법

관찰은 다른 어떤 평가방법보다도 구체적이고 의미 있는 정보를 제공받을 수 있는 방법으로 교사는 자유선택활동시간을 활용하여 정보를 수집할 수 있다. 바쁜 일과 안에서 지속적인 관찰을 수행하는 것이 쉽지는 않지만 교사의 사전계획에 의해 일정하게 관찰을 진행한다면 개별 유아의 특성을 관찰하고 파악할 수 있는 관찰자료를 얻게 될 것이다. 유아교육기관에서 많이 활용되는 일화기록은 개별 유아의

그림 6-16 유아관찰 수학능력 평가하기

발달단계와 특성을 파악할 수 있고 수학적 사고를 반영한 반응과 행동, 수학적 어휘, 수학적 표현 등의 의미 있는 정보를 맥락 안에서 얻게 되는 관찰기록이다.

2) 체크리스트

체크리스트는 교사가 관찰하고자 하는 내용을 사전에 목록화하고 이의 행동의 발생 빈도나 발생 여부를 파악하는 방법이다. 관찰하고자 하는 내용에 대한 정보를 손쉽게 얻는 편리함이 있으나 단순히 행동의 유무와 빈도 파악 위주의 평가로서 질적인 정보를 얻기는 어렵다.

3) 면접법

면접법은 교사가 유아에게 직접 질문을 하여 다양한 정보를 얻을 수 있는 방법이다. 교사가 필요로 하는 수학적 내용에 대한 이해 정도를 유아의 반응을 통하여 보다 정확하게 파악할 수 있어 개별 평가자료로서 활용도가 높다고 볼 수 있다. 그러나 유아 개개인의 발달단계에 따라 언어적 표현의 수준이 다양하기 때문에 교사는 이를 고려하여 자료 수집을 위한 적절한 질문을 하여야 한다.

4) 포트폴리오

포트폴리오는 질적 평가로 구분할 수 있으며 교수-학습과정의 개선을 목적으로 교수-학습결과에 대한 각종 정보를 수집하는 것이라고 할 수 있다. 질적 평가를 하기 위해서는 교사는 유아를 잘 파악하고 있어야 하며, 유아 개인의 상황을 고려하고, 교사와 유아 간에 인간적인 신뢰와 사랑이 있어야 한다. 또한 자연스러운 상황에서 이루어져야 하며, 유아의 전인적인 면을 고려하여 평가하여야 한다(백

그림 6-17 수학활동 후 평가하기

순근, 2002). 수학교육에서 포트폴리오 평가는 3가지 영역에 초점을 맞추어야 한다(이영석 · 이정화, 2000). 첫째, 유아의 문제해결능력을 평가한다. 즉, 문제를 이해하고 해결전략을 모색하며 결과를 조사 · 검증하는 능력을 말한다. 둘째, 수학적 사고능력을 평가한다. 이것은 사실, 사물의 특성 · 관계에 대한 정보를 사용하고 결론을 이끌어 내고 답을 합리화하는 능력을 포함한다. 셋째, 수학적 관련성을 이해하는 능력을 평가해야 한다. 즉, 개념과 절차를 연결 짓는 능력, 서로 다른 수학적 주제들 사이의 관련성을 찾아내는 능력, 수학과 일상생활의 연관성을 이해하는 능력 등을 평가한다.

포트폴리오 평가를 할 때 유의할 점은 단순히 유아 개인의 작품 수집으로 그쳐서는 안 되며 수집된 자료에 기초하여 교사는 유아의 학습에 도움을 주기 위한 피드백과 활용의 단계가 뒤따라야 한다. 포트폴리오 평가가 유아의 학습에 도움을 주기 위한 평가도구로 활용되기 위한 요건을 제시하면 다음과 같다(문연심, 2009).

첫째, 평가의 목적이 있어야 하며, 유아의 의견이 반영된 결과물을 수집하여야 한다. 포트폴리오에 포함시킬 결과물을 선정할 때에는 활동에 대한 유아의 작품과 관찰 기록물을 수집하면서, 유아 개개인의 생각과 의문점들을 결과물에 수록하여야 한다. 그러기 위해서는 교사가 유아와 개별적으로 이야기해서 유아의 내적인 정보를 얻어야 한다.

둘째, 명백하고 구체적인 평가기준이 있어야 한다. 이러한 평가기준은 평가영역예 : 자연탐구영역, 의사소통영역 등에 따라 달라진다. 평가기준은 교사, 부모, 유아들이 이해할 수 있는 관찰 가능한 구체적인 활동들로 기술되어야 한다.

셋째, 유아의 결과물이나 활동에 대한 교사의 의견이 제시되어야 한다. 유아의 결과물에 대한 교사의 의견이 포함되어 있지 않다면 단순한 자료집에 불과하다. 유아의 이전 결과물과 비교하여 달라진 점이나, 결과물을 유아가 활동하는 과정에서 특이한 사항에 대해 기록해 두어야 한다.

넷째, 다양한 정보수집방법이 동원되어야 한다. 일화기록이나 체크리스트 등을 통해 관찰 기록하는 방법 외에도 평가 근거가 되는 자료들을 모으는 방법이 다양해야 한다. 그리고 다양한 종류의 정보를 수집하기 위해서 다양한 장소, 시간, 상황에서 정보를 수집하여야 한다.

다섯째, 다양한 평가정보원으로부터 평가자료가 수집되어야 한다. 다양한 평가정보원이란 유아의 평가과정에 기여할 수 있는 사람들을 말하는 것으로 보통 교사와 유아가 주요한 평가정보원이고 이 외에도 그 유아를 잘 아는 사람들예 : 부모, 지역사회 구성원, 다른 교사나 원장, 학급의 또래도 평가정보원으로 활용될 수 있다. 따라서 이들 간의 협조적 관계가 형성되어야 하며 포트폴리오 평가자료는 교사, 부모, 가족 구성원, 유아, 다음 교사에게 개방되어 언제든 그 자료를 공유하여 유아 개인적 발달에 기여해야 한다.

여섯째, 교사 자신이 포트폴리오의 목적과 그 활용에 대해 인식하고 있어야 한다. 즉, 교사는 포트폴리오 평가에 앞서 올바른 인식과 태도, 지식을 갖추어야 하며 유아와 더욱 긴밀한 관계를 맺어야 한다.

일곱째, 평가 후에는 평가결과가 교수과정에 적용되어야 한다. 포트폴리오는 학습목표에 직접적으로 반영되어야 하고 교사가 효과적인 의사결정을 하는 데 사용되어야 한다. 또한 유아교육과정과 교수전략을 차별화하고, 유아를 위해 더 바람직한 방향을 제시하는 데 사용되어야 한다.

8. 수학교육활동의 실제

1) 수와 연산

활동명	영차 영차 꿀을 모으자
생활주제	봄
대상	5세
누리과정 관련 요소	자연탐구 : 수학적 탐구하기 – 수와 연산의 기초개념 형성하기
활동목표	• 0~10까지의 수를 셀 수 있다. • 숫자와 수량을 연결시킬 수 있다. • 수의 크기에 따라 무게가 달라짐을 안다.
활동자료	꿀(공기돌 55개), 0~10까지의 꿀벌통
활동방법	**1. 꽃 주변에서 볼 수 있는 꿀벌에 대해 이야기한다.** – 꿀벌은 왜 꽃 주변에서 날아다니는 걸까요? – 꽃 주변을 날아다니는 곤충은 무엇일까요? – 꿀벌이 꽃에 있는 꿀을 모으려고 해요. **2. 꿀벌의 숫자를 읽어본다.** – 꿀벌이 꿀을 모으려고 하는데, 꿀벌에 있는 숫자만큼만 모을 거예요. – 꿀벌의 숫자를 읽어볼까요? – 이 꿀벌은 꿀을 몇 개 모을 수 있을까요? **3. 숫자에 맞게 양을 옮긴다.** – 꿀벌의 숫자에 맞게 꿀을 옮겨 보아요. – 이 꿀벌은~ 꿀벌이군요. 몇 개를 모으면 될까요? **4. 꿀벌의 숫자와 꿀벌통에 모은 꿀의 양을 확인한다.** – 이 꿀벌은 꿀 5개를 모을 수 있어요. 꿀이 5개인지 다시 세어봅시다. **5. 숫자에 따라 양의 무게가 다름을 알아본다.** – 1의 꿀벌통을 들어볼까요? – 0의 꿀벌통과 10의 꿀벌통을 들어보세요. 어느 쪽이 더 무거운가요? 
유의점	꿀로 사용할 공기돌은 개별 무게가 동일한 것으로 준비하여야 한다.

2) 공간과 기하

활동명	나는야 멋진 건축가
생활주제	우리 동네
대상	5세
누리과정 관련 요소	자연탐구 : 수학적 탐구하기 – 공간과 도형의 기초개념 형성하기
활동목표	• 건축가가 하는 일에 대해 관심을 가진다. • 설계도를 이용하여 다양한 건축물을 구성한다.
활동자료	건축물 PPT, 건축물 사진, 다양한 블록, 도화지, 연필
활동방법	**1. 건축가가 설계도 그리는 장면을 보며 이야기 나눈다.** – 무엇을 하고 있는 모습이지요? – 이렇게 건물을 그린 그림을 무엇이라고 할까요? **2. 설계도를 보며 이야기 나눈다.** – 설계도는 왜 그리는 걸까요? – 설계도가 있으면 어떤 점이 좋을까요? **3. 다양한 건축물 사진을 보며 건축가가 되어 설계도를 그려본다.** – 건축가가 된다면 어떤 건축물을 만들어 보고 싶은가요? **4. 유아가 그린 설계도를 보며 다양한 블록을 이용하여 건축물을 구성해본다.** – 어떤 블록을 사용하여 건축물을 만들고 싶나요? – 설계도에는 이 블록을 어떻게 쌓으라고 되어 있나요? **5. 자신이 만들 건축물에 대해 소개한다.** – 이 건축물의 이름은 무엇이지요? – 우리 동네 어느 곳에 있으면 좋을까요? **6. 활동을 하고 난 후 생각과 느낌에 대해 이야기 나눈다.** – 건축가가 되어 설계도를 그려보니 기분이 어떤가요? – 설계도를 이용하여 건축물을 만드니 어떤 점이 좋았나요?  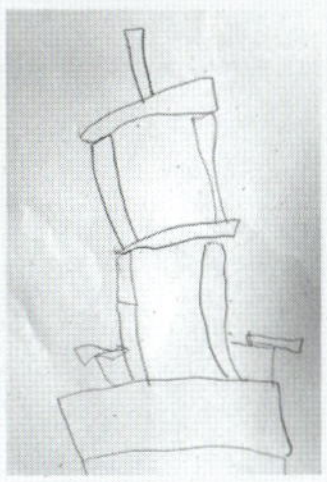 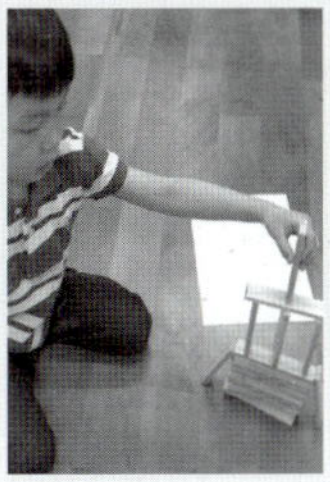 
유의점	다양한 모양과 크기의 블록을 준비하여 다양한 도형의 모양을 경험할 수 있도록 한다.

3) 측정

활동명	발로 길이 재기
생활주제	나와 가족
대상	5세
누리과정 관련 요소	자연탐구 : 수학적 탐구하기 – 기초적인 측정하기
활동목표	• 발을 사용하여 여러 가지 물건의 길이를 잰다. • 자를 이용하여 여러 가지 물건의 길이를 잰다.
활동자료	발 모양판, 사인펜, 여러 종류의 자, 놀잇감
활동방법	**1. 우리 몸 중에서 사물을 측정할 때 쉽게 사용할 수 있는 부분을 찾아본다.** – 우리 몸 중에서 길이를 잴 수 있는 곳은 어디 일까요? (예 : 손바닥 한 뼘의 길이, 발의 길이, 머리 둘레, 발 볼의 둘레 등) **2. 놀잇감의 길이를 발로 재면 얼마만큼 될지 예측해본다.** – 이 놀잇감을 발로 재면 얼마만큼 될까요? – 어디서부터 잴까요? 어떻게 재어야 할까요? **3. 재어본 놀잇감을 큰 종이에 그려 놓고, 길이를 비교해본다.** – 이 바구니의 길이는 발로 몇 발자국이 될까요? – 어떤 것의 길이가 더 길까요? **4. 친구와 서로 발 길이를 재었을 때 서로 다른 점에 대해 이야기 나눈다.** – 친구와 함께 발로 길이를 재어보니 무엇이 다른가요? – 왜 그렇게 생각하나요? **5. 길이를 잴 수 있는 다양한 자의 역할과 사용법, 읽는 법을 알아본다.** – 자를 언제 사용해 보았나요? 무엇을 할 때 자가 필요할까요? – 자에 무엇이 쓰여 있나요? – 어떤 숫자부터 적혀 있나요? – 이 숫자를 어떻게 읽어야 할까요? – 이 책의 길이를 알아볼까요?  
유의점	다양한 자를 준비하여 준다.

4) 패턴과 대수

활동명	우리가 만드는 하루 일과
생활주제	유치원과 친구
대상	5세
누리과정 관련 요소	자연탐구 : 수학적 탐구하기 – 규칙성 이해하기
활동목표	• 유치원에서의 하루 일과를 알아본다. • 유치원의 하루 일과를 보고 반복적인 활동을 찾아보고, 일주일의 활동을 예측해 본다.
활동자료	유치원에서의 하루 일과 그림카드, 비밀상자
활동방법	**1. 전날의 하루 일과를 회상하며 이야기 나눈다.** **2. '일과'라는 말의 의미에 대해 알아본다.** **3. 유치원의 일과 중에 경험하게 될 다양한 활동에 대해 이야기 나눈다.** – 이 바구니의 길이는 발로 몇 발자국이 될까요? – 어떤 것의 길이가 더 길까요? **4. 비밀상자를 이용하여 유치원 일과 중 다양한 활동에 대한 수수께끼를 내어본다.** **5. 그림카드를 이용하여 일과를 계획해본다.** – 오늘 일과를 우리가 계획해 볼까? – 그림카드에 있는 활동을 보면서 매일 꼭 해야 하는 활동과 매일 할 필요는 없는 활동으로 나누어 볼까요? – 매일 해야 하는 활동은 어떤 것일까요? – 먼저 매일 꼭 해야 하는 활동들을 계획하고 나머지 활동을 선택하여 볼까요? – 등원 다음에 어떤 활동을 하게 될까요? – 가장 마지막에 하는 활동은 무엇이 될까요? **6. 유아와 협의하여 만든 일과 계획표를 보며 반복적으로 나타나는 활동을 찾고 다음 날의 일과를 예측해본다.**  
유의점	유아 수준에 따라 교사의 언어적 상호작용을 통해 다양한 패턴방식을 찾아보도록 한다.

5) 통계

활동명	내가 좋아하는 것 조사하기
생활주제	나와 가족
대상	5세
누리과정 관련 요소	자연탐구 : 수학적 탐구하기 – 기초적인 자료 수집과 결과 나타내기
활동목표	• 나와 친구가 좋아하는 것을 안다. • 그래프를 보며 수의 많고 적음을 비교한다.
활동자료	블록, 이름을 기록할 종이, 유아 이름표, 숫자카드
활동방법	**1. 유아들이 좋아하는 과일에 대해 이야기 나눈다.** – ○○는 어떤 과일을 좋아하나요? – ○○와 같은 과일을 좋아하는 친구는 누가 있나요? – ○○를 좋아하는 친구는 누가 있나요? – 여러분들이 좋아하는 과일을 말해 볼까요? **2. 유아들의 이름을 기록 종이에 적은 후 자기가 좋아하는 과일 칸에 붙여 그래프를 만들어본다.** – 이름 기록 종이에 자기 이름을 적어 볼까요? – 자기가 좋아하는 과일을 차례로 붙여 볼까요? **3. 그래프의 결과를 살펴보며 좋아하는 과일의 수를 비교해본다.** – ○○를 좋아하는 친구는 모두 몇 명인가요? – 가장 많이(적게) 좋아하는 과일은 무엇인가요? – ○○보다 ☆☆를 좋아하는 친구들이 몇 명 더 많은가요(적은가요)? 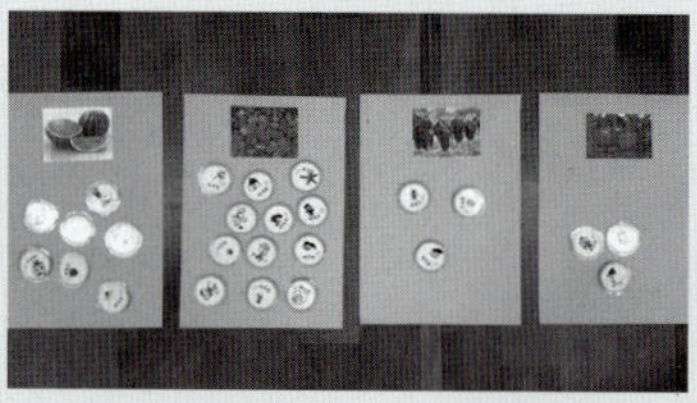 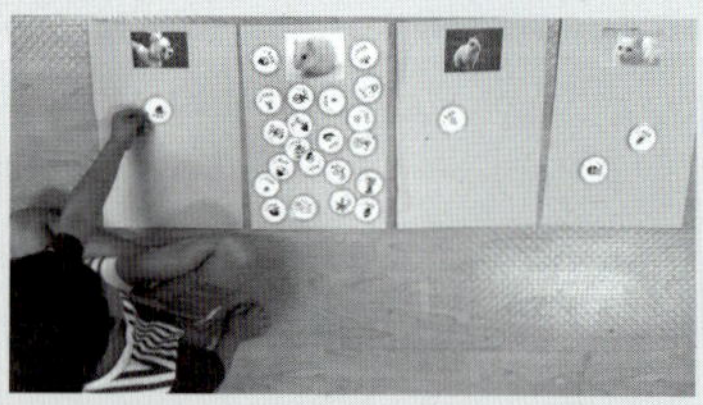
유의점	• 유아들이 좋아하는 것의 종류를 다르게 하여 다양하게 조사하여 본다. • 유아들이 좋아하는 것의 종류가 누락되지 않도록 준비하여 준다.

CHAPTER

07

영유아 과학교육

1. 과학교육의 역사 및 동향 | 2. 과학교육의 목적 및 목표
3. 과학교육의 내용 | 4. 과학교육의 교수-학습방법
5. 교사의 역할 | 6. 과학교육활동의 실제

CHAPTER

07

과학은 일반적으로 어려운 학문 분야로 인식되어 있으며, 영유아를 담당하고 있는 교사들 역시 많은 실험도구나 복잡한 과학용어 혹은 고차원적인 과학적 사고의 세계로 생각하여 과학교육을 진행함에 있어 어려워하는 경향이 있다. 그러나 영유아기는 일상생활 속에서 자연스러운 탐색과 탐구능력을 시작으로 과학적 사고가 가능해지는 시기이며, 이를 통해 과학적 소양인으로 성장할 수 있는 기초단계로 중요한 시기이기도 하다.

이 장에서는 영유아를 위한 과학교육의 역사적 배경, 과학교육의 개념과 목적, 과학교육의 내용과 교수-학습방법 및 영유아를 위한 과학교육 활동의 실제 등에 대해 살펴보고자 한다.

1. 과학교육의 역사 및 동향

1) 근대의 과학교육(19세기 이전)

(1) 코메니우스

코메니우스Johann Amos Comenius(1952~1670)는 17세기를 대표하는 과학적 실학주의자이며, 유아들에게 실물을 통한 교육과 감각을 통한 교육방법을 강조하여 《세계도회Oribis Sensualium Pictures》(1658)와 자연의 원리에 따른 교수법을 체계적으로 정리한 《대교수학Didatica Magna》(1632)을 저술하였다.

세계도회는 모든 주제를 그림으로 설명하고 있으며, 각 장마다 주어진 주제에 따라 적합한 설명과 그림을 곁들인 시각적 교재인 최초의 유아용 그림책이다(정금자 외, 2014).

코메니우스는 유아기의 교육을 중시하였으며, 감각적 실학주의에 기초한 과학적인 교수방법 및 시청각을 활용한 교육방법을 중시하였다. 유아기 과학과 관련된 내용으로는 밝음과 어둠, 색깔을 구별하는 시각교육, 해 · 달 · 별의 차이를 구별하고 모양의 변화를 이해하는 천문교육을 제시하였다.

그림 7-1 코메니우스

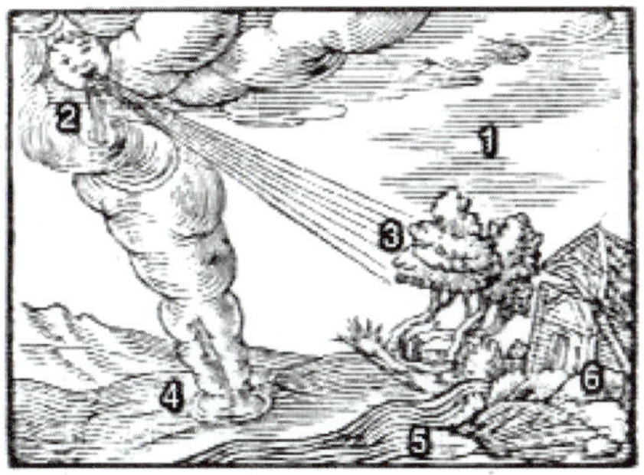

그림 7-2 세계도회

(2) 페스탈로치

페스탈로치Johann Heinrich Pestalozzi(1747~1827)는 감각 및 실물교육을 강조한 직접 만져보고 느껴볼 수 있는 교육방법을 중시하였으며 이를 위해 학습에 있어 쉬운 것을 완전 학습한 후 새로운 것을 조금씩 학습해 가는 기초교수의 원리를 제시하였다. 페스탈로치의 직관교수법은 코메니우스처럼 감각을 교수의 기본원리로 생각한다는 점에서는 일치하지만, 직관을 단순한 감각적 지각이 아닌 개인의 주체성을 포함한 가치개념(정금자 외, 2014)으로 본 점은 차이가 있다.

그림 7-3 페스탈로치

(3) 프뢰벨

프뢰벨Friedrich Wilhelm August Frobel(1782~1852)은 1840년 유치원Kindergarten을 설립하여 운영하였으며, 유아들의 자기표현과 자기형성을 위한 놀이의 교육적 가치를 중시하여, 교육에 은물Gabe이라는 놀이 교구를 활용하였다. 또한 프뢰벨은 자연과 우리 주변 환경에 대한 관찰을 과학의 최고방법으로 강조(정금자 외, 2014)하였으며, 유아들의 야외활동을 권장하였다.

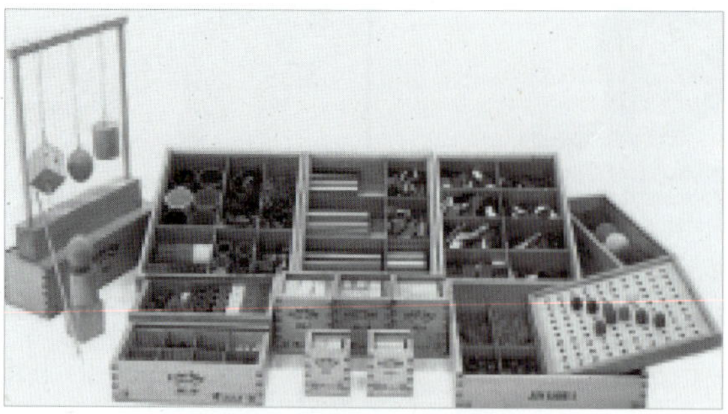

그림 7-4 은물

(4) 몬테소리

몬테소리Maria Montessori(1870~1952)는 로마대학의 정신과 의사로 지적 장애아들에 대한 관찰을 통해 교육에 관심을 갖게 되었다. 이후 일반 아동들에 대한 교육을 위해 어린이집Casa dei Bambini을 운영하였다. 몬테소리는 어린이집의 교육적 적용을 통하여 자신의 교육적 신념을 현실로 승화시켜 세계적인 교육개혁 및 유아 중심의 과학적 교육을 실천하였다(정금자 외, 2014). 몬테소리의 유아교육은 환경 정비–자기 선택–주의집중 현상–정상화 단계로 이루어(나가에 세이지, 2012)진다.

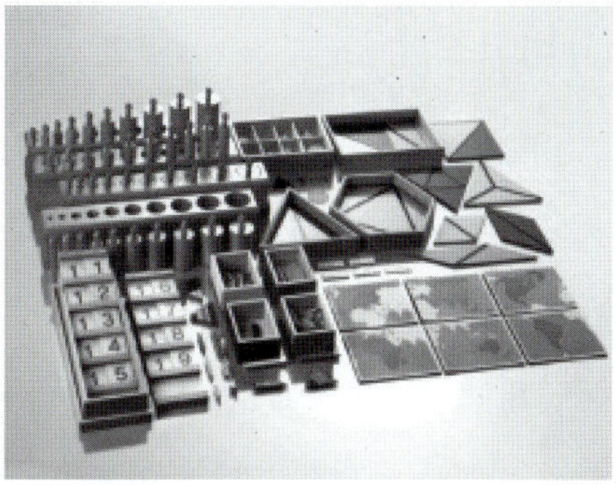

그림 7–5 몬테소리 감각교구

유아를 위한 과학교육으로 감각교육을 중시하여 유아의 감각기관발달과 형성시기에 감각의 발달을 효과적으로 돕고 유아가 현재에 처해 있는 실제 생활 및 미래시대에 적응하기 위해서 관찰에 필요한 능력과 수단을 몸으로 익히도록 하였다(김희태 외, 2012). 오감각발달에 도움을 주도록 고안된 감각교구16개는 시각교육크기 : 꼭지 원기둥, 분홍 탑, 빨간 막대, 색원기둥, 갈색 계단/색 : 색판/형태 : 평면 기하 서랍, 구성 삼각형, 큰 육각형, 작은 육각형, 기하 입체, 촉각교육촉각 : 촉각판, 천 맞추기, 중량감각, 실체인식감각, 온도감각, 청각교육소리상자, 음감벨, 미각교육미각병, 후각교육후각병 등이 있다. 또한 역사 · 지리 · 문화 · 수 · 언어 등이 궁극적으로는 하나가 되도록 하는 문화교육을 통하여 우주의 생성과 진화과정에 대한 우주교육을 하였다.

2) 현대의 과학교육(1900년대)

(1) 비고츠키

그림 7-6 비고츠키

비고츠키Lev Semyonovich Vygotsky(1896~1934)는 유아 주변의 부모나 교사 및 또래와의 관계를 통해 유아가 무엇을 구성할 것인가 또는 유아들이 무엇을 어떻게 학습하는가에 중요한 영향을 주며, 유아가 스스로 지식을 구성하는 데 있어 사회적 맥락에 지대한 영향을 미친다고 하였다. 이는 유아의 실제적 발달수준과 잠재적 발달수준 간의 간격을 말하는 근접발달영역Zone of proximal development과 교사나 유능한 또래로부터 받는 지지를 말하는 비계설정Scaffolding을 나타낸다. 비고츠키는 동일한 인지발달단계 내에서도 구체적인 영역에 따라 각기 다른 능력을 나타낼 수 있다고 보아 과학교육에 있어서도 유아가 관심 있어 하는 영역이나 주제를 선정함으로써 유아가 관심 있는 주제를 깊이 탐구하도록 하는 것이 바람직하다고 보아 과학교육을 일찍 시작할 수 있음을 시사하였다(한유미, 2014).

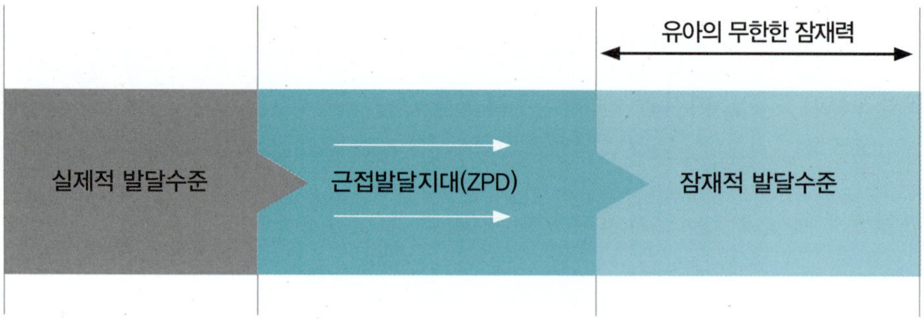

그림 7-7 근접발달영역

(2) 피아제

피아제Jean Piaget(1896~1980)는 영유아가 연령에 따라 감각운동기, 전조작기, 구체적 조작기, 형식적 조작기라는 인지발달단계를 거친다고 하였으며, 인지발달단계는 모든 영유아에게 동일한 순서로 진행되며 각 단계에 도달하는 시기에 있어 개인차가 존재할 수 있다고 보았다(김혜금 외, 2016). 피아제는 유아가 타고난 과학자에 비유될 만큼 선천적으로 호기심과 탐구심이 많은 존재로 교사 주도적인 교수법은 적절하지 않다고 하였으며 구체적인 조작을 통한 활동에 의해 학습되어야 한다고 하였다. 이는 유아 과학교육의 목적을 유아가 스스로 탐구와 실험 및 토의를 통해 의미를 구성해 가는 것으로 두었다(한유미, 2014).

그림 7-8 피아제

(3) 브루너

브루너Jerome Bruner(1915~)는 수학과 과학적 지식의 중요성을 강조하였으며, 각 학문의 고유한 기본 개념이나 구조가 존재한다는 지식의 구조를 제시하였다. 또한 영유아의 능동적인 탐구과정은 특정 개념을 발견할 수 있으므로 교사의 지시를 최소한으로 줄여야 한다는 발견학습적 관점도 제시하였다. 영유아 과학교육에 있어서는 과학의 기본적 구조는 영유아기에 인지발달 단계에 맞는 자료를 제공함으로써 습득 가능하다는 점과 표상수준을 고려하여 개념학습을 조장할 수 있는 매체예 : 시청각 또는 구체적 자료의 활용 및 발견학습의 기회 제공을 강조(김혜금 외, 2016)하였다.

그림 7-9 브루너

3) 최근의 과학교육

과학기술의 급속한 발달과 사회환경의 변화는 과학 및 기술과 사회와의 긴밀한 상호 역할을 요구하여 학교교육에 있어서 과학자 양성을 위한 과학이 아닌 '모든 학생을 위한 과학교육'이 되어야 한다고 보는 입장으로 변화되고 있다(신화식 외, 2015). 이는 과학적 소양인의 양성이야 말로 과학의 궁극적인 목적으로 보는 견해이기도 하다. 이와 같은 견해를 반영한 '과학-기술-사회의 상호관계Science-Technology-Society Interface' 과학교육은 과학과 기술, 사회의 상호 관련성을 학습함으로써 과학과 기술이 개인에게 미치는 영향에 초점을 두는 것이다(한유미, 2014). 이와 더불어 '핵심개념과 개념적 주제Key Concepts and Conceptual Themes'의 대표적인 'Project 2016'은 과학 교과의 내용을 줄이고, 축소된 개념적 주제에 따라 교과를 조직할 것을 제한하며, 주제는 학문의 경계를 뛰어 넘어 학문 간의 내용을 연계하는 특징을 가지고 있어 과학을 수학, 역사학, 정치학, 언어학, 문학 등과 같은 분야와 연계하는 데 도움이 된다(한유미, 2014).

2. 과학교육의 목적 및 목표

1) 과학교육의 목적

영유아기 과학교육의 주요 목적은 영아기를 거쳐 유아기를 통하여 궁극적으로 과학적 소양을 갖춘 인간을 기르는 데 있다. 이는 인간의 발달과정에 있어서도 종속적이고 연속적인 과학교육을 통하여 현대사회를 살아가기 위한 기초적인 소양과 미래사회로의 연결을 의미하기에 그 중요성은 크다.

2) 과학교육의 목표

우리나라 국가수준의 교육과정에서 제시한 과학교육에 관한 내용은 표준보육과정(보건복지부, 2013)과 누리과정(교육과학기술부 · 보건복지부, 2013)의 자연탐구영역에 제시되어 있으며, 자연탐구영역은 '탐구적 태도', '과학적 태도'0~2세 및 '탐구하는 태도 기르기', '과학적 탐구하기'3~5세로 각각의 내용범주가 나누어진다.

표준보육과정과 누리과정에서 제시한 자연탐구영역의 목표 및 내용별 범주는 표 7-1과 같다.

영아를 위한 자연탐구영역의 목표는 크게 0~1세와 2세로 나누어 구분된다. 영아기는 주변 환경을 자신의 기초 감각으로 인식하는 시기0~1세를 거쳐, 호기심을 가지고 탐색하는 과정을 즐기는 시기2세로 이루어진다. 이에 따른 내용범주별 목표 역시 탐구적 태도 및 과학적 탐구의 내용으로 목표가 세분화되어 있다. 유아

표 7-1 자연탐구영역의 목표 및 내용별 범주

구분 \ 연령별	표준보육과정		누리과정
	0~1세	2세	3~5세
목표	보고, 듣고, 만지면서 주변 환경에 관심을 가진다.	주변 환경에 호기심을 가지고 탐색하기를 즐긴다.	호기심을 가지고 주변세계를 탐구하며, 일상생활에서 수학적 · 과학적으로 생각하는 능력과 태도를 기른다.
내용범주별 목표	• 주변사물에 대한 탐색을 시도한다. • 감각과 조작을 통하여 주변사물과 자연환경에 대해 지각한다.	• 호기심을 가지고 주변세계에 대해 다양하게 탐색한다. • 다양한 탐색을 통하여 주변사물과 자연환경을 인식한다.	• 주변의 사물과 자연세계에 대해 알고자 하는 호기심을 가지고 탐구하는 태도를 기른다. • 생활 속 여러 상황과 문제를 논리 수학적으로 이해하고 해결하기 위한 기초 능력을 기른다.

3~5세를 위한 자연탐구영역의 목표는 유아가 주변의 사물이나 자연현상에 대해 호기심을 가지고 탐구하는 태도를 기르는 데 있다(교육과학기술부 · 보건복지부, 2013). 이에 따른 내용범주별 목표는 탐구하는 태도 기르기와 과학적 탐구하기로 나누어질 수 있다. 유아기는 주변에 대한 호기심으로 끊임없이 질문을 하며 알고자 하는 욕구가 강한 시기이므로 이러한 지적 호기심과 탐구심을 통해 탐구하는 태도를 기르고, 이를 과학적으로 탐구해 볼 수 있도록 지원하는 것을 목표로 한다.

3. 과학교육의 내용

영유아기에 적합한 과학교육을 위한 교육내용의 과학적 개념에는 크게 물리과학 및 화학, 생명과학, 지구과학 등이 포함된다. 이 장에서는 과학교육의 내용과 관련된 개념을 통해 국가수준 교육과정에서의 과학교육의 내용에 대해 자세히 알아보고자 한다.

1) 물리과학 및 화학

유아에게 있어서 물리활동은 물리적 세계를 이해하는 가장 쉽고 즉각적인 방법으로서 물리적 지식과 논리-수학적 지식의 구성에 도움을 준다(한유미, 2014).

영유아들은 자신을 둘러싼 물리적 환경을 이용하여 밀기, 떨어뜨리기, 던지기, 잡기, 불기, 차기, 빨기, 흔들기 등 다양한 행위들을 일상생활 속에서 자연스럽게 활동하고 있다. 영유아들은 다양한 물체의 움직임을 직접 경험하며 이해하는 과정에서 자연스럽게 물리과학을 경험하게 된다. 이에 비해 물리과학의 또 다른 영역인 화학은 물체 자체를 변화시키는 것으로서 물체의 반응을 관찰하는 것이 중심이 된다. 화학활동에서는 유아의 행위에 의해 직접적으로 일어나는 것이 아닌 물체 자체의 속성에 의한 것으로 유아가 자신이 관찰한 것을 통해 지식을 구성하게 된다(한유미, 2014).

2) 생명과학

생명과학과 관련된 대표적인 과학적 주체는 인간의 신체나의 몸, 동물, 식물, 환경, 생존하지 못한 생물 등이다. 영유아들은 이와 같은 주제를 다루면서 생물의 탄생, 성장, 죽음, 부식, 분해 등 시간의 경과에 따라 자연세계에서 일어나는 모든 물질의 변화에 관심을 가지고 탐색하고 탐구해간다(나은숙 외, 2014).

3) 지구 및 우주과학

영유아는 성장하면서 자신의 주변에서 보는 흙, 바위, 강, 비, 눈, 구름, 무지개, 해, 달, 별 등 모든 것에 자연스럽게 흥미를 느끼며, 낮과 밤이나 계절과 같은 순환적인 변화, 성장과 죽음과 같은 예측 가능한 변화, 기후나 유성의 출현과 같은 일관성 없는 변화 등 여러 가지 변화를 관찰하게 된다(한유미, 2014).

표 7-2 과학교육내용에 따른 과학적 개념

내용영역	과학적 개념	개념구분
생명과학	식물(동물)은 여러 가지 종류가 있다.	관찰개념
	씨는 뿌리, 줄기, 잎과 꽃을 가진 식물로 성장한다.	관찰개념
	살아 있는 것은 물, 공기, 영양분, 적당한 온도를 필요로 한다.	구성개념
	살아 있는 것은 성장하고 변화한다.	이론개념
	살아 있는 것은 서로에게 영향을 주고받는다.	이론개념
물리과학 및 화학	물리적 변화는 외관은 변하지만 물질 자체는 같은 상태이다.	이론개념

내용영역	과학적 개념	개념구분
물리과학 및 화학	화학적 변화는 속성까지 변하여 새로운 물질이 형성된다.	이론개념
	우리가 살고 있는 이 세계에는 다양한 형태의 에너지가 존재한다.	이론개념
	기계는 다양한 기능을 가지고 있는 분해와 조립이 가능하다.	구성개념
	기계는 물건을 쉽게 이동할 수 있게 만든다.	구성개념
지구 및 공간과학	지구의 주된 물질은 물과 흙, 돌, 화석 연료 등이다.	구성개념
	지구의 물질(예 : 물)은 다른 방식으로 사용될 수 있는 속성을 가지고 있다.	구성개념
	물이 물체를 위로 받치는 힘과 물체와 물의 무게 간의 관계에 의해 물체가 뜨거나 가라앉는다.	구성개념
	물은 다른 물질을 녹일 수 있다.	관찰개념
	물의 형태는 액체나 조건에 따라 변할 수 있다.	구성개념

출처 : 안경숙(2003).

4) 영아를 위한 과학교육의 내용

영아를 위한 자연탐구영역의 내용범주인 '탐구하는 태도 기르기'와 '과학적 탐구하기'를 확장시킬 수 있는 내용체계와 수준별 세부적인 내용은 다음과 같다.

표 7-3 자연탐구영역의 영아기 내용체계

내용범주	0~1세	2세
탐구하는 태도 기르기	• 사물에 관심 가지기 • 탐색 시도하기	• 호기심 가지기 • 반복적 탐색 즐기기
과학적 탐구하기	• 물체와 물질 탐색하기 • 주변 동식물에 관심 가지기 • 주변 자연에 관심 가지기 • 생활도구 탐색하기	• 물체와 물질 탐색하기 • 주변 동식물에 관심 가지기 • 자연을 탐색하기 • 생활도구 사용하기

표 7-4 0~1세 자연탐구영역의 세부내용

<table>
<tr><th>내용범주</th><th>내용</th><th>1수준</th><th>2수준</th><th>3수준</th><th>4수준</th></tr>
<tr><td rowspan="2">탐구하는 태도 기르기</td><td>사물에 관심 가지기</td><td></td><td colspan="3">주변사물에 관심을 가진다.</td></tr>
<tr><td>탐색 시도하기</td><td>나와 주변 사물을 감각으로 탐색한다.</td><td colspan="3">주변 사물에 대해 의도적인 탐색을 시도한다.</td></tr>
<tr><td rowspan="5">과학적 탐구하기</td><td>물체와 물질 탐색하기</td><td colspan="4">일상생활 주변의 몇 가지 친숙한 것들을 양육자와 함께 탐색한다.</td></tr>
<tr><td>주변 동식물에 관심 가지기</td><td></td><td></td><td colspan="2">주변 동식물의 모양, 소리, 움직임에 관심을 가진다.</td></tr>
<tr><td rowspan="2">주변 자연에 관심 가지기</td><td></td><td colspan="3">생활 주변의 자연물을 감각으로 느껴본다.</td></tr>
<tr><td></td><td colspan="3">바람, 햇빛, 비 등을 감각으로 느껴본다.</td></tr>
<tr><td>생활도구 탐색하기</td><td></td><td></td><td colspan="2">도움을 받아 생활도구를 탐색한다.</td></tr>
</table>

(1) 0~1세

0~1세 자연탐구영역의 목표는 주변 사물과 자연환경에 대해 관심을 가지고 탐색하기를 즐기는 태도와 일상생활경험을 통하여 수학적·과학적 기초 지식을 구성하는 능력과 능동적으로 탐색하는 태도를 기르기 위한 것이다.

① 주변 사물에 대한 탐색을 시도한다

0~1세 영아기는 자신을 둘러싸고 있는 주변 사물을 눈으로 응시함과 동시에 들려오는 소리에 관심을 보이고 나와 주변 사물을 감각으로 탐색하며, 주변 사물에 대해 의도적으로 탐색을 시도하는 시기이다. 영아가 주변의 여러 가지 사물과 자연 세계에 대해 관심을 가지고 탐색하는 것은 탐구하는 태도를 기르는 기초가 된다. 따라서 영아가 주변의 여러 가지 사물에 대해 호기심을 가지고, 자신과 주변

사물을 감각으로 탐색하며, 주변의 사물에 대해 의도적인 탐색을 시도할 수 있도록 하는 데 중점을 둔다.

② 주변에서 일어나는 수학적 상황을 지각한다

0~1세 영아는 생활용품, 놀잇감 등 주변의 여러 사물에 관심을 가지고 놀면서 사물과 상황이 가진 기초 수학적 특성을 지각하게 된다. 따라서 영아가 놀이와 일상생활 장면에서 수량을 지각하고, 주변 공간을 탐색하며, 간단한 규칙성을 지각하는 것에 중점을 둔다.

③ 감각과 조작을 통하여 주변 사물과 자연환경에 대해 지각한다

0~1세 영아기는 일상생활의 친숙한 물체와 물질들을 교사와 함께 탐색하면서 주변 동식물의 모양, 소리, 움직임에 관심을 가지고, 돌·물·흙 등의 자연물을 감각으로 느껴보며, 일상생활에서 놀잇감과 생활도구와 상호작용함으로써 스스로 주변 물체와 물질, 동식물, 자연물, 날씨, 생활도구 등에 대한 지식을 구성하게 된다. 따라서 영아가 주변 동식물과 자연에 관심을 가지고, 물체와 물질 및 생활도구를 탐색하는 데 중점을 둔다.

(2) 2세

2세 영아는 주변 세계에 대해 지각하는 수준에서 벗어나면서, 점차 감각경험을 통해 사물과 생활에 개인적 의미를 구성해 가게 된다. 따라서 2세 영아의 자연탐구영역의 목표는 주변 환경에 호기심을 가지고 탐색하기를 즐기는 것이다. 자연탐구영역의 목표를 달성하기 위해서 영아가 주변 환경과 자연 세계에 관심과 호기심을 유지하면서, 관심 있는 사물을 능동적으로 탐색하는 것을 즐길 수 있도록 지원하고, 일상생활 속에서 통합적인 경험을 통해 수학적·과학적 기초개념을 자연스럽게 인식할 수 있도록 하는 데 중점을 둔다.

표 7-5 2세 자연탐구영역의 세부내용

내용범주	내용	1수준	2수준
탐구하는 태도 기르기	호기심 가지기	주변 사물과 자연 세계에 호기심을 가진다.	
	반복적 탐색 즐기기	관심 있는 사물을 반복하여 주도적으로 탐색하기를 즐긴다.	
과학적 탐구하기	물체와 물질 탐색하기	친숙한 물체와 물질을 능동적으로 탐색한다.	
	주변 동식물에 관심 가지기	주변 동식물의 모양, 소리, 움직임에 관심을 가진다.	
	자연물 탐색하기	돌, 물, 모래 등의 자연물을 탐색한다.	
		날씨를 감각으로 느낀다.	
	생활도구 사용하기	생활 속에서 간단한 도구에 관심을 가진다.	
		간단한 도구를 사용한다.	

① 호기심을 가지고 주변 세계에 대해 다양하게 탐색한다

2세 영아는 호기심을 가지고 관찰한 사건이나 상황에 대해 다양하게 탐색을 반복한다. 이러한 탐구하는 태도는 논리·수학적 사고 및 과학적 탐구능력과 밀접하게 관련되어 있다. 2세 영아는 주변의 사물과 자연환경을 인식하고 반복적으로 탐색하면서 호기심을 해결해 간다. 따라서 2세 영아는 주변의 사물과 자연환경에 관심을 가지고 궁금해 하므로 교사는 관심 있는 사물에 대해 영아가 스스로 반복적으로 여러 가지 탐색을 즐길 수 있도록 지원해 주어야 한다.

② 주변에서 경험하는 수학적 상황을 인식한다

2세 영아는 주변 사물과 상황을 능동적으로 탐색하면서 자연스럽게 수량을 인식하고, 공간과 도형, 차이, 단순한 규칙성에 관심을 가지게 된다. 영아는 반복적인 탐색과 다양한 조작활동을 통해 주변의 여러 상황과 문제를 경험하게 되면서 수학적 상황을 인식하고, 자연스럽게 수학적 기초지식을 구성해 간다. 따라서 영아가 수학적 탐구를 통해 수량을 인식하고, 공간과 도형, 차이, 단순한 규칙성에 관심을 가지며 주변 사물을 같고 다름에 따라 구분해 보는 활동을 통하여 수학적 상황을 인식하고 기초 지식을 형성하도록 지원하여야 한다.

③ 다양한 탐색을 통하여 주변 사물과 자연환경을 인식한다

2세 영아는 주변 사물과 자연환경에 대해 호기심을 가지고 만져 보고 움직이거나 떨어뜨려 보고, 던져 보고, 굴려 보고 섞어 보는 등의 다양한 탐색행동을 한다. 교사는 영아가 자신의 탐색행동과 결과를 관련지을 수 있도록 적절한 언어적 상호작용을 해 주거나, 자발적이고 다양한 탐색을 통하여 물질의 변화과정을 인식하도록 도와주어야 한다. 그 결과 영아는 주변 사물과 자연환경을 인식하고, 자연스럽게 과학적 기초지식을 구성해 나가게 된다. 따라서 2세 영아가 친숙한 물체와 물질, 주변 동식물과 돌, 물, 모래 등의 자연물을 능동적으로 탐색하며 생활 속에서 간단한 도구를 사용하도록 하는 데 중점을 둔다.

5) 유아를 위한 과학교육의 내용

3~5세 유아를 위한 과학교육의 내용은 국가수준에서 공통수준인 누리과정의 자연탐구영역의 내용으로 다음과 같이 제시되어 있다. '탐구하는 태도 기르기'는 유아가 탐구과정을 즐겁게 경험하면서 자신과 환경에 대한 지식을 바르게 추구하는 태도를 기를 수 있도록 하는 것이며, '과학적 탐구하기'는 유아가 생활 속에서 사물과 자연환경을 지속적으로 탐구하는 기회를 통하여 자연의 소중함과 과학의 의미를 경험할 수 있도록 하는 것이다. 이를 위해 다음과 같은 세부적인 내용들을 통한 활동을 유아에게 제시하는 것을 목표로 한다.

표 7-6 자연탐구영역의 유아기 내용체계

내용범주	누리과정(3~5세)
탐구하는 태도 기르기	• 호기심을 유지하고 확장하기 • 탐구과정 즐기기 • 탐구기술 활용하기
과학적 탐구 기르기	• 물체와 물질 알아보기 • 생명체와 자연환경 알아보기 • 자연현상 알아보기 • 간단한 도구와 기계 활용하기

표 7-7 3~5세 자연탐구영역의 세부내용

내용범주	내용	3세	4세	5세
탐구하는 태도 기르기	호기심을 유지하고 확장하기	주변 사물과 자연세계에 대해 호기심을 갖는다.	주변 사물과 자연세계에 대해 지속적으로 호기심을 갖는다.	주변 사물과 자연세계에 대해 지속적으로 호기심을 갖고 알고자 한다.
	탐구과정 즐기기	궁금한 점을 알아보는 과정에 흥미를 갖는다.	궁금한 점을 알아보는 탐구과정에 관심을 가지고 참여한다.	궁금한 점을 알아보는 탐구과정에 참여하고 즐긴다.
				탐구과정에서 서로 다른 생각에 관심을 갖는다.
	탐구기술 활용하기		일상생활의 문제를 해결하는 과정에서 탐색, 관찰 등의 방법을 활용해 본다.	일상생활의 문제를 해결하는 과정에서 탐색, 관찰, 비교, 예측 등의 탐구기술을 활용해 본다.
과학적 탐구하기	물체와 물질 알아보기	친숙한 물체와 물질의 특성에 탐색하기 관심을 갖는다.	친숙한 물체와 물질의 특성을 알아본다.	주변의 여러 가지 물체와 물질의 기본 특성을 알아본다.
			물체와 물질을 여러 가지 방법으로 변화시켜 본다.	

<table>
<tr><th>내용범주</th><th>내용</th><th>3세</th><th>4세</th><th>5세</th></tr>
<tr><td rowspan="9">과학적 탐구하기</td><td rowspan="4">생명체와 자연환경 알아보기</td><td colspan="2">나의 출생과 성장에 대해 관심을 갖는다.</td><td>나와 다른 사람의 출생과 성장에 대해 알아본다.</td></tr>
<tr><td>주변의 동식물에 관심을 가진다.</td><td>관심 있는 동식물의 특성을 알아본다.</td><td>관심 있는 동식물의 특성과 성장과정을 알아본다.</td></tr>
<tr><td colspan="3">생명체를 소중히 여기는 마음을 가진다.</td></tr>
<tr><td></td><td>생명체가 살기 좋은 환경에 관심을 가진다.</td><td>생명체가 살기 좋은 환경과 녹색환경에 대해 알아본다.</td></tr>
<tr><td rowspan="3">자연현상 알아보기</td><td>돌, 물, 흙 등 자연물에 관심을 갖는다.</td><td colspan="2">돌, 물, 흙 등 자연물의 특성과 변화를 알아본다.</td></tr>
<tr><td></td><td></td><td>낮과 밤, 계절의 변화와 규칙성을 알아본다.</td></tr>
<tr><td>날씨에 관심을 갖는다.</td><td>날씨와 기후변화에 관심을 갖는다.</td><td>날씨와 기후변화 등 자연현상에 대해 관심을 갖는다.</td></tr>
<tr><td rowspan="2">간단한 기계 활용하기</td><td>생활 속에서 간단한 도구와 기계에 관심을 갖는다.</td><td colspan="2">생활 속에서 간단한 도구와 기계를 활용한다.</td></tr>
<tr><td colspan="2">도구와 기계의 편리함에 관심을 갖는다.</td><td>변화하는 새로운 도구와 기계에 관심을 갖고 장단점을 안다.</td></tr>
</table>

(1) 3~5세

3~5세 자연탐구영역의 목표는 유아가 주변의 사물이나 자연현상에 대해 호기심을 가지고 탐구하는 태도를 기르는 데 있다. 또한 유아가 생활 속에서 부딪히는 문제를 논리적 · 수학적으로 해결하고, 관심 있는 사물과 생명체 및 자연현상에 대

해 탐구하면서 기초적인 수학적 · 과학적 사고능력과 태도를 기르는 데 있다. 유아기는 주변에 대한 호기심으로 끊임없이 질문을 제기하며 알고자 하는 욕구가 강한 시기다. 유아기의 이러한 지적 호기심과 탐구심은 사고력 발달의 토대가 된다. 따라서 자연탐구영역은 호기심을 가지고 주변 세계를 탐구하며, 일상생활에서 수학적 · 과학적으로 생각하는 능력과 태도를 기르는 데 그 목표를 두고 있다. 탐구하는 태도를 형성하기 위해서 유아의 관심을 확장시켜 주고 궁금한 것을 해소하기 위한 탐구활동을 지원함으로써 유아가 탐구하는 과정을 즐기도록 한다. 또한 유아가 탐구하는 과정 속에서 스스로 수학적 · 과학적 지식을 구성하고, 이를 토대로 문제해결능력을 기르는 데 중점을 둔다.

① 주변 사물과 자연 세계에 대해 알고자 하는 호기심을 가지고 탐구하는 태도를 기른다

탐구는 호기심을 유지하고 확장하여 관심을 둔 사물과 사건에 대해 사고하며 문제를 해결해 가는 과정이다. 유아는 궁금한 것에 대한 탐구를 함으로써 사물에 대한 새로운 인식을 하게 되고 스스로 생각하는 힘을 가지게 된다. 따라서 유아가 궁금한 점을 알고 싶어 하는 마음을 가지고 의문을 풀기 위해 지속적으로 필요한 것을 조사하여 찾아내거나 얻어내는 탐구과정을 즐기는 태도를 기르도록 한다. 또한 관찰, 분류, 측정, 예측, 추론 등의 탐구기술을 활용하는 능력을 기르도록 한다.

② 생활 속의 여러 상황과 문제를 논리 · 수학적으로 이해하고 해결하기 위한 기초능력을 기른다

수학적 능력은 논리적이며 합리적인 문제해결능력의 기초가 되며, 지식 정보화 사회에서 개인 및 국가의 경쟁력 강화를 위한 필수적인 능력이다. 수학적 능력은 직관이나 구체적인 경험을 통한 통찰로부터 시작하여 추상적인 수학적 관계나 형식, 원리의 이해로 발달된다. 유아기는 이러한 수학적 능력의 기초를 구축하는 시기이므로 유아가 생활 속에서 다양한 수학적 경험을 하는 것이 중요하다. 따라서 유아가 놀이, 게임, 생활 속의 문제해결과 같은 구체적 경험을 통해 수량관계, 공간과 도형, 측정, 규칙성, 자료수집과 정리 등에 관한 기초 지식을 구성하고 논리적 · 수학적으로 사고하는 능력을 기르도록 한다.

③ 주변의 관심 있는 사물과 생명체 및 자연현상을 탐구하기 위한 기초능력을 기른다

유아는 생활 속에서 여러 가지 사물이나 자연물, 생명체 및 자연현상과 접하면서 이에 대해 관심을 갖게 되고 알아가고자 한다. 특히, 과학과 공학기술의 발전으로 인해 유아의 생활 속에 과학과 공학이 차지하는 비중이 급속히 증가하면서 그 관심의 폭은 더욱 넓어지고 있다. 유아는 주변의 사물과 자연현상을 지속적으로 탐구하는 과정을 통하여 자연세계를 알아가고 발전된 과학기술을 생활 속에서 활용할 수 있음은 물론 자연과 인간이 더불어 살아가는 것이 중요함을 경험하게 된다.

4. 과학교육의 교수–학습방법

1) 교수–학습의 원리

황의명과 조형숙(2001)이 제시한 유아의 탐구능력 증진을 위한 과학교육활동에 있어 교수–학습의 원리는 다음과 같다.

- 과학활동은 유아가 가지고 있는 사전개념과 경험에 기초해서 인지적 갈등을 일으키면서 능동적으로 학습할 수 있도록 적합한 활동과 자료를 제공해야 한다.
- 과학활동과정 중에 유아 간의 상호작용을 격려할 수 있도록 해야 한다.
- 유아들의 말과 질문에 귀를 기울이고 언어적 또는 비언어적으로 적합한 반응을 해주어야 한다.

- 유아기 과학교육은 유아가 직접 사물을 조작할 수 있는 활동Hands-on activity이 주가 되어야 하며, 반성적 사고의 과정을 격려하여 정신적 조작Minds-on activity이 함께 이루어지도록 해야 한다.
- 유아들의 반응이 교사가 의도한 것과는 달라 활동이 의도대로 진행되지 않을 경우, 교사의 계획을 고집하지 않고 유아들의 반응에 따라 의미 있는 과정이 되도록 해야 한다.
- 창의적이고 비판적인 탐구활동을 위해 상황에 적합한 교사의 질문이 중요하다.
- 과학활동은 과학영역뿐 아니라, 다른 영역이나 일과 중에도 이루어질 수 있다.
- 과학활동의 내용과 자료는 유아들에게 친숙한 것으로 제공하는 것이 효과적이다.
- 유아들이 적극적으로 과학의 과정을 체험할 수 있는 활동을 제공하는 것이 바람직하다.

또한 나은숙 · 윤희경 · 안경숙 · 오애순 · 김승옥(2014)은 영유아의 과학교육 활동을 위해 바람직한 교수–학습원리를 제시하고 있다.

- 유아교육기관에서 제공되는 과학활동에는 동식물과 같은 생물을 다루는 활동, 자석이나 바퀴와 같은 사물의 움직임과 관련된 물리활동, 물질의 변화를 다루는 화학활동, 지구와 우주에 관한 활동 등이 있는데, 어느 한쪽에 치우쳐서 활동을 제공하기보다는 모두 동등하게 균형을 이루어 제공할 필요가 있다.
- 영유아 과학교육활동은 물리적 조작을 통해 정신적 조작을 촉진할 수 있는 활동으로 제공되어야 한다.
- 영유아들이 과학활동에 능동적으로 참여하여 자신의 학습주기에 맞게 놀이하면서 나름대로 지식을 구성하도록 하는 교수–학습방법이 적용되어 영유아가 과학적 지식을 재구성하고 재구조화하도록 안내한다(신은수 · 안경숙 · 김소향 · 김은정, 2004 ; Devries & Kohlberg, 1990).

- 유아교육기관에서 이루어지는 과학활동은 다른 영역과 통합되어 구성될 필요가 있다.
- 영유아의 과학활동은 평가와 분리되어 이루어지지 않고 통합되어 이루어지는 것이 바람직하다(Wortham, 2001).

2) 영유아 과학교육을 위한 환경

영유아들의 과학교육을 위한 환경은 영유아들이 자연스러운 환경에서 탐색과 탐구의 과정이 진행될 수 있도록 매력적으로 구성되어야 한다. 이를 위해 영유아를 위한 교육기관에서는 과학영역의 바람직한 환경구성을 위하여 다양한 배치와 공간의 활용 및 각 자료가 풍부하게 구비되어야 한다. 과학교육을 위한 환경구성을 통해 영유아의 과학에 대한 기초적인 활동과 계획적인 활동을 연결한 심화・확장활동에 중요한 영향을 미치기 때문이다.

그림 7-10 영유아 과학교육을 위한 환경

출처 : 배재대학교 부속유치원

(1) 실내 · 외 환경구성

영유아를 위한 실내 환경을 구성하는 데 있어서 우선적으로 고려해야 할 사항은 다음과 같다.

- 채광을 고려하여 햇빛이 잘 들고 물 사용이 편리한 곳에 배치한다.
- 영유아가 활동의 방해를 받지 않고 다양한 물건이나 자료를 탐색 및 관찰할 수 있는 안정적이고 편안한 장소를 구성한다.
- 유아가 조사할 흥미로운 물건을 비치하고 수업 중에 했던 활동을 계속하거나 수집품을 전시하고, 집에서 했던 조사활동을 공유하거나 집에서 가져온 물건을 진열할 공간을 마련해야 한다(한유미, 2014).

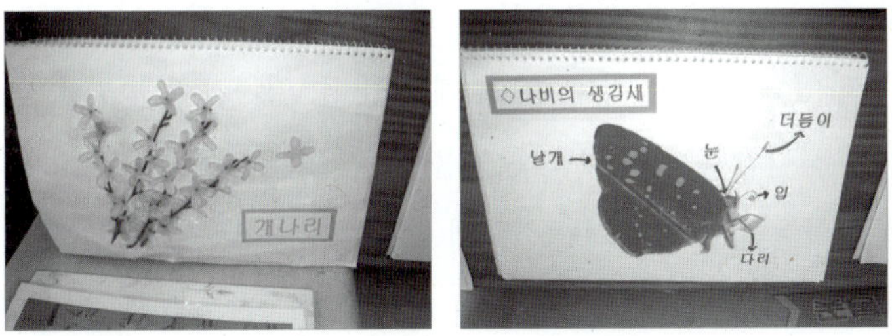

그림 7-11 가정에서 가져온 자료를 활용한 과학환경구성의 예
출처 : 배재대학교 부속유치원

그림 7-12 집에서 조사했던 내용을 공유한 과학환경구성의 예
출처 : 배재대학교 부속유치원

황의명과 조형숙(2001)이 제시한 실외 환경을 구성하는 데 고려해야 할 원리는 다음과 같다.

- 안전을 고려하여 유아가 안정감을 느낄 수 있도록 한다.
- 유아들이 동물과 식물을 탐색하고 감상할 수 있는 공간과 환경을 구성한다.
- 모래 놀이터와 물놀이영역은 서로 가까운 곳에 설치하며, 두 영역 모두 한 번

에 적어도 3~4명이 동시에 함께 놀이할 수 있는 공간을 마련한다.

- 다양한 신체놀이기구도 유아들의 과학적 탐구를 위한 좋은 시설이다.
- 경사와 곡선 길, 그리고 울퉁불퉁한 표면과 부드러운 표면이 함께 있는 자전거 길을 구성한다.
- 필요에 따라 과학탐구를 위한 보조자료들을 즉각적으로 쉽게 사용할 수 있도록 실외에 보관장소를 마련한다.

① 영아반 과학교육환경 구성

영아를 위한 과학교육환경 구성은 기본적으로 오감각을 활용하여 주변의 사물이나 자연물을 탐색하고 관찰하며, 자연스럽게 과학에 대한 호기심을 느낄 수 있도록 감각 및 관찰영역을 제공하여 주는 것이 좋다. 감각 및 관찰영역에는 한 가지 감각을 통해 경험해 볼 수 있는 자료를 시작으로 두 가지 감각을 통합하여 경험해 볼 수 있는 자료로 확장하여 제공하는 것이 좋다. 예를 들어, 영아가 완두콩을 손으로 만져보면서 촉감 및 시각을 경험해 보는 활동을 한 후 삶은 완두콩을 먹어보고 미각 및 후각과의 통합활동을 통하여 자연스럽게 오감각을 이용한 활동을 경험해 볼 수 있다.

영아반의 과학교육활동을 위한 감각 및 관찰영역에 제시해 줄 수 있는 자연물과 교구 및 자료는 다음과 같다.

- 감각자료 : 다양한 재질로 만든 공, 다양한 색깔 종이컵, 스펀지
- 관찰자료 : 물고기를 관찰할 수 있는 어항, 돋보기, 잎이 넓게 자라는 식물의 화분 등
- 자연물자료 : 계절별 과일 및 채소, 적당한 크기의 돌, 페트병에 담긴 물 등
- 물놀이자료 : 깔때기, 굵은 호스, 컵, 물뿌리개 등

② 유아반 과학교육환경 구성

유아를 위한 과학교육구성은 개별, 소집단, 대집단 등 활동의 종류에 따라 또래 간의 상호작용이 다양하게 이루어질 수 있도록 구성되어야 하며, 직접적 · 구체적인 경험에서부터 간접적 · 추상적인 경험을 위한 자료가 골고루 마련되어 유아들이 실제로 관찰할 수 있고, 느낄 수 있고, 조작해 볼 수 있는 반응적인 환경으로 구성되어야 한다(신화식 · 윤선희 · 최경숙 · 정은주 · 오은순 · 이성희 · 황현주 · 박해미 · 고은님 · 박희숙, 2015). 이를 위해 유아반 교사는, 특히 과학영역의 활동 및 구성에 있어 흥미와 관심을 가지고 지속적인 지원을 제공함으로써 유아들의 과학적 호기심을 자극하여 일상생활에서 시작된 과학적 관심을 심화 · 확장된 활동으로 나타내 볼 수 있도록 해야 한다.

유아반의 과학교육활동을 위한 과학영역에 제시해 줄 수 있는 자료와 교구는 다음과 같다.

- 도서자료 : 식물도감, 곤충도감, 동물도감, 물고기도감, 조류도감 등 다양한 도감 및 생활주제나 과학탐구 주제에 따른 도서, 유아과학 잡지, 유아환경 잡지
- 그림 및 사진자료 : 생활주제나 과학탐구 주제에 따른 그림 및 사진자료, DVD, CD
- 감각자료 : 다양한 돌, 화석, 다양한 모형공룡, 음식, 동물, 미각과 물질의 변화를 관찰할 수 있는 자료설탕, 소금, 물, 식초, 후추, 밀가루, 촉각 관찰자료실, 노끈, 헝겊, 스펀지, 구슬
- 측정 기구 : 다양한 길이의 자, 시계, 모래시계, 타이머, 계량기, 계량그릇, 온도계, 저울, 달력, 체중계
- 동식물 기르기 : 공기정화식물 화분, 화분 받침, 물뿌리개, 온도계, 흙, 다양한 크기의 돌멩이, 모종삽, 씨앗, 어항, 물고기, 자라, 기니피그, 작은 사육장, 먹이, 루페, 돋보기

그림 7-13 식물 기르기를 위한 환경구성의 예
출처 : 이원초등학교 병설유치원

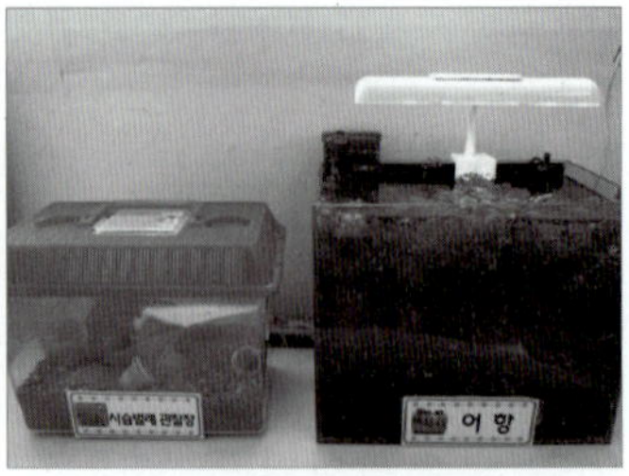

그림 7-14
동물 기르기를 위한 환경구성의 예
출처 : 이원초등학교 병설유치원

• 물 · 모래놀이 자료 : 모래밭 또는 모래 상자, 깔때기, 체, 물뿌리개, 물놀이 대 또는 수도 연결호스, 삽, 모래놀이 도구 상자, 페트병으로 만든 배, 다양한 크기의 페트병, 수건, 붓, 물감, 장화

(2) 통합적 접근을 위한 과학교육환경

영유아기 교육활동은 비단 과학영역에만 국한되지 않고 전 영역에 걸쳐 다른 영역과의 연계가 중요하다. 과학교육에 있어서 영유아는 각 영역과의 환경적 구성의 연계를 통해 통합적 접근이 이루어진다고 볼 수 있다.

표 7-8 영유아 과학도서

과학교육	내용영역	관련 도서	저자	출판사
생명과학	식물	과일이 좋아요	로네나 시미노비치	애플비
		커다란 수박	신순재	아이세움
		난 토마토 절대 안 먹어	로렌 차일드	국민서관
	동물	동물원	앤서니 브라운	논장
		배고픈 애벌레	에릭 칼	더큰컴퍼니
	인체	우리 몸 털털털	김윤경	웅진주니어

과학교육	내용영역	관련 도서	`저자	출판사
생명과학	인체	우리 몸속에 뭐가 들어 있다고?	김영명	사계절
		방귀가 뿡뿡뿡	애플비 편집부	애플비
물리 과학 및 화학	물리	자동차 박물관	양승현	초록아이
		위험천만 배 만들어 타기	애너 피엔버그	문학동네
		힘은 내가 최고! 중장비 · 공사장 차	삼성출판사 편집부	삼성출판사
	화학	맛있는 구름콩	임정진	국민서관
		파랑이와 노랑이	레오 리오니	물구나무
		구리와 구라의 빵 이야기	나카가와 리에코	한림
	도구와 기계	우리는 짝꿍 도구	권은경	기탄교육
		피터의 안경	에즈라 잭 키츠	비룡소
		앤서니 브라운의 마술연필	앤서니 브라운	웅진주니어
지구 및 공간 과학	천체	태양이 들려주는 나의 빛 이야기	몰리 뱅	마루벌
		달 샤베트	백희나	책읽는곰
		그림자 놀이	에르베 튈레	루크북스
	지질	바위가 들려주는 이야기	무라카미 야스나리	한솔교육
		물의 여행	엘레오노레 슈미트	비룡소
		강의 고향	강민경	여원미디어
	기상	바람이 불었어	팻 허친즈	시공주니어
		야, 비 온다	이상교	보림
		바람이 불 때에	레이먼드 브릭스	시공주니어

출처 : 김혜금 · 임양미 · 김혜경(2016).

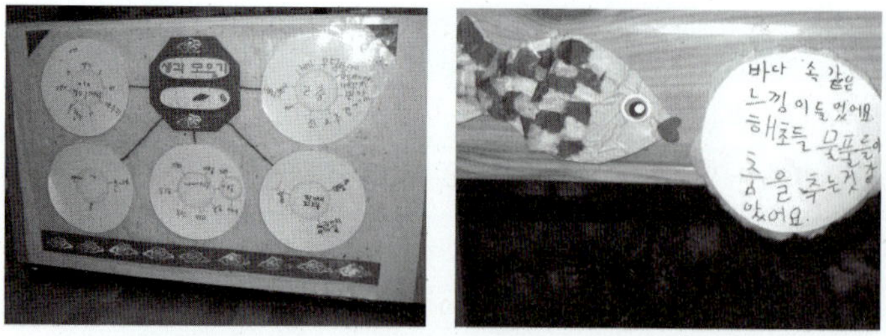

그림 7-15 언어활동과 통합한 과학영역의 예
출처 : 배재대학교 부속유치원

그림 7-16
봄꽃에 대한 과학활동과 통합한 언어영역 환경구성의 예
출처 : 배재대학교 부속유치원

5. 교사의 역할

영유아를 위한 과학교육에서 교사는 영유아가 스스로 주변을 다양하게 탐색할 수 있도록 환경을 구성해 주어야 하며, 과학활동을 촉진하고 영유아와 상호작용을 할 수 있어야 하는 등 다양한 역할을 수행해야 한다. 영유아를 위한 각각의 역할은 다음과 같다.

1) 환경제공자의 역할

영유아를 위한 과학교육에서 가장 기본적인 교사의 역할은 과학교육을 위한 사회적 환경과 물리적 환경을 제공해 주는 역할이다. 사회적 환경을 제공하는 역할을 과학에 대한 긍정적인 태도를 가지고 영유아가 자발적인 학습을 할 수 있는 수용적이고 따뜻한 분위기를 제공할 수 있는 것을 의미한다. 더불어 물리적 환경을 제공하는 역할을 활동을 촉진시키는 과학영역을 구성해 주어, 과학활동에 필요한 자료들을 활동주제별로 제공해 주고, 기본적인 다양한 과학적 도구와 자료를 교실 내에 비치해 주는 역할을 수행함으로써 영유아가 과학적 탐구를 할 수 있도록 돕는 것을 의미한다.

2) 상호작용자의 역할

영유아를 위한 과학교육은 교사가 지시하고 주도하는 직접적 교수방법보다는 영유아가 주도하고 문제를 해결하고 발견하도록 돕는 활동을 중심으로 이루어지기 때문에 상호작용의 역할이 중요하다. 교사는 과학활동의 과정에서 과학적 경험을 위한 상호작용의 역할을 수행하게 되는데, 영유아가 활동에 몰입하고 있는 경우 곧바로 상호작용하기보다는 주의 깊게 관찰을 하고, 교사가 언제 개입하여 상호작용할 것인지를 판단한 후 결정하여 실행하는 것이 좋다. 또한 상호작용 시 가능한 과학적 용어를 사용하여 개방적인 질문을 사용하고 경우에 따라서는 방향지시적인 제안을 할 수 있다. 과학활동 중에 질문을 효과적으로 사용한다면, 영유아의 호기심을 자극하고 인지적 갈등을 유발하여 문제를 발견하고 해결할 수 있도록 도와줄 수 있으므로 다양한 질문의 유형을 사용하여 상호작용할 필요가 있다.

3) 전문가의 역할

교사는 과학교육과 관련된 참고도서를 많이 읽고, 관련된 교사 연수나 워크숍 등에 참여하여 새로운 아이디어와 자기성찰의 기회를 가져야 한다. 또한 주변에서 이용할 수 있는 자원을 활용하기 위해 미디어를 통해 다양한 정보와 자원을 찾아 융통성 있게 활용하고, 자신의 교수방법에 대해 끊임없이 반성적으로 사고하는 역할을 수행할 수 있다.

6. 과학교육활동의 실제

1) 영아를 위한 과학교육활동 실제의 예

<table>
<tr><td>활동명</td><td colspan="2">굴러라 바퀴야</td></tr>
<tr><td>활동목표</td><td colspan="2">• 바퀴의 모양을 안다.
• 바퀴마다 크기가 다름을 안다.</td></tr>
<tr><td>표준보육과정 관련 요소</td><td colspan="2">• 자연탐구 : 탐구적 태도 – 반복적으로 탐색하기
• 자연탐구 : 과학적 태도 – 주변의 사물 지각하기</td></tr>
<tr><td>활동유형</td><td colspan="2">과학활동</td></tr>
<tr><td>준비물</td><td colspan="2">다양한 크기의 바퀴, 모양블록(동그라미, 세모, 네모)</td></tr>
<tr><td rowspan="3">활동과정</td><td>도입</td><td>1. 모양 블록을 탐색하도록 이야기를 나눈다.
– 여기에 있는 블록을 자세히 볼까요? 손으로 만져볼까요?
– 블록이 다 같은가요? 다른가요?
– 블록을 만져보고 움직여 보세요.</td></tr>
<tr><td>전개</td><td>2. 영아가 블록의 모양에 관심을 갖도록 안내한 후, 다양한 크기의 바퀴를 제시한다.
– 블록을 다 만져 본 친구들은 여기 있는 바퀴도 만져보세요.
– 바퀴는 어떻게 생겼어요?
– 제일 큰 바퀴는 어디에 있나요?
– 제일 작은 바퀴는 어디 있나요?
– 손으로 바퀴를 굴려볼 수 있나요?
3. 영아들이 다양한 크기의 바퀴를 굴려보도록 안내한다.
– 바퀴는 잘 굴러가나요?
– 큰 바퀴를 굴렸던 친구들은 작은 바퀴를 굴려보고, 작은 바퀴를 굴렸던 친구들은 큰 바퀴를 굴려보세요.
4. 영아들이 바퀴 굴리는 장면을 동영상으로 촬영한다.</td></tr>
<tr><td>마무리</td><td>5. 영아들의 바퀴 굴리기 동영상을 보며 함께 이야기를 나눈다.</td></tr>
<tr><td>확장활동</td><td colspan="2">바퀴에 물감을 묻혀, 전지에 굴린 그림을 게시판에 게시하여 영아들과 그림을 감상한다.</td></tr>
</table>

2) 유아를 위한 과학교육활동 실제의 예

(1) 3세

<table>
<tr><td>활동명</td><td colspan="2">어떤 인형 옷이 잘 마를까?</td></tr>
<tr><td>활동목표</td><td colspan="2">• 어떤 곳에서 인형 옷이 잘 마르는지 알아보는 과정에 흥미를 가진다.
• 인형 옷이 더 잘 마르는 날씨에 대해 관심을 가진다.</td></tr>
<tr><td>표준보육과정 관련 요소</td><td colspan="2">• 과학적 탐구 : 탐구하는 태도 기르기 – 탐구과정 즐기기
• 과학적 탐구 : 과학적 탐구하기 – 자연현상 알아보기</td></tr>
<tr><td>활동유형</td><td colspan="2">과학활동</td></tr>
<tr><td>준비물</td><td colspan="2">인형 옷, 빨래 바구니, 옷걸이, 사진기</td></tr>
<tr><td rowspan="2">활동과정</td><td>도입</td><td>1. 역할놀이영역의 인형으로 이야기를 시작한다.
애들아, 안녕? 나는 역할놀이영역에 있는 뽀뽀야. 알지? 너희들이 날 아주 예뻐하잖아. 나는 너희들과 함께 놀이할 때 정말 기분이 좋단다. 그런데 너희들이 날 많이 예뻐해서 내 옷이 지저분해졌어. 오늘은 너희들이 내 옷을 깨끗하게 빨아줬으면 좋겠어. 어때?
– 친구들이 뽀뽀 옷을 빨아줄 수 있나요?</td></tr>
<tr><td>전개</td><td>2. 다양한 날씨 사진을 보며 이야기를 나눈다.
– 여기에 있는 사진들은 다양한 날씨를 보여줘요. 맑은 날의 모습, 흐린 날의 모습, 비가 오는 날의 모습, 눈이 오는 날의 모습 등 날씨가 다 다르죠?
– 집에서 엄마나 아빠가 빨래를 어떤 날씨에 하시나요?
– 우리는 어떤 날에 빨래를 하면 빨래가 잘 마를까요?
– 여기에 있는 인형 옷을 빨아서 어디에 말려야 할까요?
– 밖에 말린 인형 옷과 교실에 말린 인형 옷 중에서 어떤 인형 옷이 잘 마를까요?
– 어떤 친구들이 인형 옷을 빨아볼까요?
3. 인형 옷을 빨아서 교실 안에서 말리거나 교실 밖에서 말려본 후 이야기를 나눈다.
– 빨래를 빨 때 어떤 기분이 들었나요?
– 마른 빨래는 어떤 냄새가 나나요?
– 인형 옷을 빨면서 어려웠던 점은 무엇이었나요?
– 인형 옷이 잘 말랐는지 알아보려면 어떻게 할까요?</td></tr>
</table>

활동과정	전개	 교실 밖에서 인형 옷을 말려보는 유아
	마무리	**4. 교실 안과 밖에서 말인 인형 옷을 가져와 비교해본다.** – 교실 안에서 말린 인형 옷과 밖에서 말린 인형 옷에서 나는 냄새는 어떻게 다른가요? – 손으로 만지면 어떤 느낌이 드나요? – 다시 빨래를 한다면 어느 곳에서 말리고 싶나요?  교실 안과 밖에서 말린 인형 옷을 비교하는 유아들
확장활동	가정과 연계하여 빨래를 해볼 수 있도록 하고, 다양한 날씨에 빨래를 건조해 볼 수 있도록 확장하여 활동을 한다.	

(2) 4세

구분		내용
활동명		수국꽃은 어디에서 가장 일찍 시들까?
활동목표		• 다양한 물과 식물의 관계에 대해 지속적으로 호기심을 갖는다. • 꽃이 살기 좋은 환경에 대해 관심을 갖는다.
표준보육과정 관련요소		• 자연탐구 : 탐구하는 태도 기르기 – 호기심을 유지하고 확장하기 • 자연탐구 : 과학적 탐구하기 – 생명체와 자연환경 알아보기
활동유형		과학활동
준비물		수국꽃, 페트병 5개, 물, 소금, 설탕, 식초, 탄산음료, 30cm 자, 관찰 용지
활동과정	도입	**1. 물, 소금, 설탕, 식초, 탄산음료가 들어 있는 각각의 그릇을 유아에게 제시한다.** – 앞에 놓여 있는 그릇에는 다양한 맛을 내는 물질들이 있어요. – 어떤 물질들일까요? 생각해보고 말해 보세요. – 그럼 앞에 나와서 어떤 맛이나 냄새인지 맛을 보거나 냄새를 맡아볼 친구들이 있나요? – 물, 소금, 설탕, 식초, 탄산음료를 이용하여 꽃을 이용한 실험을 해보려고 해요.
	전개	**2. 수국꽃을 관찰하고 꽃이 오랫동안 시들지 않는 방법에 대해 토의해 본다.** – 유치원 앞에 핀 수국꽃을 가져왔어요. 이 꽃을 오랫동안 시들지 않고 볼 수 있는 방법을 생각해 보세요. – 우리가 맛을 보거나 냄새를 맡아 본 물질들을 이용하여 꽃을 오랫동안 시들지 않게 하려고 해요. 어떤 곳에서 가장 오랫동안 수국꽃이 시들지 않고 피어 있을까요? – 각각의 다른 물들은 수국꽃에 어떤 영향을 줄까요? – 매일 매일 꽃의 상태를 관찰하려면 어떤 방법을 사용해야 할까요? – 함께 관찰하고 싶은 친구들을 어떤 방법으로 정할까요? **3. 매일 관찰한 기록을 보며 이야기를 나눈다.** – 어떤 곳에 있는 꽃이 가장 일찍 시들었나요? 어떤 곳에 있는 꽃이 가장 늦게까지 시들지 않았나요? – 우리들이 실험 전에 생각한 것과 어떤 차이가 있나요? – 매일 관찰하면서 어떤 생각이나 느낌이 들었나요?

활동과정		 수국꽃을 기르기 위한 과학영역  수국꽃의 변화를 매일 관찰하는 유아들의 모습
	마무리	4. 유아들이 기록한 기록지를 모아 과학영역에 게시한다. – (기록지를 보면서) 어떻게 이런 결과가 나왔을까요? – 꽃과 여러 가지 물들은 어떤 관계가 있다고 생각하나요? – 다음에는 식물과 관련된 어떤 실험을 해보고 싶나요?
확장활동	• 종류가 다른 꽃을 이용하여 물에서 오랫동안 시들지 않는 꽃의 종류는 어떤 것이 있는지 알아보는 활동을 할 수 있다. • 꽃을 물에 넣어 두지 않으면 얼마의 시간이 흐른 후 시드는지에 대한 실험을 통하여 물과 식물과의 관계에 대해서도 확장활동을 할 수 있다.	

(3) 5세

활동명	내가 찍은 구름사진
활동목표	• 생활 속에서 사진기를 활용하여 사진을 찍어본다. • 사진기로 다양한 구름 사진을 찍어보는 활동에 참여하고 즐긴다.
표준보육과정 관련 요소	• 자연탐구 : 과학적 탐구하기 – 간단한 도구와 기계 활용하기 • 자연탐구 : 탐구하는 태도 기르기 – 탐구과정 즐기기
활동유형	과학활동

<table>
<tr><td>준비물</td><td colspan="2">사진기(디지털 카메라), 다양한 구름사진, 다양한 전시도구, 손인형</td></tr>
<tr><td rowspan="3">활동과정</td><td>도입</td><td>1. 손인형을 이용하여 수수께끼를 낸다.
얘들아, 안녕? 나는 수수께끼 요정이라고 해. 내가 사는 나라에는 엄청나게 많은 모양들이 있어. 그 모양들은 어떤 때는 토끼로 보이기도 하고, 어떤 때는 사람처럼 보이기도 하고, 어떤 때는 양떼처럼 보이기도 해. 너희가 사는 나라에서도 볼 수 있는데, 하늘에서 볼 수 있는 모양들이야. 내가 낸 수수께끼 중 하늘에서 볼 수 있고 모양을 마음대로 바꿀 수 있는 것은 누구일까? 선생님과 함께 맞춰 볼래?
– 모양을 마음대로 바꾸고, 하늘에서 볼 수 있는 것은 무엇이죠?</td></tr>
<tr><td>전개</td><td>2. 다양한 구름사진자료를 보며 이야기를 나눈다.
– 하늘에 있는 구름사진을 보고 어떤 모양이 있는지 이야기를 해 볼까요?
– 우리가 직접 사진기로 다양한 구름사진을 찍는다면 어떤 구름 모양을 찍어 보고 싶은가요?
– 사진을 잘 찍으려면 어떻게 찍어야 할까요?
– 사진기를 사용할 때 주의해야 할 점은 무엇일까요?
– 함께 사진을 찍고 싶은 친구들을 어떤 방법으로 정할까요?
3. 소집단별로 유아들이 다양한 구름 모양을 선정하여 다양한 각도에서 사진을 찍고, 직접 찍은 사진을 보며 이야기를 나눈다.
– 어떤 모양 구름을 찍어 보았나요?

다양한 사진기를 사용하여 구름 사진을 찍는 모습
– 어떤 방법으로 사진을 찍었나요?
– 사진을 찍을 때 어려웠던 점은 무엇이었나요?
– 구름을 눈으로 볼 때와 사진으로 찍어서 볼 때 어떤 점이 다른가요?
– 친구가 찍은 사진을 보면서 어떤 생각이나 느낌이 들었나요?</td></tr>
<tr><td>마무리</td><td>4. 유아들이 찍은 사진에 원하는 제목을 넣은 후 사진을 전시한다.
– 이 사진에는 어떤 이름이 어울릴까요?
– 어떤 이름으로 이 구름 사진을 표현하고 싶나요?
– 다음에는 사진기를 이용하여 어떤 사진을 찍어보고 싶나요?</td></tr>
<tr><td>확장활동</td><td colspan="2">디지털 사진기 이외의 다른 사진기(폴라로이드, 핸드폰 사진기 등)를 이용하여 사진을 찍고, 느낌을 비교할 수 있다.</td></tr>
</table>

Teaching subjects in early childhood education

CHAPTER

08

영유아 미술교육

1. 미술교육의 역사 및 동향 | 2. 미술교육의 목적 및 목표
3. 미술의 요소 및 기본원리 | 4. 영유아의 미술발달단계
5. 영유아 미술(회화)표현의 특징 | 6. 영유아 미술교육을 위한 환경
7. 영유아 미술교육내용 | 8. 미술교육의 교수-학습방법
9. 교사의 역할 | 10. 유아 미술활동의 평가
11. 미술교육활동의 실제

CHAPTER

08

영유아에게 있어 미술은 자신의 표현언어로 끄적거림 단계에서부터 자신을 드러내고 소통하는 과정이라 할 수 있다. 자연스러운 자신의 감정과 느낌 등 생각을 표현하는 과정은 즐거움 그 자체이며 성장과정의 일부이다. 미술활동을 통해 자신 및 타인에 대한 관심과 이해를 바탕으로 사회적 관계형성 및 예술적 감성을 증대시켜 창의적인 사고발달의 기초가 될 수 있다.

이 장에서는 미술교육의 역사 및 동향, 미술교육의 목적 및 목표, 미술의 요소 및 기본원리, 영유아 미술표현의 특징, 영유아 미술교육을 위한 환경, 미술교육의 내용 및 교수-학습방법과 교사의 역할, 평가, 실제를 살펴보고자 한다.

1. 미술교육의 역사 및 동향

미술은 인류 역사와 함께 시작되었다고 해도 과언이 아니며, 인류 역사 내에서 소통과 관계의 중요한 역할을 담당해 왔다. 인간은 자기표현과 기록 등을 위해 주변의 환경을 이용해 그림을 그리고, 만드는 등 자신을 창조적으로 표현 또는 기록하는 등 다채로운 활동을 하면서 스스로 활동과정이나 결과물을 창출해 냈다. 또한 다양한 표현과정을 통해 자기만족과 스트레스 해소 등 정서적 안정과 기록 및 소통의 도구가 되었다. 이러한 관점에서 미술은 자신의 감각을 동원해 자신뿐 아니라 다른 사람의 감정과 정서에도 영향을 주어 서로 유기적인 관계형성을 이룬다.

미술교육의 흐름은 교육사조의 흐름과 일맥상통한다고 볼 수 있다. 21세기 교육문화의 흐름에서 융·복합적 사고와 태도에서 요구되는 인간상은 자기주도적이고 창의적이며 협력하고 개방적인 인간상이 화두가 되고 있다. 미술교육 역시 창의적인 사고를 지니고 상호 보완적 역할을 수행할 수 있는 교육적인 면에서 21세기 교육이 추구하는 그 목적을 미술교육활동을 통해 찾아보고자 한다.

우리나라에서 회화가 발전하기 시작한 것은 4~5세기경으로 추측되며, 무덤 내부 및 사찰의 벽면을 장식하는 실용적인 그림들이 대부분이었다. 학교 미술교육은 1895년 관립한성사범대학 설립을 기점으로 120년 가까이 된 것으로 본다(김혜숙·김성숙·김정희·김형숙·안금희·이성도·이주연·정여주·황연주, 2016).

미술교육 동향 및 흐름을 학자의 견해를 중심으로 살펴볼 수 있으며 이 장에서는 쉴러, 지첵, 슈타이너, 리드, 로웬펠드를 중심으로 살펴보고자 한다.

1) 학자별 미술교육에 대한 견해

(1) 쉴러

쉴러Friedrich Schiller(1759~1805)는 인간의 전인적 인격형성에 대한 결정적인 예술의 역할을 주장하였으며 '인간은 미에 의해 완성되어야만 한다'는 미적 교육에 의한 인간 완성을 역설하며 미술교육의 중요성을 최초로 환기시킨 인물이다. 그의 예술론의 핵심은 미의 개념을 단지 물질적 생명이나 형식적 형태로서만이 아닌 감성과 이성을 통일하는 원리로서 또는 이상적 인간성의 원리로 인식했다는 것이다. 또한 참된 인간성 교육의 매체로 미적 교육을 강조했다. 저서로는《인간의 미적 교육에 관한 서간》이 있다.

그림 8-1 쉴러

(2) 지첵

지첵Franz Cizek(1865~1946)은 미술교육에 있어서 창의성을 주장, 아동의 창조성을 중심으로 하는 미술교육의 선각자로 아동 및 청소년 미술의 확립과 미술교육의 근대화를 위해 노력하였다.

어린이를 독자적인 행동법칙에 따라 스스로 유기적으로 발달해 가는 존재로 인식하고, 이에 기초한 미술교육을 모색하고 실천하였다. 종전의 미술교육이 모사에 의한 임화나 기능 위주의 훈련에 편중되었던 것에 반대하고, 아동을 주체로 한 자유로운 미술표현을 실천하고 파급시켰다.

그림 8-2 지첵

(3) 슈타이너

슈타이너Rudolf Steiner(1861~1952)는 '교육은 예술이어야 한다'는 취지하에 '교육예술'이라는 새로운 교육방법론을 창안하여 인간의 정신과 육체가 조화롭게 발달한 자유인의 육성을 위해서는 예술적인 방법으로 수업을 형성해야 한다고 하였으며 예술교육에 기초한 전인교육을 주장하였다. 슈타이너의 교육사상과 교육방법론을 실천하는 혁신적인 학교인 발도르프 학교는 아동들이 교과서가 없는 각 과목의 예술적인 수업 분위기 속에서 자신의 개성을 살리고 자유롭게 자기역량을 키우는 특성을 지니고 있다. 또한 미술교육에서는 아동의 형태나 색채의 본질 체험을 통해 자아를 느끼고 체험할 수 있는 것을 교육목표로 삼았다.

그림 8-3 슈타이너

(4) 리드

리드Herbert Read(1893~1968)는 미술교육을 통한 이성과 감성의 조화, 그리고 그를 통한 인격완성을 주장하였으며 많은 이들에게 공감을 불러일으켜 전 세계 미술교육의 방향에 큰 영향을 미쳤다. 리드는 미술을 통한 아동의 창의성 육성과 사회에 유용한 미술교육을 강조하고 감각의 발달을 중시했으며 조형예술에 관한 폭넓은 지식과 경험을 바탕으로 직접 아동의 조형발달단계를 연구하여 분류하였다. 저서로는《예술을 통한 교육》이 있다.

그림 8-4 리드

(5) 로웬펠드

그림 8-5 로웬펠드

로웬펠드Viktor Lowenfeld(1903~1960)는 시각형·촉각형 이론으로 아동의 개인차에 착목한 연구로 아동과 청소년의 미술표현발달단계를 연구하고 실천을 바탕으로 한 창의성 중심 교육을 체계화하여 세계 미술교육에 이바지하였고 미술교육의 현대화에 기여하였다. 아동은 잠재력과 창의성을 지닌 존재이며, 미술이 그것들을 개발시켜 주는 매개체라는 인식을 전제로 한다. 로웬펠드의 미술교육활동과 연구는 수십 년 동안 미술계에 지대한 영향을 미쳐왔으며, 특히 창의적인 미술표현과 인간의 성장과의 관계를 제시한 미술발달단계는 1960년대 이후 우리나라 초·중등미술교육에 영향을 미쳤다.

또한 레지오 에밀리아 접근법으로 프로젝트 활동을 통한 교사-어린이 간의 상호작용에 의한 환경탐색, 어린이들의 자연스러운 언어 또는 다양한 표현방식으로 특정 주제에 대한 심층적 연구를 통한 활동을 하였으며 어린이들이 하고 있는 일 자체에 중점을 둔 교사-유아의 상호작용을 중시하였다.

2) 시대별 이슈에 따른 미술교육의 동향

(1) 1980년대 이후

미술교육학자들은 교육체제 속에서 다문화적 접근에 대해 활발히 논하기 시작하였으며 다문화주의는 국제화, 세계화와 관련된 개념으로 다양성의 수용 및 허용 여부와 그 정도가 문제로 제기된다. 1960년대 프랑스에서 논의되기 시작한 포스트모더니즘 사상의 핵심 사상인 다원주의와 마찬가지로 다양한 양식의 공존을 지지한다. 다문화주의와 다원주의가 결합된 다원적 문화주의에서는 '동질'보다는 '차이'를 강조한다. 이러한 '차이'는 배려와 상호 존중 없이는 수용되지 못하며 이를 위해 서로의 이해를 통한 공존과 협력, 평화를 달성하는 의도와 가치관, 태도, 의식, 갈등해소와 문제해결을 위한 교육이 필수이다. 우리나라도 다양한 문화의 인구 유입과 국제화 · 세계화 추세에서 다문화적 변화가 이루어지고 있는 현실로 문화적 현상을 반영한 교육이 필요하다. 특히, 인간의 미술적 이해와 감성, 표현이 중시되는 미술교육에서 서로 간의 다름과 다양성을 인정하는 다문화적, 다원주의적, 포스트모던 특징에 대한 이해와 교육적 동행이 요구된다.

(2) 구성주의

미술교육에서 포스트모던 논의와 더불어 구성주의 관점은 창의성 중심 미술교육과 학문 중심 미술교육 등의 전통적인 관점에 대한 대안적인 견해가 제시되고 있다. 피아제Piaget와 비고츠키Vygotsky를 중심으로 구성주의는 미술교육에 있어서 지각, 발달, 학습, 지능 등에 대한 새로운 인식을 촉구하였으며, 미술교육의 목적에 또 다른 시각을 제시하였다.

(3) 융합인재교육

최근 우리나라 안밖으로 교육의 가장 큰 이슈는 과학, 기술 관련 교육 분야에서 많은 관심을 받고 있는 용어로 STEAMScience, Technology, Engineering, Arts & Mathematics이다. 우리나라에서는 '융합인재교육STEAM'으로 불리며 '미래과학기술 사회가 요구하는 과학, 기술, 공학, 예술, 수학 등 다양한 분야의 융합적 지식을 기반으로 학생들의 과학기술에 대한 이해, 흥미, 잠재력을 재고하여 창의성, 직관력, 감성과 예술적 감각의 신장을 포함하는 총체적인 접근에 기초하는 교육'이라 정의하였다. STEAM은 아트Arts가 포함되기 전 STEMScience, Technology, Engineering &

Mathematics에서 시작되었으며 음악, 미술, 무용, 연극, 말하기, 글쓰기 등 교양을 포함한 아트가 제공하는 상상력, 감성, 시각화 원리와 사고의 힘에 주목하여 개인의 창의성 발현을 위해 아트가 포함되었다. 이는 과학, 기술, 공학, 수학이 더욱 잘 표현, 실현되기 위해 직관과 감성의 예술이 필요하다는 데 의미를 같이 한 것이다. 물론 STEAM에서 아트가 미술교육만을 의미하는 것은 아니지만 과학기술 분야의 창의성 발현을 위한 교육으로 미술교육의 중요성과 필요성을 인식하고 미술교육의 확산적이며 통합적인 역할에 대해 고려해 볼 필요가 있다.

(4) 현대의 미술교육(디지털 미디어 스마트교육)

다양한 스마트 기기와 미디어가 발달한 정보화시대 교육문화의 변화에서 미술교육이 도구로서의 미술이 아닌 사람과 사회와의 적극적이고 지속적인 소통과 상호작용 역할에 대한 중요한 교육적 다리 역할을 할 수 있도록 자리 잡아야 할 것이다(김혜숙 외, 2016).

이와 같이 미술교육의 목적과 역할은 시대적 흐름과 교육사조, 문화적 차이에서 다르게 강조되기도 하였다. 미술교육은 인류의 출현과 함께 시대적 의미를 담고 삶에 대한 즐거움과 문화발전을 위한 동행자의 역할과 창조의 기능을 담당해 왔으며 시대가 변해도 미술교육의 필요성은 감소되지 않는 더 많은 역할이 요구될 것이다. 이는 인간의 행복과 자기표현과 소통에 대한 멈출 수 없는 욕구에서 비롯된 것이라 할 수 있다.

2. 미술교육의 목적 및 목표

영유아교육에서 미술교육의 목적은 전문가를 키워내는 교육이 아닌 영유아의 오감을 자극하여 발달영역에 골고루 촉매의 역할을 하여 고른 발달을 이루도록 하는 전인교육의 기초이며 21세기 융합인재교육 관점에서 역할을 담당해 낼 창의적이며 감성적인 융합인재로 성장하도록 기초를 제공하는 데 목적이 있다.

영유아들이 미술 관련 활동을 위해 주변의 환경과 다양한 재료, 시공간적 환경을 탐색하고 자신의 활동 속에 활용하며 활동과정에서 느끼는 즐거움과 작품완성 시 느끼는 성취감 등은 유아에게 있어 긍정적 경험이 될 것이다. 또 다른 영역과 자연스럽게 연계되는 자신감을 통해 갖게 되는 정서적 안정감과 긍정적 태도는 유아발달영역의 고른 자극을 초래하게 된다. 이로 인해 영유아들의 발달과정에서 중요한 매체로 작용될 것이다.

미술교육의 목적으로는 '미술의 교육education of art'으로 미술전문가 양성을 위한 전문교육으로서의 미술교육과 '미술을 통한 교육education through art'으로 미술에 의한 교육, 즉 미술활동을 매개로 한 인간교육을 목적으로 하는 교육으로 나눌 수 있다. 영유아기 미술교육의 목적은 후자에 입각한 목적에서 이루어진다고 볼 수 있다. 미술교육의 목적과 내용은 그 시대의 정치, 경제, 사회, 문화 등의 영향을 받으며, 특히 당면한 시대가 교육을 통해 육성하고자 하는 인간상과도 밀접한 관계가 있다. 21세기 융・복합시대는 미술의 다양한 체험, 표현, 감상활동을 통하여 창의적으로 나타내고 미술문화를 이해하며 계승 발전시킬 수 있는 전인적 인간을 육성하는 데 그 목적이 있다(김혜숙 외, 2016).

영유아에게 있어 미술이란 자신을 표출하는 가장 자연스러운 표현방법 중 하나이다. 영유아의 그림은 보는 그림만이 아닌 보고, 듣는 그림이라 해도 과언이 아니다. 이처럼 영유아기의 그림은 자신의 외적 표출뿐 아니라 내면을 드러내는 표현기법 중 하나로 유아의 내면의 상태를 나타내는 중요한 역할도 하고 있다.

영유아들은 미술활동을 통해 자신만의 표현을 자연스럽게 즐기고 활동에 동화되어 집중하게 되면 그 과정에서 만족감과 성취감을 느끼고 나아가 자아존중감이 높아져 미술뿐만이 아니라 다른 영역과 생활에서도 자신을 긍정적으로 바라볼 수 있으며 보고, 듣고, 말하고, 표현하고, 느끼는 종합적인 과정이 된다. 영유아기의 미술교육은 기술에 의존하지 않는 자연스럽고 창의적인 표현방법으로 종합적인 유아발달에 도움이 된다. 이러한 종합적인 교육방법이 되는 미술교육은 영유아들로 하여금 과정 중심의 즐거움, 성취감, 심미감 등을 통해 창의적 표현을 이루는 데 그 목적이 있다. 나아가 현대사회가 필요로 하는 창의적이며 융합적인 존재로 거듭나게 될 것이며 호기심과 표현력이 열려 있는 유아기에 좋은 프로그램으로 다양한 경험을 줄 필요가 있으며 유아교육기관과 유아를 둘러싸고 있는 인적 · 물적 환경을 잘 활용할 필요가 있다.

현대의 영유아기 교육이 좌뇌 교육에 편중되어 있는 특징을 보이고 있으나 미술활동을 통한 우뇌교육은 다양한 사회 부적응에서 조화롭게 성장할 수 있도록 돕기 때문에 정서적으로 건강하며 조화로운 삶을 영위하는 데 꼭 필요한 교육이다. 또한 미술교육은 보고, 듣고, 느끼는 종합적 과정을 통해 실현되며 유아들에게 인지 · 언어 · 사회성 · 신체 · 정서발달을 이루게 된다. 또한 반복적이며 다양한 경험은 창조적인 태도를 기르게 되며 창의성발달을 이룬다.

궁극적으로 미술교육은 행복한 삶을 살아가기 위한 기본적인 최고의 자기표현 의지이자 역사 · 문화적 자취인 것이다.

3. 미술의 요소 및 기본원리

미술의 요소란 회화나 조각, 퍼포먼스 등 사람의 시각이 인지할 수 있는 모든 예술작품을 창조할 때 사용되는 기본적인 요소이고 조형造形요소는 점, 선, 면, 형, 색, 명암, 질감, 공간 등을 말하며 미술표현과정에서 구체적인 형태나 이미지를 구성하는 기본 요소를 뜻한다.

미술의 기본원리로는 조화, 균형, 율동, 비례, 통일과 변화, 강조가 있으며 미술 작품들이 작가가 표현하고자 하는 내용을 효과적으로 전달하기 위해 여러 조형요소들이 유기적으로 관계나 질서를 이루는 것을 뜻한다.

4. 영유아의 미술발달단계

영유아의 미술발달단계는 유아의 성장과정과 특성이 나타나게 되며 유아의 표현은 일정한 순서와 단계를 거쳐 발달하게 된다. 이에 대해 평면표현그리기의 발달단계와 조형발달과정으로 구분하여 살펴보고자 한다.

1) 평면표현(그리기)발달단계

평면표현발달단계를 학자별 로웬펠드Viktor Lowenfeld, 켈로그Rhoda Kellog, 피아제로 나누어 설명해 보면 다음과 같다.

(1) 로웬펠드의 평면표현발달단계

① 난화기(2~3세)

- 끄적거리는 근육운동의 결과에 따라 즐거움을 발견하며 자기표현의 첫 단계이다.
- 초기 : 무의식적이고 방향감각이 없으며 인과관계를 인식하지 못한다.
- 중기 : 끄적거림의 결과를 발견하고 팔의 움직임을 조절하여 원 · 수평 · 수직 운동을 반복한다.
- 말기 : 사고를 갖고 시각적 기억력으로 그림을 그리며 색에 대해 무관하고 상징적 활동을 시작한다.

② 전도식기(4~6세)

- 의식적 표현단계로 접하는 시기이다.
- 그리기, 생각하기, 실제 사이의 유대관계가 발전하는 과도기이다.
- 본능적 욕구에 의해 좋아하는 대상을 표현한다.
- 재료를 적절히 다루지 못한다.
- 감정 · 정서에 따라 색채를 사용한다.
- 입체감 없이 자기를 중심으로 대상을 배치한다.
- 지능발달에 따라 개인차가 심하다.
- 자기의 생각을 주저 않고 그려내기 때문에 창조성이 높게 나타난다.
- 새로운 개념을 찾기 위해 표현 형태가 자꾸 변한다.

(2) 켈로그의 평면표현발달단계

① 모형의 시기(2세)

의미 없는 끄적거리기가 나타나며 20가지의 기본형을 갖는다.

② 형상화의 시기(3세)

- 낙서와 도형의 중간 형태인 유사 도형이 나타난다.
- 단일 선으로 원형, 십자가형, 삼각형 등의 도형을 그린다.
- 모양을 인식할 수 있다.
- 6가지 기본 형태가 나타난다.

③ 디자인 시기(4세)

- 도형들로 조합을 이루거나 집합을 이루면서 디자인을 시작한다.
- 추상적이고 균형 잡힌 그림을 그린다.
- 만다라, 태양, 방사선 모양이 나타나며 원시적 얼굴 모양이 나타난다.

④ 인물화 시기(5~6세)

- 4·5세경에 인물화를 시작하며 초기 회화적 표현기로 그림에 명명하기를 좋아한다.
- 동·식물, 교통기관을 즐겨 그리고 장식적 형태를 그린다.
- 면과 중앙을 의식한다.

(3) 피아제의 평면표현발달단계

① 감각운동기(1~2세)

- 유아의 행위는 반사에 의존한다. 습관이 형성된다. 대상 없이 관심을 일깨울 수 없다.
- 쥐기, 조작하기 그 밖의 다른 촉각과 근육운동감각을 통해 사고를 시작하게 된다.

② 상징적 기능기(3~4세)

눈앞에 없는 대상과 사건의 재현은 다음을 통해 시작된다.

- 지연된 모방 : 모델이 사라진 뒤의 모방
- 상징놀이 : 가장놀이, 겉꾸미기
- 선화 : 놀이를 통한 재미있는 연습, 맹목적인 난화 속에서 형태를 인식
- 기억으로부터 모델을 이끌어 내는 시도 : 전체 속의 부분은 가끔 성인의 기준에 의해 왜곡
- 상상과 대화

③ 직관적 사고기(5~6세)

- 자기중심적 : 다른 관점을 생각하지 못한다.
- 보이는 것이 아니라 알고 있는 것을 그린다.

• 시각적으로 지각되지 않았다 할지라도 개념적 속성을 그린다.

• 근접, 분리, 포함의 관계와 다른 위상상의 고려가 표현되기 시작한다.

이상의 평면표현그리기의 발달에 대한 학자들의 의견을 표로 나타내면 **표 8-1**과 같다.

표 8-1 평면표현(그리기) 발달단계

학자 / 연령	로웬펠드	켈로그	피아제
1세	–	–	감각운동기 : 근육운동 감각을 통해 사고
2세	난화기 : 자기표현의 첫 단계	2세 : 모형의 시기 의미 없는 끄적거림	
3세		3세 : 형상화의 시기 유사도형 표현	상징적 기능기 : 대상과 경험 표현
4세	전도식기 : 의식적 표현단계	디자인 시기	
5~6세		인물화 시기 : 초기회화적 표현기	직관적 사고기 : 보이는 것이 아닌 아는 것을 그림

출처 : 오연주(2015).

2) 조형발달

김정과 로웬펠드를 기준으로 발달과정을 살펴보면 다음과 같다.

(1) 김정의 조형발달단계

① 신생아기(1~3세)

아무거나 잡는 대로 입에 갖다 대거나 마구 휘적거리는 등의 행동을 보인다. 뭔가 그리는 흉내를 내는 것으로 볼 수 있다.

② 난화기(3~5세)

그림에 대한 관심이 차츰 높아지면서 그림과 낙서가 동시에 뒤섞인 형태로 나타나며 최초의 묘사 행위가 싹트는 단계이다.

- 초기 : 손에서 그어지는 그림 형태가 뚝뚝 끊어지는 현상이 나타난다.
- 중기 : 선이 끊어지지 않는 능력이 생기면서 좌우로 끄적거리는 평면적 직선이 나타난다.
- 말기 : 좌우로 움직이던 연결선이 초보적인 회전운동으로 나타나는데, 원의 표현은 그림을 즐겁게 해주는 계기가 된다.

③ 전도식기(5~7세)

- 무의식적인 표현과정에서 차차 의식적인 표현으로 접어드는 시기로 자신감이 충만하며, 감정적으로 본능욕구에 의하여 그린다.
- 사물을 보는 지각능력이 높아져 주관적인 표현에서 객관적인 표현으로 성장해 간다. 인물을 가장 많이 그리면서 점점 구체적으로 발전된다. 수평으로 연결된 팔과 수직으로 연결된 몸통과 다리를 그려 상징되는 인물상이 나타난다.
- 마음먹은 대로 그리고 싶은 것을 막힘없이 그리는 아동그림의 황금기이다. 공간, 원근, 대소관계가 무시된 주관적인 사고에 의한 그림을 그리는 경우가 많다.

④ 도식기(7~9세)

사람과 사물에 대한 일정한 개념을 찾아내게 되고 형체의 모습도 자신을 갖고 보게 되며, 독자적인 표현방법이 나타나게 된다.

- 사물의 외면과 내면의 형태 묘사가 시도되고 상징성이 후퇴되며, 점차 객관적인 사실에 접근하려는 노력이 보인다.

• 창의적인 표현보다 사물의 개념을 인식하게 되고, 형태의 변화와 함께 기하학적인 선 감각은 천진난만하고 동심이 깃들어 있는 듯한 꾸밈과 모양, 색을 사용한다.
• 주관과 객관의 중간에서 고민하는 단계이기 때문에 표현에 유연성을 상실하기 쉽다.

(2) 로웬펠드의 조형발달단계

① 난화기(3～5세)

• 목적 없이 충동적으로 선묘를 하며 무의식운동이라고 할 수 있는 최초의 표현단계이다.
• 무질서한 난화기 : 무의식적인 선들을 목적이나 방향감각 없이 자유롭게 마구 그리는 단계로서 팔의 움직임에 따른 그림과의 인과관계를 인식하지 못하는 자연스러운 표현이다.
• 조절된 난화기 : 수평선이나 수직선, 원이나 고리모양을 반복하여 표현한다.
• 명명하는 난화기 : 목적 없이 불규칙하게 그어진 선들은 차츰 원이나 다양한 도형의 형태로 나타나게 되고 자신의 그림에 이름을 붙이게 된다.

② 전도식기(5～7세)

• 상징적 도식표현의 최초단계로 각자의 방법으로 특유의 도식 형성을 시도한다.
• 두족인 형태의 인물, 꽃, 집, 동물 얼굴 등 사물의 정면 형을 많이 그린다.
• 인물표현이 차츰 분화하여 팔, 몸통, 손가락, 옷, 머리카락 등을 표현한다.
• 눈에 반영된 외부 세계 표현보다는 경험이나 이미 알고 있는 내용과 본능적인 욕구에 의해 좋아하는 대상을 표현한다.
• 그림마다 개인차가 심하게 나타나고 같은 대상을 각자 다른 시각으로 보고

표현하게 되는 창의성이 발달하는 시기이다.

③ 도식기(7~9세)

- 사물에 대한 개념이 형성되는 시기로 인물이나 사물의 형태를 반복해서 그림으로써 개별적인 일정한 도식이 나타난다.
- 공간관계에 일정한 질서가 있음을 발견하고, 그리고자 하는 대상을 세부적이고 장식적으로 표현하거나 정서적인 상태에 다라 강조 또는 생략 등 다양한 표현이 나타난다.

표 8-2 조형발달단계

학자 연령	김정	학자 연령	로웬펠드
1~3세	신생아기 : 그리는 흉내를 보임		–
3~5세	난화기 : 최초의 묘사 행위가 싹트는 단계	2~4세	난화기 : 최초의 표현단계
5~7세	전도식기 : 의식적인 표현으로 접어드는 시기	4~7세	전도식기 : 상징적 도식표현의 최초 단계 인물표현이 분화, 개인차, 창의성이 발달하는 시기
7~9세	도식기 : 독자적인 표현방법이 나타나게 되는 시기	7~9세	도식기 : 개별적인 일정한 도식이 나타나는 시기

출처 : 박광숙(2015).

김정의 연구에 의하면 한국 유아들의 조형발달이 서양 유아들보다 2~3년 조기 발달하는 것으로 나타났으며, 로웬펠드의 6단계와 달리 신생아기가 신설되어 있는데, 여기에서는 도식기 연령까지만 설명하였다.

5. 영유아 미술(회화)표현의 특징

영유아 미술은 개인의 성장이 반영되어 나타나는데, 개성, 정서, 상상과 의사소통 매체의 특징을 가지고 있으며 대체로 다음과 같은 보편적인 특징이 나타난다(양연숙 · 장혜자 · 김현지 · 김영주 · 송진영, 2015).

1) 두족인 표현

영유아기의 초기 인물은 동근 형태의 얼굴에서 팔과 다리가 수평선, 수직선 형태로 나타나는 특징이 있으며 두족인 또는 태양인이라고 표현한다. 눈, 코, 입, 귀 등의 위치나 인체 각 부분에 대한 관심이 없다.

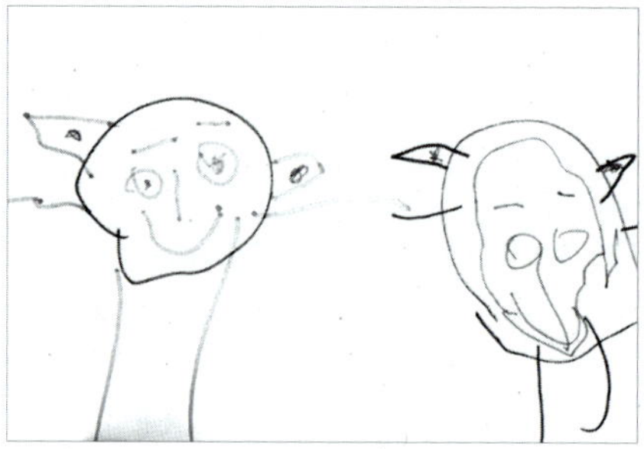

그림 8-6 두족인 표현

2) 과장과 생략 표현

영유아기는 자기중심적인 사고의 발달로 자신에게 의미 있고 중요하게 생각되는 부분을 과장하거나 축소해서 그리는 표현방식이 나타난다.

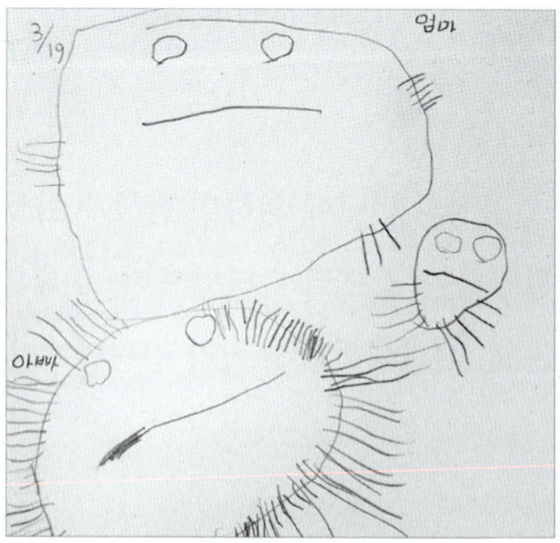

그림 8-7 과장과 생략 표현

3) 의인화 표현

사물을 자기와 동일시하며 물활론적 사고로 모든 것에 생명이 있다고 생각하여 동식물, 사물도 자신과 같이 감정을 지니고 있다고 생각하며 눈, 코, 입 등을 그려 의인화된 표현을 한다.

그림 8-8 의인화 표현

4) 반복적 표현

같은 것을 여러 번 반복하여 표현하며 관심 있는 대상을 나열식, 병렬식 패턴으로 반복하여 그린다.

5) 나열식 표현

사물들 간의 원근이나 공간, 관계 등을 연관 없이 생각난 대로 자신이 표현하고자 하는 것을 기호나 부호처럼 나열하여 그리는 표현방식이다.

6) 기저선 표현

도식기에 들어선 유아는 기저선을 그리고 하늘과 땅을 구분하여 그리기 시작하며, 이는 공간개념이 확립된 것을 의미하는 것으로 공간 공식화의 표현이다.

그림 8-9 반복, 나열식 표현

그림 8-10 기저선 표현

7) 투시적 표현

영유아는 그림을 그리면서 시각적으로 보이지 않는 것에 대해서도 경험이나 지식을 토대로 보이지 않는 부분까지 X-레이와 같이 표현하는 그림이다.

8) 전개도식 표현

3차원의 세계를 2차원 화지에 표현할 때 전개도와 같이 펼쳐진 그림으로 표현하는 것으로, 예를 들어 식탁에 둘러 앉아 식사하는 모습을 사방으로 펼쳐져 누워 있는 것과 같이 표현한 그림이다.

그림 8-11 투시적 표현

그림 8-12 전개도식 표현

9) 동시적 표현

시간과 공간을 뛰어넘어 여러 면에서 본 것을 한 그림에 모두 나타내거나, 과거 현재, 미래의 현상을 한 그림 안에서 표현하는 것이다.

예를 들어, 아침이라고 표현을 했지만 별과 해를 표현한 것이다.

그림 8-13 동시적 표현

10) 시점 이동표현

화면의 물체들이 한 방향을 향하지 않고 영유아의 편의에 따라 앞, 옆, 뒤, 위에서 본 모습이 자유롭게 그려진 그림을 말한다.

예를 들어, 한 화지 안에서 위에서 바라본 둥근 연못에 옆에서 바라본 물고기 형태 등과 같이 시점이 이동되어 표현된 그림이다.

그림 8-14 시점 이동표현

6. 영유아 미술교육을 위한 환경

1) 도구

자유롭고, 다양한 미술활동을 위해 영유아교육기관에서 흔히 사용되고 있는 도구들은 표 8-3과 같으며 생활 주변의 다양한 재료는 영유아의 창의적인 활동의 좋은 소재가 될 수 있다.

표 8-3 미술활동 재료

분류	재료
채색도구	크레파스(크레용, 파스텔, 패브릭 크레용), 색연필, 사인펜, 연필, 목탄, 매직, 마커펜, 물감(수채물감, 포스터칼라, 아크릴물감, 마블링 물감, 염색물감 또는 페이스페인팅 물감), 먹물, 파스텔, 핸디코트, 젯소, 래커, 매니큐어, 색조화장품(립스틱, 아이섀도), 자연물(황토, 식물 등) 플레이 콘 등
채색 보조 도구	붓, 팔레트, 스펀지, 스프레이, 롤러, 나이프, 두꺼운 종이, 면봉, 신체를 이용한 채색 등
종이 및 화지 재료	각종 도화지(흰색 도화지, 색도화지, 색상지, 마닐라지, 한지, 하드보드지, 색종이, 벽지, 전지, 습자지), 우드락, 타일, EVA, OHP, 부직포(펠트지), 각종 헝겊(원단), 비닐류(아세테이트, 시트지, 장판), 사포, 재활용품(우유갑, CD, 박스, 스티로폼 등), 자연물(흙, 돌, 나무) 등
점토 및 조형 활동 재료	점토(지점토, 컬러점토, 도자기 흙, 클레이, 밀가루, 라이스, 비누, 양초, 톱밥), 플레이콘, 석고가루, 석고 붕대, 주변의 다양한 용품 등
점토 활동 보조도구	찍기 모형 틀, 조각용 칼, 밀대, 이쑤시개, 빨대, 와이어, 나무젓가락, 팔레트와 같은 개인 받침용 도구 등
콜라주 재료	자연물(나뭇잎, 열매, 돌, 꽃, 나뭇가지, 조개 껍질류 등), 각종 끈(지끈, 비닐 끈, 노끈, 와이어, 고무줄, 모루, 털실), 뽕뽕이, 스팽글, 구슬 및 보석모형, 매직콘, 왕소금, 색모래, 톱밥, 스티커 등
접착용 재료	풀, 본드(목공용, 우드락, 돼지), 글루건, 테이프, 접착용 스프레이, 접착용 검(예 : 블루텍), 바니시, 픽사티브, 시트지 등
재활용품	음식이나 각종 포장 용기 및 상자, CD, 에어컵(뽁뽁이), 생활용품 등
위생 보조도구	미술 가운, 책상 보(비닐 종류), 걸레 등

출처 : 안미인 노트(2016).

2) 활동 공간 및 작품 보관 공간

재료를 탐색하고 활동에 임하는 활동공간은 재료의 사용이 쉽도록 동선과 안전성을 고려하여 배치하고, 오염 등에 대비할 수 있도록 미술작업 가운 또는 책상 커버를 준비해 두면 좋다. 활동이 마무리되면 완성된 작품을 말리거나 전시할 공간이 필요하다.

3) 전시 및 감상

작품을 전시, 감상할 수 있는 공간을 활용하여 자연스럽게 감상 및 전시할 수 있으면 좋다. 자신의 작품을 직접 전시할 수 있는 테이블이나 벽 등의 공간이 있으면 자신의 작품에 대한 소중함과 성취감이 높아지고, 자연스럽게 공유 및 감상의 장소가 된다. 예를 들어, 교실의 한쪽 벽면에 자석을 붙일 수 있도록 구성하면 연령이 낮은 유아들도 자신의 평면작품을 바로 전시할 수 있다. 물론 교실 밖의 실내외 공간을 적절히 활용하는 것도 전시 공간을 확장할 수 있다.

박광숙(2015)의 작품을 전시할 때의 유의점을 재보완하면 다음과 같다.

- 유아의 활동작품을 전시할 때는 개별적 또는 공동으로 전시할 수 있다. 이때 유아의 작품에 개인 이름 또는 사진 등으로 누구의 작품인지 확인할 수 있도록 한다.
- 작품 전시에 있어 개인 작품인 경우는 모두 전시할 수 있는 공간을 마련한다. 소수의 잘 된 작품이 아닌 각자 직접 작품을 전시하며 성취감을 느끼도록 한다. 또한 서로 다른 생각과 표현이 있음을 경험할 수 있다.
- 협동작품 또는 입체작품의 경우 손상이 되지 않을 공간을 선정하여 전시하며 공간이 불편하거나 협소할 경우 사진을 찍어 사진으로 전시한다.
- 작품 전시는 유아의 눈높이를 고려하여 전시하며 작품의 종류에 따라 적절히

다양한 장소와 방법으로 전시하도록 하여 다양성을 경험하도록 한다.

- 유아의 작품 전시 기간이 지나 가정으로 가져갈 때는 입체 조형이 최대한 안전하게 이동될 수 있도록 포장이나 상자 등을 이용해 보호하여 유아가 작품 손실로 인한 상실감이 없도록 한다.
- 서로의 작품을 전시 감상하며 나와 타인의 감정 또는 표현에 대해 존중하고, 소중히 하는 마음을 갖는다.

7. 영유아 미술교육내용

미술활동은 영유아가 활동자료나 내용에 호기심을 갖고 스스로 활동에 임하면서 그 과정을 즐기고 탐색하며 경험하면서 즐거움을 느끼고 자신의 작품에 대한 성취감 및 소중히 여기는 마음이 부합될 때 창의적 발현이 이루어진다.

연령별 영유아의 표준보육과정 및 누리교육과정에 따른 예술경험 내 미술교육과 관련된 내용을 살펴보면 다음과 같다.

1) 0~1세 표준보육과정 내 예술경험(미술교육) 내용

(1) 목표

아름다움에 관심을 가진다.

(2) 내용범주

아름다움 찾아보기, 예술적 표현하기, 예술 감상하기

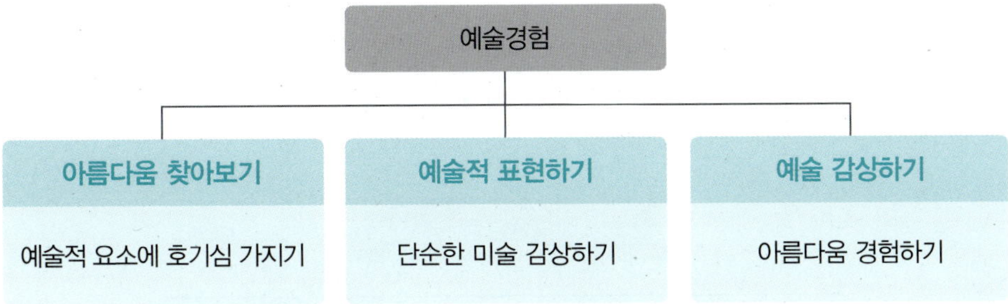

그림 8-15 0~1세 예술경험 내용범주

(3) 0~1세 예술경험영역의 세부내용

0~1세 예술경험영역의 미술교육 관련 세부내용은 표 8-4와 같다.

표 8-4 0~1세 예술경험영역의 미술교육 관련 세부 내용

내용범주	내용	1수준	2수준	3수준	4수준
아름다움 찾아보기	예술적 요소에 호기심 가지기	주변의 소리와 움직임에 호기심을 가진다.			
		주변 환경에서 색, 모양에 호기심을 가진다.			
예술적 표현하기	단순한 미술 감상하기			감각적으로 단순한 미술경험을 한다.	
예술 감상하기	아름다움 경험하기	일상생활에서 자연이나 사물의 아름다움을 경험한다.			

출처 : 이소희 · 강경자 · 마미정(2014).

2) 2세 표준보육과정 내 예술경험(미술교육) 내용

(1) 목표

아름다움에 관심을 가지고 예술경험을 즐긴다.

(2) 내용범주

아름다움 찾아보기, 예술적 표현하기, 예술 감상하기

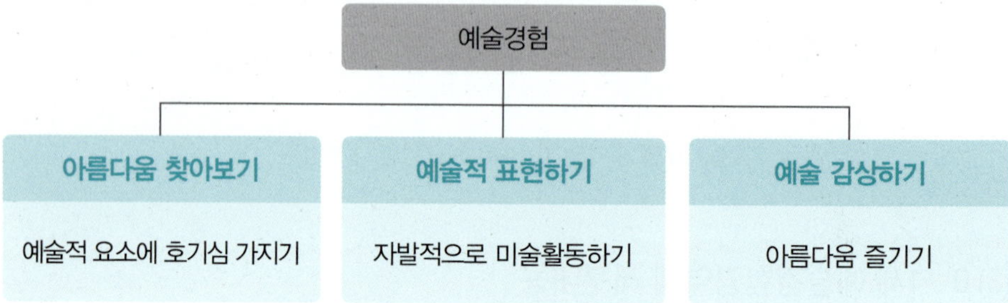

그림 8-16 2세 예술경험 내용범주

(3) 2세 예술경험영역의 세부내용

2세 예술경험영역의 미술교육 관련 세부내용은 표 8-5와 같다.

표 8-5 2세 예술경험영역의 미술교육 관련 세부내용

내용범주	내용	1수준	2수준
아름다움 찾아보기	예술적 요소 탐색하기	주변 환경에서 색, 모양을 탐색한다.	
예술적 표현하기	자발적으로 미술활동하기	자발적으로 그리기, 만들기를 한다.	
		간단한 도구와 미술 재료를 다룬다.	
예술 감상하기	아름다움 즐기기	일상생활에서 자연이나 사물의 아름다움에 관심을 가지고 즐긴다.	
		자신과 또래가 표현한 노래, 춤, 미술품 등에 관심을 가지고 즐긴다.	

출처 : 이소희 외(2014).

3) 누리과정 내 예술경험(미술교육) 내용

(1) 목표

아름다움에 관심을 가지고 예술경험을 즐기며, 창의적으로 표현하는 능력을 기른다.

(2) 내용범주

아름다움 찾아보기, 예술적 표현하기, 예술 감상하기

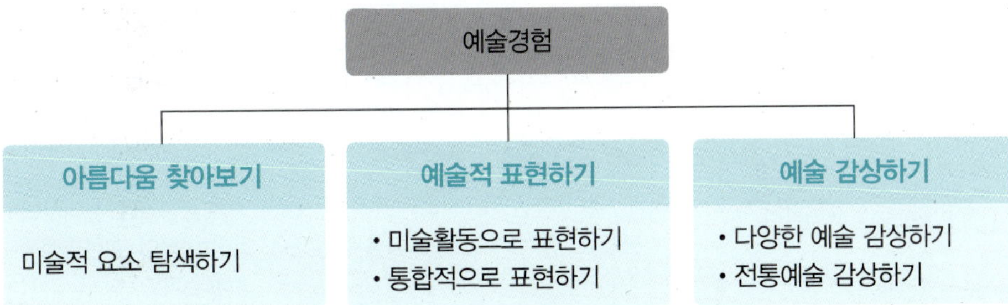

그림 8-17 3~5세 예술경험 내용범주

(3) 예술경험영역의 연령별 세부내용

예술경험영역의 연령별 미술교육 관련 세부내용은 표 8-6과 같다.

표 8-6 3~5세 예술경험영역의 연령별 세부내용

<table>
<tr><th rowspan="2">내용범주</th><th rowspan="2">내용</th><th colspan="3">3~5세 연령별 누리과정 세부내용</th></tr>
<tr><th>3세</th><th>4세</th><th>5세</th></tr>
<tr><td>아름다움 찾아보기</td><td>미술적 요소 탐색하기</td><td colspan="2">자연과 사물의 색, 모양, 질감 등에 관심을 갖는다.</td><td>자연과 사물에서 색, 모양, 빠르기, 흐름 등을 탐색한다.</td></tr>
<tr><td rowspan="6">예술적 표현하기</td><td rowspan="4">미술활동으로 표현하기</td><td>다양한 미술활동을 경험해 본다.</td><td colspan="2">다양한 미술활동으로 자신의 생각과 느낌을 표현한다.</td></tr>
<tr><td></td><td>협동적인 미술활동에 참여한다.</td><td>협동적인 미술활동에 참여하여 즐긴다.</td></tr>
<tr><td>미술활동에 필요한 재료와 도구에 관심을 가지고 사용한다.</td><td colspan="2">미술활동에 필요한 재료와 도구를 다양하게 사용한다.</td></tr>
<tr style="display:none"></tr>
<tr><td rowspan="2">통합적으로 표현하기</td><td></td><td colspan="2">음악, 움직임과 춤, 미술, 극놀이 등을 통합하여 표현한다.</td></tr>
<tr><td colspan="2">예술활동에 참여하여 표현과정을 즐긴다.</td><td>예술활동에 참여하여 창의적인 표현과정을 즐긴다.</td></tr>
<tr><td rowspan="3">예술 감상하기</td><td rowspan="2">다양한 예술 감상하기</td><td>다양한 음악, 춤, 미술작품, 극놀이 등을 듣거나 본다.</td><td colspan="2">다양한 음악, 춤, 미술작품, 극놀이 등을 듣거나 보고 즐긴다.</td></tr>
<tr><td colspan="3">나와 다른 사람의 예술표현을 소중히 여긴다.</td></tr>
<tr><td>전통예술 감상하기</td><td colspan="2">우리나라의 전통예술에 관심을 갖는다.</td><td>우리나라의 전통예술에 관심을 갖고 친숙해진다.</td></tr>
</table>

출처 : 교육과학기술부 · 보건복지부(2013).

8. 미술교육의 교수–학습방법

신화식 외(2015)의 《영유아 교과교육론》을 토대로 미술교육의 교수–학습원리

에 대해 재정의하면 다음과 같다.

1) 영유아 미술교육의 교수–학습원리

- 미술활동은 연령별 발달 정도를 고려하여 학습계획을 수립한다. 활동에 참여하는 유아들이 본인 스스로 활동에 대한 성취와 만족감을 느낄 수 있도록 다양성을 염두에 두고 활동을 계획하고 진행한다.
- 개별 활동과 대·소집단활동에 활발하게 참여할 수 있도록 다양한 미술활동을 준비한다.
- 개방적이고 수용적인 분위기를 조성하여 능동적으로 참여할 수 있도록 한다.
- 다양한 미술도구를 소개하고, 경험하지 못했던 도구들을 경험해 볼 수 있도록 한다. 이때 유아의 발달과 안전을 고려하여 도구를 선정한다.
- 미술활동이 다른 영역의 활동과 연계될 수 있도록 구성하고, 지도하며 교육활동 내에서 통합적으로 운영한다.
- 감상활동을 통해 서로 생각을 공유하고 인정하는 경험을 하도록 한다.
- 유아들의 미술활동은 결과에만 집중하기보다는 과정에 중점을 두고 활동에 대한 유아들의 생각과 표현의지, 상호작용 등 종합적으로 반영하여 평가한다.
- 미술활동을 통해 표현에 대한 욕구와 성취 및 새로운 도전을 통해 창조적인 경험에 이르도록 한다.
- 미술교육에서 교사는 좋은 모델이자 지원자이다.

2) 영유아 미술교육의 교수–학습과정

- 계획 : 영유아의 발달단계와 홍미에 준하여 교육활동내용과 교육방법을 정한다.

- 사전활동 : 사전활동은 본 활동에 대한 유아들의 흥미와 관심이 높아질 수 있으나 모든 활동에 사전활동이 필요한 것은 아니다. 재료의 특성에 따라 교사가 미리 사전활동을 통해 활동에서의 유의점을 파악해 두는 것도 중요한 팁이 될 수 있다.
- 본 활동 : 도입– 전개– 마무리 과정으로 활동을 연계한다.
- 평가 및 사후활동 : 영유아들의 미술활동이나 결과물에 대한 평가가 이루어질 수 있고, 활동 중간 중간 격려와 자극이 되도록 하는 평가가 이루어질 수 있다.
- 전시 및 감상 : 영유아의 결과물을 활동 후 교실, 복도, 실내・외 등 영유아의 시야를 고려하여 전시하고 서로 감상을 통해 생각을 공유하며 소중히 대하는 마음을 갖는다.

9. 교사의 역할

교사는 동기를 유발할 수 있는 수업 준비 및 격려자로서의 역할이 중요하다. 자신의 생각과 느낌을 활동에 부담 없이 표현해내는 것에 대해 두려움이나 망설임 없이 자연스럽게 표현해 낼 수 있도록 환경과 자료를 준비하고 스스로 표현하는 것을 즐길 수 있도록 격려해주는 역할이 필요하다. 유아에게 기교적인 표현을 유도하는 것이 아닌 서로 다름을 인정하고 자신의 활동과 결과에 만족감을 느낄 수 있도록 격려하여 미술활동이 자율적인 자기표현이 되도록 하여야 한다. 유아가 활동과정을 즐길 때 더 많은 긍정적 에너지가 표현된다.

이로 인해 표현에 대한 즐거움과 자신만의 색다른 표현에 대한 욕구로 창의적인 발산이 되도록 도움을 주어야 한다. 또한 교사는 자료의 활용에 있어 유의점에 대해 잘 알고 지도해야 한다.

교사의 역할에 대한 박광숙(2015)의 정의에 기초하여 정리하면 다음과 같다.

1) 환경 조성자

유아의 성장과 발달에 맞는 환경을 준비하여 유아의 창작활동을 유도하고 촉진시킬 수 있는 다양한 재료와 도구를 준비하며 활동을 마련해주는 물리적 · 심리적 환경 조성자 역할이다. 이때 교사의 역할에서 영유아가 심리적으로 편안하며 표현에 대한 흥미와 욕구를 유발하도록 돕는 심리적 환경조성자의 역할도 대단히 중요하다.

2) 관찰자

유아의 이전의 학습경험과 현재의 발달수준 등을 관찰하여 연령에 따른 재료 사용능력과 표현의 차이 등 개별성을 존중하고, 유아를 격려, 배려해야 한다.

3) 동기유발자

유아의 경험과 사고를 자극하여 표현하고자 하는 의욕을 제공하는 것이 중요하므로 활동에 적극 참여하고 싶은 마음이 들도록 원인을 제공하는 역할이 필요하다.

4) 문제해결자

유아가 자신의 느낌과 생각표현에 어려움이 있을 때 교사는 적절한 발문을 통해 유아 스스로 문제를 해결해 나갈 수 있도록 용기와 자극을 줄 수 있어야 한다.

5) 창의적 표현의 안내자

유아의 개별성과 독특성을 인정하여 개방적인 질문과 브레인스토밍, 스캠퍼[1) 등의 활동을 통해 창의적인 사고를 도울 수 있도록 한다. 이때 유아 개개인의 다른 생각 및 표현으로 미술활동과정을 즐길 수 있도록 격려하는 것은 창의적 표현에 대한 첫 걸음이 된다.

6) 평가자

유아는 미술활동을 통해 자신감과 성취감을 느끼게 된다. 교사는 유아의 작품 결과가 아닌 표현의 아이디어나 색의 조화로운 사용, 재료의 적절한 활용, 정리단계까지 창작과정에 중점을 두어 평가하여야 한다. 유아의 표현 의도나 생각 등 격려해 줄 수 있는 점을 발견하고, 격려를 해주는 것 또한 교사의 바람직한 역할이다.

10. 유아 미술활동의 평가

유아 미술활동 평가는 미술활동을 통해 유아의 발달과 성장을 촉진하였는지, 활동에서 설정된 목표의 적절성과 성취수준을 파악하여 다음 활동을 계획, 지도하기 위한 교사자료로 활용하는 데 목적이 있다.

---

1) 스캠퍼(scamper) : 1950년 오즈번(Aiex F. Osborn)이 최초 고안한 것을 1971년 밥 에버럴(Bob Eberle)이 보완, 발전시킨 것으로 체크 항목 단어의 알파벳 첫 자를 따서 만든 체크리스트법이다.

1) 평가의 기준

명확해야 하며 객관적인 기준에서 세워져야 하고 결과와 함께 과정이 중요시되어야 한다. 미술지도에서는 활동내용 및 재료의 교육적 의미, 지도목표의 명확성, 조형활동계획 시 재료와 준비과정의 고려성, 유아의 창의성, 정서적, 심미성 등이 존중되었는지를 검토해야 한다(김정, 1982 ; 박광숙, 2015 재인용).

2) 평가방법

(1) 관찰기록법

미술활동이 진행되는 동안 주제에 대한 유아의 심리적인 반응 여부, 작업태도, 재료활용능력 등을 관찰하여 기록한다.

(2) 포트폴리오

유아의 활동사진이나 작품을 수집하여 정리한 작품집을 평가하는 방법이다. 포트폴리오를 통해 작품의 변화과정과 긍정적인 부분이나 보완점을 파악할 수 있으며 활동과정을 동영상으로 촬영할 수도 있다.

(3) 행동목록법

체크리스트법이라고도 하며 관찰하고자 하는 행동목록을 만들어 체크하는 형식의 평가법이다.

(4) 자기평가법

미술활동에 대한 느낌이나 소감, 활동에서 좋았던 점(또는 힘들었던 점), 다음에 표현해보고 싶은 주제나 재료 사용 여부 등의 질문에 유아 스스로 평가하는 방법이다(박광숙, 2015).

무엇보다 교육현장에서의 미술 평가에 있어 중요한 부분은 유아들의 발달특성과 흥미도 및 활동 후 모든 유아교육과정이 그러하듯 결과보다는 과정 중심과 자기 성취감이 간과되어서는 안 될 중요한 부분임을 교사는 인식하여야 한다. 이러한 과정의 성취감 반복은 새로운 도전욕구를 앞세워 유아의 창의적 사고의 기초가 된다.

11. 미술교육활동의 실제

1) 명화 감상활동

활동명	명화 감상(고흐의 〈고흐의 방〉)	예상시간	40분
활동목표	• 고흐의 작품을 감상한다. • 작품을 보면서 자신의 생각과 느낌을 표현한다. • 명화 감상 후 자신만의 작품을 구성한다.		
누리과정 관련 요소	• 예술경험 > 예술 감상하기 > 다양한 예술 감상하기 • 예술경험 > 예술적 표현하기 > 미술활동으로 표현하기		
창의 · 인성 관련 요소	• 창의성 > 인지적 요소 > 사고의 확장, 동기적 요소 > 호기심, 흥미, 몰입 • 인성 > 존중 > 다른 사람들과 다른 문화에 대한 존중		
활동자료	고흐의 작품 그림(예 : 고흐의 자화상, 또는 고흐의 방 등 다수의 작품), 우드락 또는 우유갑, 매직, 장식용 스티커(개인 사진 또는 액자틀), 벽지, 접착제 등		

<table>
<tr>
<td rowspan="3">활동방법</td>
<td>생각
열기</td>
<td>1. '고흐' 화가의 자화상과 그의 작품을 스토리텔링 기법을 활용하여 자연스럽게 동화의 배경처럼 활용하여 이야기를 들려준다.
– 화가가 그리기 좋아했던 것들은 무엇이었을까요? – 색깔, 자주 그렸던 꽃 등
– 고흐가 즐겨 그린 해바라기를 본 적 있나요? 또는 다른 어떤 꽃을 본 적 있나요? 내가 좋아하는 꽃은?
– 화가처럼 나도 친한 친구가 있을까요?
– 고흐가 친구와 지내려고 꾸민 방에는 어떤 물건들이 있나요?
– 나의 방은 어떤 물건들이 있고, 다시 꾸민다면 어떻게 꾸미고 싶은가요?
– 그림의 배경을 연상하여 사람들의 행동을 표현해 볼까요?(예 : 침대, 의자, 창문 등)</td>
</tr>
<tr>
<td>생각
표현하기</td>
<td>2. 내가 지내고 싶은 방 꾸미기를 한다.
– 누구와 함께 사용하고 싶은가요?
– 나만의 멋진 방을 표현해 보세요.</td>
</tr>
<tr>
<td>생각
나누기</td>
<td>3. 친구들의 생각이나 표현을 감상한다.
– 친구들이 느낀 감정은 어떠할까요?
– 다른 재료를 사용한다면 무엇을 사용하면 좋을까요?</td>
</tr>
<tr>
<td>활동 시
유의점</td>
<td colspan="2">자신의 느낌과 생각표현에 자유롭게 한다.</td>
</tr>
<tr>
<td>활동평가</td>
<td colspan="2">• 자신의 방을 즐겁게 꾸미는가?
• 재료의 특성을 잘 알고 사용하는가?
• 자신의 작품에 성취감을 느끼는가?</td>
</tr>
<tr>
<td>사진자료</td>
<td colspan="2"> 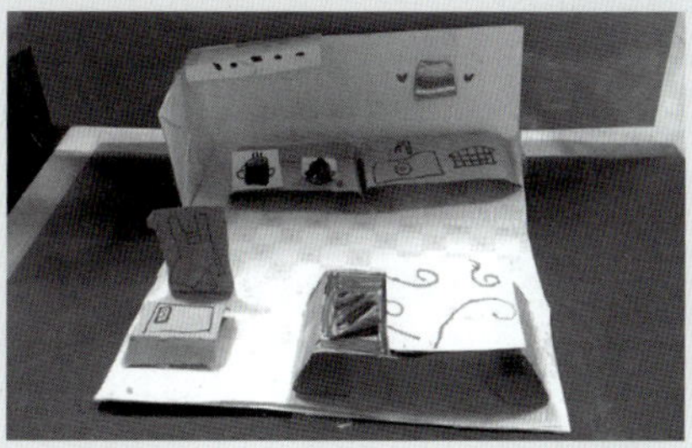
고흐의 방</td>
</tr>
</table>

2) 만다라 교육활동

활동명	반쪽이 만다라(변신!)	예상시간	40분
활동목표	• 반쪽을 보고 남은 반을 상상하여 그리고 만다라의 변화를 감상한다. • 만다라 문양 반쪽 창작을 경험한다.		
누리과정 관련 요소	• 자연탐구 > 탐구하는 태도 기르기 > 호기심을 유지하고 확장하기 • 예술경험 > 예술적 표현하기 > 통합적으로 표현하기 • 의사소통 > 말하기 > 느낌, 생각, 경험, 말하기		
창의 · 인성 관련 요소	• 창의성 > 인지적 요소 > 문제해결력, 성향적 요소 > 독립성 • 인성 > 존중 > 다른 사람들과 다른 문화에 대한 존중		
활동자료	• 만다라문양 반쪽 프린트, 채색도구 • 음악(긴장을 이완할 수 있는 조용한 곡 – 예 : 자연의 소리와 조합된 클래식 또는 오르골 연주곡 등)		
활동방법	생각 열기	**1. 반쪽이 만다라 문양 선택하기** – 반쪽만 그려진 만다라 문양 중 마음에 드는 문양을 골라볼까요? – 반쪽 만다라를 가로, 세로, 위, 아래로 움직여 볼까요?	
	생각 표현하기	**2. 자유롭게 상상하여 그리기** – 방향을 정하고 나머지 반쪽을 상상하여 남과 다른 생각으로 꾸며 보세요.	
	생각 나누기	**3. 감상 및 공유하기** – 자신이 완성한 만다라를 어떤 느낌인지 말이나 글로 표현해 보세요. (예 : 어떤 느낌인지, 어떤 모양인지, 제목을 붙여 준다면?)	
활동 시 유의점	• 반쪽 만다라의 방향을 바꾸어 보며 만다라의 보이지 않는 반을 상상해 본다. (원래의 원본 이외의 그림을 상상해 본다) • 자신만의 독특한 생각을 담아 표현해 본다.		
활동평가	• 활동에 흥미를 갖고 임했는가? • 새로운 생각으로 접근했는가? • 사고의 전환을 통해 변화된 만다라의 새로움에 흥미를 갖는가?		
사진자료	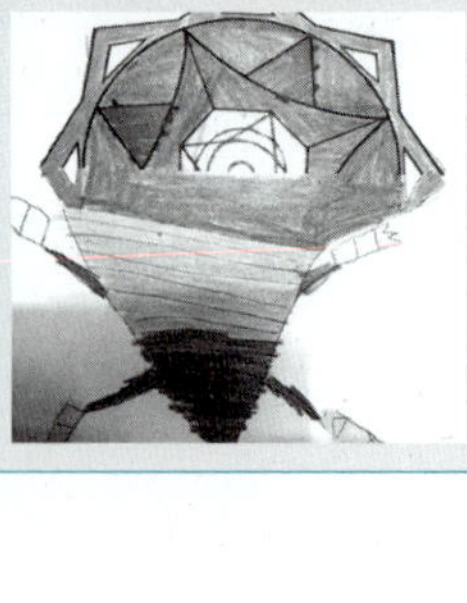 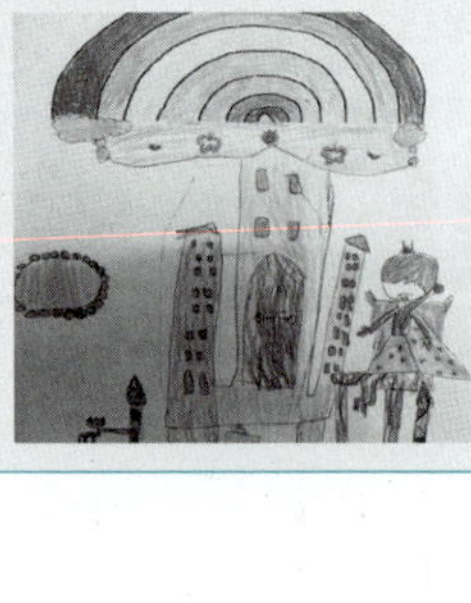 		

3) 비눗방울놀이

<table>
<tr><td>활동명</td><td colspan="2">비눗방울놀이</td><td>예상시간</td><td>40분</td></tr>
<tr><td>활동목표</td><td colspan="4">• 비눗방울놀이를 통해 긴장감을 완화하고 우연의 효과에 대한 흥미를 경험한다.
• 우연의 효과에 의한 색의 섞임과 변화를 경험한다.</td></tr>
<tr><td>누리과정
관련 요소</td><td colspan="4">• 자연탐구 > 탐구하는 태도 기르기 > 호기심을 유지하고 확장하기
• 예술경험 > 예술적 표현하기 > 통합적으로 표현하기
• 의사소통 > 말하기 > 느낌, 생각, 경험, 말하기</td></tr>
<tr><td>창의 · 인성
관련 요소</td><td colspan="4">• 창의성 > 동기적 요소 > 호기심, 흥미, 몰입
• 인성 > 배려 > 친구에 대한 배려</td></tr>
<tr><td>활동자료</td><td colspan="4">• 비눗방울액, 비눗방울 부는 도구(연령별로 발달수준을 고려하여 준비), 물감, 전지 또는 도화지
• 확장 – 비눗방울 찍기 – 연상그림 그리기
• 미술가운, 걸레 등</td></tr>
<tr><td rowspan="3">활동방법</td><td>생각
열기</td><td colspan="3">1. 비눗방울과 관련된 노래와 수수께끼를 통해 흥미를 유발한다.
– 비눗방울 놀이를 했던 경험 나누기
2. 비눗방울로 할 수 있는 놀이 생각해보기</td></tr>
<tr><td>생각
표현하기</td><td colspan="3">3. 색 물감이 섞인 비눗방울을 화지에 불어보며 비눗방울의 모양과 다양한 색이 섞이는 과정을 즐긴다.
4. 친구와 공간을 공유하는 경험을 한다.
5. 전지 또는 도화지를 여러 명이 붙여 함께하는 공간을 활용한다.</td></tr>
<tr><td>생각
나누기</td><td colspan="3">6. 감상 및 공유하기
– 자신이 활동한 비눗방울 놀이가 어떻게 보이는 지 말로 표현해 보세요.
(예 : 어떤 느낌인지, 어떤 모양인지, 다른 색이 겹쳐진 부분 등을 찾아보기)</td></tr>
<tr><td>활동 시
유의점</td><td colspan="4">• 연령에 따른 비눗방울 불기 도구 선정을 고려한다.
• 신체(특히, 눈이나 얼굴 부위)에 직접 닿지 않도록 주의하며 부는 방법에 대해 숙지 후 활동한다.
• 미술가운을 사용한다.</td></tr>
<tr><td>활동평가</td><td colspan="4">• 활동에 흥미를 갖고 임했는가?
• 친구와 서로 활동을 공유했는가?
• 우연의 효과를 경험하고 새로운 변화에 흥미를 갖는가?</td></tr>
<tr><td>사진자료</td><td colspan="4">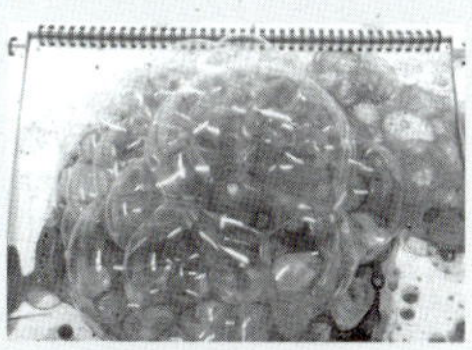  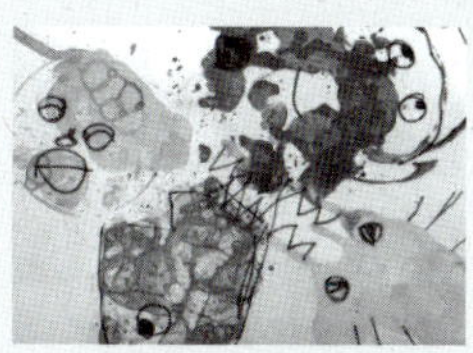</td></tr>
</table>

Teaching subjects in early childhood education

CHAPTER

09

영유아 응급처치

1. 응급처치를 위한 준비 | 2. 응급처치 순서 | 3. 심폐소생술
4. 생활응급처치

CHAPTER

09

인간은 누구나 언제 어디서든 돌발사고와 질환에 의해 생명의 위협을 받을 수 있다. 이러한 상황에서는 의사의 전문적인 치료를 받기 전 주위에 있는 사람의 기본적이고 작은 응급처치가 환자의 생명을 구하는 데 결정적인 역할을 할 수 있음을 주지해야 한다. 그러기 위해서는 적절한 응급처치요령을 숙지해 두어 조치를 선행함으로써 상태의 악화를 방지하고 생명을 유지시켜주는 최선의 조치를 취할 수 있어야 한다.

응급처치란 위급한 상황으로부터 자기 자신을 지키고, 뜻하지 않은 부상자나 환자가 발생했을 때 그가 전문적인 의료서비스를 받기 전까지 적절한 처치와 보호를 해주어 고통을 덜어주고 생명을 구할 수 있게 하는 지식과 기능이라 할 수 있다.

응급처치는 어디까지나 전문적인 치료를 받기 전까지의 즉각적이고 임시적인 적절한 처치와 보호이며, 전문적인 의료서비스 요원에게 인계한 후에는 모든 것을 그의 지시에 따라 행동해야 한다.

영유아기는 안전에 대한 인식이나 대처능력이 부족하며, 안전사고의 위험성이 높은 시기로서, 영유아의 발달적 특성에 따른 안전사고 예방 차원에서의 응급상황 대처방법에 대한 숙지는 교사로서 당연한 의무이다.

안전은 인간의 욕구 중 하나이며 생명과 직결되는 부분이기에 삶의 기본 가치가 되어야 한다. 안전의 욕구는 불안과 공포로부터 벗어난 안전성으로 영유아 및 아동을 보육 또는 교육하는 교사들이 매우 중요하게 인식해야 하는 영역이기도 하다. 아동의 안전사고는 그들의 발달적 특성과 깊은 연관성이 있기 때문에 이를 이해하고 잠재적인 위험요인이나 상황을 인식한다면 아동의 안전사고는 사전에 방지하거나 효율적인 대처가 가능할 것이다.

영유아 및 방과 후 아동들을 지도하는 교사들은 항상 안전을 염두에 두어 활동을 계획하고 실행하여야 한다. 이를 위해서는 안전에 관한 정확한 지식과 기술, 태도를 지니고 있어야 하며 위급상황에서는 당황하지 않고 적절한 대처행동을 할 수 있어야 한다.

응급처치의 목적은 갑작스러운 사고를 당하거나 재해, 질병 등으로 인해 환아가 발생했을 때 환아의 생명을 유지 · 보전하고 차후에 발생될지 모를 2차적인 손상을 예방할 뿐만 아니라 위험을 최소화하기 위해 환아가 치료받기 전까지 즉각적이고 임시적인 조치를 취하는 것이다(김재호, 2003).

유아교육기관에서 최선을 다해 안전환경을 조성하며 가능한 조치를 한다 할지라도 만약의 경우에 대비하여 유아교육기관의 교사는 응급상황에서의 대처방법 및 응급처치 순서를 숙지하고 있어야 하며, 사고가 일어났을 때 신속히 응급처치를 할 수 있는 준비를 하고 있어야 한다. 응급상황에서 교사가 대처방법 및 순서를 알고 익숙하게 처리할 수 있다면 유아의 생명을 구할 수도 있고 사고의 후유증도 크게 줄일 수 있다.

1. 응급처치를 위한 준비[1)]

응급상황을 대비하기 위한 준비에는 구급약품 준비, 응급상황에서 교사들의 업무분장과 책임, 사고 후 관리 등이 사전에 철저하게 준비되고 이에 대한 훈련이 습관화될 때 영유아의 위험을 최소화해 추가피해를 줄일 수 있다.

1) 응급상황을 위한 기본지침

응급사고상황에 대비하는 기본지침에는 사고상황에서의 교사나 유아들의 역할과 책임, 필요한 정보 등을 명확하게 서술하여야 하며, 이러한 것을 사전에 알리고 사고상황 시 대처방법 및 순서에 대한 부모의 동의서를 받는 것이 포함되어야 한다. 사고상황에 대비하여 미리 준비하여야 하는 기본지침은 다음과 같다.

첫째, 사고상황에서의 역할을 미리 분담해 두어야 한다. 사고상황이 발생하였을 때에는 사고 당한 유아를 보살피고 응급처치를 하는 역할, 부모와 구조대 또는 응급실에 연락하는 역할, 남은 유아를 돌보는 역할 등으로 교사의 역할이 미리 분담되어 있어야 신속하게 대처할 수 있다.

둘째, 응급상황이나 사고 시 필요한 전화번호를 미리 준비해 두어야 한다. 가까운 병원의 응급실이나 구급차를 부를 수 있는 전화번호, 119구조대, 소방서, 독극물 치료기관 등의 전화번호나 유아와 관련된 부모의 연락처, 유아 주치의 전화번호, 의료보험번호 등도 손쉽게 찾을 수 있도록 준비해 두는 것이 필요하다.

셋째, 응급처치법에 대해 평소에 알아두고 비상시 손쉽게 참고할 수 있는 자료를 준비해 둔다.

안전사고로 유아가 부상을 당했거나 급환이 생겼을 때에 즉시 의사가 오지 못

1) 중앙육아종합지원센터(2008). 보육시설 안전관리 매뉴얼 발췌

할 경우라면 의사가 오는 시간까지 또는 병원에 갈 때까지의 임시조치가 필요하다. 그러나 응급처치는 아무리 단순한 조치라고 해도 반드시 의학적인 지식에 근거하여 실시해야 하므로 많은 유아들을 보호하고 교육하는 유아교사는 전문가에 의한 훈련을 통해 응급처치에 필요한 정확한 지식과 기술을 이해하고 있어야 한다.

응급처치에 대한 훈련과 함께 필요한 것은 응급처치의 과정에서 손쉽게 참고할 수 있는 자료를 항상 비치해 두는 것이다. 교사들이 훈련을 받았다고 하더라도 사고 상황에서 갑자기 생각이 나지 않을 수도 있으므로 응급처치의 내용을 손쉽게 찾아 참고할 수 있는 자료를 비치해 두어야 한다.

넷째, 상비의약품을 준비해 둔다. 상비의약품은 손쉽게 사용할 수 있도록 전용 상자 속에 담아 유아들의 손에 닿지 않는 시원한 곳에 보관해야 한다. 그리고 여건이 허락한다면 휴대용 상비의약품을 따로 준비해 두는 것도 좋다. 소풍, 견학 등의 야외활동에 특히 필요한 상비의약품을 작은 휴대용으로 따로 준비해 두면 손쉽게 활용할 수 있다.

다섯째, 응급상황에서 필요한 응급처치동의서를 미리 받아두고 필요한 정보를 준비해둔다. 유아교육기관에서는 응급상황이 발생하였을 때 신속하게 부모에게 연락이 닿을 수 있도록 가정이나 직장의 전화번호, 부모 다음으로 가까운 친척이나 부모의 역할을 대신 해줄 수 있는 친지의 전화번호 등을 가지고 있어야 한다. 그리고 만약 부모와 연락이 닿지 않는 경우를 대비하여 응급상황에 대한 부모의 동의서를 받아둔다. 이 동의서는 응급상황에 필요한 다른 서류들과 함께 손쉽게 볼 수 있는 곳에 두고 견학이나 야외학습, 소풍 등을 갈 때에는 휴대용 상비의약품과 함께 반드시 가지고 가야 한다.

여섯째, 사고보고서를 작성한다. 상황이 종료된 후 24시간 이내에 사고보고서와 일지를 기록한다. 사고보고서는 세부상황에 대한 기억이 불확실할 수 있으므로 빠른 시간 내에 기록해야 한다. 이 정보는 유아교육기관의 장, 부모, 의사, 때로는 법률가 및 보험회사 직원에게 제공하는 기초자료가 되기도 한다(조경자 · 이현숙, 2010).

부모동의 및 조사서

ㅇㅇ어린이집에서는 영유아보육법 및 시행규칙, 보육사업안내 등에 따라 아래의 내용에 대하여 보호자의 동의를 받아 진행하고자 합니다. 아래 내용 확인 후 빠짐없이 체크, 서명해 주시기 바랍니다.

1. 영유아 기본 정보

아 동	성 별	남(　) 여(　)		생년월일	
	성 별	남(　) 여(　)		생년월일	
	주 소				
보호자	보호자	성명	영유아와의 관계	연락처	
				* 응급상황 시 부모와 연락되지 않을 경우 가능한 연락처	

※ 보호자 정보 : 부모 연락처와 응급상황 시 부모와 신속하게 연락되지 않을 경우 가능한 연락처를 부모님이 정하여 함께 기재

2. 응급처치 및 귀가동의

구분	처리내용
응급 처치	• 응급상황 발생 시 위의 보호자에게 가장 먼저 연락합니다. 부모님과 신속하게 연락되지 않을 경우에는 위 보호자 정보란의 부모님이 정해주신 연락처로 연락드립니다. • 필요시 119구조대에 연락하여 (기관지정 의료기관명이나 보호자지정 의료기관명)으로 긴급수송할 것입니다.
귀가 동의	• 위 영유아의 귀가 시 위의 보호자에게 인도하여 주십시오. • 정해진 보호자 외 다른 사람에게 인계할 경우 사전에 반드시 연락하겠습니다. ※ 우리 어린이집에서는 영유아를 성인 보호자 없이 혼자 귀가시키지 않습니다. 특히, 영유아가 13세 미만(초등학생) 형제 · 자매하고만 등 · 하원하지 않도록 유념해 주시기 바랍니다. • 등 · 하원방법 : 보호자 동행 □　차량(어린이집) □ • 차량 이용 시, 등 · 하원 시간 : 등원(　　시　분), 하원(　　시　분) • 부모 외 인계 보호자 성명 :　　　　영유아와의 관계 :

3. 특별활동 프로그램 참여

• 특별활동 프로그램 참여 여부 : 참여함 □　참여하지 않음 □　* 특별활동에 참여하는 경우, 아래 서식 작성

명칭	내용	실시 횟수(주 · 월)	요일	운영시간	비용(원)
		회		~	
		회		~	
		회		~	

※ 특별활동에 참여하지 않는 영유아에게 별도의 보육과정(프로그램)을 마련하여 진행하고 있음

4. 식품 알레르기 조사

• 식품 알레르기 여부 : 있음 □ 없음 □ * 식품 알레르기가 있는 경우, 아래 서식 작성

알레르기 유발식품*	알레르기 증상	대체 가능식품	기타 특이사항

* 알레르기를 유발하는 대표적인 식품(예) : 난류, 우유, 메밀, 땅콩, 대두, 밀, 고등어, 게, 새우, 돼지고기, 복숭아, 토마토, 아황산염 등

※ 현재 식품 알레르기 증상이 없으나 이후 증상이 발생할 경우, 즉시 어린이집으로 관련 내용을 알려주시기 바랍니다.

5. 개인정보활용 동의

「개인정보보호법」에 의거 개인정보의'수집 · 이용 · 제3자 제공'에 대한 동의 여부는
1) 개인정보의 수집 및 이용, 2) 개인정보의 제3자 제공에 각각 동의여부를 체크하여 주시기 바랍니다.

1) 개인정보의 수집 및 이용

수집 · 이용하려는 개인정보의 항목	개인정보의 수집 · 이용 목적	개인정보 이용기간 및 보유기간
영유아 및 부모의 이름, 생년월일, 주소, 전화번호, 건강검진정보, 사진 등	영유아보육활동, 건강관리, 가정과의 연계, 긴급한 상황 시 대처	1년간 보관, 이후 폐기 (영유아 퇴소 시 즉시 폐기)

동의함 □ 동의하지 않음 □

2) 개인정보의 제3자 제공

개인정보를 제공받는 자	제공하는 개인정보의 항목	개인정보를 제공받는 자의 개인정보 이용목적	개인정보를 제공받는 자의 개인정보 이용기간 및 보유기간
CCTV 영상 확인 요청자	CCTV 영상	영유아의 사고 시 발생상황 파악	영상을 확인하는 기간 (보조매체로 인해 영상을 보관할 경우 영상 저장 시, 보유기간을 정함)

동의함 □ 동의하지 않음 □

6. 어린이집 운영내용 확인 및 협조사항

아래의 내용은 우리 아이들이 건강하고 안전하게 어린이집 생활을 하는 데 기본이 되는 사항이오니 부모님들의 적극적인 협조와 이해 부탁드립니다. 어린이집에서도 우리 아이들이 건강하게 성장해 나갈 수 있도록 최선을 다하겠습니다.

1. 신입원아 적응 프로그램
2. 어린이집의 개방원칙 및 인계규정
3. 감염병 질환의 예방과 관리대책
4. 아프거나 다친 영유아에 대한 처리 절차(환아처리지침, 상해 유형에 따른 응급처치 등)
5. 부모동의 및 조사서 작성 안내(귀가동의, 응급처치동의, 식품알레르기 관련, 개인정보활용 등)
6. 상해, 화재, 배상보험 가입 안내
7. 안전사고 발생 시 어린이집이 갖는 책임한계에 관한 규정
8. 맞춤형 프로그램 운영(맞춤형 운영기준 포함)
9. 보육교직원 윤리강령(아동학대 예방지침 포함)

※ 어린이집 운영과 관련한 자세한 사항은 오리엔테이션에서 배부한 자료를 참고해 주시기 바랍니다. 문의사항이 있는 경우에는 ○ ○어린이집(00-000-0000)으로 연락주시기 바랍니다.

○○○○년 ○○월 ○○일

영유아 성명 : 보호자 성명 : (서명)

그림 9-1 응급처치 부모동의 및 조사서의 예

출처 : 중앙육아종합지원센터(2011).

영유아 사고 시 발생하는 책임한계 안내문

1. 작성하신 투약의뢰서에 따라 투약한 결과에 대한 책임은 어린이집에서 지지 않습니다.
2. 전염병에 감염되었을 경우, 나을 때까지 등원을 하지 않습니다.
3. 부모에게 인계된 후 일어난 사고에 대해서는 본 어린이집에서는 책임을 지지 않습니다.
   단, 교사 인솔하에 이루어진 사고에 대해서는 어린이집에서 책임을 집니다.
4. 인솔자가 없는 경우에 학원이나 이웃집에 혼자 보내달라는 요청 시 일어난 사고에 대해서는 어린이집이 책임을 지지 않습니다.
5. 귀가 이후에 다친 사고는 어린이집에서 책임을 지지 않습니다.
6. 어린이집 활동 중에 일어나는 사고는 가입한 영유아상해보험 및 배상책임보험 약관에 따라 치료 및 배상을 합니다.

반	원아명	생년월일

위의 규칙에 동의합니다.

20 년 월 일

보호자 성명 (인)

____________ 어 린 이 집

그림 9-2 영유아 사고 시 발생하는 책임한계 안내문의 예

출처 : 중앙육아종합지원센터(2008).

2) 상비약품 및 용품 구비

구급약의 종류, 보관방법 및 보관처, 사용법 및 부작용 등에 대해 서면화되어 있고 교사 누구나 잘 알고 사용할 수 있도록 구급함에 상비약이 준비되어야 한다.

표 9-1 구급상자 내용

의료용 재료	외용제	내용제
• 붕대 · 거즈 · 소독솜 • 삼각붕대 · 탄력붕대 • 칼 · 가위 · 핀셋 • 족집게 · 반창고 • 일회용 장갑 • 일회용 반창고 • 부목용 나무판	• 과산화수소수, 베타딘 • 항생제 외용연고 • 스테로이드계의 피부연고 • 근육용 마사지 연고 • 화상용 바세린 거즈 • 관장약 · 생리식염수 • 벌레 물린 데 바르는 연고나 파스 • 안연고 · 액체안약 • 카라민 로션	• 해열제 • 소화제 • 제산제

출처 : 중앙육아종합지원센터(2008).

2. 응급처치 순서

응급처치는 전문적인 지식이 수반되는 영역이므로 규정된 순서에 따라 신속하게 행하되 아무리 단순한 조치라 해도 의학적인 지식에 근거해 실시해야 한다. 긴급한 상황에서 응급처치 기본원칙의 순서는 다음과 같다(한국생활안전연합, 2008 ; 김영실 외, 2011).

1) 응급처치 기본원칙

안전사고가 발생하여 응급처치를 해야 하는 상황이 되면 우선 교사 자신이 당황하지 않는 것이 무엇보다도 중요하다. 교사가 당황하게 되면 사고를 당한 유아나 나머지 유아들이 함께 당황해 하거나 더 불안해 할 수 있기 때문이다. 차분히 사고를 당한 유아의 부상 정도를 확인하여야 하며 신속하고 정확하게 사고상황에 적절한 조치를 취할 수 있어야 한다. 응급처치의 기본 원칙은 다음과 같다.

• 응급으로 119에 전화하여 도움을 요청한다.

- 응급상황이라도 침착함과 냉정을 잃지 않고 자신의 안전을 최대한 유지한다.
- 평소에 응급처치에 관심을 가지고 반복적인 지식을 쌓아야 하며 생명유지에 필요한 정확한 응급처치법을 인지해야 한다.
- 집 안, 차 안, 직장에 응급 처치함을 구비하여 항상 대비한다.
- 불필요한 응급처치나 정확하지 않은 응급처치는 오히려 영유아를 더욱 악화시킬 수 있으므로 영유아를 무리하게 움직이지 않는다.
- 응급처치를 할 때는 제일 먼저 부상의 정도를 파악한다. 호흡과 맥박의 유무를 살피고 의식은 또렷한지, 생명이 위독한지의 여부를 확인한다.
- 출혈이나 상처가 있는지 확인한다.
- 약물중독의 증후가 있는지 확인한다.
- 유아를 안정시킨다.

2) 응급처치 순서

생명과학과 관련된 대표적인 과학적 주체는 인간의 신체나의 몸, 동물, 식물, 환경, 생존하지 못한 생물 등이다. 영유아들은 이와 같은 주제를 다루면서 생물의 탄생, 성장, 죽음, 부식, 분해 등 시간의 경과에 따라 자연세계에서 일어나는 모든 물질의 변화에 관심을 가지고 탐색하며 탐구해간다(나은숙 외, 2014).

- 침착한 태도를 유지한다 : 사고를 발견한 성인뿐만 아니라 다친 영유아를 안심시키고 다른 영유아들도 현장에서 벗어나도록 하여 심리적인 안정을 유지하도록 한다.
- 유아를 함부로 움직이지 말고, 신속하게 상황을 판단한다 : 유아의 상태를 제대로 파악하지 않은 상태에서 함부로 움직여서 이동시키려 한다면 더한 충격과 상해가 있을 수 있다. 응급처치를 할 수 있는 교사에게 빨리 연락한다.

• 응급처치를 할 수 있다면 도움을 받을 수 있을 때까지 사전에 계획한 응급처치 절차계획에 따라 신속하게 행동한다.
• 주변에 도움을 청한다 : 가까이 있는 성인에게 도움을 청하거나 119 구급대나 1339응급의료정보센터에 연락하여 상황을 명확하게 전달하고 도움을 받는다.
• 유아의 가족에게 연락하고 응급처치 절차에 대한 가족의 동의를 받는다 : 학기 초의 오리엔테이션을 이용하여 비상연락처 및 응급처치 동의서를 받아 둘 경우 응급처치의 절차가 신속하게 이루어질 수 있다.

3) 응급의료체계 신고요령

• 119로 전화하면 응급처치 지도를 받을 수 있다.

당신의 주소는? →	○○구 ○○동 ○○번지 ○○어린이집
주변 건물은? →	가까운 거리에 있는 큰 건물(빌딩, 은행, 관공서 등)
어떤 상태입니까? →	질병 또는 사고상태 등
전화번호는? →	☎ ○○○-○○○○(경우에 따라 핸드폰)

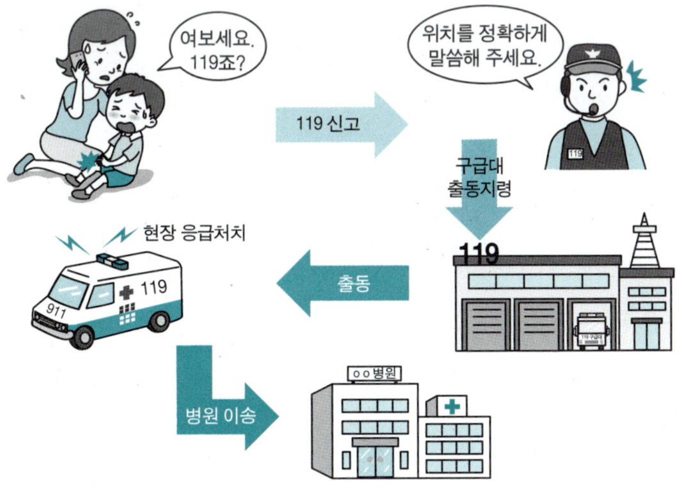

그림 9-3 응급의료체계 신고요령
출처 : 중앙육아종합지원센터(2008).

- 응급 환아가 발생하면 그 즉시 119에 신고한다.
- 119에 환아의 상태를 설명한다.
- 전화를 끊지 않고 119의 응급처치요령을 전달받는다.
- 119 구급대가 현장에 도착하기 전까지 교사는 환아에게 응급처치를 실시한다.

4) 즉시 병원이나 응급실을 가야 하는 경우

(1) 열날 때

- 3개월 이하의 영아가 열이 날 때
- 매우 아파 보이고 점점 심해진다고 판단될 때
- 의식이 없거나 점점 나빠질 때
- 다리를 절거나 움직이지 못할 때
- 빠르게 숨을 쉬거나 숨쉬기 힘들어서 잘 먹지 못하거나 놀지 못할 때
- 목이 뻣뻣하거나 경련을 할 때

(2) 토할 때

- 반복적으로 심하게 토할 때
- 배가 평소보다 부푼 듯이 보일 때
- 배를 움켜잡고 소리를 지를 정도로 심한 복통을 동반하는 경우
- 탈수현상소변량이 줄고 혀가 말라 있는 경우 등이 있는 경우
- 녹색 혹은 피 색깔의 구토를 하는 경우

(3) 기타

- 처음으로 경기를 할 때

• 검은색 변을 보거나 피가 섞인 변을 볼 때
• 머리를 다친 후 의식이 흐리거나 자려고만 할 때

3. 심폐소생술

심폐소생술이란 심장의 기능이 정지하거나, 호흡이 멈추었을 때 사용하는 응급처치이다. 심폐정지가 발생했을 때 인공적으로 혈액을 순환시키고, 호흡을 도와 생명 유지에 필요한 산소를 조직에 공급하는 기술이며, 5분만에 사람의 생명을 좌우한다.

1) 심폐소생술의 중요성

심정지가 발생하면 그 순간부터 시간이 경과하면서 매분 사망률이 증가한다. 5분 이상이 경과되면 뇌손상이 시작되고 10분 이상 경과되면 소생 가능성이 희박하다. 그러므로 유아교육기관에서 심정지가 발생하는 것을 목격한 사람이 심폐소생술을 즉시 실시하면 소생 가능성을 2~3배 늘릴 수 있다. 특히, 어린이 심정지는 호흡의 문제로 인해 뇌나 심장으로 충분한 산소가 전달되지 못해 발생하는 경우가 대부분이므로 초기에 효과적인 심폐소생술을 시행하는 것이 무엇보다 중요하다.

2) 심폐소생술의 단계

기본심폐소생술은 의료장비 없이도 일반인들어린이집, 유치원 원장, 교사 등이 응급처치교육을 통해서 위급한 상황이 발생한 환아 등에게 시행이 가능한 응급구조활동이다.

(1) 성인의 심폐소생술

심정지 환자로 의심되는 사람이 있는데, 반응이 없고 호흡이 없거나 비정상적인 호흡을 보인다면 심정지상태로 판단한다. 헐떡거리는 호흡의 경우 심정지로 판단하고 즉시 심폐소생술을 실시한다. 손을 들어 한 사람을 가리켜 신고자를 지목해 도움을 요청한다. 우선 환자를 평편한 바닥에 눕힌 뒤 환자의 가슴 옆에 무릎을 꿇고 앉는다. 윗옷을 벗겨 가슴을 노출해 가슴압박이 쉽도록 한다. 손목과 손의 경계 바로 윗부분을 이해를 돕기 위해 손꿈치라 칭한다. 가슴 중앙에 손꿈치를 놓고 그 위에 다른 손을 포갠 뒤 손가락은 깍지를 껴서 환자의 가슴에 닿지 않도록 한다. 그리고 팔꿈치를 펴고 팔이 바닥에 수직을 이룬 상태에서 체중을 이용해 압박한다. 팔꿈치를 곱게 펴서 환자 가슴을 5~6cm 깊이로 수직으로 누른다. 압박 후엔 가슴이 원래의 위치에 오도록 힘을 빼주고 이렇게 1분에 100회의 속도로 30회 반복한다. 기도의 유지는 한 손은 환자의 이마 위에 얹어서 머리를 젖히고 한 손으로 턱을 들어 올려준다. 턱, 귓볼, 바닥이 수직선상에 오면 충분히 기도가 유지되었다고 할 수 있다. 기도를 유지한 손을 그대로 한 뒤 1초 동안 가슴이 부풀어 오를 정도로 2회 숨을 불어넣는다. 가슴이 상승하는지 확인하고 너무 빠르거나 강한 압력의 호흡은 피한다.

(2) 소아의 심폐소생술

소아는 1~8세까지 어린이를 말한다. 성인과 소아의 차이점은 가슴압박의 깊이인데, 소아의 경우 가슴을 5cm 압박하는 것 이외에는 성인과 동일하다.

(3) 영아의 심폐소생술

영아는 1세 이하를 말하며 2세라고 하더라도 체중이 10kg 이하인 경우 영아에 속한다. 일단 반응을 확인한 후, 척추 손상이 의심될 때 필요한 경우가 아니면 영아

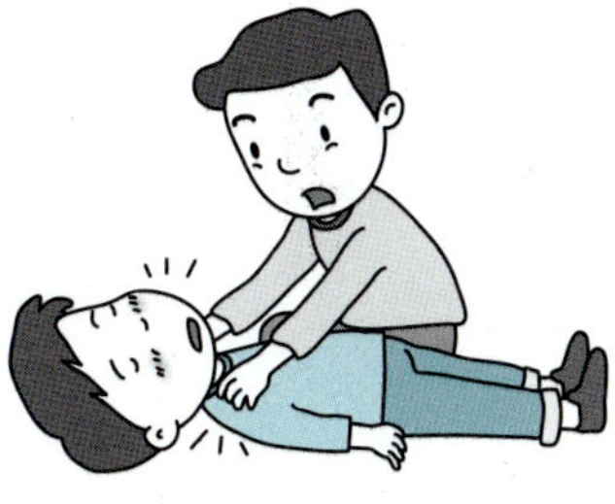

❶ 환아 발견 및 의식 확인
환아의 양쪽 어깨를 가볍게 두드리며 의식상태를 확인한다.

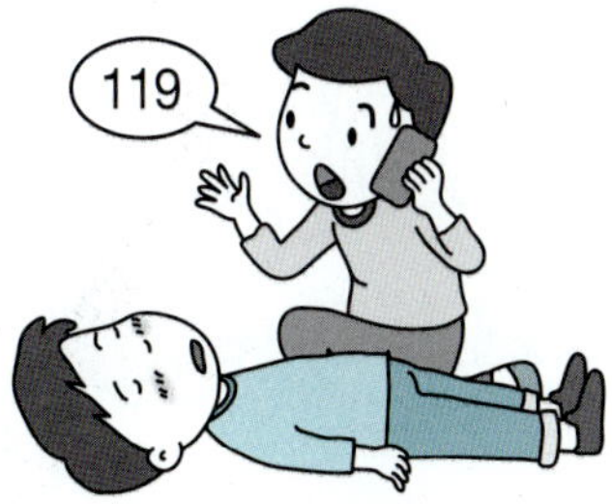

❷ 도움 요청 : "119에 연락해 주세요"
직접 신고하거나 주변 사람들에게 도움을 요청한다.

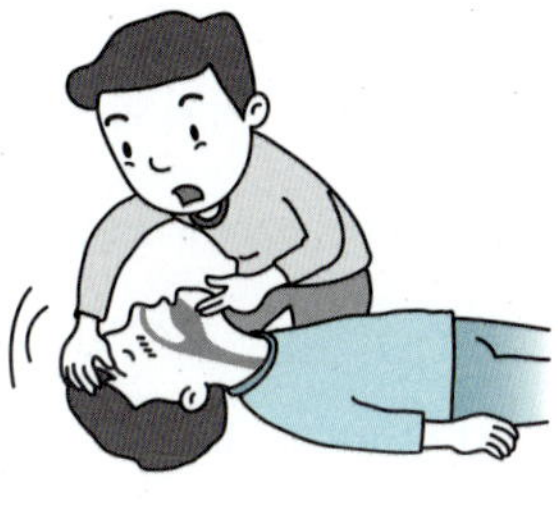

❸ 기도 열기 : 두부후굴 하악거상법
머리를 젖히고 턱을 들어 올린다.

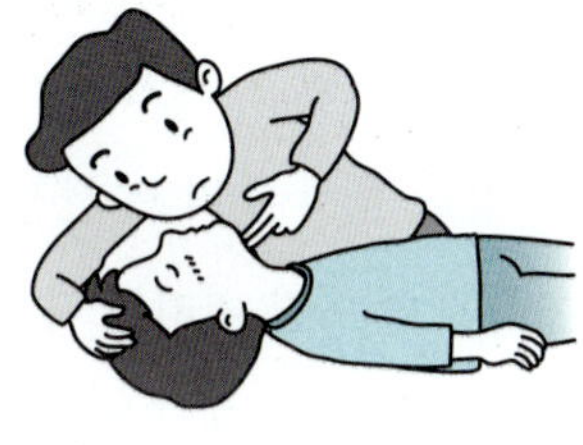

❹ 호흡 확인
보고, 듣고, 느끼고 5~10초

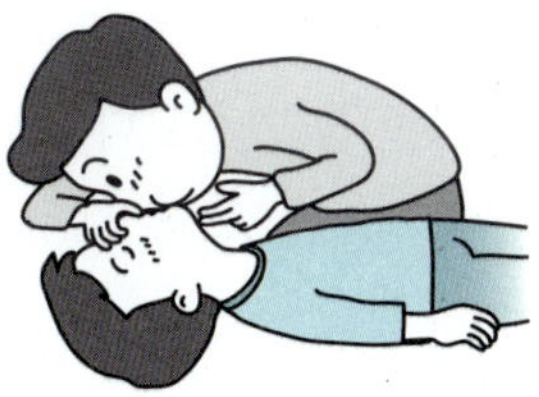

❺ 2회 인공호흡 : 1초씩 2회 불어넣기
구강 대 구강법, 호흡 : 흡기 = 50 : 50

❻ 심폐소생술 : 분당 100회 속도로 30회 압박
구조자가 한 사람인 경우 움직이거나 혹은 119 구급대 도착 시까지 심폐소생술을 반복 시행한다.

그림 9-4 심폐소생술의 단계
출처 : 중앙육아종합지원센터(2008).

를 움직이지 말고 어깨를 가볍게 두드려준다. 주변에 있는 사람에게 119에 구조요청을 부탁하고 아무도 없으면 1분 동안 소생술을 시행한 후 119에 연락한다. 천천히

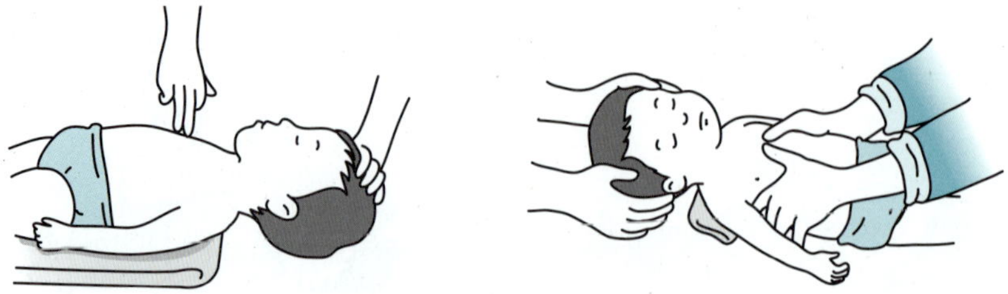

구조자가 한 사람인 경우　　　구조자가 두 사람인 경우

그림 9-5 영아(1세 이하) 심폐소생술

출처 : 중앙육아종합지원센터(2008).

두 번의 숨을 불어넣고 기도를 개방머리 뒤로 젖히기/턱 올리기한다. 처치자의 입으로 영아의 코와 입을 동시에 막고 천천히 숨을 두 번 불어넣는다1회 시간 : 1~1.5초. 첫 번째 숨이 들어가지 않으면 머리를 다시 뒤로 젖히고 천천히 두 번 숨을 불어넣는다. 5회 등 두드리기를 실시한다. 엄지와 나머지 손가락을 영아의 턱에 대고 머리와 목을 받쳐서 한 손으로 영아를 잡고 영아의 얼굴이 바닥을 향하게 하여 팔 위에 놓는다. 머리를 가슴보다 낮게 하고 영아를 안은 팔을 허벅지에 고정한다. 손바닥으로 영아의 어깻죽지 사이견갑골를 5회 두드려준다. 영아의 뒷머리를 받치고 등을 바닥으로 향하게 하여 양팔 사이에 놓는다. 영아의 등을 받쳐 머리를 가슴보다 낮게 하고 처치자의 몸집이 작은 경우 아이를 안은 팔을 무릎 위에 놓는다. 유두 사이에 가상선을 그어 손가락 세 개를 흉골 위에 올려놓고 약지를 가상선 위로 이동시킨다. 약지를 가슴에서 떼고 흉골 끝 V자 부분이 느껴지면 조금 위로 이동한다. 검지와 중지를 흉골앞가슴 뼈에 올려놓고 심폐소생술과 비슷한 방법으로 5회 실시하며 속도는 심폐소생술보다 느리게 한다. 가슴 누르기를 할 때 손가락을 가슴에서 떼지 않는다. 영아의 턱과 혀를 엄지와 나머지 손가락으로 잡고 들어 올린 후 이물질이 확실히 보이면 새끼손가락으로 입 안을 쓸어낸다. 손가락을 구부려 이물질을 쓸어내고 손에 닿지 않은 이물질은 일부러 제거하지 않으며 이물질이 더 깊이 들어가지 않도록 주의한다.

(4) 자동제세동기

자동제세동기는 심정지가 발생한 환자의 심장을 전기적 충격을 통해 소생시켜 주는 장비이다. 사용방법이 아주 쉬워 누구나 쉽게 사용할 수 있는 기기로 구급차가 도착하기 전이라도 심정지 환자를 살릴 수 있는 아주 중요한 장비이다. 심폐소생술을 시행하는 도중 자동제세동기가 먼저 도착하면 심폐소생술을 방해하지 않도록 위치시킨 뒤 전원 버튼을 누른다. 이후 2개의 패드를 포장지에 그려져 있는 대로 환자의 가슴에 단단히 부착한다. 제세동이 필요한 경우라면 "제세동이 필요합니다."라는 음성 또는 화면 메시지와 함께 자동제세동기 스스로 제세동 에너지를 충전한다. 이후에 "제세동 버튼을 누르세요."라는 음성이나 화면지시가 나오면 환자와 접촉한 사람이 있는지 확인한 후에 제세동 버튼을 누른다. 제세동을 시행한 뒤에는 지체 없이 심폐소생술을 다시 시작한다. 자동제세동기는 2분마다 환자의 심전도를 자동으로 분석해 제세동의 필요 여부를 알려준다. 119 구급대가 도착하거나 환자가 회복되어 깨어날 때까지 심폐소생술과 제세동을 반복 실시한다.

4. 생활응급처치

1) 이물질에 의한 응급상황

기도의 폐쇄는 수분 내에 사망을 초래할 수 있는 응급상황이다. 기도 폐쇄의 가장 흔한 원인은 의식이 없는 환자에서 기도가 폐쇄되는 것이다. 이물에 의한 기도 폐쇄는 매우 드물게 발생하는 것으로 알려졌다. 이물에 의한 기도 폐쇄는 주로 소아나 노인에게서 발생하며, 기도 폐쇄의 조기 발견이 치료의 성패를 좌우한다. 따라서 소아에게서 갑자기 호흡이 정지되고 청색증이 발생하며 의식이 소실되는 경우나 뇌졸중 등으로 연하장애가 있는 노인에게서 급격히 청색증과 무호흡이 발생하는 경우에는 이물에 의한 기도 폐쇄를 의심해야 한다.

(1) 눈에 이물질이 들어갔을 때

유아들은 모래놀이를 하다가 눈에 종종 모래나 흙이 들어가는 경우가 있다. 또 가정에서 엄마가 쓰는 향수나 헤어스프레이 등을 눈에 뿌리게 되는 경우도 있다. 먼지, 모래, 향수 또는 다른 이물질이 눈에 들어가게 되면 유아들은 아주 아파하게 된다. 눈에 이물질이 들어가게 되더라도 먼지와 같은 작은 이물질은 대부분 눈물과 함께 씻겨나가지만 그렇다고 눈을 비비거나 무리하게 이물질을 제거하려고 하면 오히려 더 큰 손상을 입힐 수 있다. 그리고 잘못하면 시력을 잃을 수 있는 위험도 있으므로 적절한 응급처치를 하면서 병원으로 데리고 가야 한다. 눈에 이물질이 들어갔을 때의 응급처치는 다음과 같다.

- 윗 눈꺼풀을 잡고 아래쪽으로 당겨 민다. 그러면 이물질이 눈물과 함께 씻겨나간다.
- 아래 눈꺼풀을 부드럽게 아래로 누르고 이물질을 찾아 면봉으로 조심스럽게 빼낸다.
- 모래나 좀 더 큰 이물질이 눈에 들어간 경우에는 우선 문지르지 않도록 하고 눈 안의 이물질이 박혀 있지 않고 움직이고 있는지를 살펴보는 것이 중요하다.
- 이물질이 움직이고 있을 때에는 눈을 문지르지 말고 눈을 가만히 감고 있으면 눈물이 나서 저절로 흘러나올 수 있다. 또는 맑은 물로 이물질을 씻어 내도록 하는데, 이때는 눈꺼풀을 크게 벌려 눈의 안쪽에서 바깥쪽으로 약 15분간 물을 흘려 씻어 내도록 한다. 이때에는 생리 식염수나 정수된 물을 사용하는 것이 좋다.
- 향수나 스프레이를 뿌린 경우에도 비비지 말고 얼른 흐르는 정수된 물이나 생리식염수를 흘려 눈의 안쪽에서 바깥쪽을 향하여 5분 이상 헹구어 내야 한

다. 안약은 함부로 사용하지 않는다.

- 눈에 뜨거운 것이 들어갔을 때에는 빨리 흐르는 물에 눈을 깜박거려 열기를 제거한 다음 깨끗한 수건으로 눈을 가리고 안과치료를 받으러 간다.
- 화학물질이 눈에 들어갔을 때에는 각막을 손상시킬 수 있고 시력에 치명적이므로 재빨리 흐르는 물에 눈을 씻어내려 희석시킨 다음 안과치료를 받으러 간다.

(2) 귀에 이물질이 들어갔을 때

유아들의 귀에 들어갈 수 있는 가장 대표적인 이물질은 작은 장난감 조각이나 구슬 등이다. 귀에 이물질이 들어가게 되면 고막 손상, 중이염 등의 질병을 유발하므로 다음과 같이 응급처치를 하여야 한다.

- 모래, 흙, 구슬, 조그만 장난감 등의 이물질이 귀에 들어갔을 때 머리를 옆으로 기울이면 저절로 빠지는 수도 있다. 귀에 들어간 이물질이 작고 부드러운 것이면 핀셋으로 집어내는 것을 시도해 볼 수 있으나 무리하게 억지로 빼내려고 해서는 안 된다.
- 그 다음으로 시도해 볼 수 있는 안전한 방법은 미지근한 물을 귓구멍으로 넣어 세척해 내는 것이다.
- 그래도 이물질이 나오지 않으면 곧 병원으로 가야 한다. 핀이나 철사 등으로 꺼내려고 하면 외이도나 중이 등을 찌를 수 있고 그 부위가 곪게 될 가능성이 크므로 위험하다.
- 귀에 개미, 파리, 벌 등과 같은 벌레가 귀 안으로 들어간 경우 손전등으로 귀를 비추어 나오게 하거나 기름, 물, 알코올 등을 귓속에 몇 방울 넣어 벌레를 죽인 다음 귀를 씻어내면 된다. 차가운 액체를 귀에 넣을 경우 구토가 유발될 수도 있으므로 주의해야 한다.

(3) 코에 이물질이 들어갔을 때

유아들이 코에 조그만 물체를 넣고 장난을 치다가 잘못되면 콧속으로도 이물질이 들어갈 수 있다. 코에 이물질이 들어갔을 때 응급처치방법을 살펴보면 다음과 같다.

- 콩이나 구슬 등 동그란 이물질의 경우는 먼저 숨을 들이마신 후 숨을 참고 이물질이 들어 있지 않은 코를 손가락으로 막고 힘껏 불어 낸다. 이렇게 해도 나오지 않을 경우 이비인후과나 응급실로 데리고 가야 한다.
- 날카로운 물질이 들어갔을 경우에는 코로 숨을 쉬지 않게 하고 입으로 쉬게 한 뒤 병원으로 가서 빼내야 한다.

(4) 기도에 이물질이 들어갔을 때

기도에 이물질이 들어갔으나 호흡을 할 수 있는 여유가 있으면 본능적으로 기침을 하여 나오게 할 수 있다. 그러나 대부분 기도에 이물질이 들어가 기도를 꽉 막고 있으면 호흡이 곤란하여 얼굴빛이 새파랗게 되고 마침내는 의식을 잃게 된다. 이런 경우의 응급처치는 다음과 같다.

- 기도에 이물질이 들어간 것 같으나 유아들이 기침을 하거나, 울거나, 말을 할 수 있고, 호흡곤란이 심하지 않으면 얼굴을 땅을 향해 엎드리게 하고 곧 병원으로 데리고 간다. 이러한 경우 섣불리 응급처치를 시도하기보다는 전문의의 정확한 치료를 받아야 한다.
- 호흡곤란이 심하여 얼굴이 새파랗게 되고 숨을 쉬지 못하게 되면 119에 신고하거나 구급차를 부르게 한다. 그 다음 유아의 머리와 몸의 상체를 하체보다 낮게 하고, 이물질이 나올 때까지 등을 손바닥으로 세게 친다. 유아의 몸을 함부로 움직이면 이물질이 더 깊숙이 들어가거나 기도를 막아버릴 수도 있는

위험이 있으므로 주의해야 한다.

- 하임리히법을 사용할 수도 있다. 하임리히법은 기도가 이물질로 인해 폐쇄되었을 때 사용할 수 있는 응급처치법이다. 이는 아이의 뒤에서 허리에 두 팔을 둘러 유아를 껴안는데, 이때 한 손은 엄지손가락 부분이 아이의 배꼽과 횡격막 사이의 위장 부분을 누르도록 주먹을 쥐어 대고 다른 한 손은 그 주먹을 덮듯이 꽉 잡는다. 그 다음 껴안은 두 손으로 유아의 위장을 위로 밀어 올리듯 꾹 누른다. 유아가 기침을 하거나 숨을 쉴 수 있을 때까지 이 동작을 반복한다.
- 병원으로 가는 동안 계속 머리와 몸의 상체를 하체보다 낮게 하고 유아의 등을 쳐주어 이물질이 깊이 넘어가지 않도록 도와준다.
- 구급차를 기다리는 동안 유아가 의식을 잃으면 유아를 회복 자세로 눕히고 만약 호흡을 멈추면 즉시 입을 통한 인공호흡을 실시한다.
- 이물질이 기도를 막은 사고 후에는 가벼웠던 것이라도 의사의 정밀검진을 받도록 한다.

2) 화상의 응급처치

(1) 일반적인 화상

열에 의한 화상과 불꽃 등에 의한 화상은 가능한 피부에서 빨리 열을 없애는 것이 필요하므로 열에 의한 화상 부위를 깨끗한 냉수로 15분 이상 차게 한다. 가까이에 수돗물 등이 없는 경우는 병원 등으로 이송하면서 상처 부위를 가능한 청결한 냉수에 충분히 담근 수건 등을 대고 15분 이상 차게 한다.

(2) 약품에 의한 화상

산과 알칼리에 의한 화상은 그 약액이 피부에 침투해서 피부 깊숙이 도달하는 위험이 있기 때문에 재빠르게 수돗물 등으로 약액을 씻어 흐르게 하는 것이 필요하다. 약품이 묻은 의료와 신발 등은 가능한 빨리 벗기고 20분 정도 물로 씻는다. 약품이 눈에 들어간 경우는 세면기에 얼굴을 대고 수돗물을 천천히 흘리면서 눈을 떴다 감았다 하면서 약 20분 이상 씻어낸다.

(3) 전기에 의한 화상

- 감전물체의 전원을 차단한다. 만약 전원을 찾지 못하거나 전원을 차단하는 것이 불가능할 때에는 나무막대기나 플라스틱 물체 등의 절연체를 이용하여 감전된 유아를 감전물체에서 분리시킨다.
- 전기에 의한 화상은 손상된 부위가 좁고 깊은 것이 특징이므로 화상을 입은 곳을 유심히 살펴 찾아야 하고 찾은 경우 그 부위의 반대편 몸까지 살펴보아 화상이 이어져 있는지 확인해야 한다.
- 화상 부위에 대한 처치는 열에 의한 화상에 대한 응급처치와 같으며 다른 처치는 감전되었을 때를 참고한다.
- 만약 유아가 의식이 없는 경우에는 유아가 호흡을 하는지 먼저 살피고 기도를 열어주며 필요한 경우 인공호흡을 실시한다.

(4) 화상 부위의 보호

화상 부위를 물 등으로 충분히 차게 하여 씻어 내려간 후에는 감염방지 등을 위해 멸균가제 등 깨끗한 포를 화상면에 대고 그 위에 삼각건, 붕대, 타월, 수건 등으로 감는다. 또한 긴급히 의사의 치료를 받을 수 없는 경우에 소독약무색으로 액체의 것으로 화상면의 주위를 소독한다.

(5) 해서는 안 되는 조치

화상을 당한 부위에 된장, 간장, 감자, 기름약 등을 바르는 것은 오히려 상처표면을 불결하게 하여 세균감염을 일으키는 원인이 되므로 해서는 안 된다. 수포물집를 없애면 세균감염 등의 원인이 되기 때문에 그대로 놔둔다. 눈에 화상을 입은 경우 눈을 문지르면 각막이 손상되기 때문에 손으로 문지르면 안 된다. 갈증이 있어도 의사의 허락이 있을 때까지 물을 마시지 말아야 한다.

3) 출혈의 응급처치

상처에 의해 심한 출혈이 발생하면 생명을 위협받게 된다. 출혈이 심하지 않은 경우와 심한 경우로 나누어 응급처치법을 살펴보면 다음과 같다.

(1) 출혈이 심하지 않은 경우

- 출혈이 심하지 않은 상처에 한 처치는 병균의 침입을 막아 감염을 방지하는 것이다.
- 상처를 손이나 깨끗하지 않은 헝겊으로 함부로 건드리지 말고, 엉키어 뭉친 핏덩어리를 떼어내지 말아야 한다.
- 흙이나 더러운 것이 묻었을 때는 깨끗한 물로 상처를 씻어낸다.
- 소독된 거즈를 상처에 대고 드레싱을 한다.
- 의사의 치료를 받게 한다.

(2) 출혈이 심한 경우

- 출혈이 심하면 즉시 지혈을 하고 출혈 부위를 높게 하여 안정되게 눕힌다.
- 출혈이 멎기 전에는 음료를 주지 않는다.

※ 응급수술을 할 수도 있기 때문에 음료수나 음식을 주지 않는다(수술을 위한 금식을 요하는 검사를 할 수도 있다).

4) 비(鼻)출혈(코피)의 응급처치

갑자기 코피가 흥건하게 나서 놀란 기억이 있을 것이다. 특히, 어린아이에게 코피가 날 경우 어린이는 물론 부모도 함께 당황해 어찌할바를 모르고 우왕좌왕하는 경우를 많이 본다. 코피라고 하는 것은 비강을 좌우로 가르는 비격의 아래쪽 앞 부위에서 많이 나는데, 손가락을 콧구멍 속으로 집어넣으면 바로 닿는 부위로 대부분의 코피가 나는 부위이다. 이 부분은 혈관이 풍부하고 막이 얇으며 모세혈관이 발달되어 있고 콧구멍에 가까워 자극을 받기 쉽기 때문이다. 코피의 원인은 대단히 많다. 코를 습관적으로 파거나, 세게 풀거나 아니면 코를 과격하게 문지르는 경우, 혹은 주먹으로 한 대 맞거나 넘어지거나 하는 경우에 많다. 코피는 특히 겨울철에 자주 발생하는데, 비강이 건조하기 때문이다. 건조한 환경에서는 코 점막에 딱지가 생기기 쉽고 자기도 모르게 딱지를 떼어내어 점막에 상처가 생겨 코피가 난다. 또한 감기가 많이 걸리는 환절기에 코에 염증이 생기면 점막이 붓고 충혈되어 코피가 나기도 한다.

그러나 이러한 국소인 증상 외에 다른 질병의 증상으로 코피가 나는 경우는 유심히 살펴 진료를 받아야 한다. 어디 부딪히지도 않았는데, 피부에 반점이 생긴다든지 잇몸에서 피가 자주 난다든지 쉽게 피곤해 하며 기운을 못 차리는 증상이 나타나면 단순 코피로 생각하지 말고 혈액학적 검사를 받아야 한다. 드물게는 백혈병이나 혈우병, 재생불량성 빈혈 등의 혈액질환이 있을 경우 코피가 자주 나고 지혈이 되지 않는 경우가 있기 때문이다. 실제로 자주 코피가 나고 잇몸의 출혈이 심하고, 상처가 났을 때 지혈이 다른 사람보다 늦게 되어 이상히 여겨 진찰한 결과 백혈병을 진단받기도 한다.

(1) 잘못된 응급처치

흔히 코피가 나면 목을 뒤로 젖혀 콧구멍을 휴지 등으로 틀어막고 콧잔등을 문질러주거나 목을 두드리는 경우가 있는데, 이는 잘못된 방법이다. 안타까운 것은 TV 드라마에서도 이러한 모습을 보여 일반인들이 잘못된 응급상식을 갖는 데 일조한다는 것이다. 머리를 뒤로 젖히게 되면 코피가 코 뒤로 흘러 숨쉬는 기도를 막을 수 있어 위험한 상황이 될 수도 있다. 특히, 노인이나 어린이는 호흡조절능력이 부족하여 코피가 기도로 넘어가 폐렴으로 발전하여 위험할 수 있다. 코피가 날 경우 삼키는 경우가 있는데, 피를 삼키면 속이 울렁거리고 토하게 되면서 혈압이 올라 멎었던 코피가 다시 터지기도 하므로 주의해야 한다. 그리고 코를 지저분한 휴지나 솜으로 막는 경우가 있는데, 잘못 시도할 경우 코점막이 헐게 되어 코피가 반복적으로 날 수 있으므로 주의해야 한다.

(2) 올바른 응급처치

- 우선 침착하게 당황하지 말고 편안히 앉힌 다음 머리를 약간 앞으로 숙이게 한다.
- 목이나 가슴 부위 옷을 느슨하게 풀어 주어 호흡을 편하게 해주고 입으로 숨을 쉬게 하며 콧등 아래쪽의 연골부콧망울를 엄지와 검지로 10분 정도 눌러 준다. 이 경우 대부분 지혈이 된다.
- 입 속의 피를 삼키면 구토를 유발하므로 삼키지 말고 뱉도록 한다.
- 10분 정도 잡아주고 나서도 지혈이 되지 않으면 다시 10분 정도 눌러 준다.
- 절대로 고개를 뒤로 젖히지 말고 콧구멍을 다른 것으로 틀어막지 말아야 한다.
- 콧등에 얼음주머니를 대면 훨씬 도움이 된다.
- 윗 잇몸 사이의 막을 거즈 등으로 압박해 주면 지혈에 도움이 된다.
- 피가 멈춘 후, 코를 심하게 풀거나 힘을 쓰는 일은 최소한 4시간 이상 하지 않

아야 한다.

- 코피가 자주 나면 꼭 진찰을 받아야 한다.

5) 연조직 손상의 응급처치

조금 베거나, 좁은 부위의 피부가 까지거나, 작은 가시가 박힌 정도의 상처를 입은 경우에는 유아교육기관에서 치료가 가능하다. 그러나 상처가 크거나 깊을 때에는 응급처치를 한 후에 반드시 병원으로 데리고 가야 한다. 이러한 경우의 응급처치법은 다음과 같다.

(1) 찰과상(긁힌 상처)

찰과상이란 넘어지거나 긁히는 등의 마찰에 의하여 피부 표면에 입는 수평적으로 생기는 외상으로, 쉽게 말하면 긁힌 상처를 말한다. 손상된 피부가 깨끗하지 않고, 다양한 깊이로 손상을 얻고 표피의 손실을 가져오는 상처이다. 성인보다는 유아가 피부두께가 얇아 흉터가 남기 쉽다.

유아가 찰과상을 입어 피가 날 경우에는 우선 지혈을 해주고 상처에 오염물이 남아 있으면 염증을 유발하므로 깨끗이 닦아내도록 한다. 딱지가 저절로 떨어질 때까지 떼지 않도록 하고, 햇빛에 상처가 노출되면 흉터가 질 수 있으므로 상처 부위를 가려준다.

- 피가 날 때는 우선 깨끗한 거즈나 수건으로 상처 부위를 10분 정도 눌러서 피를 멎게 한다.
- 상처의 부위를 흐르는 물에 비누로 씻고 헹군다. 염증이 생기지 않도록 모래 등 다친 곳의 이물질을 씻어낸다.
- 상처를 햇빛에 드러내지 않는다. 상처를 햇빛에 드러내면 검은 흉이 생길 수

있으므로 상처를 거즈나 붕대로 가린다.

- 벗겨진 피부조직을 잘라낸다. 상처 주변에 벗겨진 피부조직이 있는 경우에는 알코올로 소독한 작은 가위로 잘라낸다.
- 상처 부위에 오염물이 엉겨 붙어 있을 때는 물에 적신 깨끗한 거즈로 살살 비벼 닦아낸다.
- 항생제 연고를 바른다. 소독약으로 소독을 한 후에 이물질로 염증이 생기지 않도록 항생제 연고를 발라준다.
- 일회용 밴드를 붙인다. 작은 상처에도 일회용 밴드를 붙여 외부 균이 들어가지 않게 하고 드레싱은 매일 해준다.

(2) 열상(베인 상처)

열상은 피부가 찢어져서 생긴 상처를 말한다. 상처의 가장자리가 울퉁불퉁하여 불규칙하게 생긴 경우가 많다. 열상은 대개 날카로운 물체에 베어 조직이 절개된 직선적인 상처로 피하조직이 다쳐서 출혈이 생긴 것을 뜻한다. 열상의 응급처치 방법을 살펴보면 다음과 같다.

- 지혈한 뒤 흐르는 물에 상처를 씻어준다. 단, 봉합이 필요한 상처는 물로 씻지 않는다.
- 소독약으로 소독을 해주어 상처 부위나 주변에 세균이 침투하는 것을 막아준다.
- 세균이 들어가지 않도록 밴드나 반창고로 상처 부위를 싸주어 보호하도록 한다.
- 출혈이 10분 이상 계속되면 붕대를 단단하게 감고 부위를 높이 들어 병원에 간다.
- 햇빛에 상처를 노출하거나 자꾸 만지면 흉이 생기게 되므로 상처를 드러내지 않는다.

(3) 자상(찔린 상처)

자상은 칼이나 창과 같은 예리한 물체에 찔려서 생긴 상처를 말한다. 상처가 좁고 깊게 나며 유아들의 신체 일부가 뾰족한 물체에 찔려 상처를 입었을 경우에는 찔린 정도와 찔린 물체의 종류에 따라 적절한 응급처치를 하여야 한다. 자상의 응급처치방법을 살펴보면 다음과 같다.

- 못이나 유리조각 등에 찔린 후 찌른 물체가 피부에 박혀 있지 않으면 상처 부위를 즉시 물과 비누로 깨끗이 씻고 소독한 다음 지혈하여 병원으로 데리고 간다. 상처가 작아 보이더라도 찔린 경우에는 파상풍의 위험이 있거나 상처 부위가 곪을 수 있으므로 반드시 병원에 데리고 간다.
- 가늘게 쪼개진 막대기나 판자, 장미나 선인장 등에 찔린 가시는 족집게로 뽑는다. 손톱 사이에 찔린 가시는 손톱을 조금 깊게 깎은 후 제거한다.
- 가시를 뽑은 후 상처 부위를 소독한다.
- 이물질이 깊이 박혔을 때는 무리하게 빼려고 하지 않는다. 찔린 물건의 주위를 청결한 천으로 덮고 붕대로 고정시킨 뒤 의사의 진찰을 받는다. 출혈이 심한 경우에는 상처에서 10cm 정도 떨어진 부분을 지혈하여 병원으로 데리고 가며, 특히 박혀 있는 물체가 움직이지 않도록 조심하여 데리고 간다.

(4) 타박상(멍든 상처)

타박상은 외부의 충격이나 둔탁한 힘 등에 의해 연부 조직과 근육 등에 손상을 입어 피부에 출혈과 부종이 보이는 경우를 말한다. 주로 넘어지거나, 떨어지거나, 부딪히는 사고에 의해서 발생한다. 타박상을 입었을 때의 응급처치는 다음과 같다.

- 상처 부위를 깨끗이 하고 얼음주머니를 대준다. 방금 멍든 곳을 젖은 수건으로 얼음을 싸서 눌러주면 혈관에서 혈액이 빠져 나오는 것을 막아주기 때문

에 멍이 생기는 것을 막을 수 있다. 찬 찜질을 할 때에는 5~10분간 얼음주머니를 얹고 있다가 15~20분간 떼어 내는 과정을 3~5회 반복해 준다. 멍이 든 첫 날과 둘째 날에는 이러한 과정을 여러 번 되풀이 하는 것이 좋다.

- 멍든 팔 또는 다리를 심장보다 위로 올린다. 심장보다 높게 들면 손상 부위로 피가 저류되는 것을 막을 수 있다.
- 만약 눈 주위가 시퍼렇게 멍이 들고 충혈이 되면 눈 속의 출혈을 의심할 수 있으므로 안과 전문의의 진단을 받도록 한다.
- 피부가 손상되지 않았다면 얼음찜질 이후에 통증완화를 위한 연고를 발라 줄 수 있으며 비타민 C의 섭취를 충분히 할 수 있도록 해준다.
- 멍이 들고난 뒤 1~2일이 지나면 따뜻한 수건을 대준다. 이는 조직 내로 빠져나온 적혈구가 분산되도록 도와주는 것이다. 약 20분간 따뜻한 천을 대고 있으면 까맣게 된 피부색이 빨리 사라진다.

(5) 교상(물리거나 쏘인 상처)

교상은 사람을 포함한 동물에 물리거나 벌에게 쏘여 생긴 상처이다. 이 상처의 특징은 감염을 일으킬 가능성이 많다는 것과 특수한 질환에 걸릴 수가 있으며 유독동물에 의한 독물의 주입을 받을 수 있기 때문에 조심해야 한다. 동물이나 곤충에 물리거나 쏘인 경우의 응급처치는 다음과 같다.

- 물린 곳에 피가 많이 날 경우에는 깨끗하고 건조한 천으로 압박해 주고 출혈이 멈추면 비누와 흐르는 물로 깨끗하게 씻는다.
- 물린 곳은 정상적인 조직까지 손상시킬 수 있으므로 알코올이나 과산화수소로 소독하지 않는다.
- 물린 후에는 24~48시간 동안 감염의 징후가 있는지 관찰하여야 하며, 감염된 것으로 생각되면 즉시 의사에게 진찰을 받도록 한다.

• 벌에 쏘였을 때는 벌침을 제거하고 비누와 물로 씻은 후 카라민 로션을 두드려 발라준다. 유아가 만약 벌에 쏘인 후 메스꺼워하거나 심한 호흡곤란 증세를 보이면 벌에 대한 알레르기가 있는 경우이므로 유아를 안정시키고 병원에 데리고 가야 한다. 벌 알레르기가 있는 경우는 생명을 잃을 수 있으므로 서둘러 병원으로 가야 하며 거미에 물린 경우에도 곧바로 병원으로 데리고 가야 한다.
• 독사에게 물렸을 때는 유아를 안정시키고 가능한 한 움직임을 적게 하며 독액의 흐름을 감소시키기 위하여 물린 부위를 심장보다 낮게 하고 물린 부위를 깨끗하고 차가운 수건으로 덮어 즉시 병원으로 후송한다. 절대로 지혈대를 사용하거나 독을 빨아내려고 해서는 안 된다.
• 개나 고양이에게 물린 경우에는 상처의 크기에 관계없이 상처 부위를 비누와 물로 씻어 내고 소독된 거즈로 덮어 병원에 데리고 간다. 동시에 다른 한 사람은 유아에게 상처를 입힌 개나 고양이를 붙잡아 수의사에게 데리고 가서 광견병의 유무를 조사하게 한다. 넓은 부위에 손상을 입은 경우에는 구급차를 불러 빨리 병원으로 데리고 가야 하며, 이때에도 손상을 입힌 동물을 반드시 붙잡아 두어야 한다.

6) 뼈와 관절 손상의 응급처치

(1) 골절

골절이란 뼈에 금이 가거나 뼈가 부러지는 경우를 말한다. 유아들의 뼈는 어른의 뼈에 비해 부러지는 경우는 적으나 휘어지거나 금이 가는 경우가 많다. 유아들이 가장 많이 다치는 부위는 넘어지는 순간 짚게 되는 손목, 팔꿈치, 발목 주위이다. 이 부위가 골절되면 성장판이 다칠 수 있으며 유아기의 골절은 발견되지 않고 지나쳐 적기에 치료를 못해 심각한 장애를 일으키기도 한다. 골절에 대한 응급처치는 다음과 같다.

- 뼈가 부러져서 피부 바깥으로 나온 경우는 골절이라는 것이 쉽게 파악되므로 손상된 부분을 소독된 거즈로 넓게 덮거나 붕대로 느슨하게 감아 넓게 부목을 대어 병원으로 데리고 가야 한다. 상처 주위의 모양이 이상하다고 해서 바로 잡으려 하거나 소독하려 해서는 안 된다.
- 뼈가 피부 바깥으로 나오지 않아 골절의 여부가 정확하지 않은 경우라도 몹시 아파하며, 상처 주위가 부어오르고, 멍이 들어 있으며, 움직일 수 없고, 상처 주위의 몸의 형태가 이상하면 골절을 의심할 수 있다. 이러한 경우 골절의 유무를 확인한다고 골절로 의심되는 부위를 함부로 만지거나 꺾어보다가 2차 사고를 유발할 수 있으므로 함부로 만져보거나 꺾어서는 안 된다. 이러한 상황에서는 상처를 중심으로 하여 윗부분이나 아랫부분의 관절까지를 움직이지 못하도록 부목을 대고 상처 부위를 높게 하여 병원으로 데리고 간다.
- 골절이 의심되어 병원으로 데리고 갈 때는 몸을 따뜻하게 보온해주고, 먹을 것이나 음료수는 주지 않는다. 이는 뼈가 부러진 상황에 따라 똑바로 뼈를 붙이기 위해 마취를 해야 할 수도 있기 때문이다.

(2) 탈구

탈구는 관절 부위의 뼈가 본래의 자리를 빠져 나와 관절 주위의 조직이 손상을 입게 되는 경우를 말한다. 탈구된 부위는 힘을 주어 사용하지 않아야 하며 편안한 자세로 몸을 지지해 즉시 병원에 의뢰한다.

- 탈구된 부분은 골절이나 삔 경우와 구분이 되지 않을 수도 있다. 탈구라고 판단이 된다면 이를 바로 잡으려고 하지 말고 부상 부위를 되도록 편하게 한 상

태에서 찬 찜질을 해주어 통증을 완화시키고 의사의 진료를 받도록 한다.

- 탈구된 부분에 힘을 주어 사용하지 않도록 한다.

(3) 염좌

염좌는 관절을 지지해주는 인대가 외부 충격 등에 의해서 늘어나거나 일부 찢어지는 경우를 주로 말하며, 근육이 충격에 의해서 늘어나거나 일부 찢어지는 경우도 염좌라고 말한다. 가벼운 증상부터 중증까지 증상이 다양하며 골절과 구별하는 것도 어렵다. 가장 흔한 것이 발목 염좌로 통증 때문에 발을 움직일 수 없이 파랗게 부어오른다.

- 염좌된 부위를 높이 올린다. 손목염좌는 팔걸이를 하여 고정시키고 발목염좌는 부드러운 고임을 발목 밑에 놓아 그 부위를 높인다.
- 환자를 안정시키며 의사의 치료 전까지 상처 부위에 얼음찜질을 하여 통증을 완화시킨다.

7) 식중독의 응급처치

유아가 무엇을 먹고 난 후 심한 복통을 호소하면서 점액질의 묽은 변을 보며 열이 있고 구토를 동반한다면 식중독을 의심해 보아야 한다. 유아가 식중독에 걸렸을 때 응급처치방법은 다음과 같다.

- 식중독은 상했거나 오염된 음식을 섭취한 후 6~48시간 이내에 갑자기 발생한다. 유아의 증상을 살펴보아 구토, 점액질의 설사, 심한 복통과 함께 38~39℃까지 체온이 오르면 먹이는 것을 즉시 중단하고 병원으로 데리고 간다.
- 유아가 먹은 음식의 잔여분이 있으면 이를 보존하고, 어떤 음식을 먹었는지 의사에게 말해 주어 진단을 도와줄 수 있다.

- 병원에 갈 때까지 필요하다면 소금을 탄 보리차나 전해질 음료를 먹일 수 있다.

8) 독극물을 먹었을 때 응급처치

유아들은 색이 고운 세제나 알약, 어른이 실수로 음료수병에 넣어 둔 농약이나 세제 등의 독극물을 먹는 것으로 잘못 알고 먹는 경우가 있다. 유아가 독극물을 먹었을 경우 응급처치방법은 다음과 같다.

- 유아가 독극물을 먹었거나 먹었다고 의심이 되는 상황에서 유아의 의식이 있을 경우 제일 먼저 해야 할 일은 어떤 종류의 독극물을 먹었는지 알아내는 일이다. 즉, 유아로 하여금 무엇을 먹었는지를 의식을 잃기 전에 말하게 하거나 가리켜보게 한다.
- 119 구조대나 가까운 병원의 응급실로 전화하여 유아가 먹었거나 먹었을 것으로 추정되는 독극물의 종류를 말하고 적절한 응급처치방법을 도움받는다.
- 만약 유아가 부식성 독극물표백제, 제초제 등을 먹었을 경우 절대로 토하게 해서는 안 되며 가능한 한 빨리 병원으로 데리고 가야 한다. 부식성 독극물은 식도 등의 내장기관의 조직을 손상시킬 수 있기 때문이다.
- 일반 독극물을 먹은 것이 확실한 경우 우선 119 구조대나 병원 응급실 독극물 중독치료 담당의사 등의 도움을 얻어 이페칵 시럽Ipecac syrup이나 소금물 등을 먹여 토하게 한 뒤 병원으로 데리고 갈 수도 있다.
- 유아가 독극물을 먹은 것으로 추정은 되나 유아의 의식이 없을 경우 119 구조대를 부르거나 가장 가까운 종합병원의 응급실로 데리고 가야 한다. 병원까지 가는 동안 유아를 회복 자세로 눕히고 호흡의 여부 및 의식을 잃은 상태의 정도 등을 계속적으로 지켜보아야 한다. 필요하면 인공호흡을 실시한다.

9) 물에 빠졌을 때 응급처치

유아들이 물속에 머리까지 빠지게 되면 물이 기관지와 폐에 들어가 질식하거나 폐의 기능이 정지되어 바로 응급처치를 하지 않으면 생명이 위험하게 된다. 물에 빠진 유아를 위한 응급처치방법은 다음과 같다.

- 물에 빠진 유아를 건져내면, 즉시 편평한 곳에 눕히고 호흡의 여부를 확인해야 한다. 호흡이 극도로 미약하거나 호흡을 하지 않으면 기도를 열어주고, 인공호흡을 시작한다.
- 물에 빠진 유아의 응급처치에는 여러 사람의 힘이 필요하다. 즉, 한 사람은 인공호흡을, 한 사람은 심장 마사지를, 한 사람은 젖은 옷을 벗기고 담요나 마른 몸을 대어 체온이 떨어지지 않게 해주어야 한다.
- 인공호흡 후 바로 병원으로 데리고 가야 하는데, 병원으로 가는 도중에도 계속 인공호흡을 해주어야 한다. 호흡을 하기 시작하면 머리와 상체를 몸통보다 낮게 옆으로 눕히고 코, 목구멍, 기도에 괴어 있는 물이 흘러나오게 한다.

Teaching subjects in early childhood education

CHAPTER

10

영유아 음악과 동작교육

1. 영유아기 음악과 동작교육의 이해 | 2. 영유아 음악과 동작교육이론
3. 영유아 음악과 동작능력의 발달특성 | 4. 영유아 음악과 동작교육의 목적 및 목표
5. 영유아 음악과 동작교육의 개념 및 내용 | 6. 영유아 음악과 동작교육 교수-학습방법
7. 영유아 음악과 동작영역 환경구성 | 8. 계획적인 음악과 동작활동을 위한 교사의 역할 및 평가
9. 영유아 음악과 동작교육의 실제

CHAPTER 10

영유아기 음악과 동작경험은 영유아의 생활과 밀접히 관련되어 있으며, 영유아의 통합적이고 전인적 발달에 중요한 영향을 미친다. 또한 이러한 경험은 성인이 되어서도 영유아 개개인의 삶의 질에 영향을 미치게 되므로 음악과 동작은 무엇보다 즐거운 경험이어야 한다. 따라서 교사는 음악과 동작교육의 적절한 지도능력을 반드시 갖추어야 할 것이다.

이 장에서는 음악과 동작교육의 이해, 영유아기 발달특성, 개념 및 내용, 교수-학습방법과 환경구성, 교사의 역할 및 평가와 마지막으로 음악과 동작활동의 실제 등에 대해서 살펴보고자 한다.

1. 영유아기 음악과 동작교육의 이해

1) 음악과 동작교육의 역사적 배경과 현대적 동향

음악은 원시시대부터 현재에 이르기까지 인간의 삶 속에 자연스럽게 공존해왔으며, 원시시대에는 형식적인 음악교육은 없었지만 모방을 통해 비형식적인 방법으로 음악교육이 이루어졌다. 고전시대 이후부터 현재까지도 가정에서 비형식적인 방식으로 꾸준히 이루어졌으며, 형식적 학교교육 형태의 유아를 위한 음악교육은 20세기 이후부터 구체적으로 발전하기 시작하였다고 볼 수 있다(안경숙 · 김소향 · 나은숙, 2014).

동작교육은 우리나라에서 1980년대에 동작활동 또는 동작교육으로 소개되어 '신체표현활동', '유아무용교육', '음률활동', '창의적 표현활동', '신체활동', '유아체육놀이', '유아체육활동' 등 다양한 이름으로 불리고 있다. 동작교육에서 다양한 용어가 사용된 것은 동작교육의 접근방법이 '동작 또는 움직임'에 기초한 접근방법과 '체육'에 기초한 접근방법으로 달랐기 때문이며, 동작교육의 모태가 되었던 체육은 그동안 신체교육에서 신체를 통한 교육으로 발전되고 다시 라반Laban에 의해 인간 움직임 교육으로 발전되어 왔다(오연주 외, 2014).

음악을 몸짓으로 표현하는 것은 말하기와 더불어 가장 먼저 시작할 수 있는 자연스러운 의사소통과정이다. 오르프Orff는 모든 사람은 음악성을 가지고 태어난다고 하였고, 가드너Gardner는 모든 사람은 음악적 지능과 신체 · 운동적 지능을 가지고 태어난다고 하였다. 영유아들은 깨어 있는 대부분의 시간 동안 끊임없이 움직이며 탐색하고 실험하고 발견하면서 세상에 대한 경험을 확장시키고 내면화해간다. 이와 같이 움직임은 영유아에게 의사소통 수단인 동시에 환경을 탐색하고 자신의 신체를 발견하는 방법이기도 하다. 영유아는 움직임을 통해서 자신과 외부 세계를 지각하면서 신체와 공간에 대한 기본 이미지를 발달시키고 반복적인 움직임 속에서 자신의 신체를 조정하는 능력과 다양하게 움직이는 방법들을 발견하고 새로운 운동기능을 습득하게 된다(황순각, 2003).

최근에 영유아들은 컴퓨터와 매스미디어의 증가로 앉아서 하는 활동이 증가하고, 도시화로 인한 놀이 공간의 부족, 위험상황에 대한 부모들의 지나친 우려로 인한 놀이 기회의 부족, 부모나 교사의 동작활동에 대한 지식 부족 등으로 영유아기에 발달되어야 하는 운동기술을 충분히 발달시키지 못하고 있다(오연주 외, 2014). 이러한 사회적 문제는 영유아 음악과 동작교육을 통하여 극복하고 해결할 수 있다. 따라서 음악과 동작을 포함한 예술영역이 중요하게 다루어지고 있고 다른 나라의 문화를 편견 없이 이해하고 수용하도록 한다. 또한 통합적 접근에 의한 음악과 동작교육을 강조하며 심리학과 같은 다른 학문적 관점에서도 음악과 동작을 다루고 있다.

2) 영유아 음악과 동작교육을 통한 전인적 발달

영유아기의 음악과 동작교육은 영유아의 지적, 정서적, 언어적인 모든 면을 포함하는 전인적 성장발달과 연관지어 설명되어야 한다.

첫째, 영유아 음악과 동작교육은 인지적 발달을 향상시킨다. 음의 같고 다름을 구별하는 변별력과 정확한 음을 찾아내는 인식력, 다양한 소리에 대한 이해력 등 다양한 음악적 경험을 길러준다. 또한 언어발달에 영향을 미친다. 노랫말을 통하여 어휘력을 길러주며 음악에 대한 느낌이나 특징을 언어로 표현해 봄으로써 언어발달에 긍정적인 영향을 미친다. 음악은 언어와 같이 자신의 생각과 느낌 그리고 내적 감정과 정서를 표현하는 도구적 역할을 하기 때문에 영유아들에게 상상력, 창의력을 발달시키고 정서적 안정감을 가지게 하며 자신을 자유롭게 표현해 내는 자기표현의 수단이 된다(Greenberg, 1979 ; 박옥희, 2010 재인용). 또한 김명순과 조경자(2001)는 음악이 언어를 통해 세련되게 표현하지 못하는 영유아의 생각과 감정을 여러 감각적으로 표현하도록 도와준다는 의미에서 중요하다고 하였으며, 전인옥과 이숙희(1997)도 음악이 마치 언어와 같이 자기 자신의 생각과 느낌, 감정과 정서를 표현하는 의사소통의 도구적인 역할을 한다고 하였다.

피아제Piaget에 따르면 영유아는 감각과 신체 움직임을 통해 지식을 구성하므로 이들의 움직임은 후속 인지발달의 기초라 하였다. 또한 창의적인 동작표현을 위해 주변 사물과 기본 개념을 학습하고 이를 통해 문제해결력이 길러진다.

셋째, 영유아 음악과 동작교육은 영유아의 정서적 안정에 도움을 주고, 자신의 사고와 느낌을 자연스럽게 표현하는 매체의 기능을 한다. 영유아가 음악적 요소와 특성을 다양하게 경험하여 이해하고, 그것을 바탕으로 인식 · 표현함으로써 음악적 표현능력과 음악적 감수성을 향상시키는 것을 활동목표로 한다(엄정애 외, 2009). 음악 소리에 맞추어 몸을 움직이고 노래를 부르거나 악기를 연주함으로써 영유아가 가지고 있는 부정적인 감정을 해소하여 정서적 안정감을 가지며 음악을 들으면서 긴장을 완화시키고, 감정을 표현하여 감정을 조절하는 능력을 길러준다. 또한 유아는 언어로 표현하기 어려운 감정표현을 동작교육을 통해 표현하고, 부정적인 감정까지도 표출하여 정서적으로 안정감을 갖게 된다. 즉, 동작교육은 유아로 하여금 건강한 감정 해소와 표출 기회의 중요한 역할을 한다.

넷째, 영유아 음악과 동작교육은 신체적 발달을 돕는다. 영유아는 음악을 들으면서 리듬과 속도에 맞추어 몸을 움직이며 춤을 추는 것으로 대근육과 소근육의 발달을 도모하고 동작활동의 참여를 통해 근력, 지구력, 내구력, 유연성, 신체조절능력, 균형감 등이 증진된다. 또한 긍정적인 신체활동을 경험하면서 스트레스가 감소되며, 다른 영유아들과 함께 활동하거나 다른 문화의 동작표현을 배움으로써 개인적인 동작 어휘력을 증가시키게 된다. 더불어 동작이 전 생애에 걸쳐서 행복하게 살아가는 데 중요한 역할을 한다는 것을 학습하게 된다.

다섯째, 영유아 음악과 동작교육은 사회성발달을 돕는다. 노래 부르기, 악기 연주하기, 음악극과 같은 집단 음악활동의 경험을 통해 친구와의 관계형성과 협동심으로 서로를 이해하며 규칙과 질서를 지키게 한다. 사회적 기술영역으로 영유아들은 짝이나 소그룹으로 활동하는 과정에서 다른 사람과 협력하는 방법과 리더십이 발달되며, 긍정적인 신체 접촉과 생각이나 공간을 공유하면서 자연스럽게 다른 영유아들과 유대감을 형성하고 다양한 표현방식이나 타 문화에 대한 이해를 통해 다름의 가치를 인식한다(Gilbert, 1992).

여섯째, 영유아 음악과 동작교육은 창의력을 신장하는 데 도움을 준다. 다양한 음악과 동작활동은 영유아의 생각과 느낌을 자유롭게 표현하게 함으로써 영유아의 창의적 사고력과 표현력의 신장을 도와줌으로써 음악과 동작기술을 익히게 하기보다는 다양한 유형의 음악경험으로 발달에 적합한 음악활동을 통해 음악적 능력이 발달되도록 하여야 함을 알 수 있다.

일곱째, 영유아 음악과 동작교육은 심미적 감각을 기를 수 있다. 유아들은 음악이 들리면 즉각적인 반응을 하며 자신의 감정을 신체로 표현한다. 특히, 다양한 리듬의 음악과 춤을 통해 균형과 조화의 아름다움, 동작의 아름다움을 느끼고 이해하며 예술적 · 심미적 감각을 기를 수 있다.

2. 영유아 음악과 동작교육이론

1) 영유아 음악교육이론

(1) 뇌 기반 학습의 과학적 접근

뇌 기반 학습의 과학적 접근은 뇌의 구조와 기능에 대한 과학적 연구결과를 토대로 인간의 사고 및 학습과정을 과학적이고 체계적으로 접근한다.

- 영유아기는 음악적 능력발달에 중요한 시기이므로 오감을 사용한 다양한 음악활동과 경험을 제공해주어야 한다.
- 음악교육은 영유아의 정서와 밀접히 관련되어 있으므로 영유아의 흥미를 고려하고 재미있는 놀이 중심의 방향으로 이루어져야 한다.
- 뇌는 몸과 분리되어 있지 않으며, 신체활동을 할 때 뇌가 더욱 활성화되므로 음악교육을 신체활동과 통합하여 다양한 음악활동으로 제공할 필요가 있다.

(2) 구성주의

구성주의는 영유아가 자신의 경험으로부터 의미 있는 지식을 스스로 구성한다는 것을 의미한다. 즉, 지식은 인식 주체인 영유아가 능동적인 활동을 통해 스스로 내면의 세계에서 구성해가는 과정을 통해 획득하고, 외부적 자극이나 전달에 의해 획득될 수 없다고 강조한다.

- 교사 주도적 음악교육보다는 교사와 영유아의 상호협력의 역할, 음악에 대한 사전경험, 적절한 음악적 환경의 제공 등이 매우 중요하다.
- 영유아가 스스로 음악적 지식을 능동적으로 구성하도록 해야 한다.
- 교사는 영유아가 음악에 호기심을 갖도록 흥미를 유발하고, 사전경험을 파악하여 음악활동을 제공하며 상호작용하는 역할을 수행해야 한다.

(3) 다중지능이론

가드너는 인간의 지능을 실제 생활에서 직면하는 문제를 해결하는 능력, 새로운 문제에 대한 해결방안을 생성하는 능력, 자신의 문화권 내에서 가치 있는 서비스를 제공하거거나 만들어 내는 능력으로 정의하고 인간에게 잠재된 8가지 지능영역이 있음을 주장한다.

- 음악적 지능을 최대한 향상할 수 있다.
- 음악교육내용이 서로 연결되어 가정에서 연계를 중요시한다.
- 음악적 지능평가를 통해 강점과 약점을 다른 지능영역과 통합하여 제공한다 (안경숙 · 김소향 · 나은숙, 2014).

2) 영유아 동작교육에 대한 이론

(1) 성숙론적 관점

발달은 예정된 것으로 내적이고 유전에 의해 조정되는 것이다. 연령에 따라 설정된 단계적인 유아발달 표준행동발달 정도와 속도에는 차이가 있지만 누구나 각각의 단계를 통과한다는 것이다.

- 유아는 어떤 것을 학습할 준비가 되었을 때 그것을 학습하는 방법도 터득하여 유아들의 준비도에 맞는 활동과 안정된 환경을 제공해야 한다.
- 유아의 요구 및 흥미에 의해 자발적으로 활동을 선택하고 참여할 수 있도록 준비해야 한다.
- 개방적이고 구조화된 것보다 다목적적인 교재와 기구를 자유로운 분위기에서 제공한다.
- 유아가 선택하고 추구하는 활동을 충분히 할 수 있도록 시간을 주고 실외에서 뛰어노는 것도 중요하다.

(2) 환경론적 관점

유아는 환경의 산물로 발달은 환경으로부터 받아들인 행동의 유형대로 일어난다고 보는 것이다. 유아는 환경의 반응자로 학습은 자극에 대해 반응하고, 정보를 흡수하며, 특정행동에 대하여 강화되는 것을 말한다.

- 학습내용을 계층적으로 순서화하여 설계하고 언어적이며 비언어적인 지시와 안내를 한다.
- 조직적인 방법을 통한 보상과 칭찬을 하고 정해진 방법으로 기구를 사용하도록 하거나 반응을 하도록 강조한다.

(3) 상호작용론적 관점

피아제Piaget의 구성주의이론은 유전과 환경 모두가 발달에 주된 영향을 미치고, 비고츠키Vygotsky의 사회적 구성주의이론은 의미 있는 문화적 활동 안에서 다른 사람들과 협동하면서 내면적인 정신과정들을 만들어 가는 능동적인 존재로 인식된다.

환경을 구성하면서 각 유아의 지각과 반응 형태를 중요시하고 구조와 분명한 기대수준이 있는 과제를 제시하여 영유아들이 문제해결의 과정에 능동적으로 참여하도록 한다.

3. 영유아 음악과 동작능력의 발달특성

영유아 음악과 동작활동은 영유아로 하여금 음악과 동작을 통한 다양한 경험을 하고 이를 통한 감정표현을 유도하여 영유아의 음악과 동작능력을 함양하게 한다. 이렇게 형성된 능력은 영유아의 정서적 가치와 인지적인 능력을 기르며 주변에 대한 이해의 폭을 넓혀 나간다. 영유아 연령에 적합한 음악과 동작발달의 특성을 잘 알아야 발달에 적합한 활동을 제공해 줄 수 있다.

표 10-1 각 연령별 영유아의 음악과 동작능력의 발달특성

연령	듣기	노래 부르기	악기 다루기	동작능력
출생~18개월	• 0~4개월 정도에도 음악에 따라 달리 반응한다. • 4~8개월이 되면 소리 나는 곳을 향해 적극적으로 고개를 돌린다. • 10개월 이후에는 음악적 선호를 표현하기 시작한다.	• 모음과 자음을 옹알이로 발성화한다. • 6~18개월에는 음악적 특성이 가미된 옹알이가 증가한다.	• 시계소리, 음악소리, 양육자의 소리 등에 관심을 나타낸다.	• 6~9개월이 되면 음악을 듣고 팔을 흔드는 동작을 한다. • 12~18개월에는 친근한 음악을 들으면 박자가 맞지는 않지만 손뼉을 치고 몸을 위 아래로 흔들기도 한다.
18개월~3세	• 텔레비전이나 라디오의 광고 음악을 매우 즐긴다. • 분명한 리듬이 있는 음악을 좋아하고 음악적 게임의 지시를 따를 수 있다. • 주의집중시간이 길어져 몇 분 동안은 조용히 앉아서 음악을 들을 수 있다.	• 한 노래를 끝까지 정확하게 부를 수는 없으나 노래 부르기 시도를 한다. • 친근하게 들었던 음정을 즐기고 성인에게 노래를 불러달라고 요청한다. • 노래를 부를 수 있으나 함께 부르는 것은 어려워한다.	• 18개월~2세 무렵이 되면 간단한 리듬악기뿐 아니라 냄비 뚜껑, 그릇 등의 생활용품을 두드려 소리 내는 것을 즐긴다. • 실제 악기에 대한 흥미가 증가한다. • 박자에 따라 악기를 다루려 한다.	• 짧은 시간 동안 규칙적인 리듬감에 맞춰 움직일 수 있다. • 음악에 맞추어 동작을 창의적으로 표현한다.
3~5세	• 3~4세경에는 짧은 음악 연주 시 조용히 들을 수 있으나 자신이 들었던 음악에 대해 언어적 반응하기를 피한다. • 4~5세경이 되면 자신이 들었던 음악에 대해 언어로 이야기 나누는 능력이 확장된다. • 적극적 감상자가 되는 동시에 들으려는 욕구가 증가한다.	• 단순한 음정의 노래를 끝까지 정확하게 부를 수 있다. • 3세경이 되면 정확한 음정과 반복되는 리듬, 가락으로 자발적으로 노래를 만들며, 도(C)에서 라(A)까지의 곡조도 부를 수 있다. • 노래의 정확성이 점차 증가한다. • 집단에서 함께 노래하는 것도 즐기며 자신의 차례를 지켜 노래할 수도 있게 된다.	• 리듬악기를 사용하여 음악의 비트를 연주할 수 있다. • 노래의 분위기를 악기로 연주할 수 있다. • 타악기나 주변의 물건을 이용하여 리듬, 강약, 속도를 표현한다. • 다양한 리듬악기로 자신의 노래를 만들기도 하고 노래의 반주나 악기연주를 시도하기 시작한다.	• 규칙적인 리듬에 맞춰 움직일 수 있는 시간이 길어진다. • 신체 협응력이 증가한다. • 노래를 부르면서 손뼉 치기, 춤추기와 같은 신체적인 움직임을 동반하는 경향을 갖는다. • 뛰고 스키핑하면서 춤출 수 있으며 공을 던지고 받을 수 있게 된다.

연령	듣기	노래 부르기	악기 다루기	동작능력
5~8세	• 5세 이상이 되면 다양한 음악을 즐겨 감상할 수 있다.	• 7~8세경에는 '도-다음 도' '레-다음 레'와 같이 한 옥타브의 음역에서 노래한다. • 노래를 빠르고, 느리게 부를 수 있다.	• 다양한 리듬악기를 활용해 합주도 가능하다. • 6세경이 되면 피아노, 바이올린 등의 악기연주가 가능하다.	• 부드럽게 스키핑을 할 수 있다. • 바닥에 공을 튀길 수 있으며 튀겨진 공을 잡을 수도 있다. 더불어 굴러가는 공을 찰 수 있고 목표물을 맞히기 위해 공을 정확히 굴릴 수 있다. • 특정 음악에 맞추어 춤(dance)동작을 할 수 있으며 음악과 창의적 리듬을 사용한 활동을 할 수 있다. • 이 시기의 후반부가 되면 비로소 스포츠에 대한 흥미가 발달하기 시작한다.

출처 : 심성경 외(2012).

4. 영유아 음악과 동작교육의 목적 및 목표

3~5세 연령별 누리과정 의사소통영역 듣기에는 '동시 듣기, 동요를 다양한 방법으로 듣고 이해하기'가 제시되어 있다. 동시를 듣고 읽으면서 박자 및 리듬감각을 기르고 반복적으로 나타나는 운율을 통해 몸을 움직이며 규칙성을 배울 수 있다. 이와 같이 예술경험뿐만 아니라 다른 영역에서도 음악과 동작적 요소가 포함되어 있다. 동작 관련 요소는 신체 각 부분의 특성을 이해하고 이를 활용하여 음악에 맞추어 신체를 움직여 보는 활동들은 음률활동과 관련이 있다. 듣기의 내용은 음악감각과 관련이 있으며 우리나라와 세계 여러 나라의 전통놀이와 풍습은 민요 및 전래동요와 관련이 있다. 예술경험영역은 아름다움 찾아보기, 예술적 표현하기, 예술 감상하기의 세 가지 내용범주(교육과학기술부, 2013)로 구분된다.

아름다움 찾아보기는 아름다운 주변 환경 및 예술의 다양한 분야에서 음악과 움직임 및 춤, 미술의 요소를 자유롭게 탐색하는 과정을 통해 아름다움을 발견하고 찾아보려는 태도를 말한다. 유아가 접하는 주변 환경의 소리와 자연의 소리 등에 귀를 기울이고 흥미를 가지며 유아가 자신이나 타인의 신체 혹은 주변 사물의 움직임에 흥미를 가지고 자신이 나타내고자 하는 바를 신체적으로 조화롭게 표현하는 것이다. 예술적 표현하기는 다양한 예술표현방식으로 자신의 생각과 느낌을 전하며 자신이 나타내고자 하는 바를 마음껏 펼칠 수 있는 편안하고 허용적인 환경 제공이 중요하다. 아울러 예술적 감상하기는 우리나라의 전통예술뿐만 아니라 다양한 음악과 동작 예술을 감상하고 다채로운 문화의 작품에 관심을 가지며 감상하는 기회를 갖도록 하는 것이다. 이를 통해 유아들이 예술 감상활동에 많은 흥미를 느끼며 유아들 간에 아름다움의 표현에 관심을 가지게 할 수 있다. 궁극적으로 예술 감상활동을 통해 음악, 미술, 동작 등 다양한 예술적 경험을 하고 자연과 환경에 아름다움을 느끼며 유아들의 표현에 다양성을 기를 수 있다.

이와 같이 교육과정에서 음악적 요소와 동작개념을 찾아볼 수 있는 것은 음악과 동작이 영유아의 생활과 밀접히 관련되어 있으며 영유아의 통합적이고 전인적 발달에 중요한 영향을 미치기 때문이라고 할 수 있다. 음악과 동작교육 관련 내용은 다음과 같다.

표 10-2 신체운동·건강과 신체운동의 목적 및 목표

구분	3~5세 누리과정		0~2세 표준보육과정	
영역	신체운동 · 건강		신체운동	
목적	3~5세	기본운동능력과 건강하고 안전한 생활습관을 기른다.	0~1세	감각 및 기본 신체운동능력을 기른다.
			2세	감각, 신체조절 및 기본운동능력을 기른다.
목표	3~5세	• 감각능력을 기르고, 자신의 신체를 긍정적으로 인식한다. • 신체를 조절하고 기본 운동능력을 기른다. • 신체활동에 즐겁게 참여한다. • 건강한 생활습관을 기른다. • 안전한 생활습관을 기른다.	0~1세	• 감각기능을 발달시키고 자신의 신체를 탐색한다. • 대 · 소근육을 조절하고 걷기 등의 능력을 기른다. • 규칙적으로 신체활동에 참여한다.
			2세	• 감각능력을 기르고, 자신의 신체 움직임을 탐색한다. • 안정된 자세로 대 · 소근육을 조절하고 기본운동능력을 기른다. • 규칙적으로 신체활동에 참여한다.

표 10-3 예술경험의 목적 및 목표

<table>
<tr><th>구분</th><th colspan="2">3~5세 누리과정</th><th colspan="2">0~2세 표준보육과정</th></tr>
<tr><td>영역</td><td colspan="2">예술경험</td><td colspan="2">예술경험</td></tr>
<tr><td rowspan="2">목적</td><td rowspan="2">3~5세</td><td rowspan="2">아름다움에 관심을 가지고 예술경험을 즐기며, 창의적으로 표현하는 능력을 기른다.</td><td>0~1세</td><td>아름다움에 관심을 가진다.</td></tr>
<tr><td>2세</td><td>아름다움에 관심을 가지고 예술경험을 즐긴다.</td></tr>
<tr><td rowspan="2">목표</td><td rowspan="2">3~5세</td><td rowspan="2">• 자연과 주변 환경에서 발견한 아름다움과 예술적 요소에 관심을 가지고 탐색한다.
• 자신의 생각과 느낌을 음악, 움직임과 춤, 미술, 극놀이를 통해 창의적으로 표현하는 것을 즐긴다.
• 자연과 다양한 예술작품을 감상하며, 풍부한 감성과 심미적 태도를 기른다.</td><td>0~1세</td><td>• 자신의 신체와 주변의 감각 자극에 호기심을 가지고 반응한다.
• 소리와 움직임으로 반응하고, 단순한 미술을 경험하며, 모방행동을 즐긴다.
• 친근한 소리나 노래를 즐겨 듣고, 자연물, 사물, 주변 환경에 관심을 가진다.</td></tr>
<tr><td>2세</td><td>• 주변 생활에서 예술적 요소를 발견하고 흥미롭게 탐색한다.
• 간단한 리듬이나 노래, 움직임, 자발적인 미술활동을 자유롭게 시도하고 모방이나 상상놀이로 표현한다.
• 주변의 환경과 자연 및 다양한 표현에서 예술적 요소를 관심 있게 보고 즐긴다.</td></tr>
</table>

5. 영유아 음악과 동작교육의 개념 및 내용

1) 영유아 음악과 동작개념 및 요소

(1) 음악개념

영유아 음악교육에서 음악적 개념은 음악을 이해하고 음악활동을 하는 데 기본이 되는 요소를 뜻한다. 유아는 지식을 통하여 음악적 개념을 습득하기보다는 다양한 음악활동을 통하여 자연스럽게 음악적 개념이 형성되며, 형성된 음악적 개념은 다시 음악활동을 하면서 표현된다. 음으로 만들어지는 다양한 요소는 음의 고저, 셈여림, 리듬, 빠르기, 음의 짜임새, 형식, 박자, 음색 등이다.

음의 고저는 음의 높낮이로 높고 낮은 음, 같고 다른 음, 제자리에 있는 음을 말한다. 음의 고저의 요소로는 음정, 음계, 선율, 음의 조합 등이 있으며 음정은 두 음 사이의 거리이며, 음계는 음 고저의 순서대로 정리된 음악적 체계 내의 모든 음들을 지시하는 데 쓰이는 것이다. 선율은 연속적인 음정에 리듬이 부가된 것이며, 음높이가 다른 두 음 이상이 울리면 선율이 되고, 수직적으로 울리면 화음이 된다(Nye & Vermice, 1975).

셈여림은 음악의 기본개념 중 가장 먼저 발달한다(박명숙, 2000). 같은 음을 연주하더라도 그 음을 세게 또는 여리게, 큰 소리와 작은 소리, 아주 크게와 아주 여리게, 갑자기 크게와 갑자기 여리게, 점점 크게 연주하기와 점점 여리게 연주하기에 따라 느낌이 달라진다.

리듬은 음악적인 소리의 조직으로 가락, 화음과 함께 음악의 3대 기초를 이루는 개념이며, 리듬 없이는 가락과 화음이 활성화될 수 없을 만큼 중요한 개념이다(Sadie, 1980). 일정한 시간 내의 규칙적인 시간의 분할을 의미하며 이는 소리를 음악적으로 의미 있는 특정 방식의 특정 유형으로 분할하여 듣는 것을 의미한다.

리듬 반응은 영아기에 급속히 발달하며 영아들의 놀이 가운데 자연스런 동작이나 언어들과 함께 밀착하여 나타나게 된다(박명숙, 2000).

빠르기tempo는 음악에서의 속도를 의미하며, 이러한 빠르기는 음악의 스타일과 시대를 보여 준다(Randel, 1986). 빠르기는 상대적인 의미의 개념으로 같은 곡이라 할지라도 그 곡의 기본 빠르기를 어떻게 설정하는가에 따라 전혀 다른 느낌의 음악이 된다. 리듬에 대한 변화의 요인으로 템포의 개념이 있다. 리듬은 움직임을 느끼게 해주고 템포는 움직이는 빠르기를 지시한다. 템포에는 '보통 빠르게, 빠르게, 느리게, 점점 빠르게, 점점 느리게'가 있다.

음의 짜임새는 음악의 내용이 앞뒤의 연관과 체계를 갖춘 상태를 말한다. 즉, 음악의 구성방식으로 정교하게 짜여진 음악을 영유아기에 다양한 방법으로 듣게 하고 신체표현으로 많이 경험하도록 해야 한다.

형식은 음악의 여러 개념들 중 가장 나중에 발달하게 되는 개념으로 리듬, 음색, 멜로디, 화음, 강약의 요소들이 배열되고 조직되어 음악의 형식이 형성된다. 영유아에게는 신체 움직임이나 신체표현으로 그 개념을 이해할 수 있게 해야 한다.

박자는 운율적 진동으로서 지휘자가 지휘할 때 손의 움직임에 의한 진동의 표시와 같은 규칙적인 움직임이다(Randel, 1986). 박은 소리의 길이에 의해 이루어지는 시간적인 최소 단위로 박이 모여 박자가 이루어지며 박과 박자를 기초로 리듬이 형성된다. 이러한 박의 기준을 서양음악에서는 맥박의 고동, 국악에서는 호흡의 주기에 두고 있다(박형신, 2006). 맥박과 호흡 모두 일정한 시간적 간격으로 나타나는데, 이는 박의 특징을 잘 묘사한다고 볼 수 있다.

음색은 소리가 가지고 있는 색깔 또는 그 소리의 질로(이선규, 2004), 음의 높낮이가 같아도 사람이나 악기에 따라 다르게 나타나는 소리의 독특한 질에 의한 차이를 말한다. 음색은 소리를 내는 소재의 종류와 구조, 크기에 따라 달라진다. 유아들의 음색이 발달되면서 주변 환경과 자연의 소리, 다양한 악기 소리를 변별하게 되고 서로 다른 음이 어울려 음악적 소리로 만들어짐을 알게 된다.

(2) 동작의 구성요소

동작의 구성요소는 신체지각, 공간지각, 시간지각, 에포트, 관계 등으로 분류되며, 동작의 구성요소 인식이란 다섯 가지 구성요소가 어떻게 동작에 반영되는지를 인식하고 움직임으로써 질적으로 우수한 동작을 만들어 내는 것을 뜻한다.

신체지각이란 신체이미지와 신체도식을 응용한 개념으로서, 영유아가 자신의 신체부위와 신체모양을 정확하게 구분하여 지각하고 운동을 통하여 활용할 수 있는 능력을 의미한다. '무엇을 움직이는가?'를 이해해야 하는 신체지각은 자신의 신체 이미지를 형성하는 활동들과 자신의 신체를 이용한 동작활동을 통하여 구성된다. 신체 이미지는 영유아 개개인의 생활경험과 신체적 특징, 감각운동 기능, 정서 상태와 인간관계의 경험 등에서 영향을 받기 때문에 영유아의 모든 발달과 밀접하게 관련된다. 신체인식을 위해서는 신체 각 부분의 이름과 신체 각 부분의 위치를 알고, 신체를 움직이는 방법각 부분을 분리하여 다르게 움직이는 방법 또는 한 번에 몸 전체를 움직이는 방법을 아는 데 도움이 되는 다양한 경험을 해야 한다.

공간지각이란 신체가 움직이는 공간의 구조와 공간 안에서 신체가 차지하는 범위 및 방향과 움직임을 지각하여 인식하는 것이다. 신체를 '어디로 움직일 수 있는가?'를 이해하는 것을 의미한다. 동작이란 공간에서 이루어지므로 공간에 대한 개념을 발달시키는 것이 매우 중요하다. 공간의 위치지각은 물체와의 관계지각으로 정의할 수 있는데, 영유아는 자기 신체와 관련시켜 물체의 위치와 방향을 지각한다. 이러한 공간의 위치지각이 발달한 후에 물체와 물체의 관계를 인식하는 공간의 관계지각이 발달한다.

시간지각은 영유아의 내적 시간구조의 발달에 의해 형성되는 것으로서, 시간지각이 발달하면서 영유아의 눈과 손발 및 전신의 시간적 동시성과 리듬, 연속성 등에 의한 효율적인 협응력이 발달하며 신체 간의 협응을 필요로 하는 다양한 동작을 할 수 있게 된다. 시간의 요소 속에는 지속성과 속도가 포함되며 악센트, 가속 및 감속 등이 결합됨으로써 보다 다양한 동작이 만들어질 수 있다. 즉, 시간지각은 동작을 얼마나 빠르게, 느리게 혹은 중간 빠르기로 움직이는가 하는 속도와 관련되며, 리듬 또한 시간지각과 관련된다. 리듬동작은 움직임에 주어지는 소리의 길고 짧음, 빠르고 느림 등의 차이에 반응하여 얼마나 변화 있게 움직이는가를 의미한다.

에포트effort는 동작표현을 할 때 신체 내부에서 외부로 표출되는 그 어떤 힘, 즉 에너지를 말한다. 에포트는 동작의 질을 의미하는 것으로 무게힘나 흐름움직임의 계속성에 관련된 요소이다. 무게지각은 무겁고 힘든 동작과 가볍고 쉬운 동작을 대조시키는 움직임과 관련된 지각요소로서, 신체의 움직임에서 자세 위치의 변화나 평형 상태를 유지할 때 필요한 조정력을 발달시켜 주는 요소이다. 흐름은 움직임의 계속성으로 자유로운 흐름은 움직임이나 움직임의 부분들을 부드럽게 연결시키는 것이고, 제한된 흐름은 동작의 끝이나 동작의 일부가 끊어지는 것이다.

관계는 신체의 어디신체를 어떻게노력 어디로공간 누구와 혹은 무엇이랑관계 할 것인지를 선택하여 결정하는 것이다. 사람과 사람과의 관계는 짝이나 집단으로 특정 동작을 맞추어 실행하거나 모양을 연출하는 것이고, 신체와 물체와의 관계는 영유아가 물체 주위의 공간을 움직이거나 신체의 주변으로 물체를 움직여서 물체를 자신의 신체와 관련시킬 수 있다. 신체와 신체와의 관계는 각 신체 부분들은 서로 만나고 헤어지고, 위쪽과 아래쪽, 앞과 뒤, 옆, 멀리 또는 가까이의 관계를 형성하며 다양한 동작을 만들게 된다.

모양, 크기, 방향에 대한 지각은 일반적으로 3세 이후부터 점차 발달되어 간다. 시간지각은 매일 되풀이되는 일과에 의해서 발달된다. 3세부터 '어제'와 '오늘', '간다'와 '갔다'를 구별할 수 있게 되며, 4~5세가 되면 오전, 오후, 아침, 점심, 밤을 이해할 수 있게 되어 점차로 과거, 현재, 미래에 대해서도 구별하게 된다. 색깔지각이 발달되어 빨강, 노랑, 초록 등의 색상 구별이 일찍이 유아 초기부터 발달된다. 그러나 이런 색상의 이름을 정확히 말할 수 있게 되는 것은 3세 이후부터이다. 무게지각은 비교적 늦게 발달하는 편이므로 유아는 크기가 큰 것은 무겁고 작은 것은 가볍다고 지각하는 경향이 있다.

2) 음악과 동작교육의 내용

(1) 음악교육의 내용

다양한 음악활동이란 소리 탐색하기, 노래 부르기, 감상하기, 악기 연주하기, 신체로 표현하기, 음악 만들기와 같이 여러 가지 활동방법을 의미하며, 유아들은 이러한 다양한 방법을 통한 음악활동에 참여하며 음악에 대해 흥미를 느끼고 좋은 성향을 갖게 된다. 또한 음악에 대한 유아의 내적 변화는 자연스럽게 음악적 개념이나 이해를 돕는 외적 변화를 촉진하게 되어 음악적 유능감과 자신감을 높인다.

① 소리 탐색하기

소리 탐색은 다른 음악활동의 기초를 이루는 매우 중요한 경험(Haines & Gerber, 2000)으로서 다양한 소리에 관심을 가지고 주의 깊게 듣고 구별하고 분류하는 과정이다. 유아는 여러 가지 소리를 이용하여 소리를 만들어 보고 주변의 여러 가지 소리들을 탐색하고 소리에 대한 음악적 개념을 이해할 필요가 있다(안재신, 2004). 또한 유아들이 소리에 대한 관심을 가질 때 다양한 물체와 도구를 이용하여 소리를 만들어서 소리의 같고 다름과 높고 낮음, 강하고 약함 등을 구별할 수 있는 능력을 개발할 수 있다. 소리를 만들 수 있는 다양한 재료로 소리를 만들어 보며 탐색할 수 있는 경험을 제공해 줄 필요가 있다(안경숙 · 김소향 · 나은숙, 2014).

② 노래 부르기

노래 부르기는 유아가 일상생활 속에서 가장 쉽게 음악을 경험할 수 있는 활동으로, 태어나면서부터 노래를 접하며 언어를 습득하는 것처럼 노래를 배운다. 목소리는 최초의 음악 악기로, 각 개인마다 고유의 음색을 가진다. 유아는 음색을 경험하는 것과 동시에 발성을 해보는 경험을 가지면서 자신의 목소리를 통제하고 노래하는 방법을 배워나가게 된다. 노래 부르기를 통해 유아는 음악의 아름다움을 체험하고 음악적 개념을 형성하는 것뿐 아니라 음악을 통해 자신을 구현하는 기회를 갖게 된다. 교사는 노래 부르기 활동을 계획할 때 유아에게 적절한 노래를 선정해야 하는데, 유아의 발달적인 측면과 음악적 측면을 동시에 고려해야 한다. 다시 말하면, 유아의 수준에 적합한 음역, 길이, 노랫말을 염두에 두는 것과 동시에 박자, 리듬, 셈여림, 빠르기, 음높이, 멜로디 등의 음악적 개념을 구체적으로 고려해야 한다. 또한 유아의 발달에 적절한 노래가 선곡되어야 한다.

③ 감상하기

안재신(2008)은 음악감상이 음악을 예술적으로 즐기는 것이라 하였으며 작곡가와 감상자 사이의 의사소통이라 하였다. 음악감상이란 연주된 음악이 내는 소리를 일방적으로 수용하고 반응하는 것을 말하는 것이 아니라 음악이 발현하는 소리를 듣는 사람이 주도권을 가지고 능동적이고 적극적인 형태로 수용하는 것을 의미한다. 음악을 감상한다는 것은 단순히 음악이 발현된 소리를 듣는 것만을 의미하는 것이 아니라 음악에 주의를 집중하여 음악에 표현된 감정이나 느낌, 생각들을 마음속 깊이 느끼며 다른 사람과 공유하여 표현하고 비교, 평가해 보는 전체 과정을 음악감상이라고 할 수 있다.

음악감상은 모든 음악활동의 기초가 된다고 할 수 있다. 유아들에게 음악감상 활동을 시행할 때는 감상곡을 한 번 들려주는 것으로 끝낼 것이 아니라 여러 번 들려주어야 하며, 막연하게 들려주는 것이 아니라 감상할 때마다 어떤 면에 특별히

주의를 기울여 듣도록 자극해 주어야 한다(이홍수, 1992). 음악감상은 단순히 듣고 지나가는 활동으로서가 아니라 그들이 느낀 다양한 것들을 즐겁게 표현할 수 있도록 체계적인 지도가 필요하다. 교사는 다양한 음악 장르에 대한 연구와 음악감상곡에 대한 충분한 이해과정을 통해 자신감을 가지고 음악감상활동이 될 수 있도록 하여야 한다. 또한 교사들은 유아에게 어울리는 곡을 선정하여 흥미롭고 즐거운 음악감상활동이 되도록 진행하여야 하며, 유아들이 자유로이 그들의 느낌과 감정을 표현하도록 도와주어야 한다(박부숙, 2003).

④ 악기 연주하기

악기 연주하기는 음악활동에 있어서 가장 중요한 핵심적인 활동이며 모든 유아들이 즐길 수 있고 음악적 발달뿐만 아니라 창의적 동작경험의 강화 등 신체적인 발달도 이룰 수 있다고 보았다. 모든 연령의 유아들이 즐기는 활동인 악기연주는 유아가 무엇인가를 두드리면 소리가 나는 신기함으로 음색을 발견하고 흔들고 긁고 치면서 리듬과 음의 높낮이 등 음악적 개념을 직접적으로 경험하여 이해하는 데 도움을 준다. 따라서 박자감과 리듬감은 물론 소리가 만들어지는 현상을 경험하고 이해할 수 있도록 하며, 악기를 보고 만지는 경험을 통해 음악적 상상력과 표현력을 길러준다. 악기 연주하기를 통해 음악에 맞추어 악기의 소리를 조화롭게 만들고 악기의 독특한 음색, 셈여림, 리듬과 같은 음악적 개념을 경험하고 표현함으로써 유아의 음악적 능력과 표현력을 향상시킬 수 있다(김희복 · 박형신, 2014 ; Schickedanz, 1990). 따라서 유아는 듣기 경험을 많이 해야 하고 여러 종류의 음악과 악기에 노출되어야 한다.

리듬노래와 리듬패턴을 활용한 악기활동은 유아의 리듬감과 음악표현력에 긍정적인 영향을 미치므로 악기 연주하기 활동 속의 음악적 개념은 중요하다고 할 수 있다. 또한 악기 연주는 소리의 어우러짐이 필요하므로 유아들이 다른 악기 소리에 귀를 기울이며 다른 악기들의 기능을 이해하고 자기 소리를 조절하여 전체의 조화가 이루어져야 하므로 사회성발달을 돕는다.

⑤ 신체표현하기

몸은 원초적인 악기로 인식된다. 몸의 움직임은 곧 음악에 대한 이해를 신체언어와 이해로 표현하는 것이다. 유아가 음악을 들으면서 특정한 느낌을 일으키고 그것을 적극적인 몸동작으로 환원하여 나타낸다면, 그것은 유아가 그 음악에 대해 이해한 바를 보여 주는 것으로 간주될 수 있으며, 훌륭한 음악행위라고 할 수 있다(이홍수, 1992). 몸으로 표현하기moving는 음악에 대한 유아의 본능을 깨워주며 음악의 리듬에 몸을 움직여서 반응하고 표현하도록 유도한다. 유아는 음악을 듣고 자신의 느낌을 언어로 표현하기 전에 몸의 움직임을 사용하여 자연스럽게 표현한다.

신체표현은 노랫말에 맞추어 신체표현하기, 음악요소에 대한 자극으로 신체표현하기, 동시의 느낌을 표현하는 손유희, 창의적인 신체표현활동 등으로 음악과 관련되어 일어나는 모든 신체활동을 총칭한다. 넓은 의미로 본다면 음악에 대한 반응으로써 춤도 신체표현에 포함된다. 리듬을 몸으로 표현하는 달크로즈Dalcroze의 유리드믹스 활동이나 음악과 동작, 춤, 언어와 함께 이루어져야 한다는 오르프Orff의 활동과 같이 음악에 맞춰 춤을 추는 활동을 통해 자신의 생각과 느낌을 자유롭게 표현하도록 하는 것이다. 이처럼 음악과 신체표현은 여러 음악 교육학자들의 이론에서도 거론하였듯이 서로 관련이 있음을 알 수 있다.

신체표현을 통한 음악적 활동은 음악의 리듬이 발현되고 청각으로 지각될 때 유아들로 하여금 음악에 대한 자발적인 움직임을 유도한다. 유아는 본능적으로 리듬에 호응하고 표현하도록 함으로써 유아들에게 자발적 감각운동의 경험을 제공한다. 이는 유아의 초기 발달 측면에서 볼 때 유아의 신체적인 발달뿐만 아니라 유아의 인생에 있어서 전반적인 측면에서의 발달을 이루도록 돕는다. 신체표현을 통한 음악활동은 유아의 자기표현의 기회와 창의성발달에 도움을 준다. 또한 또래 친구들과 협동하여 집단을 이루어 신체활동을 하는 동안 유아들은 신체발달과 정서발달 및 사회성발달 등의 전인적인 발달을 할 수 있게 된다.

⑥ 음악 만들기

음악 만들기는 음악을 창작하는 것으로 음악활동을 하면서 즉흥적으로 음악을 만들어 노래를 부르거나 악기 연주하기, 노래의 선율이나 노랫말을 바꾸는 것을 말한다. 음악 만들기를 통해 유아들은 간단한 멜로디를 만들 수 있고, 좋아하는 멜로디나 리듬을 삽입하고 바꾸어보거나, 유아에게 친숙한 곡에 스스로 노랫말을 바꾸어 자신만의 독창적인 노래로 만들어 부를 수 있다(교육과학기술부, 2007). 이처럼 유아는 음악에 있어서 오로지 학습자로서의 역할만 하는 것이 아니라 직접 음악을 만들어 낼 수 있다(Morehouse, 2013). 이는 음악을 만드는 활동을 통해 모든 유아들이 자신의 타고난 음악적 성향을 자연스럽게 표현하고 해석할 수 있을 뿐 아니라, 음악을 만드는 것은 듣기, 묘사하기, 문제해결하기를 포함한 많은 학습 영역이 반영되는 유아들의 능력이기 때문이다. 또한 음악 만들기는 유아들에게 재미있으면서도 지적 · 신체적 · 정서적 · 음악적 발달을 돕는 의미 있는 활동이다(Neelly, 2001). 따라서 교사는 유아가 음악을 창작할 수 있도록 풍부한 환경을 조성하여 음악을 다양하게 접할 수 있는 기회를 마련하여 음악적 호기심을 갖게 해야 할 것이다.

(2) 동작교육의 내용

갈라휴Gallahue가 1976년 분류한 동작교육의 내용은 '동작을 위한 교육learning to move'과 '동작을 통한 교육learning through move'으로, 동작을 위한 교육의 내용은 신체의 기능적 요소와 개념이며, 동작을 통한 교육의 내용은 신체 동작을 통하여 전반적인 발달을 추구하는 창의적인 표현이다.

① 기본운동 동작하기

- 비이동 동작하기 : 구부리기, 뻗기, 흔들기, 떨기, 회전하기 등
- 이동 동작하기 : 걷기, 달리기, 두 발 모아 뛰기, 호핑, 스키핑, 갤로핑 등
- 조작적 동작하기 : 던지기, 받기, 차기, 굴리기 등

② 표현 동작하기

- 구조적 표현 동작하기 : 노랫말이나 음악의 주제에 의해 특별하게 정해진 대로 움직이는 동작이며, 주로 교사의 시범이나 지시에 따라 유아가 따라 해보는 형태로 이루어진다예 : '머리, 어깨, 무릎, 발', '왼발, 오른발', 대부분의 손 유희, 호키포키.
- 반구조적 표현 동작하기 : 부분적으로는 정해진 지시에 따라야 하지만, 창의적으로 자유롭게 움직일 수 있는 부분이 있는 활동이다예 : 그대로 멈춰라.
- 창의적 표현 동작하기 : '~처럼 해 보는' 또는 '~이 되어 보는'과 같은 상상적이고 창의적인 가작행동이 일어나는 동작활동으로, 일정한 형식 없이 탐색과정을 통해서 자신의 느낌, 생각, 감정 등의 내적 상태와 분위기를 자신의 스타일로 표현하는 활동이다.

③ 동작 감상하기

- 다양한 춤 감상하기 : 리듬체조 감상하기, 뮤지컬 감상하기, 전통 춤 감상하기
- 예술적 동작표현 감상하기 : 리듬체조, 피겨스케이팅, 스포츠 댄스 감상하기
- 극놀이 감상하기 : 뮤지컬, 무언극 감상하기

6. 영유아 음악과 동작교육 교수-학습방법

1) 영유아 음악교육의 교수원리

(1) 일상생활을 통한 접근

음악활동을 계획하지 않았더라도 유치원의 일상적인 활동 속에서 다양한 시간에 다양한 방법으로 음악활동을 제공하는 방법이다. 간식시간이나 자유선택활동 후 정리정돈 또는 귀가지도시간 등 다양한 시간에 노래를 부르거나 감상을 하거나 간단한 동작표현을 해보는 등 다양한 방법으로 시도될 수 있다.

(2) 통합적인 접근

교육과정의 주제를 중심으로 다른 교과와 통합시키거나 음악교육 내용영역 간에도 서로 통합적으로 접근하는 방법이다.

(3) 발달적 · 문화적 적합성을 고려한 접근

유아의 발달적 적합성과 문화적 적합성을 고려하여 다양한 음악경험을 제공하는 방법이다.

2) 영유아 음악교육내용별 교수-학습방법

(1) 소리 탐색 및 만들기

- 영유아가 조작할 수 있는 최대한 다양한 악기와 자료를 준비하되 안전해야 한다.
- 영유아의 주도성과 자율성을 허용한다. 즉, 소리 탐색의 시간을 늘리고 동적이고 소란한 분위기를 허용하며 미완성 연주도 인정한다.

- 매일의 일상에서 사물에서 발생하는 소리에 관심을 갖고 구별하도록 안내하고 영아뿐 아니라 유아에게도 실시한다.
- 소리를 듣고 움직임, 악기, 그림으로 표현하는 등 듣기 활동을 의도적이고 체계적으로 계획하여 제공한다.
- 실외에서도 소리 탐색과 소리 만들기를 격려한다.
- 음률영역에 소리를 녹음하고 들을 수 있는 CD 플레이어 등을 비치소음 방지용 카펫 필요하는데, 처음에는 쉽게 변별할 수 있는 것부터 시작하여 점차 난이도 있는 소리를 제시한다.

(2) 노래 부르기

- 교사는 노래를 선창하여 지도하는 경우 노랫말과 리듬, 가락을 철저히 분석한 후 자신감을 지닌 상태에서 되도록이면 육성으로 외워서 아름다운 목소리로 노래를 불러주어야 한다.
- 교사는 노래 부를 때 노래의 분위기를 충분히 살려 적합한 얼굴표정과 몸짓으로 아름답게 불러주어야 한다.
- 교사가 직접 피아노를 연주하며 노래를 부를 경우 피아노 연주를 완전히 익힌 상태에서 연주하여야 한다.
- 노래 부르기 활동을 위하여 녹음된 반주곡을 활용할 경우 소리의 크기가 지나치게 크지 않도록 잘 조절하여 들려주어야 한다.
- 영유아의 호기심과 참여를 높이기 위하여 단순한 피아노 반주보다 우쿨렐레나 자일로폰, 그리고 다양한 타악기 등을 사용하여 지도한다.
- 영유아가 노래를 쉽게 따라 부를 수 있도록 소절마다 교사의 선창을 따라 부르거나 특별한 반복 어구 등에 영유아가 민감하게 반응하고 참여하여 노래 부를 수 있도록 지도한다.

- 노래 부르기 활동 시에 미리 짜여진 율동을 따라하도록 하는 방법보다는 중간 중간 영유아의 창의적인 동작을 유발할 수 있도록 반복적 어구의 노랫말이 있는 곡을 선정하여 지도한다.

(3) 악기 연주하기

- 영유아들이 생활 속에서 접하고 경험할 수 있는 실제 다양한 악기들을 탐색하고 다루는 경험을 하도록 안내한다.
- 영유아발달에 적합하도록 음악요소의 상대적 개념을 이해하고 표현하는 정도로 누구나 쉽게 연주할 수 있게 진행하여야 한다.
- 악기와 관련된 활동을 통합적으로 전개하는 방법을 고려한다. 음악뿐만 아니라 미술, 무용, 연극 등 예술영역과 타 영역과 통합하여 풍부한 경험을 제공할 수 있다.
- 음악곡 전체를 악기 연주로 참여하게 하기보다는 특정한 실러블syllable이나 반복되는 가사, 그리고 특별한 동작을 유발하는 음악곡의 부분 및 비교되는 음악 형식에 맞게 합주하는 활동 등으로 구성하여 지도해야 한다.
- 교사 주도의 대집단 형식의 악기 탐색 및 악기 다루기와 폐품을 활용한 간단한 악기 만들기가 노래 부르기의 부수적인 활동이나 미술활동에 그치지 않도록 한다.
- 영유아를 위한 효과적인 악기지도는 연주기능 연마에 치우치기보다는 영유아의 발달특성과 흥미를 고려하여 즐거운 경험이 되도록 한다.

(4) 음악 감상하기

- 어떤 곡을 감상하게 하는가보다는 어떤 자극으로 흥미를 느끼게 하여 음악을 잘 듣게 하는가의 방법이 더 중요하다.

- 생활주제와 음악적 개념을 고려한 시청각자료를 이용하거나 놀이와 연결시켜 단계적으로 지도한다.
- 음악 감상곡은 짧고 생동감이 있으며 예술적인 양질의 곡을 선정해야 한다.
- 정해진 시간에만 들려주는 것이 아니라 일과를 통해 골고루 들려준다.
- 음악 감상하기 좋은 편안하고 안락한 분위기를 형성한다.
- 교사는 다양한 음악을 들을 필요가 있으며, 음악을 들려주기 전에 반드시 미리 들어봐야 한다.
- 청각적 자극뿐만 아니라 다감각적 방법으로 다양한 음악 감상활동을 제공하면 더욱 좋다.
- 음악을 듣고 난 후에는 여러 형태의 통합활동을 마련하여 연계시킨다.

(5) 신체표현하기

- 음악적 개념의 이해를 돕는 체계적인 교수방법으로 지도한다.
- 교사는 신체 움직임을 지도하는 경우 유아들이 쉽게 모방하거나 음악적 요소들에 쉽게 반응하고 표현하도록 하기 위하여 자신의 신체 움직임을 최대한 아름답고 예술적으로 표현하도록 한다.
- 교사는 신체 움직임을 통해 수업을 진행하는 경우 감정을 충분히 살려 적당한 얼굴표정과 몸짓으로 적극적인 신체 움직임을 지도하여야 한다.
- 교사가 직접 신체 움직임을 보여 주는 경우 배경음악을 충분히 익혀 음악의 흐름과 변화를 민감히 감지하고 느끼며 프레이즈phrase에 맞춰 표현할 수 있도록 신체 움직임을 표현하여야 한다.
- 신체 움직임 활동을 위하여 녹음된 반주곡을 활용할 경우 소리의 크기가 지나치게 크지 않도록 크기를 잘 조절하여야 한다.
- 영유아의 호기심과 참여를 높이기 위하여 단순한 신체 움직임을 하되 다양한 타

악기나 도구를 제시하여 보다 더 적극적인 활동을 유도할 수 있도록 지도한다.

- 구조화된 율동을 따라하도록 하는 신체 움직임보다는 중간 중간 영유아의 창조적인 동작을 유발할 수 있는 반복적 어구의 노랫말이 있는 노래곡을 배경음악으로 선정하여 지도한다.
- 3, 4세는 충분히 탐색하고 자유롭게 움직임 기회를 주고, 5세는 창의적 표현이 가능하므로 움직임을 돕는 다양한 도구를 제시한다.

(6) 음악 만들기

- 창의적인 상상적 표현을 격려하고, 유아가 주도적으로 놀이하면서 자신의 음악적 아이디어를 다양하게 표현하며 창의적인 방법으로 음악을 만들어 보도록 한다.
- 동시를 소개하고 리듬이나 가락을 넣어 음악을 만들도록 한다.
- 충분한 시간과 공간을 부여하고 영유아의 표현에 격려와 자신감을 줄 수 있는 적절한 상호작용을 한다. 교사의 틀을 강요하지 않으며 유아의 작품을 인정한다.

3) 영유아 동작교육 교수–학습방법

(1) 직접교수방법

직접교수방법은 지시적 교수방법으로 교사 주도적인 교수방법이다. 정해진 동작을 정확하게 표현하고, 동작표현을 교사가 영유아에게 분명하게 요구하는 방식으로 같은 동작을 하면서 일치와 균일성을 배우는 것이다. 달성해야 하는 교육목표를 분명히 하여 교사가 영유아에게 제시하는 활동 및 동작을 완수해내는 것이다. 영유아가 일상생활에서 필요한 기본동작을 터득하고 동작교육의 기본인 동작

요소를 습득하게 하는 것으로 같은 동작을 하면서 일치와 균일성을 배운다. 직접 교수방법에는 시범과 모델링 영유아가 따라 하기, 흉내 내기, 반복하기, 지식에 따르기 등이 있다.

장점은 유아의 동작 수행에 대한 결과를 즉각적으로 알 수 있다. 영유아의 반응을 기반으로 영유아의 자극수용 정도, 반응성, 감각적 발달수준, 정보처리능력 및 속도, 신체부분에 대한 인식 정도가 어떻게 되는지 파악할 수 있다. 또한 교육시간을 효율적으로 사용할 수 있다. 단점은 유아의 자기표현과 창의성을 충분히 고려하지 못하고 유아의 발달과 능력에 개인차가 있다는 점을 고려하지 못하는 것이다. 또한 지시적 기술을 익히는 것에 목표를 두고 결과를 기대하기 때문에 학습과정 그 자체를 인정하기 어렵다.

(2) 간접교수방법

간접교수방법은 영유아가 주도권을 가지고 자율적인 의사결정을 할 수 있는 방법으로 발견적 교수방법과 탐색적 교수방법이 있다. 발견적 교수방법은 영유아에게 답을 제공하지 않고 교사가 발현하고자 하는 동작을 영유아가 표현해 낼 수 있도록 하는 것으로 여유 있는 시간과 공간, 자율적인 동작활동을 허용한다. 교사는 영유아의 모든 반응을 수용하고 끝까지 답을 제시해서는 안 된다. 또한 문제해결을 위한 적절한 시범과 언어화 과정이 필요하고 답을 찾을 수 있는 적절한 질문과 과제를 지속해서 제시해야 한다. 발견적 교수방법의 장점은 문제해결력, 비판적 사고기술, 자신감, 심리적 안정감의 증진과 동작어휘가 확장된다.

탐색적 교수방법은 정해진 주제를 영유아들이 자율적으로 표현하게 하여 다양한 표현방식과 동작들이 나타날 수 있게 하는 것으로 주제에 대한 영유아의 다양한 접근을 유도하는 교수방법이다. 탐색적 교수방법은 개별화를 인정하는 교수방법으로 영유아에게 답을 찾아야 한다는 두려움을 주지 않을 수 있다. 유아의 개성과 개인차를 인정하기 때문에 유아 스스로 다른 사람과 다름에 대해 두려움을 갖지 않게 되어 자유로운 활동을 구현해 갈 수 있게 한다. 또한 영유아의 자유로운 참여는 상상력을 자극하고 더 적극적인 창작력을 불러일으킬 수 있다.

교사는 다양한 동작기술이 표현되기 위해서는 영유아에게 기본 동작을 알려주어야 하고 영유아의 표현을 촉진할 수 있는 추후 질문을 하며 영유아 스스로의 동작을 탐색하도록 격려해 준다.

4) 동작교육내용별 교수방법

(1) 기본운동

정확한 기본동작에 대한 숙지가 필수적이고 영유아의 연령과 개인차를 고려해야 한다. 단순한 기본 움직임에서 시작하여 강약, 고저, 속도, 공간의 크기, 좌우 등 동작의 변화를 주거나 다양한 동작으로 확장하도록 지도한다.

(2) 리듬 동작

리듬이나 노랫말에 맞추어 영유아가 몸을 움직이는 동작의 형태로 나타나는 것으로 구조적 동작과 반구조적 동작으로 진행한다.

(3) 창의적 동작

영유아가 탐색을 통해 독특한 표현을 할 수 있게 허용하는 동작활동으로 적절한 질문을 제시하고 어떻게 표현할 수 있을지를 지지한다. 발산적 질문, 언어적 지원, 영유아 주도시간 마련, 활동 후 평가 순으로 진행한다.

7. 영유아 음악과 동작영역 환경구성

1) 영유아 음악영역 환경구성

(1) 음률영역의 구성원리

- 음률영역은 하나의 독립된 공간으로 구성한다.
- 자유로운 탐색과 다양한 활동 전개를 위한 충분한 공간을 갖추어야 한다.
- 음악적인 분위기가 나도록 꾸민다.
- 다양한 음률활동의 전개를 위한 교수자료와 기자재를 배치한다.
- 종류와 쓰임새에 따라 악기를 교구장이나 선반에 적절하게 배치한다.
- 악기와 교수자료, 기자재를 제자리에 정리할 수 있도록 표시한다.
- 카펫이나 가리개를 이용하여 최대한 소음을 줄인다.
- 다른 흥미영역과의 연관성을 살려 공간구성을 한다.

(2) 음악활동을 위한 교수자료

- 새 노래 지도자료 : 노랫말 판, 키보드, 주의집중을 위한 그림이나 교재교구, 손 인형, 악보 등
- 음악 감상하기 자료 : 음악가 사진, 음악과 관련된 그림이나 교재교구, 녹음기, 녹음테이프, 음악 CD, 비디오, 동영상자료, 다양한 악기류, 다양한 소리 CD 등
- 악기 다루기 : 리듬악기, 생활악기, 하모니 악기, 악기연주를 위한 그림악보, 노랫말 판, 악기그림, 악기 연주방법 카드, 녹음기 등
- 음악극 : 음악극 대본, 음악극 노랫말 판, 음악극을 위한 소품 및 의상, 역할판 등

2) 영유아 동작영역 환경구성

(1) 동작영역 구성원리

- 동작교육을 실시하는 공간은 일상적인 놀이환경으로 구성한다.
- 가능한 넓고 개방된 공간을 확보하고, 공간이 협소할 경우 활동 진행방식을 달리하여 활동한다.
- 공간의 바닥은 부드럽고 탄력성 있는 재질로 구성한다.
- 동작교육을 실시할 때는 주의 산만한 공간이 아닌 차분한 분위기가 될 수 있는 공간으로 마련한다.
- 통풍이 원활하고 환기가 잘 되는 공간이어야 한다.
- 복합 놀이기구를 포함하여 영유아의 동작활동이 이루어졌을 때 안전한 구조물로 정기적인 안전점검과 시설관리가 요구된다.
- 교육활동의 목적에 따라 공간을 확보하기 위해 시설물을 용이하게 이동할 수 있다.
- 상황과 동작교육의 내용에 따라 적절한 설비 및 도구를 선택하여 사용한다.
- 동작을 위한 실외 장비는 단순하고 안전하면서 자연스러운 것이어야 한다.
- 실외 장비는 영유아들에게 매력적이어야 하고, 정기적으로 수리, 관리되어야 한다.
- 영유아들의 신체에 맞는 오르기 기구를 마련해 준다. 매달리기, 미끄러지기 동작을 시도할 수 있는 장비와 공간을 마련한다.
- 실외 설비들은 날카로운 모서리가 없어야 한다.
- 기어가기 동작을 위한 공간은 성인이 들어갈 수 있을 정도의 여유 공간이 있어야 한다.
- 나무로 제작된 모든 장비는 끝처리가 잘 되어 있어야 한다.

- 실외 설비의 지면은 모래나 잔디 등으로 구성되어 충격을 완화할 수 있는 표면으로 이루어져야 한다.

(2) 동작활동을 위한 자료

- 기본운동 동작하기 자료 : 훌라후프, 평균대, 공, 줄, 막대, 매트, 트램펄린 등
- 표현 동작하기 자료 : 동물 등의 머리띠, 리본 테이프, 스카프, 풍선, 탄력밴드, 다양한 종류의 포스터, 다양한 악기류, 무용가 그림 등
- 동작 감상하기 자료 : 동작 그림이나 사진자료, 녹음기, 녹음테이프, 음악 CD, 비디오, 동영상자료 등

8. 계획적인 음악과 동작활동을 위한 교사의 역할 및 평가

1) 영유아 음악과 동작교육을 위한 교사의 역할

- 음악과 동작을 창조하려는 영유아의 자발적인 시도에 관심을 기울여야 한다.
- 영유아의 신체, 정의, 인지 등 전반적인 발달수준과 가능성에 대해 관심을 가지며 영유아의 음악과 동작기술수준뿐 아니라 문화적 배경에 대해서도 잘 알아야 한다.
- 매일 계획된 음악과 동작교육활동을 제공, 다른 교육과정영역 지원, 교육과정을 다양하게 만들며, 전이활동을 위해서도 음악과 동작을 사용한다.
- 음악과 동작기술의 완벽한 수행을 요구하거나 비판하지 않는다.
- 음악과 동작에 대한 영유아의 실험과 탐색, 그리고 창의성을 장려해야 한다.
- 긍정적인 접근으로 영유아의 모든 활동을 지도해야 한다.
- 참여 여부에 대한 자유뿐 아니라 표현의 자유를 충분히 허용한다.

- 영유아의 적극적인 행동을 격려해야 한다.
- 특정한 음악과 동작기술을 익히기 위한 활동뿐만 아니라 탐색적 활동을 충분히 제공해야 한다.
- 교사는 자신감을 갖고 영유아의 음악과 동작활동에 재미있고 즐겁게 참여해야 한다.
- 활동 참여 시 교사는 활동하기에 편안한 복장을 갖추어야 한다.

2) 계획적인 영유아 음악과 동작교육활동의 계획

- 활동의 목표를 명확히 설정한다.
- 활동에 적절한 집단구성방법을 결정한다.
- 활동에 적절한 환경구성을 고려한다.
- 활동시간을 적절하게 계획한다.
- 활동에 필요한 교수자료를 계획한다.

3) 계획적인 영유아 음악과 동작교육활동의 전개

(1) 도입

- 영유아의 이름을 부르거나 간단한 손유희, 익숙한 노래 부르기 등으로 시작한다.
- 다양한 방법으로 활동에 대해 추측해 보게 한다.
- 전개될 활동의 이름과 구체적 활동내용을 간단히 소개한다.
- 도입과정은 3~5분 정도가 좋다.
- 음악과 동작교육에 필요한 약속을 정한다.

(2) 전개

- 영유아에게 적절하고 다양한 질문과 언어적 지원을 한다.
- 활동에 맞는 적절한 교수자료를 활용한다.
- 영유아가 참여할 수 있는 방법을 적극 활용한다.
- 영유아의 자유로운 질문과 표현을 격려한다.

(3) 평가 및 마무리

- 음악과 동작활동을 한 후의 느낌과 생각을 표현하게 한다.
- 음악과 동작활동의 수행에 대해 영유아와 함께 구체적으로 평가한다.
- 영유아가 활동에 대해 평가해 볼 수 있도록 질문과 정보를 제공한다.
- 다음 활동으로 자연스럽게 전이하는 것으로 마무리한다.
- 영유아의 행동을 관찰, 기록, 정리해 두어 다음 활동계획에 참고한다.

4) 영유아 음악과 동작교육평가

(1) 영유아 음악과 동작교육평가 원칙

- 목표를 분명히 한다. 교육과정에 충실하여 교육과정목표와 내용체계에 근거하여 이루어져야 한다.
- 학습자의 특징을 고려한다. 평가는 학습자의 발달단계, 나이, 음악적 기능의 숙달 정도 등 특징을 고려하여 실시되어야 한다. 유아를 대상으로 하는 음악검사나 평가는 다르게 제작되어 활용되어야 한다.
- 다양한 음악적 행동을 검사한다. 평가횟수의 증가, 동일한 검사에서 다양한 음악적 행동의 검사 등 학습자의 음악적 행동을 여러 면에서 평가한다.
- 전인적 발달영역을 균형 있게 다룬다.

- 태도 및 정의적 영역을 중요시한다.
- 영유아 자신의 감정이나 생각을 창의적이고 표현력 있게 나타내는지 중요하게 평가되어야 한다(이춘자 · 조인경, 2013).

(2) 영유아 음악과 동작교육평가방법

① 관찰법

교사는 음악활동에서 영유아의 행동을 관찰하므로 영유아의 발달상황을 파악할 수 있고 그것을 기초로 영유아에게 적절한 지원을 제공할 수 있다.

- 행동목록법체크리스트은 어느 한 시점에서 특정한 기술이나 행동의 출현 여부 자체에 관심이 있을 때 사용한다. 영유아의 음악활동을 관찰하여 활동과정에서 나타난 반응을 기록한다. 영유아의 음악적 태도 성취는 정서, 표현, 평가 등으로 실시할 수 있다.
- 평가목록표를 통하여 영유아의 음악적 표현능력의 발달상황을 파악할 수 있을 뿐만 아니라 영유아 음악교육의 목표가 어느 정도 달성되었나를 확인할 수 있다. 영유아의 음악적 표현능력의 발달상황은 노래 부르기, 악기 연주하기, 신체 표현하기, 음악 만들기로 구분하여 평가하며 1년 동안 3회 이상 기록하여 노래 부르기, 악기 연주하기, 신체표현하기, 음악 만들기 능력의 진보를 알 수 있다.
- 일화기록법은 영유아의 음악활동 상황, 음악활동에서 상호작용 등 행동에 초점을 맞추어서 기록하여 영유아 개인의 특성을 이해하기 위한 구체적인 행동 사례나 어떤 사건에 관련된 상황들을 상세히 기록할 수 있다.

② 면담법

음악활동을 한 후에 영유아에게 질문이나 대화를 통해서 음악활동의 전반적인 과정에 대해 평가할 수 있다.

③ 검사법

영유아의 음악적 능력과 태도를 평가하기 위해서는 듣기 검사, 음악개념 검사, 음악적 잠재력 검사 등이 사용된다.

④ 포트폴리오

영유아가 음악매체와 자료를 사용함에 있어 발달과정 및 성취도와 생각, 개념, 사물, 감정의 표현을 알 수 있으며, 부모를 위한 참고자료로 활용하고 추후 교육계획을 세우는 데 유용하게 사용된다. 영유아의 음악활동 사진, 영유아가 쓴 글, 영유아의 음악활동에 대한 기록, 친구들과 활동한 것들이 작업표본이 될 수 있다.

9. 영유아 음악과 동작교육의 실제

1) 0세 영아 음악과 동작교육 실제의 예

활동명	둥둥둥 두드려요	활동유형	소집단활동
활동목표	• 두드려서 나는 악기 소리에 흥미를 가질 수 있다. • 소근육을 조절하여 악기를 두드릴 수 있다.		
표준보육과정 관련 요소	• 예술경험 > 아름다움 찾아보기 > 예술적 요소에 호기심 가지기 > 주변의 소리와 움직임에 호기심을 가진다. • 신체운동 > 신체조절과 기본운동하기 > 소근육 조절하기 > 눈과 손을 협응하여 소근육을 활용해본다.		

활동자료	영아용 실로폰, 영아용 작은북, 다양한 타악기 등 
활동방법 1	**1. 영아의 주변에 다양한 리듬악기들을 놓아두고 관심을 가지면 탐색할 수 있도록 한다.** – 여기 뭐가 있지? 여러 가지 악기들이 있네. – ○○가 만져볼래? **2. 영아에게 교사가 악기 사용하는 방법을 보여 준다.** – (북을 두드리며) 선생님은 북을 두드려 봐야지. 둥! 둥! 둥! **3. 영아가 악기들에 관심을 보이고 연주를 시도하면 영아의 행동을 언어로 표현해주고 격려한다.** – 우리 ○○가 북을 두드리는구나. – 북에서는 어떤 소리가 나지? 둥둥둥둥 이런 소리가 나는구나. – △△이의 실로폰은 딩동딩동 소리가 나네.
활동방법 2	**1. 영아의 주변에 다양한 리듬악기들을 놓아두고 관심을 가지면 탐색할 수 있도록 한다.** – 여기 뭐가 있지? 여러 가지 악기들이 있네. – (채를 잡으며) 이것으로 어떻게 할까? **2. 영아가 악기들에 관심을 보이고 연주를 시도하면 영아의 행동을 언어로 표현해주고 격려한다.** – (교사가 모델링을 보여 주며) 둥둥 북을 두드리면? – 아하! 북을 두드리면 이런 소리가 나는구나. – 이번에 실로폰을 두드리면? 딩동딩동… 이런 소리가 나네. **3. 영아가 다양한 악기를 충분히 탐색하고 익숙해지면 각자 영아들이 가진 악기를 두드리며 노래를 불러본다.** – 우리 악기를 두드리며 곰 세마리를 불러볼까? – 곰 세 마리가 한 집에 있어♬ 아빠곰, 엄마곰, 아기곰♬
활동의 유의점	• 영아는 교사가 자신의 행동에 관심을 보이고 기뻐하면 더욱 자극을 받게 되므로 두드리는 것을 격려해준다. • 북이나 실로폰은 채가 필요한 악기이므로 악기와 채를 줄로 연결하면 막대를 잃어버리지 않고 편리하게 사용할 수 있다.

출처 : 보건복지부(2013).

2) 2세 영아 음악과 동작교육 실제의 예

<table>
<tr><td>활동명</td><td>빗방울 터널을 지나가요</td><td>활동유형</td><td>소집단활동</td></tr>
<tr><td>활동목표</td><td colspan="3">• 몸을 움직여 터널을 통과할 수 있다.
• 빗속을 지나가는 상상을 할 수 있다.</td></tr>
<tr><td>표준보육
과정
관련 요소</td><td colspan="3">• 신체운동 > 신체활동에 참여하기 > 기구를 이용하여 신체활동 시도하기 > 간단한 기구를 이용하여 신체활동을 시도한다.
• 예술경험 > 예술적 표현하기 > 모방과 상상놀이하기 > 일상생활경험을 상상놀이로 즐긴다.</td></tr>
<tr><td>활동자료</td><td colspan="3">빗방울이 그려진 비닐터널, 빗소리 음향
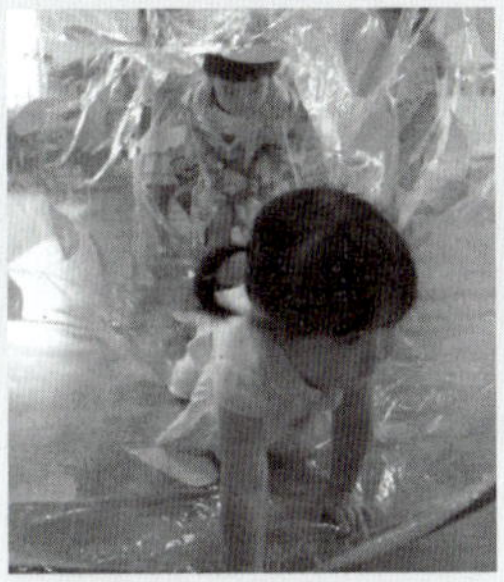 </td></tr>
<tr><td>활동방법</td><td colspan="3">1. 빗소리 음향을 듣는다.
– 어? 무슨 소리가 들리나요?
– 똑똑똑… 빗방울 소리가 나네요. 비가 오나봐요.
2. 빗방울이 그려진 비닐터널을 탐색하며 터널 안을 지나가본다.
– 우와~ 기다란 터널이네요. 터널 속에도 비가 오는구나.
– 빗속을 어떻게 지나갈 수 있을까?
– ○○처럼 무릎을 굽히고 지나갈 수 있구나.
– ○○는 거북이처럼 기어서 지나가네.
3. 영아들이 터널을 지나갈 때 빗소리 음향을 들려주어, 실제 빗속을 지나가는 상상을 해 볼 수 있도록 돕는다.
– 후두둑, 후두둑 비가 떨어지기 시작하네요. 머리 위로 빗방울이 하나 둘 떨어져요.
– ○○는 조금 빨리 지나가고 있어요. 비를 안맞으려고 빨리 가나봐요.
– ○○는 비가 좋은가봐요. 잠깐 멈춰서 손으로 비를 만져보고 있네요.
4. 터널 안을 반복해서 지나가본다.</td></tr>
<tr><td>활동의
유의점</td><td colspan="3">• 한 번에 많은 영아가 들어가서 부딪히는 일이 없도록 인원을 제한하며 활동을 진행한다.
• 안전을 위해 일방향으로만 지나갈 수 있도록 안내한다.</td></tr>
</table>

출처 : 보건복지부(2013).

3) 3세 영아 음악과 동작교육 실제의 예

활동명	누워서 자전거를 타요	활동유형	대 · 소집단활동
활동목표	• 신호에 맞추어 신체를 빨리 또는 천천히 움직일 수 있다. • 움직임의 모양, 힘, 빠르기 등에 관심을 가질 수 있다. • 육상교통기관의 움직임을 다양한 방법으로 표현할 수 있다.		
누리과정 관련 요소	• 신체운동 · 건강 : 신체조절과 기본 운동하기 – 신체조절하기 • 예술경험 : 아름다움 찾아보기 – 움직임과 춤요소 탐색하기		
창의 · 인성 관련 요소	창의성	동기적 요소 – 호기심 흥미	
	인성	배려 – 친구에 대한 배려	
활동자료	• 낙하산(파라슈트 또는 아래에 여러 명의 유아가 들어갈 수 있는 크기의 둥근 천), 다양한 자전거 타는 모습 사진(미리 교실에 게시하여 호기심을 자극한다) • 누워서 타는 자전거 사진, 누워서 타는 2인용 자전거 사진, 다양한 자전거(외발자전거 사진) 등		
활동방법	1. **동그랗게 모여 앉아 다양한 자전거 타는 모습을 살펴본다.** – 교실에 게시된 그림에서 여러 가지 자전거를 보았지? 어떤 자전거를 타고 있니? 2. **자전거 타는 흉내를 내본다.** – 자전거 타는 흉내를 내볼까? – 손은 핸들을 잡고, 안장에 앉은 것처럼 해볼 수 있겠니? – 자전거를 탈 때 다리를 어떻게 움직이지? – 빠르게 달릴 때는 어떻게 움직일까, 느리게 달릴 때는 어떻게 움직일까? 3. **누워서 자전거 타는 흉내를 낸다.** – 누워서 자전거를 타볼까? – 옆 친구와 부딪치지 않으려면 어떻게 해야 할까?(공간을 조절한다) – 다리를 들고 자전거 타는 것처럼 다리를 움직여볼까? – 노래를 부르며 노래에 맞추어 굴려볼까? – 빨리 달리는 자전거가 되어볼까? (노래를 빠르게 부른다) – 느리게 달리는 자전거가 되어볼까? (노래를 느리게 부른다) 4. **낙하산 아래 누워서 낙하산 천을 발로 차면서 자전거 타기를 해본다.** – 이번에는 낙하산 아래에 들어가서 자전거를 타보자. 낙하산 끝을 잡고 발로 낙하산을 차면서 굴려볼까? – 다 같이 천천히 달리며 낙하산이 움직이는 것을 볼까? 5. **자전거를 타 본 느낌을 이야기한다.** – 누워서 자전거를 타보니 기분이 어떠니? – 낙하산의 움직임을 보았니? 어떻게 움직였니?		

활동방법	 
활동의 유의점	• 교실에 다양한 자전거 타는 모습을 게시하여 흥미를 유발시킨다. • 유아들끼리 부딪히지 않도록 간격을 조절해준다. • 낙하산 아래로 모든 유아가 들어갈 수 없는 경우 소그룹으로 나누어서 실시한다. • 유아들의 활동 참여수준에 따라 첫날은 다리로만 타보기, 둘째 날은 낙하산 아래서 타보기로 나누어 실시해 볼 수 있다.
활동평가	• 다리의 움직임을 빠르게 또는 느리게 조절할 수 있는지 평가한다. • 소리의 강약, 속도에 맞춰 움직이는 것을 즐거워하는지 평가한다. • 자전거의 움직임을 다양한 방법으로 표현하는 데 흥미를 느끼는지 평가한다.
확장활동	• 신체의 다른 부분을 이용하여 자전거 타기를 표현해본다. – 팔로 자전거 타기 – 제자리에 서서 자전거 타기 – 손가락을 바퀴가 굴러가는 것처럼 굴려보기 • 낙하산(파라슈트) 대신 개인별로 작은 보자기를 이용하는 활동을 해본다. • 다른 교통기관의 움직임을 신체로 표현해본다.

출처 : 보건복지부(2013).

4) 4세 유아 음악과 동작교육 실제의 예

<table>
<tr><td>활동명</td><td colspan="2">싱글벙글</td><td>활동유형</td><td>대 · 소집단활동</td></tr>
<tr><td>활동목표</td><td colspan="4">• 즐거운 마음은 건강에 필요함을 알 수 있다.
• 즐거운 마음으로 노래 부르기에 참여할 수 있다.</td></tr>
<tr><td>누리과정 관련 요소</td><td colspan="4">• 신체운동 · 건강 : 건강하게 생활하기 – 건강한 일상생활하기
• 신체운동 · 건강 : 신체조절과 기본운동하기 – 신체조절하기
• 예술경험 : 예술적 표현하기 – 음악으로 표현하기
• 예술경험 : 예술적 표현하기 – 움직임과 춤으로 표현하기</td></tr>
<tr><td rowspan="2">창의 · 인성 관련 요소</td><td>창의성</td><td colspan="3">성향적 요소 – 개방성</td></tr>
<tr><td>인성</td><td colspan="3">협력 – 긍정적인 상호의존성</td></tr>
<tr><td>활동자료</td><td colspan="4">'싱글벙글' 플래시 , '싱글벙글' 음원 , 웃는 얼굴 인형 남여 각 1개</td></tr>
<tr><td>활동방법</td><td colspan="4">1. 인형을 이용하여 즐겁고 기분이 좋았던 경험에 대해 이야기 나눈다.
– 얘들아, 안녕! 우리는 싱글이와 벙글이야. 만나서 반갑다. 우리는 오늘 기분이 참 좋단다. 너희들은 오늘 기분이 어떠니?
– 너희들도 기분이 좋으니?
– 너희들은 기분이 좋을 때 얼굴 표정을 어떻게 하니?
2. '싱글벙글' 노랫말을 소개한다.
– 노랫말을 들으니 어떤 느낌이 드니?
– 노래의 제목은 '싱글벙글'인데 노랫말에 나오는 친구들의 표정은 어땠을까?
– 우리도 '싱글벙글'한 표정을 지어볼까?
– 인형을 이용하여 노래를 들려준다. (인형 하나는 싱글이, 또 다른 하나는 벙글이로 하여 노랫말에 맞추어 움직인다)
– 노래를 들어보니 느낌이 어떠니?
3. '싱글벙글' 노래를 함께 불러본다.
– 한 소리로 노래를 불러볼까?
– 노래의 일부분을 나누어 불러볼까?
– 또 어떤 방법으로 불러볼까? (예 : 머리를 끄덕이며 부르기, 손가락으로 바닥을 치면서 부르기)
– '싱글싱글 벙글벙글'의 노랫말을 바꾸어 불러볼까?
4. 노래가 익숙해지면 동작을 만들어 본다.
– 노랫말에 따라 동작을 만들어 볼까?
5. 노래를 부르면서 재미있었던 점을 이야기 나눈다.
– '싱글싱글 벙글벙글' 노래를 불러보니 어떤 느낌이었니?
– 노래를 부르며 율동을 해보니 느낌이 어땠니?</td></tr>
</table>

활동방법	 
활동의 유의점	• 노래를 반복하여 부르면서 유아들이 노랫말과 리듬에 익숙해지도록 돕는다. • 노래를 느리게 또는 빠르게, 크게 또는 작게, 허밍으로, 유아가 제시하는 방법 등 여러 가지 방법으로 불러보며 즐거움을 느끼도록 한다.
활동평가	• 즐거운 마음을 가지면 건강해진다는 것을 아는지 평가한다. • 즐거운 마음으로 노래 부르기에 참여하는지 평가한다. • 다른 사람과 함께 노래하는 즐거움을 느끼는지 평가한다.
확장활동	• 노래가 익숙해지면 친구들을 바꾸어 가며 친숙해지는 게임을 해 본다. • '싱글싱글 벙글벙글' 의태어 부분을 다양하게 바꾸어 불러본다(깔깔깔, 하하하, 호호호). • '우리 모두 고개 돌려, 옆 친구와 인사해요' 부분의 동작을 바꾸어 표현해 본다.

출처 : 보건복지부(2013).

Teaching subjects in early childhood education

CHAPTER

11

영유아교육의 통합적 접근

1. 통합교육의 개념 및 역사 | 2. 통합적 운영의 필요성
3. 통합교육의 유형

CHAPTER

11

영유아의 전인적인 발달과 효과적인 교육의 관점에서 통합교육은 영유아교육에서 강조되고 있다.

본 장에서는 먼저 통합의 개념 및 역사에 대해서 알아보고, 통합적 운영의 필요성에 대해 인식론적 측면, 심리적 측면, 사회적 측면으로 나누어 살펴본 후, 통합교육의 유형에 대해 알아본다.

1. 통합교육의 개념 및 역사

1) 통합의 개념

통합이란 '둘 이상의 조직이나 기구 따위를 하나로 합침'이란 사전적인 의미를 가지고 있는데, 독립적인 요소를 연결하여 조화로운 전체를 이루어가는 과정이라고 할 수 있다(권낙원, 1999). 이러한 통합의 개념에서 볼 때, 통합교육이란 교육과 관련된 부분적인 요소들을 결합시켜 전체적인 교육을 완성해가는 과정으로 볼 수 있는 것이다. 따라서 통합교육의 개념은 일반적으로 두 개 이상의 교과목을 하나로 통합하여 이루어지는 교육이라고 이해할 수 있다(이기숙, 2013). 하지만 통합교육의 개념은 학자마다 조금씩 다른 개념적 접근을 하고 있으며 정의 또한 불분명하다. 이는 통합에 대한 개념과 목적 그리고 통합하여 가르칠 내용에 대한 합의가 이루어지지 않았기 때문인데, 영유아교육에서도 통합교육의 개념은 명확하게 정의되어 있지 않다고 볼 수 있다(박해정, 2008).

영유아교육에서 통합교육의 개념 정립을 위해서는 영유아를 위한 교육이 어떻게 이루어지고 있는지 살펴볼 필요가 있다. 현재 영유아교육현장에서의 교육과정은 일반적으로 연간교육계획, 월간교육계획, 주간교육계획, 일일교육계획에 의해서 이루어진다. 국어, 영어, 수학, 과학 등 각각의 교과를 통해 교육이 이루어지는 초 · 중등학교와는 달리, 유아교육에서는 생활주제를 중심으로 교과가 통합적으로 다루어진다. 영유아교사들의 경우 학부과정에서 유아사회교육, 유아언어교육, 유아과학교육 등 교과목별로 유아교육을 배웠다. 하지만 영유아교사들은 영유아교육현장에서 각각의 교과들을 생활주제를 중심으로 통합적으로 운영해야 한다. 이는 영유아에게 교과 자체가 의미 있는 것이 아니라 영유아에게 의미 있는 경험이 이루어질 때 교육이 이루어질 수 있고, 전인발달 또한 이를 통해 이루어질 수 있기 때문이다.

따라서 이를 종합해보면 영유아교육에서 통합교육은 전인발달이라는 목적하에 영유아의 흥미를 바탕으로 생활주제를 선정하여 각각의 교과를 통합하여 이루어지는 효율적인 교육이라고 볼 수 있겠다.

2) 통합의 역사

통합교육은 1980년대 이후 발달이론에 의존해서 교육과정이 구성되고 운영되던 것에 대한 반성과 함께 1920년대부터 시작된 진보주의운동의 영향으로 시작되었다고 볼 수 있는데, 통합의 개념은 플라톤과 아리스토텔레스로 거슬러 올라가 그 유래를 찾을 수 있다. 이들은 '전체가 우선 한다'라는 전제에서 통합의 의미를 말하는데, 부분으로 나누어진 교육을 통해 개인이 통합적으로 완성되는 것이 아니라 인간의 발달은 원래부터 통합되어 있다는 것을 의미한다(성원경, 2007). 1920년대부터 시작된 미국의 진보주의 교육운동은 1950년대까지 아동 중심 철학을 기초로 통합에 대한 논의가 영유아교육에 있어서 중요한 의미로 이루어지기 시작하였고, 통일성과 전체성에 대한 인식은 영유아교육에 있어서 통합에 대한 관심을 불러일으켰다(김재복, 1998 ; 신화식, 2013). 이러한 진보주의자들은 학습은 경험의 누적적 재구성에 의해서 이루어진다고 하였다. 학습자는 외부로부터 정보를 받아들여서 이를 누적시키고 재구성하여 교육이 이루어진다. 이때 정보를 받아들이고 재구성하기 위해서는 학습자의 능동적인 요소가 필요하며, 이는 학습자의 흥미와 관심에서 출발하는 것이다(이기숙, 2013). 따라서 이렇게 학습자의 흥미와 관심에서 출발한 경험이 누적되고 재구성되었을 때, 학습자에게는 의미 있는 교육이 이루어졌다고 볼 수 있으며, 통합교육 또한 이루어졌다고 볼 수 있을 것이다.

통합교육의 역사적 흐름은 자연주의에 기초한 교육사상가인 루소, 페스탈로치, 프뢰벨 등으로부터 시작하여 1950년대 듀이, 몬테소리, 피아제 등으로 이어져 왔는데, 프뢰벨, 몬테소리 등은 전인발달을 위해서는 통합교육이 이루어져야 한다고 주장하며 영유아교육에서의 통합교육의 필요성을 강조하였다. 특히, 아동 중심 사상의 기반을 형성한 프뢰벨은 전인발달을 위해서는 영유아의 모든 경험을 통합해야 한다고 주장하며 영유아교육에서의 통합교육을 실천하고자 하였다. 이후 아동 중심 사상이 대두되고 20세기 이후 영유아에 관한 과학적 연구의 결과들을 바탕으로 교과 중심 교육과정은 비판되기 시작하였으며 영유아에게 의미 있는 교육과정을 제공한다는 점에서 통합교육이 시작되었다고 볼 수 있다(신화식 외, 2013).

하지만 1950년대 이후 과학기술의 발달로 인하여 지식의 폭발적인 증가를 경험하며, 교육학자들 사이에는 한정된 시간 동안 많은 지식을 가르치기 위해서는 무엇을 가르쳐야 할 것인가에 대한 활발한 논의가 이루어졌는데, 이는 학문 중심 교육과정의 등장 배경이 되었다. 학문 중심 교육과정을 대표하는 학자 브루너는 지식의 체계화 및 탐구원리를 비롯해서 지식의 구조를 강조하였는데, 각각의 교과에 대한 학문적 탐구는 지식의 분화현상을 유발하였고, 이는 통합교육에 대한 관심의 축소로 이어졌다. 이후 물질만능주의, 인간 소외현상 등 현대 산업사회의 문제점과 함께 학문 중심 교육과정의 부정적인 면이 지적되며, 그 해결책으로 통합교육에 대한 필요성이 다시 제기되기 시작하였다(김숙이 외, 2013).

우리나라에서도 1970년대 전통적인 학교교육의 문제점을 지적하며, 창의성과 미래지향적인 교육을 지향하기 위한 대안으로 통합교육의 필요성이 나타나기 시작하였는데, 1980년대 이후 통합교육에 대한 유아교육 관련 학자들의 관심과 함께 공감대가 형성되면서 영유아교육에서의 통합교육은 일반화되었다(이기숙, 2013).

2. 통합적 운영의 필요성

교육인적자원부(2000)에 의하면 통합적 접근의 필요성을 인식론적 · 심리적 · 사회적 측면으로 나누어 설명하였다.

1) 인식론적 측면

인식론적 측면에서는 단편적인 교과를 통한 교육은 단편적 지식 습득에 그치기 쉽지만 통합적 접근을 통한 교육은 학습자로 하여금 지식의 상호 관련성을 파악할 수 있고, 효율적인 학습방법의 습득으로 인하여 지식의 변화와 팽창에 효과적으로 대처할 수 있게 한다. 따라서 구체적인 필요성은 다음과 같이 정리할 수 있다.

첫째, 지식의 상호 관련성을 파악할 수 있다.

둘째, 효율적인 학습방법을 습득할 수 있다.

셋째, 지식의 변화와 팽창에 효과적으로 대처할 수 있다.

2) 심리적 측면

영유아에게 분절된 교과의 교육은 의미 있지 않으며, 흥미 있고 의미 있는 경험이 제공될 때 학습이 효과적이라는 발달적 특성을 가지고 있다. 따라서 영유아에게 흥미, 요구, 발달특성을 고려하여 의미 있는 경험을 제공하기 위해서는 통합적인 접근이 필요하다. 또한 개별 교과영역의 완성이 아닌 전체적으로 조화로운 전인발달과 인간 두뇌의 통합적 기능에 부합하기 위하여 교육과정 통합이 필요하다. 심리적 측면의 필요성은 다음과 같이 정리할 수 있다.

첫째, 영유아의 발달특성상 개별 교과가 통합될 때 최적의 발달을 이룰 수 있다.

둘째, 조화로운 전인발달을 이룰 수 있다.

셋째, 통합적 접근은 영유아의 흥미, 요구, 발달특성을 조화롭게 반영할 수 있다.

3) 사회적 측면

사회학적 측면에서는 영유아가 학습이 이루어지는 동안 협동을 통해 친사회적 행동을 경험하며, 개인주의적 사고를 벗어나 원만한 인관관계 형성에 긍정적인 영향을 준다. 또한 여러 학문을 종합하고 응용할 수 있는 능력을 신장시켜 종합적인 문제해결능력을 발달시킬 수 있다. 사회적 측면의 필요성은 다음과 같이 정리할 수 있다.

첫째, 협동학습능력을 기를 수 있다.

둘째, 원만한 인간관계를 형성하는 데 도움을 줄 수 있다.

셋째, 여러 학문을 종합하고 응용할 수 있는 능력을 기를 수 있다.

넷째, 종합적인 문제해결능력을 기를 수 있다.

3. 통합교육의 유형

교육과정의 통합이란 교육과정의 내용요소들을 통합적 조직원리에 의거하여 관련되는 내용끼리 한 데 묶는 작업을 말한다. 즉, 통합적 교육이란 어떤 전체적인 교육과정 프로그램을 가리키는 개념이 아니라 전체 교육과정 가운데 통합적 조직의 원리를 적용한 몇몇의 통합교과를 가리키는 개념을 의미한다. 또한 학습의 과정인 수업의 통합과 학습의 결과인 학습자의 인성의 통합까지를 망라하는 개념이다.

1) 인그램의 유형

인그램James B. Ingram은 크게 구조적 접근과 기능적 접근의 두 가지 유형으로 구분하고 있는데, 이 두 가지 유형의 구분은 학습과정에서 지식의 역할에 따른 구분이라고 할 수 있다. 구조적 접근에서는 교과에서 다루는 지식이 통합적 학습경험의 핵심으로 지식구조의 재구조화가 통합의 주된 대상이 되며 기능적 접근에서는 지식이 통합적 학습경험을 위한 수단으로 사용된다.

구조적 접근은 다시 네 가지의 유형으로 나뉘는데, 첫째, 합산적 통합은 통합의 가장 기본적인 방식으로, 둘 이상의 교과영역을 분리해서 별도로 가르치지 않고 더 포괄적인 단위를 만들기 위해 상호 연결하는 방식이다.

둘째, 기여적 통합은 두 가지 이상의 교과가 각각 독립성을 가지지만 합산적 통합보다 더 밀접한 관계를 가지게 된다.

셋째, 융합적 통합은 교과들 간에 중복되는 원리, 공통된 이슈, 공통의 관심사에 기초하여 교육과정을 완전히 재구성하는 방식이다.

넷째, 종합적 통합은 서로 다른 교과들을 더 통일성 있는 교육과정으로 묶거나, 일반적인 아이디어나 중복되는 개념에서 출발하여 그것을 가르치는 데 도움이 되는 자료들을 여러 교과에서 빌려옴으로써 통합적으로 교육과정을 구성하는 방식이다.

기능적 접근에서는 학습자의 통합적 능력을 개발하기 위해 통합적 학습경험을 중시하기 때문에, 지식의 학습 자체에 일차적 가치를 부여하지 않고 지식을 학습자의 통합적 학습경험을 위한 자원으로 활용한다. 기능적 접근에서는 통합의 핵심에 따라, 통합의 요인이 학습자 개인에게서 추출되며 학습자의 동기와 흥미를 중시하는 내재적 접근과 학교나 사회의 문제들을 중심으로 통합이 이루어지는 외재적 접근으로 구분된다.

인그램의 유형에서 구조적 접근은 교사 또는 지식 중심의 통합이며, 논리적 · 인식론적 고려에 의해 나타나는 통합이다. 또한 기능적 접근은 학생 중심의 통합으로 심리적 · 사회적 고려에 의한 통합이라 볼 수 있다.

2) 포가티의 유형

포가티R. Fogarty는 지금까지 교육과정 통합에 관한 논의들을 정리하여 교육과정 통합 혹은 교과통합의 접근방식을 크게 단일 교과 내의 유형, 여러 교과 간의 연계를 통한 유형, 학습자 내부 및 학습자 간의 연계를 통한 유형으로 구분했다. 단일 교과 내의 유형은 분절형, 연결형, 동심원형이 있고 여러 교과 간의 유형에는 계열형, 공유형, 거미줄형, 선형, 통합형이 있다. 학습자 간의 유형은 몰입형, 네트워크형이 있다**그림 11-1**.

단일교과 내의 통합에서 분절형은 각 학문이나 교과를 서로 뚜렷이 분리되는 것으로 보는 전통적인 관점이다. 연결형은 주요 교과들이 여전히 분리되어 있지만 각 교과영역 안에서 주제 간, 개념 간, 기술 간, 그날의 공부와 다음날의 공부 간, 한 학기의 아이디어와 다음 학기의 아이디어 간에 통합이 이루어지는 유형이다. 동심원형은 각 교과영역 안에서 교사가 사회적 기능, 사고 기능, 특정한 내용에 관련된 기능 등의 여러 개의 기능들을 동시에 기르고자 하는 유형이다.

여러 교과 간의 통합의 계열형은 여러 교과에서 비슷한 단원을 다룰 때, 여러 교과에서 다루는 주제의 순서를 재배열함으로써 비슷한 단원들을 이어서, 혹은 병렬적으로 가르친다. 이 방법은 각기 다른 교과의 학습을 서로 자극하는 효과를 지니며, 특히 통합과정의 초기 단계에서 유용하다. 공유형은 각각의 교과 내에서 추출된 아이디어가 교과 간에 서로 같을 때, 즉 공유되어 있을 때 가능한 것이다. 다시 말해서, 공유형 교육과정은 두 교과가 공유하는 요소로부터 공통개념을 찾아내는

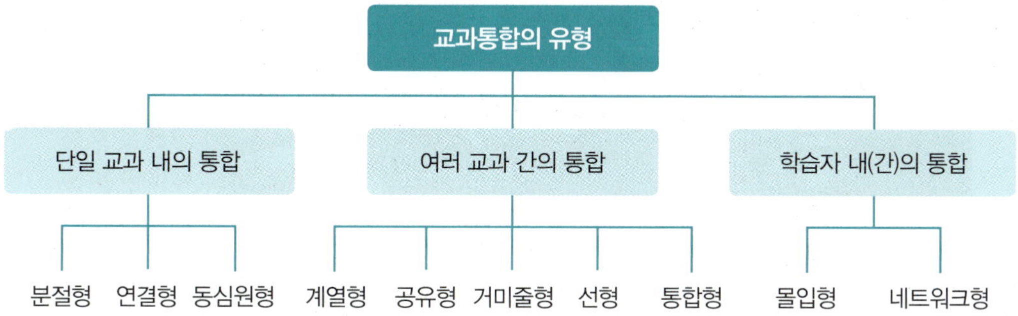

그림 11-1 포가티의 교과통합의 유형

것이다. 거미줄형은 주제 중심으로 교과를 통합하는 방식이다. 예를 들어, '수송'이나 '발명' 등과 같은 주제를 선정하여 이 주제와 관련이 있는 내용을 각 교과에서 추출하여 통합하는 것이다. 실로 꿴 형은 여러 학문이나 교과를 관통하는 학습기능, 사고기능, 사회적 기능, 다중지능, 기술공학 등을 통합해 가는 방식이다. 즉, 모든 교과내용의 핵심을 가로지르는 메타교육과정에 초점을 두고 통합이 이루어진다. 통합형은 공유형과 비슷한 간학문적 접근을 취하지만 통합형은 통합의 대상이 되는 교과들을 혼합하는 것으로, 각 교과에 중복되어 있는 기능, 개념, 태도를 추출해서 통합단원을 구성한다. 그래서 여러 교과들 간에 공통점이 있을 때 통합이 가능하다.

학습자 간의 통합에서 몰입형은 대학원의 석 · 박사과정 학생들처럼 학생들이 자신의 연구 분야에 완전히 몰두하는 것을 의미한다. 이들은 자신의 좁은 관심 분야를 공부하면서 관련 학문이나 교과영역을 섭렵한다. 그러나 관련 학문이나 교과영역의 내용은 자신의 관심 분야를 중심으로 걸러내고 통합하는데, 학생은 외부의 간섭 없이 학생 자신의 내면에서 통합을 이룬다. 네트워크형은 특정 분야에 관심을 가져 온 학생이 외부의 전문 집단으로부터 끊임없이 새롭고 정교한 아이디어들을 제공받는다. 이때 학생은 스스로 외부의 정보원을 선택함으로써 자신의 통합적 안목을 길러 간다. 이렇게 전문가 집단과의 지속적인 접촉 기회를 유지함으로써 학생은 언제든지 자신의 욕구를 충족시켜 갈 수 있다.

참고문헌

국내문헌

교육과학기술부(2007). 유치원 교육과정 해설.

교육과학기술부(2008). 유치원교육과정해설 Ⅰ. 총론.

교육과학기술부(2012). 유치원시설 안전관리 매뉴얼.

교육과학기술부 · 보건복지부(2013). 3~5세 누리과정 해설서. 교육과학기술부.

교육인적자원부(2000). 유치원교육 활동 지도 자료 1 총론. 교육인적자원부.

국립어린이 청소년도서관(2009). **어린이담당사서를 위한 스토리텔링 운영 매뉴얼.**

권낙원(1999). 열린교육에서의 통합 수업모형의 개발 및 적용에 관한 연구. 교육부 학술연구 보고서.

권봉안(2015). **건강교육과 보건학의 이해.** 한미의학.

권영례 · 이영자 · 이정욱(1998). **3, 4, 5세 유아를 위한 수학교육과정 모델 개발의 준거.** 창지사.

권은주 · 최윤정(2010). 체계적인 모의수업 과정에 나타난 예비유아교사의 사고변화 분석. **유치원 하루 일과 모의수업을 중심으로. 유아교육연구, 30**(2), 57-82.

김경철(2017). 2017 유아교사 대상 문화예술교육 지원 사업 연수 자료집. 한국교원대학교 출판부.

김금희(2003). 어린이를 위한 문학을 통한 영어교육 활동에 대한 제언. **Journal of English Linguistic Science Association of Korea, 10**, 193-210.

김기예 · 박숙희(2014). 유아의 신체, 인지, 언어, 사회-정서발달이 창의적 표현력에 미치는 영향. **아동보육연구, 10**(2), 57-74.

김남순(2007. 3). 코메니우스의 범교육론적인 입장엥서 바라본 우리나라 통합교육의 비판적 재조명. **특수교육저널 : 이론과 실천, 8**(1), 277-293.

김명순 · 조경자(1998). **유아를 위한 음악교육의 이론과 실제.** 다음세대.

김민경 · 홍혜경 · 이지현 · 이정욱(2010). **유아수학교육의 탐구.** 교우사.

김소향(2007). 수학 게임을 통한 유아의 수학적 지식에 대한 평가도구 개발. **유아교육연구, 27**(2), 5-28.

김숙이 · 고문숙 · 김수향 · 손수민 · 이춘옥 · 전정민(2013). **유아교육과정.** 태영출판사.

김숙자 · 김유선(2015). A유치원의 이야기 나누기 활동에서 나타난 지속가능발전교육으로의 공존지향적 유아교육에서의 교육내용과 교수-학습방법. **유아교육학논집, 19**(1), 179-205.
김영선(2000). **몬테소리 유아교육론**. 학지사.
김영실 · 윤진주 · 김정주(2011). **영유아 안전관리**. 공동체.
김용식 저, 한국교육과정학회 편(2004). **교육과정 : 이론과 실제**. 교육과학사.
김은심(2009). **(영유아를 위한) 음악동작교육의 이론과 실제**. 창지사.
김은심(2015). **(개정) 유아 동작교육의 이론과 실제**. 창지사.
김일옥 · 이정은(2005). **아동안전관리**. 양서원.
김재복(1998). **교육과정의 통합적 접근**. 교육과학사.
김재호(2003). **안전교육과 응급처치**. 대경북스.
김창환(1997). 코메니우스의 유아교육사상 연구. **유아교육연구, 17**(2), 5-26.
김현자 · 신지현(2009). **아동을 위한 안전교육의 이론과 실제**. 동문사.
김현희 · 박상희(2008). **유아문학 이론과 적용**. 학지사.
김혜숙 · 김성숙 · 김정희 · 김형숙 · 안금희 · 이성도 · 이주연 · 정여주 · 황연주(2016). **미술교육과 문화**. 학지사.
김혜정(2009). 몬테소리 수학교육이 유아의 수학적 문제해결력 및 수 개념에 미치는 영향. 경남대학교 교육대학원 석사학위논문.
김희복 · 박형신(2014). 악기를 활용한 음악 감상 활동이 유아의 음악적성과 음악적 표현력이 미치는 영향. **음악교육연구, 43**(2), 1-23.
남기원 · 김남연 · 김명정(2017). **영유아음악교육**. 공동체.
논산성심유치원(2018).
대전 사랑뜰 어린이집(2018).
도미숙(2014). 만 2세와 만 3세 영유아의 표현언어 분석. 공주대학교 교육대학원 석사학위논문.
러셀 저, 김영숙 역(1989). **러셀의 자녀교육**. 서광사.
류경희(2013). 어린이집 만 2세 학급 영아의 하루 일과에 대한 연구. 원광대학교 대학원 박사학위논문.
문연심(2009). **통합적 접근에 기초한 영유아 수학교육**. 양서원.
박광숙(2015). **영유아 미술교육**. 양서원.
박명숙(2000). 유아의 음악 듣기 프로그램 연구. 단국대학교 대학원 박사학위논문.
박부숙(2003). 통합적 음악 감상 프로그램이 유아의 정서발달에 미치는 영향. 동국대학교 교육대학원 석사학위논문.

박서연(2016). 유아미술 감상교육에 관한 교사의 인식과 운영 실태. 광주교육대학교 교육대학원 석사학위논문.

박석돈(2003. 2). Montessori 교육에 있어서 장애아 심리 · 사회적 재활에 관한 고찰. 再活心理硏究 第9輯 第1號, 123–141.

박애자 · 박수화(2008. 8). 몬테소리 유치원에 적용한 균형적 언어접근법이 유아의 언어능력에 미치는 효과. **열린유아교육연구, 13**(4), 97–122.

박옥희(2010). 통합적 음악 감상활동이 유아의 음악적 창의성 및 정서능력에 미치는 효과. 전남대학교 교육대학원 석사학위논문.

박종홍(1988). 문학의 원리와 감상 - 문학교육에의 원론적 시론. **문학과 언어, 9**(1), 87–102.

박해정(2008). 유치원 교사들의 통합교육과정 실행. 한국교원대학교 대학원 석사학위논문.

박현진(2008). 프뢰벨과 몬테소리 교구의 유아 수학교육적 함의. 한국교원대학교 대학원 석사학위논문.

박혜경 · 김영실 · 김진영 · 김소양(1999). **유아언어교육**. 양서원.

방은영(2015). **영유아음악교육(음악활동의 실제에 초점을 맞춘)**. 공동체.

방지원(2009). 예비역사교사의 교과전문성 형성을 위한 교과교육 프로그램 운영 방안. **역사교육연구, 10**, 189–222.

백순근(2002). **수행평가–이론적 측면**. 교육과학사.

보건복지부(2012). 5세 누리과정에 기초한 어린이집프로그램 4권. 저출산고령사회정책실 보육정책관 보육기반과.

보건복지부(2013). 3세 누리과정 교사용 지도서 5권. 저출산고령사회정책실 보육정책관 보육기반과.

보건복지부(2013). 4세 누리과정 교사용 지도서 4권. 저출산고령사회정책실 보육정책관 보육기반과.

보건복지부(2013). 어린이집 표준보육과정에 기초한 영아보육프로그램 0세 2권. 저출산고령사회정책실 보육정책관 보육기반과.

보건복지부(2013). 어린이집 표준보육과정에 기초한 영아보육프로그램 1세 2권. 저출산고령사회정책실 보육정책관 보육기반과.

보건복지부(2013). 어린이집 표준보육과정에 기초한 영아보육프로그램 2세 2권. 저출산고령

사회정책실 보육정책관 보육기반과.
보건복지부(2013). 어린이집 표준보육과정에 기초한 영아보육프로그램 운영의 이해.
보건복지부(2013). 제3차 어린이집 표준보육과정 고시.
보육시시설 안전관리 매뉴얼(2008). 중앙육아종합지원센터.
성미영 · 권윤전 · 유주연(2016). **영유아 언어지도**. 학지사.
성원경(2007). 실습 전후 및 초임 시기의 유치원교사 지식구성에 관한 연구. 이화여자대학교 대학원 박사학위 청구논문.
송주승 · 김민은(2013). **영유아 동작교육의 이론과 실제**. 동문사.
신명호(2014). **그림책의 세계 - 그림책 전문가 신명호가 연구한 그림책에 관한 모든 것**. 주니어김영사.
신화식(1998). **몬테소리 교육의 이론과 실제**. 양서원.
신화식 · 윤선희 · 최경숙 · 정은주 · 오은순 · 이성희 · 황현주 · 박해미 · 고은님 · 박희숙(2011). **영유아교과교육론**. 양서원.
신화식 · 윤선희 · 최경숙 · 정은주 · 오은순 · 이성희 · 황현주 · 박해미 · 고은님 · 박희숙(2015). **영유아 교과교육론**. 양서원.
심성경 · 이희자 · 이선경 · 김경의 · 이효숙 · 변길희 · 박주희(2012). **아동음악과 동작교육**(개정판). 양서원.
안경숙 · 김소향 · 나은숙(2014). **영유아음악교육**. 양서원.
안미인(2016). 만다라를 이용한 교육활동이 만 5세 유아의 집중력과 창의성에 미치는 효과. 공주대학교 대학원 석사학위논문.
안재신(2004). **유아음악교육**. 교육과학사.
안재신(2008). 통합적 접근에 기초한 창의적 음악극 활동이 유아의 음악적 개념 발달에 미치는 영향. **음악교육연구**, 35.
양연숙 · 장혜자 · 김현지 · 김연주 · 송진영(2015). **영유아 미술교육**. 양서원.
엄정애 · 송정 · 박미경(2009). 교사를 통해 본 유치원 현장의 음악교육과 실행의 어려움. **유아교육연구, 29**(1), 133-158.
여성가족부(2007). 표준보육과정의 구체적 보육내용 및 교사지침.
오연주(2015). **영유아미술교육**. 창지사.
오연주 · 김혜옥 · 이경실 · 권명희(2014). **(개정증보) 유아 동작교육의 이론과 실제**. 창지사.

오은순 · 신인선 · 정경순 · 성원경 · 김은영 · 조인경 역(2010). **활동 중심의 유아 수학교육**. 창지사.

오은순 · 전진영 (2017). 아이의 여섯 가지 마음이 담긴 그림책 읽어주기. **한국포괄영유아아동교육지원연구, 5**(1), 5–30.

원종찬(2010). **한국아동문학의 쟁점**. 창비.

이경우 · 홍혜경 · 신은수 · 진명희(1997). **유아수학교육의 이론과 실제**. 창지사.

이경화 · 조순옥 · 김정원 · 심은희 · 이연규 · 이문정(2009). **영유아를 위한 언어교육**. 창지사.

이기숙(1995). **유아교육과정**. 교문사.

이기숙(2013). **유아교육과정**. 교문사.

이기숙 · 이경미(2009. 12). 유아의 성과 연령에 따른 유아교육기관에서의 하루일과. **교육과학연구, 40**(3), 171–193.

이상금 · 장영희(2001). **(개정판) 유아문학론**. 교문사.

이선옥(2001). 제6차 유치원교육과정과 몬테소리교육과정의 접근법. **한국일본교육학연구, 5**(1), 113–130.

이소희 · 강경자 · 마미정(2014). **보육과정**. 도서출판.

이송은(2013). **(개정) 유아 문학교육의 이론과 실제–누리과정 생활주제별 문학 활동**. 창지사.

이송은 · 전진영 · 김윤경(2016). 세 연구자들의 스토리텔링 탐험기 : 그림책으로 아이들과 소통하는 할머니 · 할아버지 세워가기. **교육인류학연구, 19**(3), 67–119.

이숙종(2003. 4). 평화를 위한 코메니우스의 신학과 교육사상과의 관계성. **기독교교육정보, 6**, 240–265.

이영만(2001). **통합 교육 과정**. 학지사.

이영석 · 이정화(2000). **포트폴리오 평가방법의 적용원리와 실제**. 교육과학사.

이영환 · 허영임(2007). 입체조형활동이 유아의 공간능력에 미치는 영향. **아동권리학회, 11**(4), 675–692.

이은형(2009). 몬테소리 수교육 프로그램이 만 5세 유아의 수연산 능력에 미치는 효과. 덕성여자대학교 교육대학원 석사학위논문.

이재철(2003). **(개고판) 아동문학개론**. 서문당.

이정환 · 박은혜(1996). **교사들을 위한 유아관찰워크북 II**. 한국어린이육영회.

이지현(1999). 유아 수교육 내용 및 방법에 관한 문화 심리학적 고찰. **유아교육연구, 19**(1),

111–131.

이차숙(2005). **유아언어교육의 이론과 실제**. 학지사.

이춘자 · 조인경(2013). **유아음악교육(예비교사와 현직교사를 위한)**. 창지사.

이홍수(1992). 음악교육의 본질화를 위한수업 모형의 개발 방향. **음악교육연구, 11**, 1–12.

이희(2011). 몬테소리 언어교육 방법을 활용한 영어학습이 유아의 학습 흥미도와 성취도에 미치는 효과. 숭실대학교 대학원 석사학위논문.

전인옥(2003). **유아음악교육**. 한국방송통신대학교 출판부.

전인옥 · 이현균(2018). **누리과정에 기초한 유아동작교육**. 양서원.

정금자 · 양운모(2004. 12). 몬테소리 수교육 프로그램이 발달지체아의 수 개념에 미치는 효과. **특수교육저널, 5**(4), 209–228.

정금자 · 정말숙(2003. 2). 몬테소리 감각교육 프로그램이 발달지체아의 지각 능력에 미치는 효과. **재활심리연구, 9**(1), 1–24.

정병규(2007). 삽화의 시대에서 옛이야기 그림책 탄생까지. **창비어린이, 5**(1), 62–80.

정선아 · 김희연(2011). 국가수준 유치원 교육과정 '교수 · 학습 방법'의 개정 방향. 유치원의 고유성과 초등학교와의 연계 강화를 위한. **유아교육연구, 31**(1), 289–307.

정은주 · 정진(1996). **유아언어교육**. 학지사.

조난심(2007. 12). 한국교육의 변화와 도덕 · 윤리와 교육의 방향. **도덕윤리과교육, 25**, 1–22.

조래영(2004. 10). 코메니우스와 프뢰벨 유아교육론의 비교연구. **기독교교육정보, 9**, 279–309.

조영남(2015). 창의적 체험활동 교육과정에 제시된 교수 · 학습방법의 변천. **교육학논총, 36**(2), 63–85.

조은숙(2011). **전집 그림책은 우리에게 어떤 존재인가? 그림책 상상**. 상출판사.

주영희(2001). **유아언어발달과 교육**. 교문사.

지성애 · 이원선 · 정선아 · 최재원(2013). 3~5세 연령별 누리과정 교사용 지침. 교육과학기술부 · 보건복지부.

채혜선(2004). **안전한 보육환경조성을 위한 안전교육 프로그램**. 서울시 보육시설연합회.

채혜선 · 임미혜(2011). **영유아 안전교육**. 양서원.

최동선(2007). 유아의 공간개념에 관한 비교 연구. 공주대학교 대학원 석사학위논문.

최운식 · 김기창(2003). **전래동화교육의 이론과 실제**. 집문당.

최자윤 · 김숙자(2017. 12). 만 5세 누리과정과 2015 개정 초등학교 1−2학년 교육과정의 공감 교육 활동분석. **열린유아교육연구, 22**(6), 51−71.

코메니우스 J. A. 저, 정확실 역(1989). **대교수학**. 교육과학사.

편혜정(2015). 교사의 교수−학습자료 활용 실태 분석 및 개선 방안. **한국컴퓨터교육학회 하계 학술발표논문지, 19**(2), 89−95.

한국산업안전보건공단(2004). 아이들이 안전한 나라 행복한 나라. 교사연수자료.

한유미 · 김혜선 · 권희경 · 양연숙 · 백은정(2014). **영유아 언어교육의 이해**. 학지사.

한혜숙(2006). 프뢰벨의 아동교육관 및 은물에 관한 연구. 복음과 실천, 38, 431−466.

현은자 · 변유희 · 강은진 · 심향분(2004). **그림책의 그림 읽기**. 마루벌.

홍혜경(2010). **유아 수학능력 발달과 교육**. 양서원.

황순각(2003). **유아신체활동(이론과 실제)**. 양서원.

황윤경(2007). 몬테소리 교육사상의 현대적 의의. **부모교육연구, 4**(1), 61−85.

국외문헌

Betteleim, B.(1998). **옛이야기의 매력 1**. *The Uses of enchantment: The meaning and importance of fairy tales*. (김옥수 · 주옥 역). 시공주니어.

Bodrova, E. & Leong, D. J.(1996). **정신의 도구 : 비고츠키 유아교육**. (김억환 · 박은혜 역). 이화여대출판부.

Bronson, M. B.(2002). **우리 아이들의 놀잇감 선택방법**. *The Right Stuff for Children Birth to 8*. (이기숙 · 오은순 역). 양서원.

Carpenter, T., & Moser, J.(1982). The development of addition and subtraction problem-solving skills. In T. Carpenter, J. Moser, & T. Romberg(eds.), Addition and subtraction : A cognitive perspective(pp. 9−24). Hillsdale, NJ: Lawrence Erlbaum Associates.

Clements, D. H.(1999). Teaching length measurements: Research challenges. *School Science and Mathematics, 99*(1), 5−11.

Clements, D. H.(2004). Themes and Recommendations. In D. H. Clements, J. Sarama, A. DiBiase(Eds), Engaging young children in mathematics. Mahwah, NJ: Lawrence

Erlbalum Asso.

Clements, G. N.(1991). "Place of articulation in consonants and vowels: A unified theory" *In Working papers of the Cornell Phonetics Laboratory, vol, 5*, 77–123. Ithaca: Cornell University.

Comenius, J. A.(1989). **대교수학**. (정확실 역). 교육과학사.

Copley, J. V.(1999). Using storybooks to help young children make sense of mathenatics. J. V. Copley(Ed.). *Mathematics in the early years*(pp. 161–168). Reston, VA: NCTM.

Crain, W.(2005). Theories of development, concepts and applications(5th ed.). New Jersey: Pearson.

Froebel, F. W. A.(1995). **인간교육**. (서석남 역). 이서원(원본 발간일 : 1826).

Fuson, K. C.(1988). *Children's counting and concepts of numbers*. New York: Springer–Verlag.

Gallahue, D. L.(1976). *Motor development and movement experien–ces for young children*. NY: John Wiley & Sons.

Gardner, H.(1983). *Frames of mind: The theory of multiple intelligences*. NY: Basic Books.

Gelman, R., & Gallistel, C. R.(1986). *The child's understanding of number*. Cambridge, MA: Havard University Press.

Gilbert, G.(1992). *Creative dance for all ages: Aconceptual approach*. NY: National Dance Association.

Ginsburg, H. P.(2006). Mathematics play and playful mathematics: A guide for early education. In D, Singer, R. M., Golinkoff & K. Hirsh–Pasek(Eds.), Play=Learning: *How play motivates and enhances children's congnitive and social–emotional growth*. NY: Oxford Univ. Press.

Greenberg, M.(1979). *Your children need music*. Englewood Cliffs, NJ: Prentice–Hall.

Haines, B. & Gerber, L.(2000). *Leading young choldren to music*. Upper Saddle River, HJ: Prentice–Hall, Inc.

Hannon, P.(2000). *Reflecting onliteracy in education*. London: Routledge Falmer.

Helm, Beneke, Steinheimer, & Steinheimer, K.(1998). *Windows on learning*. NY: Teachers College Press.

Jalongo, M. R.(2000). *Early childhood language arts*(3rd ed.). Boston: Allyn and Bacon.

Locke, J.(1993). **미래를 위한 자녀교육**. (임채식 · 강진영 역). 서원.

McGee, L. M. & Richgels Donald, J.(2000). **영유아의 문해발달 및 교육**. Literacy's beginnings: supporting young readers. (김명순 · 신유림 역). 학지사.

Minick, N.(1989). L. S. *Vygotsky and soviet activity theory: Perspectives on the relationship between mind and society*. Literacies Institute, Special Monograph Series No. 1. Newton, MA: Educational Development Center, Inc.

Morehouse, P. G.(2013). The importance of music making in child development. *Young Children, 68*(4), 82–87.

Morrow, L. M.(2001). Literacy development in the early years: Helping children reading and writing. Needham Heights, MA: Allyn and Bacon.

NAEYC(2002). Early chilㄴdhood mathematics : promoting good beginnings, position statement. www.naeyc.org/resources/positons intro, html.

NAEYC(2003). Early childhood curriculum, assessment and program evaluation. Washington, D. C. : NAEYC.

NCTM(2000). *Principles and standards for school mathematics*. Reston, VA: NCTM.

Neelly, L. P.(2001). Developmentally appropriate music practice. *Young Children, 56*(3), 32–36.

Nikolajeva, M.(2006). **용의 아이들** Children's literature comes of age. (김서정 역). 문학과지성사.

Nodelman Perry(2011). **그림책론 : 어린이 그림책의 서사 방법**. Words about pictures : The narrative art of children's picture books. (김상욱 역). 보림출판사.

Nye, & Vermice(1975). *Music for young children*. Dubuque, Iowa; WM. C. Brown Company Publisher.

Petty, W. T., Petty, D. C., & Becking, M. E.(1981). *Experiences in language: Tools and techniques for langage arts methods*. Boston: Allyn amd Bacon, Inc.

Pueves, A. C.(1990). *The scribal society*. New York: Longman.

Randel, D(Ed.).(1986). The Harvard Dictionary of Music. Cambridge: The Belknap Press of Harvard University Press.

Renick, L.(1989). *Developing nathenatical knowledge*. American Psychologist.

Sadie, S.(Ed.).(1980). *The New Grove Dictionary of Music ad Musicians*. London: Macmillan Publishers.

Schickedanz, J. A.(2002). **놀이를 통한 읽기와 쓰기의 지도: 유아의 읽기와 쓰기 기초 단계 이해.** *More Than the ABCs: The Early Stages of Reading and Writing*. (이영자 역). 이화여자대학교 출판부.

Schickedanz, J.(1990). *Adam's righting revolutions portsmouth*. NH:Heinemann EducationalBook.

Schickedanz. J., York, M., Stewart, I., & White, D.(1990). *Strategies for teaching young children*. NJ: Prentive Hall.

Scott, C.(1999). *Dual audience in picturebooks. in Transcending boundaries: Writing for a dual audience of children and adults*. by Beckett, S. L. New York and London: Garland.

Sipe, L. R.(2011). **유아교사의 그림책 읽어주기: 유아의 문학적 이해 및 문학교육**. *STORYTIME: Young Children's Literary Understanding in the Classroom*. (서정숙 역). 창지사.

Vygotsky, L. S.(1978). *Mind in society: The development of higher psychological proesses*. Cambridge, MA: Harvard University Press.

Wolf, T.(1977). Reading Reconsidered. *Harvard Educational Review, 47*(3), 411–429.

웹사이트

교육부(2015). 유아교육과정 개정 고시문.http://www.moe.go.kr/web/100062/ko/board/view.do?bbsId=315&boardSeq=58557

교육부(2015. 12). 교육부 고시 제2015-80호. http://www.moe.go.kr/boardCnts/view.do?b

oardID=316&boardSeq=62381&lev=0&searchType=S&statusYN=C&page=1&s=moe&m=030201&opType=N, 2018. 7. 31

교육부(2015. 12). 교육부 고시 제2015-80호. http://www.moe.go.kr/boardCnts/view.do?boardID=316&boardSeq=62381&lev=0&searchType=S&statusYN=C&page=1&s=moe&m=030201&opType=N, 2018. 7. 31

교육부. 누리과정. .http://www.moe.go.kr/web/100062/ko/board/view.do?bbsId=315&boardSeq=58557&mode=view, 2016. 9. 29 인출)

교육환경에서 적용 가능한 디지털 기기들

누리과정. https://www.google.co.kr/search?q=%ED%94%84%EB%A2%B0%EB%B2%A8&biw=1920&bih=985&source=lnms&tbm=isch&sa=X&sqi=2&ved=0ahUKEwjv_qmAy7TPAhUCGJQKHdv2ChcQ_AUIBigB#tbm=isch&q=%EB%88%84%EB%A6%AC%EA%B3%BC%EC%A0%95, 2016. 9. 29

두산백과. 교과교육. http://terms.naver.com/entry.nhn?docId=510001&cid=42126&categoryId=42126. 2016. 2. 16

마리아 몬테소리. https://ko.wikipedia.org/wiki/%EB%A7%88%EB%A6%AC%EC%95%84_%EB%AA%AC%ED%85%8C%EC%86%8C%EB%A6%AC. 2016. 10. 1 인출

마리아 몬테소리.https://www.google.co.kr/search?q=%EB%AA%AC%ED%85%8C%EC%86%8C%EB%A6%AC&source=lnms&tbm=isch&sa=X&ved=0ahUKEwiB7ZDXiP3cAhWMzLwKHatWBpoQ_AUICigB&biw=1920&bih=941, 2018. 8. 21

와이카트 D. P. 박사와 하이스코프 재단. https://www.google.co.kr/search?q=weikart&biw=1920&bih=985&tbm=isch&tbo=u&source=univ&sa=X&ved=0ahUKEwic056u77TPAhXHKZQKHZf_C9wQsAQIPw,2 2016. 9. 2

코메우스의 대교수학과 세계도회.https://www.google.co.kr/search?q=%EB%8C%80%EA%B5%90%EC%88%98%ED%95%99&biw=1184&bih=612&tbm=isch&tbo=u&source=univ&sa=X&sqi=2&ved=0ahUKEwi2oreYju3OAhWMkZQKHcMpClcQsAQIJw#imgrc=mF0zZahjf399JM%3A, 2016. 9. 1

프뢰벨. https://www.google.co.kr/search?q=%ED%94%84%EB%A2%B0%EB%B2%A8&biw=1920&bih=985&source=lnms&tbm=isch&sa=X&sqi=2&ved=0ahUKEwjv_

qmAy7TPAhUCGJQKHdv2ChcQ_AUIBigB#tbm=isch&q=%EC%9D%B8%EA%B0%84%EC%9D%98+%EA%B5%90%EC%9C%A1. 2016. 9. 29

하이스코프 프로그램. http://www.highscope.org/Content.asp?ContentId=293, 2016. 9. 29

Australina Curriculum(2016). http://australiancurriculum.edu.au에서 2016년 2월 10일 인출.

https://ebs.co.kr, 세계의 교육현장 – 창의력을 키우는 프랑스 미술교육 ; EBS육아학교 – 미술교육 아이들 창의력에도 도움이 될까요?

https://www.google.co.kr/search?q=%EB%94%94%EC%A7%80%ED%84%B8+%EA%B8%B0%EA%B8%B0&source=lnms&tbm=isch&sa=X&ved=0ahUKEwjSw4Huk_3cAhXHvLwKHfUMD7YQ_AUICigB&biw=1920&bih=941, 2018. 8. 21.

National curriculum (2014). http://gov.uk/early-years-foundation-stage에서 2016. 3. 31 인출

찾아보기

ㄱ

간접교수방법 347
감각교육 31
감상하기 337
공간과 기하 190
과장과 생략 표현 264
과학과 기술 48
과학교육의 주요 목적 218
과학교육활동 230
관찰기록법 279
관찰법 202
관찰자 277
교과 11
교과교육 13
교사 73
교사의 역할 102, 153, 276
교수-학습방법 65
교수-학습의 유형 199
교수-학습자료 64
교육과정의 통합 369
교육기본법 15
교육인적자원부 367
구성주의 253, 325
균형적 언어교육법 124
그림동화 94
그림자동화 97
그림책 92
기본운동 348
기저선 표현 265
김정 260

ㄴ

나열식 표현 265
낚싯줄동화 95
노래 부르기 337
뇌 기반 학습의 과학적 접근 324
누리과정으로 일원화 52

ㄷ

다중지능이론 179, 325
도구 268
도덕교육 23
독극물을 먹었을 때 응급처치 317
동극활동 106
동기유발자 277
동시 및 동요 91
동시적 표현 267
동시활동 106
동작교육 321
동작영역 350
동작의 구성요소 334
두족인 표현 264
듣기 129
듣기 지도 137

ㄹ

러셀 51
로웬펠드 252, 257, 262
리드 251
리듬 동작 348

ㅁ

막대인형 99
말하기 129
말하기 지도 141
면접법 203
몬테소리 28, 179, 181, 215
문제해결자 277
문화교육 39
물리과학 및 화학 220
물리적 언어환경 157
물에 빠졌을 때 응급처치 318
미술교육 249
미술교육학자 252
미술의 요소 256
민담 88

ㅂ

반복적 표현 265
발음 중심 언어교육법 121
브루너 217
비고츠키 216
비출혈의 응급처치 308
뼈와 관절 손상의 응급처치 314

ㅅ

사실동화 90
사회관계 56
사회교육 49
사회문화적 구성주의이론 177
사회적 측면 368
상비약 292
상호작용론적 관점 327
상호작용자의 역할 239
상호작용주의적 관점 120
생명과학 221
성숙론적 관점 326
성숙주의적 관점 119
성인의 심폐소생술 298
세계의 아동문학 79
소리 탐색하기 336
소아의 심폐소생술 298
손인형 99
수교육 33
수와 연산 188
수학 44
쉴러 250
슈타이너 251
시점 이동표현 267
식중독의 응급처치 316
신체발달과 건강 42
신체운동 · 건강 54
신체표현하기 339
신화 88
심리적 측면 368
심폐소생술 297
쓰기 129
쓰기 지도 148

ㅇ

아동문학 85
악기 연주하기 338
안전 287
언어교육 22, 36, 119
언어, 문해 및 의사소통 43
언어적 환경 119

NCTM 180, 184
연조직 손상의 응급처치 310
영아의 심폐소생술 298
영유아교육과정의 변천사 63
영유아교육기관의 하루 일과 67
영유아교육 분야 11
영유아교육에서 통합교육 365
영유아기 수학교육 173
영유아문학 94
영유아 미술교육의 교수-학습과정 275
영유아 음악과 동작교육 322
영유아 음악교육 332
영유아 음악교육이론 324
예술경험 57
OHP동화 97
와이카트 41
우화 89
유아교육법 12
유아 미술활동 평가 278
유치원교육과정 12
융판동화 95
융합인재교육 253
은물 27
음률영역 349
음악 321
음악 만들기 340
응급상황 288
응급의료체계 신고요령 295
응급처치 289
응급처치 기본원칙 293
응급처치 순서 294
응급처치의 목적 287
의사소통 55
의사소통영역 126
의인화 표현 265
이물질에 의한 응급상황 301
2015년 개정 유치원교육과정 65
2015 초등교육과정 59
인그램의 유형 369
인식론적 측면 368
인지적 구성주의이론 175
인형극 98
일상생활 연습 30
읽기 129
읽기 지도 145

ㅈ

자기평가법 279
자동제세동기 301
자석동화 96
자연탐구 58
자연탐구영역 219
작업 및 기예교육 22
작품 보관 공간 269
장대인형 101
전개도식 표현 266
전래동화 87
전문가의 역할 239
전시 및 감상 269
정보그림책 91
조형발달 260
지구 및 우주과학 221
지식교육 20
지첵 250

직접교수방법 346

ㅊ

창의적 동작 348
창의적 표현 46
창의적 표현의 안내자 278
창의적 행동 46
책 읽어주는 방법 103
체크리스트 203
총체적 언어교육법 122
최근의 과학교육 218
출혈의 응급처치 307
측정 194

ㅋ

켈로그 258
코메니우스 19, 79, 213

ㅌ

테이블인형 100
통계 197
통합 365
통합교육 366
투시적 표현 266
특수문학 85

ㅍ

패턴과 대수 196
페스탈로치 214
평가자 278
평면표현발달단계 257
포가티의 유형 370
포트폴리오 203, 279
표준보육과정 126
프뢰벨 25, 180, 183, 214
피아제 217, 259

ㅎ

하이스코프 프로그램 41
학교수학을 위한 원리와 규준 180
한국의 유아문학 81
행동목록법 279
행동주의이론 175
행동주의적 관점 120
헤드스타트 프로그램 41
현대의 미술교육 254
화상의 응급처치 305
환경론적 관점 326
환경제공자의 역할 238
환경 조성자 277
환상동화 89
활동 공간 269

저 / 자 / 소 / 개

오은순 이화여자대학교 대학원
현재 공주대학교 유아교육과 교수

이소현 공주대학교 대학원
현재 경동대학교 유아교육과 조교수

박윤조 성균관대학교 대학원
현재 여주대학교 아동보육복지과 조교수

신지현 숙명여자대학교 대학원
현재 대림대학교 언어재활과 겸임교수

박부숙 동국대학교 대학원
현재 숭의여자대학교 유아교육과 겸임교수

고경나 공주대학교 대학원
현재 대전내동초등학교 병설유치원 교사

박명숙 공주대학교 대학원
현재 국공립 이솔어린이집 원장

도미숙 공주대학교 대학원
현재 국공립 차암샛별어린이집 원장

송영인 공주대학교 대학원
현재 트리풀유치원 원감

안미인 공주대학교 대학원
현재 중앙유치원 원감

전진영 공주대학교 대학원
현재 달님그림책연구소 소장

정미라 공주대학교 대학원
현재 놀뫼유치원 교사

황지영 연세대학교 대학원
전 대전대학교 응급구조과 교수

영유아 교과교육론

2019년 2월 27일 초판 인쇄
2019년 3월 5일 초판 발행

지은이 | 오은순 · 이소현 · 박윤조 · 신지현 · 박부숙 · 고경나 · 박명숙
도미숙 · 송영인 · 안미인 · 전진영 · 정미라 · 황지영
발행인 | 유제구
발행처 | 도서출판 파워북
주 소 | 경기도 고양시 일산동구 호수로 358-25
동문타워2차 529호
전 화 | (02) 730-1412
F A X | (031) 908-1410
등 록 | 1997. 1. 31 제 2014-000067호
편 집 | 북스북스(hynho3196@nate.com)

정가 20,000원
ISBN 978 89-8160-387-8 (93370)